U0043708

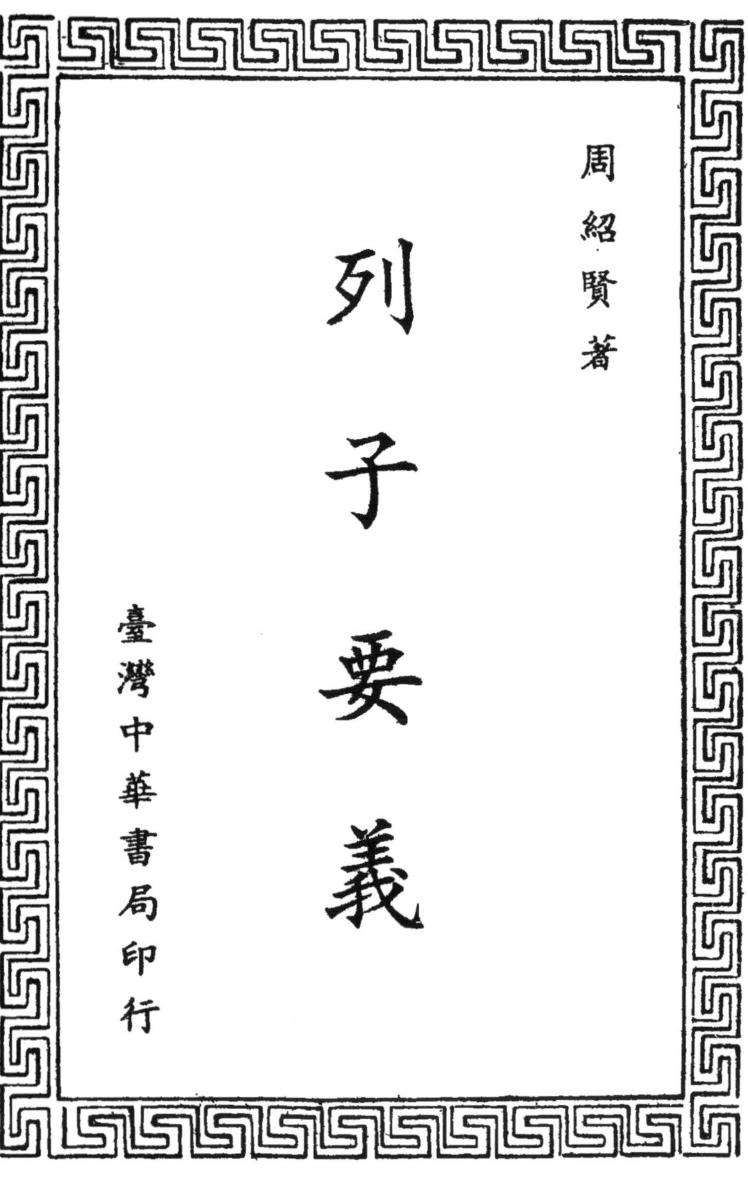

周紹賢著

列子要義

臺灣中華書局印行

自序

列子之書，在西漢已散佚，劉向蒐集，得二十篇，其中重複章亂，且多錯字，向加以校勘，定爲八篇。因其書已非完整，又與莊子相類，而不如莊子篇章之多，似乎莊子可以包括列子，因此列子流行未廣，老莊遂繼黃老而爲道家之代表。

晉張湛之祖，所藏書中有列子，經永嘉之亂亦散失，湛復各方搜輯，加以注釋，列子之書始盛行；然此書早已乏人收存，歷經漢末及魏晉之亂，張氏所得者，已非劉向所校之全本，顯然有後人竄入之文，例如列子爲春秋末年人，而列子仲尼篇所述公子牟與公孫龍，皆戰國時人，後於列子，諸如此類，張注已指出爲後人所增益，爲保存原文，皆存而不除，然列子殘餘之眞言仍在此書中，別無可尋。古書殘壞，有後世補綴之文，不僅列子一書爲然，不能因此而否定全書；故學者統觀其義理，清虛樂道，寓言精微之旨，共認爲與莊子各有其要妙，自唐以來，與老莊並稱爲道家之三大經典。

劉向列子書錄謂「列子者鄭人也，與鄭繻公同時」，後人抄寫繻字誤作繆字。繻公之相子陽，曾賙恤列子，列子不受，列子說符篇，及莊子讓王篇，俱述其事。鄭繆公於春秋之初，周襄王二十五年即位，繻公於春秋之末，威烈王五年即位，相距二百零四年，史書有明文記載，以劉向之博學，豈能誤以列子爲春秋初年鄭繆公時人？故宋葉大慶云「繆乃繻字之誤」，後人誤繻爲繆，因一字之差，遂引起種種疑問。

自南宋高似孫開始，於列子書中逐句尋數，構成疑說，謂此書乃後人會萃之書，列子有無其人，亦成問題；宋濂諸子辨，已斥高說之繆誤。姚際恒，亦循高氏之說，曲解文句，謂列子及劉向之列子書錄皆係僞造。清末疑古派興，竟謂列子乃張湛自編自注之書；強詞曲說，各逞臆見，成爲一時之風氣。

既有人以列子爲僞書，故謂列子書中與莊子相同之文，係抄自莊子，列子當在莊子之後。自漢世老莊並稱，晉時列子始盛行，將列子增於莊子之後，固無不可。然史實證明，列子早於莊子，莊子推崇列子，屢述其事，並著列禦寇篇，述列子虛心處己之道。列子書中雖有疑點，柳宗元並不懷疑其書全僞，故謂莊列相同之文，爲莊子仿自列子。柳宗元辨列子、葉大慶考古質疑、宋濂諸子辨、姚鼐跋列子，皆以其書雖有後人增竄之錯誤，然不可謂爲僞書，此爲正確之鑒定，余曾作詳細之考證以論之。

多年來在哲學系，講道家哲學，以老莊列爲本，撰述三書要義，各成一編，本編列子要義，仍遵史實次序，行文以列子在莊子之前。又以書中晦奧辭句，有費解者，則譯其大意以述之，俾諸生易於瞭解，故引錄各節，與書中之原句不盡同，義理藉文詞以表達，能懂其文詞，方能通其義理；非敢改易書文也。

周紹賢　序於政治大學

中華民國七十二年九月

列子要義

目錄

列子要義

海陽　周紹賢著

一、列子之生平及其書之考證

老、列、莊、爲道家之三大經典。考據家因列子書中有疑問，遂謂其爲後人之僞作，又以史遷未爲列子立傳，遂逕謂列子有無其人？亦成問題。

自嬴秦燔書坑儒，詩書百家語，皆爲禁物，至漢惠帝除禁書之令，其間經二十餘年，學術幾乎窒息，及文帝求書，武帝崇儒，思繼前賢之絕學，然典籍既已殘毀，老師零落殆盡，而見於史書者，惟司馬談論六家要旨，能述先秦學術思想之殘影（見史記太史公自序）。然其所論者只有儒、墨、法、名、道、陰陽六家，蓋只舉學派之大者而論也；惟簡述六家之要旨，而未舉各家之代表人物。及史遷著書，資料較詳，然觀其老莊申韓列傳，似乎道家只有老莊，法家只重申韓。在孟荀列傳中雖亦述及騶衍、公孫龍、愼子、尸子等，然對於有書傳至於今之鄧析、尹文，則未曾述及（鄧、尹皆爲名家，爲公孫龍之前輩），蓋在史遷之時，天下遺書之在山崖屋壁者，尚未盡出；私人藏書者、如河間獻王劉德、淮南王劉安，其所得之書，或富如朝廷，或爲朝廷所未有者，史遷未必能得盡覩，故對先秦學者之史料，記載未備。且劉向列子書錄亦言及列子之書在景帝時「頗行於世，及後遺落，散在民間，未有傳者，且多寓言，與莊周相類，故太史公司馬遷不爲列傳」。此卽明言：因其書似可與莊子相併，故遂遺落。史遷時，此書已散在民間，未被注意，故史記未曾敍及。且漢書藝文志所列道家之書：有劉向所校文子九篇，又有鶡冠子一篇，皆傳於世，史記皆未載其人，然則史記所遺漏者、豈止列子一人而已哉？

成帝命劉向校五經秘書，整理典籍，此時中府藏書，較史遷之時益多，而淮南王劉安好道家及神仙之說，於武帝時謀反，向之父德（與河間獻王同名）、治淮南獄，得劉安所藏之書，向皆見之（見漢書列傳第六）。向博學通達，校定經傳、兼治諸子，爲功甚鉅。黃老之學總稱曰道家，向之父「修黃老之術」，向亦好之，故著有說老子四篇，所校勘列子八篇、於成帝永始三年八月上奏，此書列於漢志，史實照然，史遷雖未爲列子立傳，然莊子推崇列子，屢述其事，並著列禦寇篇（列子名禦寇），玆舉莊子所述之事，可略知列子之生平：

鄭有神巫曰季咸，善相術，能知人之生死存亡，禍福壽夭，所言皆驗，列子見之而心醉，歸而告其師壺子（卽壺丘子林），壺子曰「汝雖聞我講道之言，而未得道之實，所知之道旣淺，而表露於世，故相信巫術，而巫者亦得以窺爾之表現而施其方術。爾試邀其來，爲我相」！次日列子引季咸來見壺子，出而謂列子曰「嘻！吾見爾師面如濕灰，絕無生機，十數日之後，其將死矣」！列子入泣告於壺子，壺子曰「我剛纔現示之相，乃安心於至靜之地，杜絕情意之活動，一念不生，形如槁木，故彼乃出此言也；試再邀他來相我」！次日又與之見壺子，出謂列子曰「爾之師幸而遇我，有痊愈之望矣！今日我見其枯絕之中有生機矣」！列子入告，壺子曰「剛纔我所示之相，乃心境曠朗，如陽光之照大地，廓然無私，而生氣由深靜處發起照用，彼見我現此善機，故言之如此；試再邀其來爲我相」！

季咸第三次見壺子，出謂列子曰「爾師今日神色不定，氣象莫測，吾無從觀察，待其穩定常態，吾再爲之相」。列子入告，壺子曰「剛纔我所示之相，乃神氣沖虛，浩然無跡，動靜不二，無所偏勝，此所謂無象之象，渾然鈞衡，此即所謂衡氣機，故彼無法窺測也。夫虛靜心境，比如淵水，淵有九種，今我乃示之三種氣象；試再邀之來相我」！季咸四次來見壺子，立足未定，即惶然驚走，列子追之不及而返，壺子曰「剛纔我示之以表象窈冥，自有眞宰，而不露實情，物來順應，虛與委蛇，使之不辨動向，隨時制宜，有感斯應，因而可以不離於宗，妙用無窮；亦可和光同塵，隨流揚波。總之守常通變，無所滯礙，非相術所能揣知，此其所以逃也」！列子於是大有所悟，以爲大道深遠而明正，往日所學華而不實，乃歸家於日常細事之中作體驗，三年精思，豁然大通，徹見天下萬事紛然雜陳，而各有其法則，事理無礙，不可固滯於封界，列子乃守眞抱一，樂道以終。——應帝王。（列子黃帝篇亦載此事）。

列子問關尹曰「至人潛行不窒，蹈火不熱，登高不慴，請問何以至於此」？易言之，亦即謂至人有消災弭患之術。關尹曰「此乃守持純正之性，靈感睿明所致，非智巧果敢所能爲也。人類體質相同，水能滅頂，火能灼身，至人並不例外；惟其窮造化之理，明事物之情，自有眞知，不受制於物，不妄求於天賦本分之外，不行險以圖僥倖，德性與天地同體，精神圓滿無缺，外物不能侵，故莫之能傷也」。此與老子第五十章「兕無所投其角，虎無所施其爪」同義。又、秋水篇云「知道者必達於理，達於理者必明於權，明於權者不以物害己。至德者火弗能熱，水弗能溺，寒暑弗能害，禽獸弗能賊，非謂其薄之也；言察乎安危，寧於禍福，謹於去就，莫之能害也」；亦與關尹此段之言同意。——達生篇。（列子黃帝篇亦載此事。又說符篇有列子學射、關尹告以所以中之理）。

伯昏瞀人者、隱居之賢人也。列子演習射技，請伯昏瞀人觀之，左手執弓，右手握弦，置杯水於左肘之上，彎弓放箭，連發三次，而杯水不動，當此時也，列子之鎭定，猶如木人一般。瞀人評之曰：射之所求在乎中鵠；神乎其技者，靈敏捷巧，矢無虛發，若行所無事一般。今爾之凝神致力，動作穩堅，誠有熟練之功矣，然若令爾登高山、履危石、臨深淵，則爾必失常度，而力不從心矣；故爾之技尚未進乎道也。若夫至人之處世亦然，無所拘繫，從容中道，履險如夷，處變如常，無入而不自得也。——田子方篇。（列子黃帝篇亦載此事）。

「列子御風而行，冷然善也」（逍遙遊）。御風而行，並非神話，人之體質有特別奇異者，有能攀高樹、登樓頂、而身輕如猱者；有能深入水中、而恣意浮沉者；有偉軀矯强、能拔樹擧鼎、搏虎鬥牛，稱爲神力者；有身輕如葉，健步如飛，順風而行，其速度可超過常人數倍，號稱日行千里者（俗稱飛毛腿）；此類人不可多見，然確實有之，不得不稱爲異人。順風而行，其疾如飛，順風亦可謂乘風，（列子黃帝篇謂列子乘風），乘風亦卽御風，列子有此特殊之本領，故莊子述之，並謂：乘風逍遙，遨遊四方，誠可樂也；然此樂有待於風，其風不順，則不能如意矣。若「至人」者、優哉游哉，與道相從，無所須待，乃爲眞樂。試想、天下之樂尚有勝於無所須求者哉？

列子欲之齊見齊君，蓋有用世之志也，然中途而返，路遇伯昏瞀人，瞀人問「爲何返回」？曰「吾心有所警」！曰「所警者何」？曰「吾行至某處旅邸，有十家賣漿者，五家競先送漿於我，竊想：吾有何德能而使人敬重如此？必其睹我之儀表態度，以我非泛泛之人，故如此禮待。然則是我內心有所拘滯，行動不能與大衆冥化，所謂『外鑠人心』，故致人另眼看待也。如此者，既能使人肅敬，亦易惹人疾忌；敬我者，我何以相報？疾我者，我何以相安？此亦處世之憂患也。且吾又思之，賣漿者無重大權利之企求，其對我謙敬，亦只欲賣漿於我耳，買漿解渴亦我之所需；而其殷勤之情，使我感激不安。若夫今世之國君，對富貴權利貪求無厭，竭力盡智以圖達其所欲，我若見之，彼若以禮賢下士之誠，求我分任其勞，必將付我以重任，責我以事功，受人之優遇而不能答人之願望，何以自處？吾以此自警，故中途而返也」！晳人贊其善於觀察己身，審知得失；然而尚未至於忘我之境。——列禦寇篇。（列子黃帝篇亦載此事）。

鄭子陽爲鄭繻公相，史記鄭世家云：子陽有私黨，呂覽適威篇、淮南氾論訓皆言子陽嚴酷好罰。列子鄭人也，家貧、面有飢色，有客謂子陽曰「列禦寇乃有道之士，今君爲相，而使之窮苦，豈非君不好士乎」？子陽乃使人贈粟，列子拜辭而不受，使者去，列子入，其妻不悅曰「有道者受人崇敬，妻子生活應當佚樂，今受飢餓，宰相饋粟，反而不受，此豈命當受窮耶」？列子笑曰「汝非知我者也！以人之言而遺我粟，至其罪我也，又且以人之言；此吾所以不受也」！其後民果作難而殺子陽。——讓王篇。（列子說符篇亦載此事）。

列子適衞，見路旁荒草間有多年之髑髏，謂之曰「唯予與汝，知而未嘗死，未嘗生也。若果養乎？予果歡乎」？——世人以生爲樂，以死爲可懼，故怕死偷生，自尋苦惱，而終不免於死。至人悟大化之理，知幽冥之故；見宇宙萬物俱在變化不息之中，深知人之生死亦變化之一端，爲自然之事，乃必然之律，生死相對，各有其奧妙之內容，固執一端，偏於所好者，乃迷惘之人；其實偏於所好，亦無不死之術，死後若無知，則生時之煩惱固已解脫，永得安息；死後若有知，則別有天地，另是一番趣味，何往而不自然？故至人「視生死爲一條」，「知生死存亡之一體」（德充符、大宗師）。列子已達至人之境，故對髑髏言之如此。——至樂篇。（列子天瑞篇亦載此事）。

以上所述列子之生平，前三段似爲少年之事，後四段似爲中年之事。太史公雖未爲列子立傳，然史記中荀卿愼到之傳，尙不如莊子所記列子事迹之豐富，列子書中所述列子之事，比莊子尤多，姑不備述。仲尼篇謂列子師事壺丘子林，友伯昏瞀人，據瞀人對列子講話之態度，而列子稱瞀人曰先生，則二人似在師友之間。列子又有師曰老商氏、有友曰伯高子，列子自述其從學於老商氏及友伯高子之經過云：

自吾之事夫子友若人也，三年之後，心不敢念是非，口不敢言利害，始得夫子一眄而已。五年之後，心更念是非，口更言利害，夫子始一解顏而笑。七年之後，從心之所念，更無是非；從口之所言，更無利害；夫子始一引吾並席而坐。九年之後，橫心之所念，橫口之所言，亦不知我之是非利害歟？亦不知彼之是非利害歟？亦不知夫子之爲我師、若人之爲我友，內外盡矣。而後眼如耳，耳如鼻，鼻如口，無不同也。心凝形釋，骨肉都融，不覺形之所倚，足之所履，隨風東西，猶木葉幹殼，竟不知風乘我耶？我乘風乎？（黃帝篇）。

其所述求學悟道之過程如此親切，非實際經驗者不能出此言。總覽莊列書中所載，亦可見列子生平之梗概。劉向當日校書，尙有其他參考資料，故其簡述列子之身世及學說云：

列子者、鄭人也，與鄭繆公同時，（繆當作繻、乃後世傳寫之誤），蓋有道者也。其學本於黃帝老子，號曰道家。道家者、秉要執本，清虛無爲，及其治身接物，務崇不競，合於六經」（劉向列子書錄）。

呂覽下賢篇謂：子產爲相時「往見壺丘子林」，時子產在晚年。又、莊子達生篇，呂覽審己篇皆言「列子問關尹」，關尹爲老子弟子，與孔子同時，列子之年齡晚於孔子，其從學於壺子，問道於關尹，皆在少年，觀其引神巫見壺子及所問關尹之事可知。又、鄭子陽饋粟，列子不受，按鄭繻公殺子陽，時在周安王四年，爲戰國開始之五年，此時列子已至晚年，年代雖難詳定，然大致無誤也。

道家治事之方「秉要執本」，被法家所採取，故史記云申韓學本黃老。道家之具體學說陳義過高，人多不能接受，戰國之世，諸子爭鳴，道家之學潛伏在隱士之中，不與各家爭盛；然列子通幽微之理，達天人之道，其清虛之心境，翛然無累之人生，在老子以後，莊子以前，足爲道家之代表，其學說亦自不容隱沒，故與諸子並列，顯然可見者如尸子（名佼，商鞅之師）廣澤篇云「墨子貴兼，孔子貴公，皇子貴衷，田子貴均，列子貴虛，料子貴別囿」。呂氏春秋不二篇云「老聃貴柔，孔子貴仁，墨翟貴廉，關尹貴清，子列子貴虛，陳駢貴齊，陽生貴己，孫臏貴勢，王廖貴先，兒良貴後，此十人者，皆天下之豪士也」。尸子呂氏所述諸子，迄今有絕無可考者，然不可謂當日本無其人；而列子有上述之一切史證，已可想見其爲人；然則後之疑古者，竟謂列子乃莊子假設之人物，豈不謬哉！

以上所述列子之事蹟而外，戰國策乃正確之史書，楚策考烈王時『史疾爲韓使楚，楚王問「客何方所循」？曰「治列圄寇之言，（古圄禦通用）」。曰「何貴」？曰「貴正」，王曰「正亦可以爲國乎」？曰「可」！王曰「楚國多盜，正可以圄（禦）盜乎」？曰「可」！』史疾治列子之學，其答楚王之問謂：列子「貴正」，卽老子「以正治國」之旨；可見列子弘揚道家之學，當時成爲一家之言，有人專治其學。

列子之生平既如上述，再談其書之問題。秦皇焚書之後，典籍大都毀滅，其殘存者、斷簡碎編，零亂無序，故劉向校書之時，列子篇章已散亂，字句多錯誤，已明言「穆王湯問二篇、迂誕恢詭，非君子之言也。至於力命篇一推分命，楊子之篇唯貴放逸，二義乖背，不似一家之書」，（劉向列子書錄），惟以其「各有所明，義有可觀」，故仍保存舊編。可知在西漢時，列子書中已有疑問。西漢雖崇道家之學，然莊列之書俱未盛行；且自景帝而後列子之書已遭佚落，劉向所校定者篇章已有可疑，自然乏人傳習。及東漢班嗣馬融等始注重莊子，而以列子之言與莊子相類，似乎莊子可以涵括列子，故仍無人注意。自漢末至魏晉變亂未熄，京師亦屢遭兵禍，公家及私人藏書皆有損失，漢志所載之書其已失滅者多在此時，而列子之書，當然亦難保無恙。

今本列子乃東晉張湛所傳，湛字處度、高平人（今山東省金鄉縣西北），官至中書侍郎。晉書范甯傳云：甯患目疾向湛問醫治之方；又，隋書經籍志有湛撰養生要集十卷，可知湛好治道家之學，物常聚於所好，故其家中保存列子而又爲之注。其列子注自序謂：王弼爲其祖之舅，列子一書得自王家。三國志鍾會傳附王弼傳注謂：蔡邕之書數車，贈於王粲，弼之父業爲粲嗣子，家藏之書頗多，永嘉之亂，書遭散佚，列子一書，由湛之祖嶷、搜集，始得完備。序中所述此書前後蒐尋之經過頗詳，此即今本列子傳世之來歷。

永嘉之亂，繼之晉室南渡，書多亡缺，列子書經張湛之祖多方蒐集而成，難免竄雜錯亂；例如楊朱之放情縱欲，極端爲我，實違道家之旨，而列子楊朱篇中亦有道家之言。竄雜之文，如仲尼篇有魏公子牟與公孫龍之言；湯問篇述鍾子期與俞伯牙知音之交，此四人皆出於戰國晚年，在列子以後。又，火浣之布，始見於曹丕典論及晉書劉駿傳、苻堅傳，而湯問篇謂周穆王征西戎，得火浣之布，西周史書簡單，穆王是否得火浣之布？史書未載，魏晉文獻始見火浣布之名，於是疑古者遂執此爲有力之理由，謂列子爲晉人之僞造。假如穆王得火浣布果無其事，亦猶之老子書中竄入戰國時上將軍之名詞，不能謂老子乃戰國時人僞造也。

至若天瑞篇，列子見百歲髑髏，莊子至樂篇亦言之；舜問乎烝，莊子知北遊篇亦言之。黃帝篇：列子問關尹、津人操舟若神、孔子觀於呂梁、痀僂丈人承蜩、紀渻子爲周宣王養鬥雞，莊子達生篇皆有之；列禦寇爲伯昏瞀人射，莊子田子方篇亦言之；養虎之法，莊子人間世亦言之；鄭有神巫，莊子應帝王篇亦言之；列子至齊，莊子列禦寇篇亦言之；楊朱南之沛，莊子寓言篇亦言之；楊朱過宋，莊子山木篇亦言之；狙公養狙，莊子齊物論亦言之。力命篇管仲有病，莊子徐無鬼篇亦言之。說符篇列子面有飢色，莊子讓王篇亦言之。湯問篇：夏革對湯言冥靈與大椿，鵬與鯤，及黃帝篇姑射山有神人，莊子逍遙遊亦言之。——以上所舉爲列莊相同之文，其實列子書中之事，莊子引而述之以作論說之助，並不防避後人發何疑心作何評語；即云：不知係列子之文莊子引之？抑係莊子之文竄入列子？但其孰先孰後不必强加分辨，决不能執此相同之文以爲後人抄襲莊子僞造列子之證據。

古書年久，迭遭變故，其中或多或少皆有後世竄入之文，惟有顯明者，有不顯明者而已。王充對論語孟子舉發疑點，是以作問孟刺孔之論（見論衡）。豈惟古書如此，即後來之書展轉傳寫，亦難免有竄雜之誤。史記司馬相如傳，太史公評語竟引揚雄之言，時揚雄尚未出生。李太白詩集中有菩薩蠻、憶秦娥兩詞，故鄭樵通志以太白爲詞曲之祖；然亦有人以爲此二詞非太白所作，乃後人竄入者。生查子「月上柳梢頭，人約黃昏後」，爲流傳之佳句，朱淑眞斷腸詩詞中有此詞，歐陽修詞集中亦有此詞；人多樂稱爲淑眞之作品，而不謂爲歐陽之作品者，因自古女作家較少，謂此句爲女性所作較有趣味，其實果係淑眞之作？抑係歐陽之作？不能斷定。唐宋年代較近之書，猶難免有可疑之點，而況列子古書，在西漢時卽曾遭失傳，劉向所校定者已與原書有異，歷經魏晉亂世，又幾乎湮沒，張氏所蒐輯者，又非劉向之全本，其中有後人修補輯綴之痕跡，疑問自所難免，然不能因此而强判列子爲晉人之僞造。

劉向列子書錄謂「列子與鄭繆公同時」，此在唐時柳宗元辨列子已懷疑劉向不至有此乖錯，然宗元並不因此而懷疑列子，且謂莊列相同之文爲莊子仿依列子。及宋高似孫始大發其一偏之論，謂莊子天下篇「敍墨翟、禽滑釐、愼到、田駢、關尹之徒，而禦寇不在其列」，遂據此疑列子爲莊子假設之人物「所謂鴻蒙列缺者歟」？史稱高似孫之爲人不自愛重，諂附奸臣韓侂胄。「君子不以人廢言」，品行低劣，固不必蔑視其學問，然其「讀書以隱僻爲博，其作文以怪澀爲奇，甚至有可笑者」；已爲時人所不取，其對列子之論斷尤不足取，宋濂諸子辨已斥其謬誤。至於清姚際恒古今僞書考，對列子之考語亦襲高似孫之說，且曲解仲尼篇「西方聖人」爲指佛氏而言，以作列子爲後世僞造之證，此眞可謂戲論矣！余嘗考之云：

列子仲尼篇孔子曰「西方之人，有聖者焉」，按西方當作四方；張注云「聖豈有定所哉？趣舉絕遠而言之也」，並未言西方爲佛國，此可知西字爲四字之誤。蓋商太宰對聖人之觀念，只據其所聞聖人之學問事功爲準，故其所指之聖人，孔子不作決定之詞。聖人乃人類理想中與天地合德之模範人物，其盛德大業不能限量，四方之人皆被其澤，蕩蕩乎民無能名。四方之人心中皆有此最高之理想人物，在衰世之中當前不能指出誰爲聖人，故曰遠在四方。在理想中聖人功德之妙，不用治術，而能預消亂萌；不用言語宣揚，而人民信而不疑；不必强施教化，而其領導之軌儀人民自然遵循；其玄德不可言喻，故孔子曰：此吾所謂聖人，然不知吾所言者，聖人卽如此而已歟？抑吾所言者，尙未足盡聖人之道歟？商太宰以孔子所言之聖人，聞所未聞，人間果有此聖人乎？故曰「孔丘欺我哉」！——論語衞靈公篇，孔子贊頌帝舜無爲而治，此處孔子對太宰所言，卽同乎老子五十七章所云「我無爲而民自化，我好靜而民自正，我無事而民自富，我無欲而民自樸」。孔子此言與道家同旨，故列子稱之。非但孔子之時不知西方有佛，卽知有之，孔子豈能不直言三皇五帝爲聖人，而遠舉西方之佛以否定中土之聖人？此必無之事也！僞造列子者，豈能如此荒唐？三皇五帝皆爲聖人，然商太宰觀念中所衡量之三皇五帝，孔子不決定其爲聖人。四方之人皆有其理想中之聖人，聖人無爲而治之德，民無能名，張注謂聖人豈有定所？卽言聖人遠在四方，非太宰意想所及者也。故孔子所言「四方之人，有聖者焉」，卽言理想中之聖人，後來唐朝李翺復性書謂「東方如有聖人焉，不出乎此也；南方如有聖人焉，不出乎此也」；宋朝陸九淵云「東海有聖人出焉，此心同也，此理同也；西海有聖人出焉，此心同也，此理同也；南海北海有聖人出焉，此心同也，此理同也」（陸象山全集年譜）。此皆爲假設之聖人，與孔子所說四方聖人同意，故曰此處之「西方」乃「四方」之誤。卽强謂西字無誤，而此「西方之人」，亦猶之詩經邶風「彼美人兮，西方之人兮」不可以西方指印度而言！高似孫故意曲解，破壞列子，荒妄之言，曷足取哉！

列子說符篇明言列子與鄭子陽同時，子陽爲鄭繻公相，繻公「二十五年，殺其相子陽」，史記鄭世家有明文記載，以劉向之博學，豈能誤以列子爲鄭繆公時人！此乃後人傳寫錯誤，無疑；由此錯誤而引出對列子種種疑問，結果竟以列子爲僞書。淸時有一類考據家，好立僞書之名，苟在古書中發現疑點，即執爲把柄，加以渲染，千方百計，強牽揉造，曲爲之說，必使此書失卻原有之地位，加以僞書之名，而後快心。彼所指之疑點如不充實，則即推敲字句曰：此字古代無此用法，或此句其他古書所未有。在其所指之僞古書中，章句如有與後世之書相同者，則曰：此乃作者抄襲後書，指爲僞造之徵。如閻若璩作尚書古文疏證，以古文尚書爲晉梅賾之僞作，其理由非常簡單，例如謂夏書「五子之歌，不類夏代詩」，便判其爲僞；謂「玉石俱焚」一語，魏晉人嘗言之，而夏書胤征篇亦有此語，便定此書爲晉人僞造。

考據家執上述之例以爲斷，故謂列莊相同之文，乃列子抄襲莊子，莊子在先，列子在後。又謂列子天瑞篇「死之與生，一往一返，故死於是者，安知不生於彼」？此佛教輪迴之說，魏晉佛教盛行，此更足證列子爲晉人僞造。其實列子書中合於佛說者尚不止此，如仲尼篇之「內觀」，與佛家之「內證」及「觀心」之說相似，「內證」者，內心所證之理；「觀心」者，謂心爲萬法之主，觀心即觀察一切事理也；此與孟子所說「萬物皆備於我矣，反心而誠，樂莫大焉」之義亦相通。說符篇之「放生」，及鮑氏之子所說萬物平等，與佛家放生儀軌經所講愛護生物之義亦相類。此考據家尚未察覺者也。

考據家又未察及合於佛家之說者，莊子書中尤多，齊物論「古之人其知有所至矣，惡乎至？有以爲未始有物者，至矣盡矣，不可以加矣。其次以爲有物矣，而未始有封也。其次以爲有封焉，而未始有是非也」。無物之見，即佛家所謂破除「我執」；無是非之見，即佛家所謂破除「法執」。寓言篇「言無言，終身言，未嘗言；終身不言，未嘗不言」。義理非言不顯，然而言說有還滅性，大道妙諦非言語所能喻，故老子曰「道可道，非常道」。釋迦說法四十九年，其言論載於經典不爲不多矣；然而大乘入楞伽經云「我經中說：我與諸佛菩薩，不說一字，不答一字，所以者何？一切諸法，離諸文字故，非不隨義而分別說」。隨義分別說，只能就事以說法，但諸法實相不可說；此與莊子寓言之意相通。乃至庚桑楚篇之「天門」與佛家之「眞空」相似；德充符篇之「靈府」與佛家之「阿賴耶」相似（靈府之府爲保藏之意。又庚桑楚篇有「靈臺」，墨子經說上「必謂臺執者也」，臺有執持之意。「阿賴耶」譯曰藏，謂能藏一切識，能執持其人可受用之一切事物而不失沒。可知靈府、靈臺、與阿賴耶同義）。莊子所言近乎輪迴之說者較列子尤多，如至樂篇謂：死生「是相與春夏秋冬四時行也」。又謂「死生爲晝夜」。知北遊謂「生也死之徒，死也生之始」。田子方謂「生有所乎萌，死有所乎歸，始終相反乎無端，而莫知其窮」。此與佛家所說生死流轉之意相同。然則莊子亦係魏晉時襲取佛家之說乎？且張注列子序已明言列子所講之理「往往與佛經相參」，人同此心，心同此理，思想家每有不謀而合之點，豈可以列子之言有與佛說相合者，即謂其書造於佛教來華之後！——如必謂莊列之言與佛說相合者爲取自佛家，此卽等於說：佛教之理想中國人必不能有；今人所言者古人必不能言。然而曾子書中有地圓之說，而地球之名詞則係近代自泰西傳來；列子天瑞篇有「運轉無已，天地密移」之言，又與泰西地動之說相合，則曾子列子又豈非有近人僞造之嫌疑乎？

自高似孫等誣列子爲僞書，其說傳至晚近愈演愈烈，不僅謂列子並無其人，而且謂劉向列子書錄亦爲僞造，更誣衊當日保存列子注釋列子之學者，謂列子一書，係張湛自編自注，以圖炫名出風頭（見梁任公古書眞僞及其年代），強辭曲說，妄議古人，眞令人不解也。是以作古史辨者之流，更大膽狂妄，以綺言巧語如說相聲一般，謂黃帝禹湯皆無其人，毀壞歷史以衒其能，豈不怪哉？孟子云「所惡執一者，爲其賊道也；擧一而廢百也」（盡心篇上）。此恰可爲誣列子爲僞書者戒。

古書皆可尋出疑點，萬不可舉一疑點而誣及全書，劉向已言及其所校之列子章亂字誤，非原著之全書。而後迭經變故，傳至晉朝，張處度之先人在亂離之後，多方搜求，始輯成今本之列子，此書之經歷，事實清楚，不但與先秦之書有異，即與劉向所校之書亦不盡同；不可因後人將劉向書錄中之鄭繻公誤寫爲鄭繆公，遂依例尋釁而謂全書皆僞。是以柳宗元辨列子，葉大慶考古質疑，宋濂諸子辨，姚鼐跋列子，皆以其書中雖有錯誤，有後人所增竄，然不可謂僞書，日本武義內雄、曾作列子寃詞以駁馬逑倫列子僞書考之謬誤。

光聰諧云「莊子書中既稱引列子，則其時世不後於莊。其書多增竄入後事，張處度作注時已言之」（有不爲齋隨筆卷巳）。例如仲尼篇中山公子牟、趙人公孫龍條下注云「公子牟公孫龍似在列子後，而今稱之，恐後人所增益以廣書義，苟於統例無所乖錯，而足有所明，亦奚傷乎？諸如此，皆存而不除」。此注明言書中諸如此類之誤點，皆存而不除，可見其注書之謹嚴，未敢擅作删改。又如湯問篇「䲗俞師曠」注云「䲗俞，未聞也；師曠晉平公時人，夏革無緣得稱之。此後著書記事者潤益其辭耳」。就此段上下文而觀之，䲗俞與師曠並稱，可知俞爲古之聰耳人，然夏革對湯言及春秋時之師曠，豈非荒唐？故曰「夏革無緣稱之」，此乃後人增益潤飾文辭耳。又如仲尼篇「孤犢未嘗有母」，注云「不詳此義」。楊朱篇，晏平仲問養生於管夷吾，夷吾敎之以恣耳目之欲。注云「管仲功名人耳，相齊致霸，動因威謀。任運之道既非所宜，且於事勢不容此言。又上篇復能勸桓公適終北之國，恐此皆寓言也」。如上所述、此書如爲張子僞造，爲何寫出自己所不知之人物，及自己所不能解釋之語？師曠距商湯一千數百載，爲何寫出夏革對商湯談師曠？且管夷吾歿後數十年，晏子始出生，爲何寫出不合史實之事？又如「谷神不死」一段之文，爲老子之第六章，而天瑞篇謂爲黃帝之言。湯問篇言及「鄒衍之吹律」，鄒衍爲列子以後之人，以張子之學問，如造僞，豈能有此謬誤？可知張子仍保存原書之本來面目，有不知者不强加注解，有錯誤之處亦不敢改造；如晏平仲問管夷吾一段文內，以縱欲爲養生，實乃楊朱一派之思想，張子既知其言不類管仲，且管晏二人又不同時，則此處管夷吾三字必然錯誤，然不知晏子所問者果係何人，不敢臆斷，只得保留其原文，而注明己之意見。故謂列子爲張子僞造者，實乃無稽之談也。

郭象取向秀莊子注加以改易，以爲己之作品；而張處度注列子則不然，凡採用他人之言，必加注明，決非如梁任公所說爲炫名而注書。如天瑞篇「谷神不死，是謂玄牝」注，說明採自老子第六章王注。黃帝篇：老聃曰「兵强則滅」，注云「王弼曰：物之所惡，故必不得終焉」，此係採自老子第七十六章王注。力命篇「老聃語關尹曰：天之所惡，孰知其故」？注亦明言採王弼之語（採老子七十三章王注）。又天瑞篇注，採引何晏之道論；仲尼篇注，採引何晏之無名論；何晏此兩篇著述早已絕傳，今幸猶能於列子注得見一斑。又列子與莊子相同之文，注中每引向秀郭象之莊子注，如黃帝篇：列子問關尹，梁鴦說養虎，津人操舟，痀僂者承蜩，神巫季咸，各段皆引向秀莊子注。天瑞篇：舜問烝曰，黃帝篇：列禦寇爲伯昏瞀人射，列子之齊，及力命篇：管夷吾有病各段，皆引郭象莊子注。當時向郭兩注，各自存在，後來向注失傳，而今惟於列子注中尙可見其片段。據晉書郭象傳謂「先是向秀注莊，惟秋水至樂二篇未竟，而卒，秀子幼，其義零落，然有別本遷流，象以秀義不傳於世，遂竊以爲己注，乃自注秋水至樂二篇，又易馬蹄一篇。其後秀義別本出，故有向郭二莊，其義一也」。今就列子注中所引之向注，與莊子中之郭注相對照，字句略有改易，而大致相同；郭象竊向注，其痕跡亦惟於列子注中可見到。——張處度能繼先人之志，保存列子，而又深明玄理，能作列子注，其爲功於學術，誠可與王弼郭象齊等也。

先秦時，列子之原書，爲列子弟子所記述，猶之論語孟子，爲孔孟弟子所記述；故第一章天瑞篇，開端便稱子列子。其書迭遭散佚，經後人之竄雜附益，已與先秦之原書不盡同，如周穆王湯問二篇，劉向已言其迂誕，非君子之言，亦卽言其非列子之言。此二篇中大部爲秦漢神仙家之言。列子既有楊朱篇，專述楊朱之言，力命篇說符篇，皆有楊朱之言；仲尼篇黃帝篇，亦述及楊朱之事，楊朱對老子自稱弟子，因此，有人謂楊朱乃道家之別派。楊朱爲諸子之一，其言論當然有獨到之處，故孟子云「楊朱墨翟之言盈天下」（滕文公篇下）。楊朱雖曾從學於道家，然如墨子亦曾習儒家之業；韓非李斯亦曾從學於荀子，其後皆大反儒家；楊朱之於道家亦然。道家貴謙愼，楊朱貴放逸，其極端爲我之享樂主義，與道家決不相融，列子書中似不宜取其言論，劉向已言之；故知穆王湯問楊朱三篇，爲秦火而後所竄入。而此三篇，各篇之中言不一致，各有羼雜之文。穆王，湯問各篇中，有列子之言，及諸多有理趣之事喻。楊朱篇內，不盡爲楊朱之言，而楊朱之言，如「太古之人，知生之暫來，知死之暫往，……名譽先後，年命多少非所量也」。「身固生之主，物亦養之主，雖全生，不可有其身；雖不去物，不可有其物」；以及力命篇，楊子對楊布之言，若斷章取義而觀之，近乎道家之言，君子不以人廢言，故列子採其言，此其所以附肅於列子書中也；故劉向以爲「亦有可觀」，而並存之。

總之，張注之列子，雖非先秦之全書，然與劉向所校者無大異，其來歷甚明，實爲一脈眞傳，雖有後人會萃補綴之迹，然其中蘊藏列子之眞言。本黃老之思想，明道家之玄理，體造化之流變，悟死生之根抵，其深義妙旨，空靈幽渺，有言外之意，寓絃外之音，唐天寶元年，曾稱列子爲沖虛眞經，與道德眞經、南華眞經、並稱爲道家之三大要典。又且諸子之書，在秦世多遭毀滅，楊朱思想在戰國時，流行甚盛，其爲我主義，惟孟子略言之，然無專書傳世，不可知其詳，幸列子有楊朱篇，使後世得以知其言論之大要，是則列子一書，實兼具兩種古書價值也。

二、天道觀

宇宙生成之次序

老子以「道」爲萬有之原理，無形無名，不得已而强名之曰「無」。天地萬物皆由道衍出；其言宇宙生成之次序謂「道生一，一生二，二生三，三生萬物」（第四十二章）。列子天瑞篇闡明此義云：

夫有形者生於無形，則天地安從生？故曰：有太易、有太初、有太始、有太素。太易者，未見氣也，太初者，氣之始也；太始者，形之始也；太素者，質之始也。氣形質具而未相離，故曰渾淪。渾淪者，言萬物相渾淪而未相離也。視之不見，聽之不聞，循之不得，故曰易也。易無形埒，易變而爲一，一變而爲七，七變而爲九，九變者，究也；乃復變而爲一。一者形之始也；淸輕者上爲天，濁重者下爲地，冲和氣者爲人；故天地含精，萬物化生。

太者，大之極也；易者，無窮之變化也。宇宙在未形成之先，其冥中之境，並非一片枯空死寂，而乃「窈兮冥兮，其中有精」（老子第二十一章），其精爲無窮變化之功能，而無所顯示，故曰太易者未見氣也。變化之積結，乃生元氣，元氣乃宇宙初生之朕兆，故曰太初者氣之始也。元氣氤氳，化機擴展，陰陽乃分，愈演愈繁，一本散爲萬殊，始有萬象之生機，故曰太始者形之始也。萬象紛紜，各秉所本，乃有方圓剛柔，靜躁沉浮，性質之不同，故曰太素者質之始也。氣之始，卽道所生之一，形之始，卽一所生之二，質之始，卽二所生之三。所謂始者，卽言尚在演化之中，形質尚未顯現，萬有之本體俱在一氣渾淪之中，無象無狀，尚無分別。由氣而形，由形而質，俱爲玄妙變化之功能，故可總名之曰太易。太易只是一切虛靈化生之能量，無物可尋，其本性獨立而不改，而能化出一元之氣，由一元之氣，而衍變多端，及變至究竟，仍有統一之體系而顯大化之眞迹。自大體觀之，輕清爲天空，重濁爲大地，陰陽剛柔相濟，沖和之氣，孕育精華，乃產生萬物。此列子所講宇宙生成之次序。——莊子天地篇亦簡言此義云「泰初有無無，有無名，一之所起，有一而未形，物得以生，謂之德」。太初元氣初萌，似有非有，似無非無，可以說有無皆無，雖有元氣而不可名狀，故曰有無名。元氣渾淪可稱爲一；一之所起，元氣中已涵萬物之性體，雖尚未露形象，然而萬物皆由此而生，各順自然，各得其生，生存之道，卽造化之德也。

宇宙始生之前

宇宙始生之前，列子天瑞篇稱之曰太易，太者，大也，易者、變也；宇宙爲萬物之總體，在未有萬物之前，只有萬有變化之元氣，在無形之中醞釀生機，生機者「視之不見，聽之無聲，循之不得」，只有稱之曰「無」。老子第四十章云「天下萬物生於有，有生於無」。有無相對，爲直接因緣，有之前爲無，但不可說無之前爲何物；由有可以推想到無，宇宙未生之前當然是無；無之前仍然是無，此不可致詰者也。有由無而實現，據實可以推理，猶如此處有千年古木，在千年之前本無此古木，而現在此古木係天然生長於此？抑係人工移植於此？其得此長壽，係自然環境所致？抑係人力保護所成？憑此古木之現況，可以想此種種理由；如無此古木，則無物可指，亦即無任何理由，如何再能推想無任何理由之前爲何物？故宇宙未生成之前，可以就現實之宇宙而推想其元始，猶之地質學家，依據土層石質可以追究到億萬年前之地史，若無所依據，則一切皆無，又何能研討無中之無？列子湯問篇云：

殷湯問於夏革曰「古初有物乎」？夏革曰「古初無物，今惡得物？後之人將謂今之無物，可乎」？殷湯曰「然則物無先後乎」？夏革曰「物之終始，初無極已。始或爲終，終或爲始，惡知其紀？然自物之外，自事之先，朕所不知也」。殷湯曰「然則上下八方有極盡乎」？革曰「不知也」。湯固問，革曰「無則無極，有則有盡，朕何以知之？然無極之外復無無極，無盡之中復無無盡。無極復無無極，無盡復無無盡，朕以是知其無極無盡，而不知其有極有盡也」。

未有宇宙之前，一切皆無，無所謂空間時間，有宇宙始有上下古今，所以問「古初有物乎」？只得答曰「有」！後之視今亦猶今之視古，古猶今也。問「物無先後乎」？即等於問：物無始終乎？既有始終，則始之前如何？終之後如何？夫始生之前爲無，終了之後仍爲無，「無」爲人所不能知者也；所可知者爲對宇宙實際之體驗，四時之循環，萬物之新陳代謝，繩繩不絕，自有人類以來，亘古如斯，不知其年歲有若干世紀，天地以外之事，天地未生之先，是何情形？吾何以知之？——莊子知北遊，冉求問孔子「未有天地可知耶？」孔子所言與夏革所言同義，人之所能知者爲「有」，自有天地以來古猶如今。老子所云「有物混成，先天地生」（二十五章），乃形容無形之道體，道本非物，故仍可說：未有先天地而生之物。

造化統一、自然爲本

萬物有形，生命無形，宇宙之形形色色，爲一大生命表現，此一大生命之根本曰造化，能分門別類化生一切；造化之力量曰自然，自然之功能有當然之規律，有無限之妙用以統屬萬物，使之各有儀則，各順其生。宇宙之現象有變，造化之功用不變，誠如老子所云「獨立而不改，周行而不殆」（第二十五章），爲絕對之偉大，萬物依之而生，「誘然皆生，而不知其所以生；同然皆得，而不知其所以得」（莊子駢拇）。老子云「天長地久，天地所以長久者，以其不自生故能長生」（第七章），列子天瑞篇述此義云：

有生不生，有化不化。不生者能生生，不化者能化化，生者不能不生，化者不能不化；故常生常化。常生常化者，無時不生，無時不化。陰陽爾，四時爾，不生者疑獨，不化者往復。往復，其際不可終，疑獨，其道不可窮。黃帝書曰「谷神不死，是謂玄牝。玄牝之門，是謂天地之根。綿綿若存，用之不勤」。故生物者不生，化物者不化。自生自化，自形自色，自智自力，自消自息。謂之生化形色智力消息者、非也。

有生，指有形之生物而言，有化指現實事物之變化而言；不生不化者，指無形之造化而言。萬物俱在宇宙總體之中生存，其生存所需之條件、互相關連，不能獨立自主，一切事物之變化皆然，其因素頗多，不盡在其本身。造化者，能造成萬物，變化萬事者也；惟造化能統轄宇宙整體之生命，故曰：有生者非自己能生，有化者非自己能化。無形之造化始能生萬有之生物，能化無窮之變化。生者雖不能自生，化者雖不能自化，但又不得不生，不得不化，何也？因爲天地爲萬物之總體，在天地一體存在之內，有自然之規律，每一分子之生死變化，俱須受造物之按排，生生不息，變化不滯，陰陽調和，四時運行，往復循環，其道無窮，有獨立不改，絕對無限之功能，始克保育整體生命，而有萬古常新之宇宙。黃帝書以谷神比喻空靈虛無之造化，虛無者無形也，無形安有死？無形不生不死，然其有玄妙功能，生殖萬物，故稱曰玄牝。門爲出入之所，「萬物皆出於機，皆入於機」（天瑞篇，子列子適衞段內之語），萬物之生滅，隨造化之機動而然，故曰玄牝之門爲天地之根。天地之根至幽至微，綿綿若存，不可測度，而其功用無盡；其本身不生不化，而運用自然玄妙之功能使萬物自生自化，其無爲之德，無象無迹，若謂生化形色智力消息，乃天道有所爲，故意使之而然，非也！——莊子亦述此義云「夫天下者，萬物之所一也」（田子方），天地萬物，其體爲一，爲一整體之生命，造化猶如「大冶鑄金」（大宗師），能生化萬物，而其本體則空靈冲虛，無所謂生，亦無所謂化；假使亦生亦化，與物無異，豈能作生化之本歟？

天道無爲而無不爲

谷神、玄牝、天地之根，皆造化之別稱，天道卽造化之道，其本體不生不化，綿綿若存，不見其形，然而其用無窮。宇宙總體，統攝於造化，造化散佈廣大無私之自然功能，使萬物「自生自化，自形自色，自智自力，自消自息」，眞乃不令而行，無爲而成，所謂「生而不有，爲而不恃，長而不宰」，「衣養萬物而不爲主」（老子第十第三十四章），天道無爲也。有爲卽故意有所作爲，故意有所作爲，則必有所偏失！

萬物紛紜，所現之形、聲、色、味等等，皆造化所使然，故曰「有生者，有生生者；有形者，有形形者；有聲者，有聲聲者；有色者，有色色者；有味者，有味味者」。造化使之各如其分而現其實。生者死，形者實，聲已發，色已彰，味已出，而造物者在冥冥中，不露迹象，「無爲，而無不爲」（老子第三十七章），故能陰陽，能柔能剛，能短能長，能圓能方，能生能死，能暑能涼，能浮能沉，能宮能商，能出能沒，能玄能黃，能甘能苦，能羶能香。無知也，無能也，而無不知也，而無不能也」（天瑞篇）。其無象無狀，似乎無知無能，而其實天清地寧，萬物生生，人文之昌明，花鳥之靈美，皆其所爲也，實乃無不知也，無不能者也。——莊子述此義云「天地有大美而不言」（知北遊），「無爲而尊者、天道也」，「從容無爲，而萬物炊累焉（炊累升動之貌）」（在宥）。

總上所述爲列子所講道家之天道觀。老子云「人法地，地法天，天法道，道法自然」（第二十五章）。道家之天道，非宗教家之神性天道，乃是自然而有理則之天道。宇宙未生之前，是何情狀？不可得知。只就現實之宇宙作觀察，可以體會到天地萬物一大總體生命，芸芸衆生有一貫生存之道，大同小異，皆不能違反自然。只就人類而言，天地有好生之德，人類有好生之心，如何生存？皆有其自然之知能；是非之心，人皆有之，好善惡惡，出乎自然，侵害他人，必遭反報，故不爲也；此皆天生自然之心理，人同此心，心同此理，此理名曰天理。假如故意違反天理，則等於自己危害生存，所謂必遭天譴，爲天德所不容，卽爲自尋滅亡。不獨此也，人皆知求生存，求生存爲自然之事，生存競爭，有自然之律，優者勝而劣者敗，敗者雖未必因故意作惡違天理而失敗；然若自甘墮落，不能應順自然，與時俱進，故亦必受淘汰。蓋天地之道以自然爲法，宇宙之整體生命卽一大自然，誰能脫離自然與天地對抗哉！

天道無所不能，有絕對之權力，而不現迹象，萬物在其生化之中，皆感自然適性，以爲「自生自化，自形自色，自智自力，自消自息」，此卽「無爲」之功。道家以爲聖人之所以能治天下，卽因能法天道之無爲，使萬民「各安其性命之情」（莊子在宥），各安其性，「皆曰我自然」，故曰「道常無爲而無不爲，侯王若能守，萬物將自化」（老子第十七章、三十七章）。儒家注重「天行健，君子以自強不息」之義（易經乾卦）；道家特崇天德之柔，儒家特崇天德之剛，剛柔不同，相輔爲用，而總之皆崇法天道。

三、生死觀

與天地一體、與造化同流

老子云「有物混成，先天地生」，爲天下之母，（第二十五章），亦卽所謂天地之根，亦卽天地之生命，天地爲萬物之總體，萬物之生命俱依存於總體，總體之生命分衍而爲萬物，故宇宙之總體生命，亦卽萬物之共同生命。萬物之生滅變化，新陳代謝，卽宇宙生命活動之現象，無論動物植物，甚至大地山河，俱時刻在變化，惟在人類之眼光中有顯明者，有不顯明者而已。生存在宇宙整體生命之中，未有一物可以獨自作主，而能不生不死者，故列子云「生者理之必終者也。終者不得不終，亦如生者之不得不生。而欲恒其生，畫（止也）其終，惑於數（理）者也」（天瑞篇）。惑於理者，卽不明天道者也。

天道發揮之功能曰造化，造化總持萬物變化之機，物體不能不變化，乃自然之道，「有」自「無」生，又化爲無，有無變化，一動一靜，乃造化運行之跡象，故曰「萬物皆出於機，皆入於機」，出則顯現爲生之象，入則隱沒爲死之象，其實萬物在天地一氣變化之中，動靜隱現，無所謂生死，故曰「有生則復於不生，有形則復於無形。不生者非本不生者也，無形者非本無形者也」（天瑞篇）。有生變而爲無生，有形變而爲無形，「有」生於「無」，還歸於「無」，「無」又化而爲有生有形，猶如百歲老人，在百歲以前本無其人，在百歲之後其人仍歸於無；「出生入死」（老子第五十章），乃造化活動之現象，若生而不死，或死而不生，落爲停滯之狀態，乃爲眞死。是以列子見百歲髑髏，顧謂弟子曰「唯予與彼，知而未嘗生，未嘗死也。此過（果）養（恙）乎？此過歡乎」？（天瑞篇）。列子已悟生死之理，髑髏已歷死生之道，生者由無而生，死者由有化無，俱在變化之中，猶晝暮而夜至，春去而夏來，無所謂生死，故曰「未嘗生，未嘗死」；然則死者果爲遭殃乎？生者果爲眞樂乎？萬物在宇宙整體生命之中，猶如人之全身，無數細胞同氣連枝，集體存在，箇體不能獨立，須隨集體之變化，列子引老子之言云：

「有生之氣，有形之狀，盡幻也。造化之所始，陰陽之所變者，謂之生，謂之死。窮數達變，因形移易者，謂之化，謂之幻。造物者其巧妙，其功深，固難窮難終。因形者其巧顯，其功淺，故隨起隨滅。知幻化之不異生死也」（周穆王篇）。

生死變化、自然之律

萬物出自陰陽造化，形體隨時變異，就人類而言「人自生至終，大化有四：嬰孩也，少壯也，老耄也，死亡也」（天瑞篇）。嬰孩化爲少壯，嬰孩之形態已亡，而少壯繼之；少壯又化，而老耄繼之；以此推之，形態變化，並非消滅，造物之巧妙，難以窮終；有形之變化，隨起隨滅；無形之變化，隱而不顯；起之前，滅之後，皆在無形變化之中。佛家有生死海之說，海水未生衆漚之前，衆漚無象；海水生起衆漚之時，衆漚有象；衆漚化爲海水之後，仍歸無象；故曰「知幻化不異生死也」。莊子闡述此義云「人之生，氣聚之也；聚則爲生，散則爲死。若生死爲徒，吾又何患？故萬物一也；是其所美者爲神奇，其所惡者爲臭腐，臭腐復化爲神奇，神奇復化爲臭腐，故曰通天下一氣耳」（知北遊）。

衆生既爲陰陽所化生，通天地爲一氣，其生命在宇宙整體生命之中，如衆漚之於大海水，受造化之支配，生死動靜，皆循天地自然之律，猶如人身之活動，細胞隨之而變化，惟全體之命令是從，不能獨自作主，列子述此義云：

舜問乎烝曰「道可得而有乎」？曰「汝身非汝有也，汝何得有夫道」？舜曰「吾身非吾有，孰有之哉」？曰「是天地之委形也。生非汝有，是天地之委和也。性命非汝有，是天地之委順也。孫子非汝有，是天地之委蛻也。故行不知所往，處不知所持，食不知所以。天地强陽，氣也；又胡可得而有耶」？（天瑞篇）。

我之生命、即宇宙之生命

宇宙之理難以窮究，天地變化微妙叵測，誰能超出天地之樊籠而窺其大全？誰能發掘宇宙之秘密而解其蘊奥？大道無涯，無所不在，人之智力在道體之中，猶如螻蟻在地球之上穿穴覓食而已；道通天地有形之外，誰能得而有之哉？若能得而有之，則不但能解決人類之一切難題，而且眞可能撝戈反日，扭轉乾坤，此必無之事也。人不但不能了徹整箇宇宙之大問題，卽本身之問題亦不能盡知，不能隨意自主，故曰「汝身非汝有也」。人在天地間，等於一微塵，微塵不離乎天地，大化運行，賦我以形，不知所以然而生；在現境留連之中，我雖不願死，亦不能不死；生不知所來，死不知所去，此身乃天地一氣運動所委之微形，如堅持此微形以爲己有，是與天地之一氣相分裂也，豈有此理？此微形如泡影，旋起旋滅，仍在天地一氣之中，故不必貪生怕死；此微形與天地爲一體，我之生命與宇宙同一生命，生命廣大，不被蕞爾之微軀所羈限。廣大之生命，無始無終，與天地並壽，列子曰「天地終乎？與我偕終」（天瑞篇），不必怕死，怕死等於杞人憂天；試問天地有終之時乎？天地無終，我亦無終也；莊子更顯明言之云「萬物一府，死生同狀」，「天地與我並生，而萬物與我爲一」（天地篇、齊物論）。

佛家爲破除人生固執現實之妄念，謂一切事物皆爲因緣和合而成，無獨立存在之性故曰「諸行無常，諸法無我」，一切皆空；道家亦講此義，不明此義者，不能超生死，列子云：

精神者、天之分，骨骸者，地之分。屬天清而散，屬地濁而聚。精神離形，各歸其眞；故謂之鬼。鬼、歸也，歸其眞宅。黃帝曰：精神入其門，骨骸反其根，我尚何存？（天瑞篇）。

由有化無、去來自如

精神骨骸，爲天地陰陽和合而成，「合則成體，散則成始」（莊子達生），成體則有形，但不必堅持此形爲實有之我，不必貪戀現狀，妄想永遠保留；陰陽和合成形，有合則有散，既散之後，一切皆空「我尚何存」？然而不必憂，亦不必懼，「散則成始」，返歸原始，歸於宇宙之總體，亦卽「歸其眞宅」。老子云「萬物並作，吾以觀其復，夫物芸芸，各歸其根，歸根曰靜，靜曰復命，復命曰常」（第十六章）。萬物生氣勃勃，並列於前，但他並非永遠如此，吾人當觀其出沒往復之化機，目前萬象紛紜，乃暫時存在，究竟必返其本原，由「有」化「無」，無者無形無聲，故曰靜，歸於靜，卽歸於天地一體之本來生命，此乃自然眞常之道，故老子「以死生爲一條」（莊子德充符），「知生死存亡之一體」，故「古之眞人，不知悅生，不知惡死，其出不訢，其入不拒，翛然而往翛然而來而已矣」（莊子大宗師）。

世人之貪生怕死，似乎對死曾有經驗，似乎深知死後不如生前之樂，似乎深知死後必下地獄，此眞私心作祟，自尋煩惱者也。列子云「生不知死，死不知生，來不知去，去不知來」，一任自然，不必容心於其間（天瑞篇）。已化而生，又化而死，生死自然，乃天理之常道，老子云「知常曰明，不知常、妄作凶」（第十六章）。不知常者，卽貪生怕死之徒，愚昧妄爲，以求利己之生，甚至爲己之生而致人於死。似此違反常道，正所以自尋滅亡。明哲之人知常守常，知「生之來不能却，其去不能止」（莊子達生），循天理之自然，隨大化之流行，何往而不可哉？

生則活動、死乃休息

苦由自取，樂由自尋，違反天理者，自知必受天罰，故以死爲可憂可懼；應天守道者，以生無所愧，死無所慮，「死生無變於己」（齊物論）。苟死後爲仍續前身，另轉境界，則生前樂，死後亦樂；苟死後爲永遠安息，不再有憂勞之苦，豈不善哉？列子述孔子與晏子之言云：

子貢曰「大哉死乎！君子息焉，小人伏焉」；（荀子大略篇，亦有此文。伏作休）。仲尼曰『賜！汝知之矣。人胥知生之樂，未知生之苦；知老之憊，未知老之佚；知死之惡，未知死之息也。晏子曰「善哉！古之有死也；仁者息焉，不仁者伏焉」。死也者、德之徼也。古者謂死人爲歸人；夫言死人爲歸人，則生人爲行人矣。行而不知歸，失家者也。一人失家，一世非之；天下失家，莫知非焉。有人去鄉土，離六親，廢家業，遊於四方而不知歸者，何人哉？世必謂之狂蕩之人矣。又有人重形生，矜巧能，修名譽，誇張於世而不知已者，亦何人哉？世必以爲智謀之士。此二者，胥失者也。而世與一、不與一，惟聖人知所與，知所去』（天瑞篇）。

死爲此生之結束，故子貢嘆爲大事，君子生前孳孳爲善，小人生前孳孳爲惡，死後一切休止，同歸寂寞，豈不令人感慨！孔子以爲一般人皆以死爲可悲，但可悲亦不能不死，悲傷亦無可奈何；自尋苦惱，還須自己消解。不如改變觀念、試想：人生在世，競爭生存，無論成敗得失，皆須苦其心志，勞其肢體，到最後，盡成幻夢，有何可樂？若以「死生爲晝夜」（莊子至樂），晝須勤勞，夜當休息，則生無足喜，死無足惡。

人世無絕對之事，生死乃相對之象，晏子謂：古人明生死之理，深知有生必有死，故將死視作必須有之境，仁者修身愼行，勤奮惕厲；不仁者縱慾妄爲，自造罪孽；勞苦一生，皆當有休息之時，故「死」乃人生應有之階段，生前之負擔至此卸免；一切憂勞皆已擺脫；死而無知，永得安息；死而有知，當感輕鬆；故古者謂死人爲歸人，視死如歸，其樂忘死。然則生人勞身奔忙，豈不等於失家而未得歸宿者乎？人之棄家離鄉浪遊不歸者，世譏之爲放蕩之人；人之矜巧能、爭名利、炫耀於世而不止者，世譽之爲智謀之士；此二者皆迷心現實，沉溺於慾壑中而不能自拔，而世人贊許後者，而輕視前者，其實兩者皆昧於眞理者也。惟聖人去取得當，所取者爲明理守道之人，不爲物慾所役，見得思義，富貴貧賤無動於中，當仁不讓，以身殉道在所不顧；此卽孔子所云「與造物者爲人，而遊乎天地之一氣」（莊子大宗師）者也。所絕棄者爲昏憒荒妄之徒，毀侮名教，迷信權利，强取巧奪，以飽私慾，終身享樂，惟怕死至，故生前便自造石椁石椁，其工程之奢靡，三年尚未成，以期死後骨骸不朽（此司馬桓魋事、見禮記檀弓上）；或多積賄財，臨死囑子孫每年按時請僧人祈禱超渡，向鬼神求情，以期減輕罪罰；此眞所謂「大愚者終身不靈」（莊子天地篇），頑石不如也。

造化對我、生死皆善

列子稱頌古人對生死之觀念，以爲死者猶如遠遊歸家之人，得其所安；生者猶如出行迷路而未得歸家者也。莊子賡述此義云「已化而生，又化而死，解其天弢，墮其天袠，紛乎宛乎，魂魄將往，乃身從之，乃大歸乎」！「予惡乎知悅生之非惑耶？予惡乎知惡死之非弱喪而不知歸者耶」？（知北遊、齊物論）。大歸爲一定不易之歸宿，入此歸宿，乃大安寧。以死者爲大歸，以戀生惡死者如稚子喪家，迷失道路而不知歸。莊子更進一層發揮此義云「夫大塊載我以形，勞我以生，佚我以老，息我以死，故善吾生者，乃所以善吾死也」（大宗師）。——世之怕死偷生者，悖理妄爲，以求厚已之生；行險僥倖，以圖苟免於死；終身爲生死問題所束縛，眞乃自造枷鎖也。試想：汝自以爲人身難得，生命可貴，但汝之得天獨厚，並非由汝之力量營求而來，天地陰陽爲萬物生命之本源，「陰陽於人，不啻於父母」，天地爲大鑪，造化爲大冶，「今大冶鑄金，金踊躍曰：我且必爲鏌鋣」，有此理乎？（大宗師）。人在天地一體生命之中，如胎兒之在母腹，無力要求曰：我必爲男、或必爲女；及出生之後，則亦無法要求曰：我必活百年，或長生不老。事實如比，而竟有說大話者曰「人定勝天」，是自欺也。我在未生之前，未能要求出世爲人，而造物者自動使我爲人，既已爲人，自知可貴，即好自爲之可矣；天地有常道，人心本自知，遵道而行，不必妄有企求，造化對我始終有妥善之按排，既善我之生，亦必善我之死，不必爲死而擔憂。更進一層言之，列子仲尼篇有「內觀」之法，謂「內觀者，取足於身」，與佛家「觀心」之法相似，心為萬法之主，一切事求之於本心，無不如意，孟子云「萬物皆備於我矣，反身而誠，樂莫大焉」（盡心篇），自身之事，當「求諸己」，取足於自身；故生死問題亦當自己解決，方能圓滿。既以人生為可樂，即當「自求多福」（詩經文王篇），幸福必由自力而來，靠他人之恩惠，反為苦惱；求上帝之顧恤，無補於事；此生之善境既係自造，若死後無生，則即無死後之問題；若死後有生，則死後之幸福仍須自造；故善吾生亦即能善吾死。倘宗教家三生之說為實有，所謂「禍由自取，福緣前修」，則善修今生為來生鋪路，故今生之致力向善，亦即開闢來生之美境也！如此，人生之前途有無窮之希望，宗教家仁慈之心，化度衆生，而使之獲永生之大願；豈如唯物派，「斷滅論」之殘忍，不但滅絕人之來生，又且危害人之現世乎！

死生往返、超然自在

前段所言，已有人之死後，並非斷滅之義，此並非自佛教傳來輪迴之說，中國始有此思想。列子天瑞篇述林類對子貢言云「死之與生，一往一返，故死於是者，安知不生於彼？故吾安知其不相若矣。吾又安知營營而求生非惑乎？亦又安知吾今之死不愈於昔之生乎」？此即謂今生之後猶有來生，然所謂「安知」？則尚有疑意而未確定；及莊子則有顯明之言云「死生命也，其猶旦夜之常、天也」（大宗師）。天有晝夜，人有死生，輪轉不已，此乃經常之道，自然之事，法天任運，不必擔心死生問題。田子方篇引老子之言云「至陰肅肅，至陽赫赫，肅肅出乎天，赫赫發乎地，兩者交通成和、而物生焉；或為之紀，而莫見其形。消息滿虛，一晦一明，日改月化，日有所為而莫見其功。生有所乎萌，死有所乎歸，始終相反乎無端，而莫知乎其所窮」。此與佛家所說之生死流轉何異？惟佛家悲人生之痛苦，對於塵世之憂患，不忍目睹，故小乘派只願入涅槃而歸於寂靜安穩，不再受生死流轉之苦。然宇宙生命總爲一體，大化運行，有無相生，生滅變化自然之律；萬物互相依存，生命不能自主，誠如天瑞篇所云「生者不能不生，化者不能不化，故常生常化。常生常化者，無時不生，無時不化」。事實如此，能停留於涅槃之中，而不受造化之支配乎？因此，大乘派乃轉變心願，曰「不厭生死，不住涅槃」，其實厭亦無可如何，住亦不可能，於是乃更進一步，振起自强之心，曰「煩惱卽菩薩，生死卽涅槃」，菩薩亦有煩惱之事，惟菩薩能於苦中尋樂，如顏子之「人不堪其憂，回也不改其樂」；雖有生死之苦，而能隨遇而安，不被苦惱所困，此卽菩薩境界。

道家之生死觀則至爲輕鬆，有人以人生最樂，年壽有盡，惟恐死後不得再爲人；有人以人世多苦，我生靡樂，不如草木無知無憂；一則怕死，一則厭世，道家皆非之，生死既由造化作主，生不能無苦，生不能不死，「知其不可奈何，而安之若命」（莊子德充符），「天地與我並生，而萬物與我爲一」（齊物論），我之生命在天地大生命之中，天地有變化，我之生死卽天地變化之一端。萬物平等，「以道觀之，物無貴賤；以物觀之，自貴而相賤」（秋水篇），不必以「萬物人爲貴」以自居，亦不必以人不如飛鳥之樂；法天任運，一切皆出乎自然，而自足自安。佛家之最高之境界爲空觀、解脫，照見一切皆幻，萬法皆空，故能離生死之苦，而入涅槃之樂，此卽成爲佛陀。道家之眞人亦能見到「有形者，與無形無狀而皆存者，盡無（空觀）」（天瑞篇），是以「不知悅生，不知惡死，其出不訢，其入不拒」，與天地精神往來，翛然而往，翛然而來而已矣（解脫），（見大宗師、天下篇）。佛陀之境界寂靜，眞人之境界活潑，皆能超脫生死而得至樂。

結語

總上所述列子以「天地合精，萬物化生」，「萬物皆出於機，皆入於機」（天瑞篇）終者不得不終，生者不得不生；死之於生，一往一返；死如歸人，暫得休息；有無相生，一動一靜，故可謂未嘗生，亦未嘗死。我之身體，乃天地之委形，陰陽之所幻，精神離形，斯爲歸眞；我之生命與天地爲一，天地無終，我亦無終，如此，則生不必喜，死不必憂，我只隨造化之自然，來去無礙，何往而不可哉？似此超脫生死，翛然自在之境界，非言論所能傳導，乃由智慧證悟而得者也。

四、力命論

普通所講之定命論

定命論或宿命論之說，蓋自古有之。夏桀無道，民怨沸騰，桀曰「吾有天下，如天之有日」，意謂：天之有日，爲固定而不變者，吾之有天下，亦爲天命所定，如日相同，永不能亡。紂王暴虐，大臣祖伊進諫，紂曰「我生不有命在天？」及武王宣布紂之罪狀，謂紂「剝喪元良，賊虐諫輔，謂己有天命」（見尚書：湯誓、西伯既戡黎、泰誓中）。其所相信之天命，大抵以符應、預兆、庶徵之傳說爲依據。及陰陽家之說興，定命論所持之理由愈多，如星命、相面、揣骨、看手理等等方術，謂生辰、面貌、骨格、手紋等等，皆關係人生命運之休咎，皆先天所定而不能更變者也。是以墨子有非命篇、荀子有非相篇，皆駁斥此種定命論之荒誕。——按鄒衍之前，周人萇弘即善陰陽家之術（見淮南子氾論訓），墨子貴義篇述「日者」之言，荀子儒效篇謂武王伐紂，出兵之時，適逢兵忌日，而武王不顧。蓋陰陽家之說，自古有之，觀墨子之非命，荀子之非相，即知其指陰陽家所說之命、相而言。

力命與上述之定命不同

列子之力命篇，被後世指爲定命論，其實列子所講力命之「命」，與普通所講定命之「命」不同。人生事業之成功，須靠能力與時機（俗稱運氣，亦卽時運），有傑出之才，懷濟世之志，然生不逢時，有力無所用，亦與常人無異；有平庸之子，而得天獨厚，或有先人之蔭庇，或遇機緣之巧合，而竟飛黃騰達。時運亨通，則鄙夫登臺閣；命運乖舛，則賢才埋草野；賈誼乃英傑之士，而遭謫貶；鄧通爲諂佞之夫，而得高位；盛治之世，猶有此悖理之事，而況衰亂之時乎！奸類得志，忠良被廢，是非顚倒，人事叵測，只可歸之於命運而已。由此觀之，命運實決定人之成敗窮達。列子有慨於斯，故假設力與命互相爭論，結果力不能勝命。事實顯然，幸運能使瓦釜雷鳴，劣運則使黃鐘毀棄，時不利兮，雖有力亦無濟於事，列子假設命對力自言其本質云：「自壽自夭，自窮自達，自貴自賤，自富自貧」，天然所構成之條件，使其自然而然，勢所必然，非人力所能爲也。

列子所講命之含義

列子之意，並非輕視才力，只重命運；試看、頑劣無能之徒，苟遇幸運而能乘勢作惡；忠貞有才之人，時運不良而困頓終身；此眞令人慨憤之事！故力命篇特講命運之重要。命運乃自然之條件所構成，非人力所能改變者，故稱之曰命。「農赴時，商趨利，工追術，仕逐勢，勢使然也。然農有水旱，商有得失，工有成敗，仕有遇否，命使然也」（力命末段），可知命之含義。旣知命非人力所能改移，卽當順天理識時務，不必强有所求，以免流於大膽妄爲，自陷痛苦之中。故列子所講之命，非墨子非命篇所述世俗「以命富則富，命貧則貧」之命；張處度深明此義，故所注之語甚切，謂「命者必然之期，素定之分也；雖此事未驗，而此理已然。若以壽夭存於御養，窮達係於智力，此惑於天理者也」。意謂：事物有一定之限度，此卽所謂定數，如人之年壽，大抵不過百歲；人之身體，大抵不過七尺。人生有本來之職分，此卽所謂本分，如孝親教子爲本分之責，齊家愛國爲本分之務，此皆爲命定之事。命卽理之所必然者，例如一分耕耘，卽有一分收穫，多行不義，卽必多招罪戾；不須作出其事方見有驗，其理在無形中已有固定之安排。若以壽夭存乎御養，則養尊處優者皆可健康而長壽；貧苦勞力者皆必多病而夭折。若以窮達係於智力，然以李廣之智勇而不得封侯，以晉惠之痴騃而榮爲帝王；若徒相信人力物力之功用，而不相信時機運氣之否泰，是昧於天理者也。

對於命之含義再加申述

前段所述張注，已將「命」之含義簡要說明，玆再加以申述：何謂命？中庸「天命之謂性」，朱注云「命猶令也」，人類有天然生存之理，有自然必遵之道，猶如命令一般，不可違越，儒家稱曰「天命」。故凡事之不可變更者，皆曰命定之事。簡而言之：命爲人生天然所賦之條件，如人有四肢而不能生兩翼，人必陸居而不能水棲，人有智愚，有美醜，有生必有死。此天然命定之事，不可更易者也。

又「命」爲人生自然必趨之理，如飢則思食，寒則思衣，好善惡惡，有感必有應，凡人所必需之事，而不能違拒者，皆曰命，故列子引古人之言曰「不知所以然而然，命也」。凡爲種種條件所限制，而人所無可奈何之事，皆曰命。無才能者，巧逢幸運，而僥倖成功；有才能者，遭遇屯邅，而落魄以終；愚闇怠惰，本當貧苦，然而其承受先人之遺產，得以坐享飽煖；天資聰慧，當能博學，然而其困於艱窘之環境，遂致目不識丁；人生之禍福，有幸有不幸，機會所使然，條件所使然；有才幹而無機會不能成功，有機會而無才幹亦不能成功，機會非人力所能造，才幹亦非人力所能造，此皆命定之事也。

或云：人力可以打破惡劣之環境，開拓光明之前途。此乃對消極者鼓勵之詞耳，打破環境，須有打破環境之條件；開拓前途，須有開拓前途之機會；倘無其條件，無其機會，豈能打破環境，豈能開拓前途？或云「人定可以勝天」，此乃人類自豪之詞，爲勸人發憤之語；人定果可勝天，則秦皇萬世帝王之計，不至速亡；諸葛興復漢室之志，不至成空。人定果可勝天，則人可以長生不老，可以死而復生，人定果可勝天乎？莊子云「知其不可奈何，而安之若命」（人間世），凡無可奈何之事，皆爲條件與機會所限制，此卽所謂命定之事，故「命」乃人所不能改變者也。

既知命爲理之自然、事之必然、則即當安命

忠勇震乎華夷，勳業昭如日月，然而庸君昏闇，奸臣當權，嫉賢害能，剷除異己，英雄被廢，只得忍氣吞聲，明哲保身，退隱湖山，此卽列子所謂「可以生而生，天福也」。身爲國家之將領，尊榮威嚴，一旦强寇壓境，則卽當身先士卒，衝鋒陷陣，殲敵奏功；倘不幸兵敗被困，則卽當曰「此吾爲國效命之日也」！力戰而死，以謝失職之罪，且免被俘之辱，此卽列子所謂「可以死而死，天福也」。富豪子弟，錦衣玉食保養優厚，本願永年，而驕橫荒唐，縱慾淫樂，以損壽命，甚至或殺人或被殺，竟以夭亡，此卽列子所云「可以生而不生，天罰也」。高官厚祿，守土有責，而尸位素餐，喪師辱國，身陷敵圍之中，可以死矣！而反搖尾求憐，認賊作父，媚敵求生，此卽列子所云「可以死而不死，天罰也」。當生則生，當死則

死，此之謂得其所生，得其所死，此知命安命者也。不可以生而妄求生，不可以死而枉尋死，此之謂偷生、屈死，此不知命不安命者也。知命安命，不知命不安命，此卽智愚正邪之別，世上智愚正邪對立存在，孔子云「惟上智與下愚不移」（論語陽貨篇），皆各任其天性之自然而成其人格，此皆命定之事，非人力所可如何者也；列子云：

可以生，可以死，得生得死有矣；不可以生，不可以死，或死或生有矣。（按得生得死，卽上文所云天福也。不可以生，不可以死，或死或生，當作「或生或死」，言不可以生而竟偷生，不可以死而竟屈死，卽上文所云天罰也）。然而生生死死，非物非我，皆命也；智之所無奈何，故曰：窈然無際，天道自會；漠然無分，天道自運。天地不能犯，聖智不能干，鬼魅不能欺，自然者默之成之，平之寧之，將之迎之。（力命篇）。

生死非外物所能左右，亦非自己所能作主，皆命定之事，非智力所能如何。生死之理，窈漠無涯，乃天道自然運行，自然會合，二氣相聚則生形，氣散形滅，則還歸本源，老子云「人法地，地治天，天法道，道法自然」。天地之大，人心之智，妖邪之鬼祟，皆不能違反自然。宇宙有形之事物可以測量，自然無形之玄妙不可計度，試看：天地萬物生滅不已，誰知其故？實乃自然之力，造化之功，在冥冥中生成之，安定之，暑來寒往，生死幻化，彷彿送舊迎新，去來有序，一切皆受自然之按排，有一定之規律，不知所以然而然，故稱之曰天命。人人皆有良知，皆知是非，亦卽皆知天理；上智之人，本良知依天理以行事，此卽所謂安命。下愚之人，故意昧良心違天理，以爲其智巧才力可以戰勝一切，然結果天罰難逃，及痛悔無及之時，始信天命不可違矣。

不安命不守分、是大愚也

命乃天然所定之條件，人力不能改變天命，故賢者未必壽，惡者未必夭，皆由自然命定所致。勤儉者未必致富，奢惰者未必受窮，皆由自然時運所定，故列子曰「死生自命也，貧窮自時也；怨夭折者不知命者也，怨貧窮者不知時者也。當死不懼，在窮不戚，知命安時也」。命者必然之期，素定之分，非人力所能變易，故曰「其使多智之人，量利害，料虛實，度人情，得亦中，亡亦中。其少智之人，不量利害，不料虛實，不度人情，得亦中，亡亦中，量與不量，料與不料，度與不度，奚以異」？聰明之人，欲作非分之求，既有料事之智，又能應付人情，然究其結果，得亦半，失亦半。愚魯之人，無料事之智，亦不作分外之求，只知盡其所能以行事，其結果失亦半，得亦半。智者分外之求，每致得不償失；愚者分內之事，亦有力所不及；二者皆有得失，其得失有何差異？智者與愚者，各守其分，各安其命，智者之事功可能勝過愚者，如此，乃有智愚之別。若愚者能力薄而守分，智者能力高而不守分，其得失若相等，則智愚相同；若智者越分過甚，惹怨招禍，所謂「聰明反被聰明誤」，則智不如愚矣。故此類智者，非眞智也；知命安命，乃眞智也；列子引『老聃語關尹曰「天之所惡，孰知其故」？言迎天意，揣利害，不如其已』。聖人知天之好惡，故能敬天命而順天理；俗人自作聰明，以爲人定可以勝天，乃憑其小慧，以窺測天意；施其巧詐，以趨利貪得；結果得失參半，勞而無功；甚至如鼠之偸食，如蚊之噬人，得一時之幸，飽一時之慾，而最後竟遭殺身之禍。大智之人，對分內之事，不怕一切艱苦；對分外之事，不作絲毫妄想；守分安命，坦然自在，生死禍福，皆處之泰然也。

關於命之涵義，儒道兩家所見相同；孔子曰「君子有三畏，畏天命，畏大人，畏聖人之言」（論語季氏篇）。畏者，敬也，天命者，天然所定人生之條件，人生所必遵之法則。大人者、乃國家之元首，乃保衞社會造福人群者也。聖人之言，化民淑世，乃導人於正路者也。大人濟世，聖人施教，皆必本乎天道，天道卽自然之理，宇宙萬物皆在其規範之中，如命令一般，不可違逆，故三畏以天命爲首。

命爲理之自然，事之必然，故人生有固定之道，孔子云「不知命、無以爲君子也」（論語堯曰篇）。愛人者人亦愛之，害人者人亦害之，此自然之理，在洪荒時代人已知之，及人智大開，文化日盛，人群共存共榮之道，愈以周密；個人自修自立之法，愈以嚴格；日常行事之一言一動，皆有當然之法則；若夫有關公共之事務，更有嚴正之規律；凡此種種，皆如命令一般，必須遵守。且自身之條件，亦爲命定之事，手只有縛雞之力，而思擧百鈞之重；才不過幫會之首，而欲掌治國之權；明知忠奸不並立，而投入濁流，妄想獨善其身；明知自身爲懦夫，而喜爲將帥，耀武揚威，及臨大敵，則心驚股慄，棄兵而逃；此皆不知命者也。小人不知天命，故意爲惡，固不能爲君子；卽不故意爲惡，不願爲小人者，然而不識時務，不知進退，不度德不量力，糾纏於邪正不分之混亂中，結果「涇以渭濁」，玉石俱焚，此亦不知命者也。

孔子「進以禮，退以義，得之不得，曰有命」（孟子萬章上）。禮門義路，爲人生必由之徑，悖禮義、卽違天命，故得失皆以禮義爲準，得失皆爲命定之事，孔子使子路爲季氏宰，欲輔季氏廢私權、强魯國，而公伯寮毀子路於季氏，大夫子服景伯謂孔子曰「季氏固然可聽公伯寮之言，但我有力量能使季氏不信公伯寮之言，而且加之以罪，陳其尸以示衆人」。孔子曰「道之將行也歟？命也；道之將廢也歟？命也；公伯寮其如命何」？（論語憲問篇）。魯平公將往見孟子，嬖人臧倉毀孟子，平公乃止；孟子知之，曰「吾之不遇魯侯、天也，臧氏之子，焉能使予不遇哉」！（孟子梁惠王下）。道之將行，非讒夫所能阻，殺讒夫以洩忿，君子所不爲也。魯平公既信小人之讒言，必不能納君子之忠言，即使其得見孟子，而語不相契，亦等於不見也；且其不見孟子之主因，仍在其自身，而不在臧倉，假使其眞有知人之明，眞有好賢之心，小人之言豈能阻之哉！薰蕕不同器，邪正不並立，季氏與平公皆親小人，不能容賢，而賢者亦不肯與小人同流，此乃自然之理，故孔子曰「命也」！孟子曰「天也」！天命不可違，則即聽天由命而已。

孔子五十而知天命，非謂五十歲始知有天命也；乃言其五十歲已知自身未來之命運也。人在少年時代，思想知能，正在發達，前途之遠景，未可限量。中年正當有爲之時，然以力可從心而命不由人，故將來之成敗，亦難預料。孔子云「後生可畏，四十五十而無聞焉，斯亦不足畏也已」（論語子罕篇）。五十歲已近晚年，學問事業，至此已成定局，如碌碌無聞者，亦即如此終身而已。而且人至晚年，血氣既衰，已乏奮鬥之力，在某種環境中，將來終止於何等地步，自己可能預料，故孔子自云「五十而知天命」（論語爲政篇）。

既知未來之命運，若未來之命運亨通，固無憂矣；若未來之命運艱苦；何不設法改善？莊子云「古之所謂隱士者，非伏其身而弗見也，非閉其言而不出也，非藏其智而不發也，時命大謬也」（繕性篇）。君子自強不息，始終不肯頹墮，如果人定可以勝天，豈不願得志青雲，澤加於民？然而命乃天然固定之條件，爲自然必由之趨勢，非人力所可改變者，故列子云「既謂之命，奈何有制之者耶」？（力命首段）。命既無法控制，不能變易，故君子知命安命，諺云「君子不與命爭」，與命相爭，勢必越分違理，行險以圖儌倖，是自求禍也。

結　語

總上所述，儒道兩家皆謂命乃天然固定之條件，爲天理固定之條件，爲天理自然之所歸，爲人生必守之分位，並非墨子非命篇所非之「命」。儒道兩家所說之定命，爲天命，天命不可改，故君子安命，此亦可謂定命論，然非陰陽家所說之定命。東漢王仲任善述此義，謂「操行有常賢，仕宦無常遇。賢不賢、才也，遇不遇、時也。才高行潔，不可保以必尊貴；能薄操濁，不可保以必卑賤；或高才潔行不遇，退在下流；薄能濁操而遇、進在衆上」。「修身正行，不能來福；戰慄戒愼，不能避禍；禍福之至，幸不幸也」。「富貴有命，福祿不在賢哲與辯慧，故曰富不可以籌策得，貴不可以才能成。智慮深而無財，才能高而無官。懷銀紆紫，未必稷契之才；積金累玉，未必陶朱之智。……故貴賤在命，不在智愚；貧富在祿，不在頑慧」（論衡：逢遇篇累害篇命祿篇）。抱朴子云「否泰係乎運，窮達不足以論士；得失在乎遇，榮辱不可以量才；時命不可以力求，遭遇不可以智達」（外篇博喻）。由此而言，可不信天命乎？

然而儒道兩家所說之定命，並非方術之士憑人之生辰相貌而構想之定命，故列子以力與命相提並論，謂「自窮自達，自富自貧」，即謂力與命相配合，則自達自富；不相配合，則自窮自貧。有優越之境遇與時機，亦須盡力所事，始能實現佳運，論衡命祿篇曰「雖云有命，當須索之；如信命不求，謂當自至，可不假而自得，不作而自成，不行而自至。夫命富之人，筋力自強；命貴之人，才智自高；若千里之馬，頭目蹄足自相副也。有求而不得者矣，未有不求而得之者也」。定命論之要義，在乎教人順天理，守本分，不作虛妄之想，以免自造苦惱；非謂命厚者不費力亦可致富，命薄者雖勞力亦終無補也。命富者不努力，則坐失其富；命貧者不努力，則益陷於貧；命厚命薄，皆當自強向自己理想之前途進行，孟子云「殀壽不貳，修身以俟之，所以立命也」（盡心篇），無論貧富殀壽，皆當盡心體道，順受正命，不必疑慮。中庸云「君子居易以俟命，小人行險以徼幸」。所謂「俟命」，並非如一般頹廢之定命論者，委心任運，不務實際，坐吃山空。所謂「立命」，亦非如一般反定命論者，矯亢自負，機變巧詐，以圖僥倖。所謂修身以俟之，即修養磨礪，健全自身，一切盡其在我，順乎自然，遵道而行，安度此生，至若貧富殀壽，乃命定自天，事實所限，不必妄費心勞，但求完成我之正命而已，亦即完成天所賦予之命，此卽所謂知命、安命、俟命、立命，諺云「盡人事、聽天命」，卽此義也。

五、達生論

莊子有「達生論」，列子無此專題，其所講達生之義，散見於各章，茲綜述之。

達者、通也，達生者、言通人生之理，明人生之道，不爲俗物所拘，不爲情欲所累，此卽知天命、超生死之人生思想。知天命者，不傲倪萬物，不降志辱身；是以身爲帝王而居高思危，謙沖爲懷，詢於芻蕘，以期天下之治；倘境遇艱苦，則澹泊自甘，素位而行，不作分外之求。超生死者，以浮生如幻夢，塵世如戲場，悲歡離合，過眼雲烟，幽意無窮，故不厭生；滄海桑田，世事無常，生從空來，死向空去，來去自然，故不惡死。不爲貴賤生死所拘繫，故能視萬物平等，視死生如一；達乎此境，非眞人不能。道家所崇之眞人、聖人、神人、至人，乃各就一面之表德而稱名，名不同，其實一也。眞人之境界不易達到，有人黽勉效法眞人之達觀，而得其一端，對于憂患困阨，能運用心理，忍耐支持，苦中尋樂，以爲「焉知非福」？或强斥物慾，視富貴爲汙穢，視權勢爲罪惡，清靜自娛，貧賤不憂。能如此，已近於道，亦爲難能可貴矣！列子曾述此類人物之事跡云：

林類年將百歲，身被褐衣，在田間拾遺穗，而怡然自得，且拾且歌，（詩小雅、大田「彼有遺秉，此有滯穗，伊寡婦之利」。秉、一束也，俗言一把也。滯、留也。古農收穫時，故意遺留幾束穀，或零散之穗，以供孤寡貧窮之人拾取）。孔子適衞，望之於野，謂弟子曰「此人可與言也」！子貢前往與之言曰「先生老年薄暮，而猶勤勞拾穗以自給，諒無妻子供養；孤苦如此，諒係少壯不努力，不乘時進取所致；而今既不悔恨當初，而拾穗行歌，有何可樂」？林類笑曰「他人視我爲貧苦，我以貧苦爲樂，我之所樂，人皆有之，而世人不以爲樂，反以爲憂，是自尋煩惱者也。我少壯無利慾之爭，安然以至於老，故壽若此；無妻子之累，淸閑一生，死無所憾，故樂若此」。子貢曰「死者人之所惡，子以死爲樂，何也」？林類曰「死生乃相對之事，一往一返，今日死在此處，或許將來生於他處。安知勞苦求生者非固滯迷惑；安知死後之樂不如生前之樂」？子貢將此言回報於夫子，夫子謂其言頗有趣，然義有未盡。（天瑞篇）。本段譯述大意，與原文不同，以下各篇亦有同此例者。

君子因時制宜，對于一切事，可行則行，可止乃止，不固執一端，惟道是從；林類乃擯棄世故，而偏執獨善其身之樂者也。故孔子曰「彼得之而不盡者也」。

孔子遊於太山，見榮啓期行乎郕之野，粗布之衣，以草爲帶，鼓琴而歌，孔子問曰「先生何所樂」？對曰「吾樂甚多：天生萬物，唯人爲貴，而吾得爲人，是一樂也。男女之別，男尊女卑，故以男爲貴，吾既得爲男矣，是二樂也。人生有呱呱墜地卽殀者，亦有未離襁褓卽死者，而吾已行年九十矣，是三樂也。貧者士之常也，死者人之終也，處常得終，尙何憂哉」？孔子曰「善乎！能自寬者也」（天瑞篇）。

天生萬物，各賦有自足之性，本無貴賤，而人類自以爲貴，猶之男女本爲平等，而男子自以爲尊，此皆庸俗之思想；且人活百歲，終不免死，若以高壽爲樂，則必以死爲可憂，此樂終非徹底之樂，故榮啓期所述，非達道之言，只可曰善自寬慰而已。

周之尹氏大治產，其下服役者，晨昏弗息，有老役夫筋力衰矣，而使之彌勤，晝則呻吟作事，夜則昏憊而熟寐。精神荒散，夕夕夢爲國君，居人民之上，總一國之事，遊燕宮觀，恣意所欲，其樂無比。覺則復役，人有慰喩其懃者，役夫曰「人生百年，晝夜各半，吾晝爲僕奴，苦則苦矣；夜爲人君，其樂無比，何所怨哉」？尹氏心營世事，慮鍾家業，心形俱疲，夜亦昏憊而寐，夕夕夢爲人僕，趨走作役，無不爲也；數罵杖打，無不至也。眠中啽囈呻呼，徹旦息焉。尹氏病之以訪其友，友曰「若位足榮身，資財有餘，勝人遠矣。夜夢爲僕，苦逸之復，數之常也。若欲兼之，豈可得耶」？尹氏聞其友言，寬其役夫之程，減己思慮之事，疾並少間」（周穆王篇）。

年老勞力，其苦何堪？然老役夫有夜夢爲君之樂，其樂趣爲心理構成之夢境。其實人生本如一夢，然欲構成美夢，誠非易事。老役夫能構成其所想象之美夢，能使苦中生樂，此亦特有之心靈，不可學而能者也。尹氏則忙於治產，日間勞瘁，夜則夢爲僕夫，作賤役、受打罵，無時不苦。雖無老役夫之靈機，然聞友人之言，而能減其思慮，消其疾苦，亦非執迷不悟者也。

北宮子與西門子同族同仕，而一般人以西門子爲尊爲貴。北宮子衣裋褐，食粗糲，而西門子則衣文繡，食粱肉。北宮子謂西門子曰「今子何長於我？而高於我」，西門子曰「爾我高下之別，卽德之厚薄之驗也」！北宮子不能辯，懷慚而歸，路遇東郭先生爲之解釋曰「才德不能決人之窮達，而命運足以主持人之成敗。故得意者不必自矜，失意者不必自卑，時機所使然，非人力所能爲。故得意者當謙恭戒愼，失意者當恬靜自安」。北宮子聞東郭先生之言、歸家後，以往之觀念爲之大變，衣其褐衣，有狐貉之煖；食其蔬食，有粱肉之味；視其蓬室，若廣厦之安；乘其篳輅，如華軒之美；終身逌然，不知榮辱之在彼也？在我也？東郭先生聞之曰「北宮子之寐久矣，一言而能悟，易悟也哉」！——（力命篇）。

北宮子與西門子論辯彼此地位之所以高下，與俗人之汲汲於富貴，戚戚於貧賤，同其心情。經東郭先生之啓導，才德厚者，雖貧寒亦爲榮；才德薄者，得高位乃可恥。且富貴貧賤，皆命運所致，不可越分强求。北宮子聞言而悟，竟能大變其心理，以守貞安貧爲榮，以奢華虛榮爲辱，一生怡然自得。此人起初沉寐於紛華之夢中，然一聞嘉言而寤，終能擺脫名利之索，而樂以終身，此豈常人所能哉！

龍叔謂文摯曰「子乃良醫也，我有疾，子能治乎」？文摯曰「請先言子之疾況」！龍叔曰「我受到一鄉之譽，不以爲榮，受到全國之毀，不以爲辱；得而不喜，失而弗憂；視生如死，視富如貧；視人如豕，視吾如人。處吾之家，如逆旅之舍；觀吾之鄉，如戎蠻之國；凡此衆疾，爵賞不能勸，刑罰不能威，盛衰利害不能易，哀樂不能移。固不可事國君、交親友，御妻子、制僕隸。此奚疾哉？奚方能已之乎」？文摯曰「子之心境，曠達如此，已超出俗見，近乎聖人矣；而子反以爲病，此乃不通之論也」！（仲尼篇）。

如龍叔之自述，可謂忘榮辱，泯得失，齊生死，無貧富，物我兩忘者矣。而且其此種觀念甚强，利害不能易，哀樂不能移，此已達乎聖智虛靜之境矣；如果彼不以此爲樂，而反以爲病，請求醫治，是仍願得世俗榮利之樂，而心情却爲之作梗，猶飢者思食，而胃病作祟，不得如願；然則龍叔只能見到世事利害相對、樂苦相抵，故漠視一切，無所熱衷，非眞若達觀之人，徹悟妙境，而得恬淡之樂也。雖然，較之利慾迷心而沉淪於惡濁之場者，豈可同日而語哉！

宋陽里華子、中年病忘，朝取而夕忘，夕與而朝忘；在途則忘行，在室則忘坐；今不識先，後不識今；闔家苦之。巫醫皆束手無策。魯有儒生自媒能治之，華子之妻以所蓄資財之半求其治療之方，儒生曰「此非祈禱、藥石所能治。吾試化導其心情，改變其思慮，或可愈乎」！於是試露之，而求衣；飢之，而求食；幽之，而求明。儒生欣然告其子曰「疾可除也，然吾之方秘密傳授，不以告人。試屏左右，我一人與病者同室爲之施術七日」。從之，不知其所用何術，而多年之疾，一旦盡除。華子既悟，乃大怒，處罰妻子，操戈逐儒生，宋人止之問其故，華子曰「曩吾忘也，蕩蕩然不覺天地之有無，今頓識既往，數十年來存亡得失，哀樂好惡，擾擾萬緒起矣。吾恐將來之存忘得失，哀樂好惡之亂吾心如此也，須臾之忘，可復得乎」！子貢聞而怪之，孔子曰「此非汝所及也」！（周穆王篇）。

華子蓋感世事憂煩之苦，有時強將一切拋諸度外，以求心境之寧靜，久之遂得善忘之病，其在此病中，無所記憶，無所好惡，無所憂慮。是非得失概不在意，渾渾噩噩，一任自然，冰炭不存於胸中，憂患消滅於無形，此卽類乎老子所說「復歸於嬰兒」，坦然自如之境，如此逌然無所求，實爲至樂，無怪乎其不願恢復昔日萬事纏心，多思多慮之苦也。蓋厭恨名利之爭，惟有忘懷世事，淡然無慮，始能擺脫塵網，以善此生；此非有高深之修養者不能。華子之善忘，固爲反常之病，然其以「人皆昭昭，己獨昏昏」以爲樂，蓋因受社會之煩惱太甚而然，此非閱世深切者不能明其意，故子貢怪之，孔子曰「汝尙未能體悟及此也」。

以上所述之人，雖尙未入於大道之鄉，而皆能運用心理，就本身之實況別開意境，解脫憂煩，此亦非普通人之所能。又如力命篇云：魏人東門吳其子死而不憂，其妻問其故，答曰「我生來本無子，無子之時不憂；今子死，乃與昔日同，吾何憂乎」？此理由雖甚簡明，然非一般人皆能引用之以解喪子之痛；如能引用，則推而至於喪妻之痛亦同此理，曰「吾本來無妻，今妻死，與當年未婚之時同」，此可以解喪妻之痛乎？即有人能引用之以生效，然其中亦必別有想法，衍生別種意緒，始能消悼亡之痛。若夫莊子喪妻鼓盆而歌，其所述之理由，亦不難懂，然亦不能引用之以效莊子之達觀。凡一切達觀思想，皆有其理由以生效，然其中之意境情趣，不可言喻，故欲效林類等之安貧忘憂，亦非易也。

中庸云「或生而知之，或學而知之，或困而知之，及其知之一也」。至人聖人、天機清妙，聰明睿智，洞徹世事，無所執着，少私寡慾，胸境曠朗，故能從容中道，無入而不自得。其次則聞聖道而向善，睹慾海之可畏；不汲汲於富貴，不戚戚於貧賤；故知足而長樂。其次則熱心於名利，陷身於紛爭之場，艱險備歷，身神俱瘁，深厭憂煩之苦，甘願守拙安愚，與世無競。憂樂甘苦，相抵相消，故乃平心靜氣，遵道而行，不慕榮利，無論「安而行之，利而行之，或勉強而行之」（中庸）。其達乎逍遙之境則一也。——以上列子所述林類、華子等之達觀，皆學而知之或困而知之，乃利而行之或勉強而行之者也；然皆能解脫煩惱，自得其樂。

理性與慾性皆天生所固有，慾性易於膨脹，理性易於消沉，故古今之哲人皆教人以理性節制慾性，使之不至於泛濫。若任慾性膨脹，則理性消沉，人便失却靈感，痲木不仁，變爲低級動物，爲私慾作奴隸，論語云「不仁者、不可以久處約，不可以長處樂」（里仁篇）。失却性靈，冥頑不馴，作惡爲非，營私掠財，以恣享樂；然享樂所需，本無限度，飽煖思淫慾，慾海難塡，故瓊樓玉宇，錦衣珍饈之享樂而外，又進展而爲威勢虛榮之享樂，於是草菅萬民，「欲與天公比高」，定欲奪天下人之幸福集於一身，其貪求無厭，所求愈多，作惡愈大，而罪戾亦愈大，憂煩亦愈大。假如其不感憂煩，痲木不仁已極，雖能咆哮一時，亦不過如恐龍一般，雖能吃人，亦終爲退化之動物偶然出現而已。今世時髦思想卽爲此類思想，痲木不仁已形成流行之病，精神靈感被錮閉，理性消沉，儼然欲返回弱肉强食之洪荒野蠻時代。然「天道好還」，結果强者亦遭殘死，兩次世界大戰可以爲鑑；然痲木不仁之病仍然流行，孽海茫茫，人人自危，喪亂沸騰，憂患孔多。惟至人聖人能處變如常，視生死爲自然，臨大難而不懼，塵世窮通得失，甘苦辛酸，各有其情趣，視之爲戲劇性之幻化，隨遇而安，不耿耿於胸懷也。若夫能如列子所述：尹氏之老役、陽里之華子等，能運用心理，破除憂慮，開拓樂境，可謂能悟「克己」、「自勝」之道者矣。（老子第三十三章云「自知者明，自勝者强」。）

「慾海無邊濶，塵世憂患多，富貴爭權勢，貧賤慕享樂」。皆糾纏於名韁利鎖之中而不能解脫。此外又有一輩人，多慮多疑，自尋煩惱，所謂「天下本無事，庸人自擾之」，如天瑞篇所述杞人憂天是也。凡絕不可能之事，或荒誕無據之事，若痴情遐想，妄費心勞，皆杞人憂天之類也。身居九五之尊，惟恐榮華不能久長，乃煞費苦心，窮盡計謀，焚書坑儒、殺豪傑、收兵器，作子孫萬世帝王之企圖，此不可能之事也。生平享樂，而又憂心死後之安適，乃造石槨玉棺，以保護屍體；或多焚明器冥幣，預備死後之財富；此荒誕無據之事也。杞人憂天，猶能接受他人之勸導，而不固執所見，釋然大喜。彼夫迷信權勢享樂之徒，雖曾讀聖人之書，曾聞君子之諫，然而頑狡難化，不可以理喻，固滯不通，營私作惡，爲自己積憂患，爲他人造痛苦，惡性重大，化爲人群中豺狼虺蜴而不自知也。——至人不但不爲物慾而耗神，凡虛妄無稽不切實際之事，槪不作無謂之涉想，故列子對於「憂天」之說曰「吾何容心」於此類不可知之事哉！

莊子大宗師以眞人與聖人並論，謂「有眞知」者，爲眞人，謂聖人「利澤施乎萬世」。天運篇以聖人與至人並論，謂「聖也者，達於情而遂於命也」；謂至人「假道於仁，託宿於義，以遊逍遙之虛」。逍遙遊以至人神人聖人並稱。天下篇以天人神人至人聖人並稱，行道濟世，參贊化育曰聖人，明眞理曰眞人，有至德曰至人，深不可測曰神人，達乎天德曰天人，因在各方面之表德不同，故名稱不同，是以郭象云「凡此四名一人耳」（天下篇注）。此猶之孔子所稱之君子、仁人、志士、智者，亦就其表德不同而有不同之名稱，其實士志於道，其道卽君子之道，君子愛人卽爲仁者，旣爲仁人則心地光明、便爲智者，此亦卽聖賢之道。道家所崇尚之人格尚有大人、德人、全人、道人、畸人等稱，而總之可以眞人聖人括之。聖人之功業爲儒道所同尊，有人謂道家以眞人爲上，聖人次之，此乃誤解；而史記老莊列傳謂莊子作漁父盜跖等篇以詆訾孔子，亦爲誤解；余作莊子考證曾詳論之。莊子天運篇謂：老子稱孔子爲得道之人；秋水篇述孔子對子路講天命與時運之理；莊子已認孔子爲聖人矣。儒道並不相悖，觀列子仲尼篇而益信。

孔子以「樂天知命，故不憂」教弟子，顏回能明其道而得其樂。一日孔子面有憂色，顏回以所受之教質孔子，孔子曰「汝徒知樂天知命之無憂，未知樂天知命有憂之大也。今告若其實修一身，任窮達，知去來之非我，無變亂於心慮，爾之所謂樂天知命之無憂也。曩吾修詩書，正禮樂，將以治天下，遺來世；非但修一身，治魯國而已。而魯之君臣日失其序，仁義益衰，情性益薄。此道不行一國與當年，其如天下與來世何？吾始知詩書禮樂無救於治亂，而未知所以革之之方；此樂天知命者之所憂。雖然，吾得之矣；夫樂而知者，非古人之所謂樂知也。無樂無知，是眞樂眞知；故無所不樂，無所不知，無所不憂，無所不爲。詩書禮樂，何棄之有？革之何爲？

聖人樂道安貧，不爲個人之慾望而憂心，雖能獨善其身，而未嘗不關心天下，甚至先天下之憂而憂，孜孜然欲行道濟世。然而時機不許，故聖人仍有所憂，所謂「憂道不憂貧」（論語衞靈公篇）。孔子見世衰道微，倫常日紊，詩書所傳政治教化禮樂之道，在上者不能躬身率行，在下者視爲老生常談；中心憂之，而個人又無權拯救。照傳授學術而言禮樂雖崩壞，亦不能與歷史脫節，革去禮樂，而另創異術以論治道，故曰「未知所以革之之方」。所以聖人雖樂天知命，而仍不能免憂世之心，關懷天下，故無所不憂；倘有行義達道之機，則無所不爲。然而聖人不固執所見，力所不逮，徒抱憂思，亦無所補，「知其不可奈何，而安之若命」，亂世之是非顚倒，只得視同自然現象，聖人處變如常，在此情形之下，仍能坦然自如，無所樂，無所知，詩書禮樂經世之大法，永不能廢，不必擔憂，政亂國危之中，而「君子思不出其位」（論語憲問篇），若定言「匹夫有責」，豈非等於杞人憂天，自尋煩惱乎？不凝滯於物，而能達觀，似乎無樂無知，而實乃眞樂眞知也。

觀以上列子所述孔子之眞知眞樂，與莊子所講眞人之眞知眞樂，何異？眞人與聖人一也。聖人和光同塵以與世俗處，而深徹達生之道，故能解脫世俗之憂，莊子云「達生之情者，不務生之所無以爲；達命之情者。不務知之所無奈何」（達生篇）。「無以爲」，以，用也，了解人生之眞義者，不作不必需之事，亦不作無意義之事。爲社會建功立業，而得到富貴榮名之報酬，此固爲可喜之事；然建功立業，須有才德、有機會，故富貴榮名不可强求，而且富貴榮名亦非必需之事，若迷心於虛榮享樂，爲求富貴名利而巧取妄奪，患得患失，自造苦惱，便爲無意義之事。人之才智有限，有永遠不可知之事，有絕對不可能之事，如天地崩墜，或不崩墜？不崩墜固不必擔憂，崩墜既非人力所能如何，亦無須擔憂。又如人之智愚不等，亦命定之事，人當有自知之明，庸材而欲掌治國之權，懦夫而欲負將帥之任，愚昧妄想以圖僥倖，豈有不敗者哉？

聖人達生知命，從容中道，獨立而不改，造次必如是，顚沛必如是，孔子被困於匡，絃歌不輟，子路進見曰「夫子何娛也」？孔子曰「來！吾語汝：我諱窮久矣，而不免，命也！求通久矣，而不得，時也！當堯舜而天下無窮人，非智得也；當桀紂而天下無通人，非智失也；時勢適然。夫水行不避蛟龍者，漁父之勇也；陸行不避兕虎者，獵夫之勇也；白刃交於前，視死若生者烈士之勇也；知窮之有命，知通之有時，臨大難而不懼者，聖人之勇也。由處矣！吾命有所制矣」（秋水篇）。達生之要義即「樂天知命」，孔子有眞知有眞樂，是以發憤忘食，樂以忘憂，不知老之將至」（論語述而篇）。盡人事而聽天命，守常安分，處變不驚，逌然自在，以度此生，非眞人聖人其孰能之！

聖人之消遣世慮，忘懷俗事，非無情也；故雖樂天知命，而關心治亂，猶有大憂，大憂者天下公衆之憂患也，聖人當此時，蒿目時艱，力圖濟世，盡心焉而已，志不得遂，則已心安理得，無所耿耿於懷，故能超然物外，不作杞人之憂。列子仲尼篇所述孔子之達觀如此，以及天瑞、黃帝、周穆王、說符等篇，皆稱道孔子之言行，後來莊子書中亦多稱孔子之言行。列子莊子皆崇孔子爲聖人，儒道兩家之思想相輔爲用，並行不悖也。

六、修養論

道本自然、人所必遵

天地爲萬物之總體，宇宙之生命，卽萬物之生命。陰陽相和，變化無窮，「鼓之以雷霆，潤之以風雨，日月運行，一寒一暑」（易、繫辭），庶類繁生，各適其性；剛柔相濟，動靜有常。聖人觀象於天，觀法於地，體天地自然之理，悟人生必遵之道，乃設教化，立儀則，使人群有軌可循，而天下咸寧，非獨聖賢能明此義，卽凡夫庸人亦皆知越分妄爲，自身便無保障，列子天瑞篇云：

故天地之道，非陰則陽；聖人之教，非仁則義；萬物之宜，非柔則剛；此皆隨所宜，而不能出所位者也。

方圓各有其形，剛柔各順其性，萬物皆隨其所宜，而安於其位，以遂其存在之道。人類之社會，賴聖人之教化而安定，教化以仁義爲本，以仁爲人之安宅，義爲人之正路，以仁待人，以義處事，此乃人類共同必遵之道，此乃人類修養之大端。

道通天地、妙境無涯

不存害仁之心，不作違義之事，普通人之修養，只朔如此，能實踐者，便爲賢人。道家以古之至人「假道於仁，託宿於義，以遊逍遙之墟」（莊子天運）。逍遙之墟，在大道之鄉，大道之鄉乃超世之妙境，「上闚青天，下潛黃泉，揮斥八極，神氣不變」，「得至美而遊乎至樂」（田子方）。欲達此境，必經仁義之途，仁義雖善，而道家之理想尚不止此，蓋仁義之途，行跡複雜，時而有以僞亂眞者，或固滯不通者，因而是非乃起，煩惱乃生，故曰「仁義先生之蘧廬也，只可以一宿，而不可久處」（天道）。久處而停滯於此，所謂「識其一，不知其二」（天地），縱能造次顚沛習以爲常，然未足極宇宙之大觀，未能達自然之妙境也；道家乃更進一步，開闢逍遙之墟，「入於無窮之門，以遊無極之野，與日月齊光，與天地爲常」（在宥）。此道家修養所嚮往之境界。列子師老商氏友伯高子，盡得二子之道，自言其進修之過程云：「自吾之事夫子友若人也（夫子老商，若人伯高），三年之後，心不敢念是非，口不敢言利害，始得夫子一眄而已。五年之後，心更念是非，口更言利害，夫子始一解顏而笑。七年之後，從心之所念，更無是非；從口之所言，更無利害；夫子始一引吾並席而坐。九年之後，橫心之所念，橫口之所言，亦不知我之是非利害歟，亦不知彼之是非利害歟；亦不知夫子之爲我師，若人之爲我友，內外盡矣。而後眼如耳，耳如鼻，鼻如口，無不同也。心凝形釋，骨肉都融，不覺形之所倚，足之所履，隨風東西，猶木葉幹殼，竟不知風乘我耶？我乘風乎？（黃帝篇）。

三年之內，思辨討論，蓋不外人間世常行之是非，及世事中成敗之利害；然人間之是非善惡，每無定準，如湯問篇所記趣木之國，其長子生，則鮮而食之；炎人之國，其親戚死，則朽其肉而棄之；彼皆以爲「是」也，而不同其俗者，則以爲「非」。抑世事之利害，亦無定準，陽里華子病忘，魯儒生爲之治愈，反操戈逐儒生，以爲其病愈，不但無益，而且有害（周穆王篇）。有游民以技干宋元君，元君觀其技而善之，立賜金帛。又有游民以技干宋元君，元君大怒，謂「技無用，此人必聞前例，而來求吾賞者」，乃拘辱之，經月始放，（說符篇）。此可見利害亦無定則。是以列子三年之後心不敢念是非，口不敢言利害。然而是非雖有顚倒，察其原委，追其實情，仍可斷其是非；利害雖無固定，審其變化，隨時制宜，仍可判其利害。是以列子五年之後心更念是非，口更言利害。世事因緣繁賾，幻化無常，執着定例，弊在其中，只顧目前之利，詎知未來之變，老子云「正復爲奇，善復爲妖。禍兮福所倚，福兮禍所伏」（五十八章），是以列子七年之後，從心之所念更無是非，從口之所言更無利害。統萬事而歸於一理，皆不外乎自然，貴賤無定準，大小無定量，智水仁山各從其美，鳶飛魚躍各擅其勝，故曰「萬物齊一，孰短孰長」？（莊子秋水）。知宇宙之生命乃萬物之總體，是非相引，利害相關，衆生皆滅，我何以存？故能與萬化冥合，而彼我之畛界俱泯，此卽列子所謂內外之慮盡矣。通徹無礙，是以五官四體，通於一致，而不相乖違（如論語孔子對顏淵所講克已復禮，視聽言動之一致）。心定而形懌，身神相融，清明在躬，志氣如神（禮記孔子閒居）。脫然無累，隨意所之，無往而不自在，故不知風吹我乎？我乘風乎？誰爲主動？誰爲被動？兩不相礙也。若夫惟我獨尊者，私心用事，到處碰壁，是以怨天尤人，自我而外，皆爲對敵，似乎感到天地茫茫，竟無安身之地，故曰「汝之片體，將氣所不受，汝之一節，將地所不載，履虛乘風，其可幾乎」？（黃帝篇），豈能達逍遙之境哉！

道本無爲、是以貴虛

明無爲之義，守謙沖之德，淡泊爲懷，與物無競，「不作風波於世上，自無冰炭在胸中」。優游然與道相從，「而遊乎天地之一氣」（莊子大宗師）。此沖虛之妙境，即道家之志趣。由黃帝篇列子之齊，中道而返一段所述，足見列子在此時，閱世已深，善察人情，克已愼修，無求於人，不累於物；伯昏瞀人謂其言行能感人，而受人之愛慕，然尚未至於虛境。蓋處亂世，必當韜光隱輝，恬靜自持；若夫以特立獨行，顯於世者，有人崇敬，亦有人疾忌，於是而是非乃生。有機來感，不得不應，倘預出善端，招人之感，無事生事，搖蕩本性，有何意義？且與汝遊者，皆只講恭順之語，不能盡忠告；細巧之言，不能相啓相悟，此應當詳審熟察者也。——伯昏瞀人與列子講上一段話時，列子尚未達至虛境，而列子體道修養，終以貴虛稱名。

老子云「善行無轍迹」（二十七章）。凡事可行則行，可止則止，含光泯跡，不求人知，故不可得而譽，不可得而非，「衆人察察，我獨悶悶」，只求心安理得而已，此即「虛」之德也。天瑞篇云：或謂列子曰「子奚貴虛」？列子曰「虛者無貴也」！貴賤高下之名，皆在世事紛爭之中而出現；若夫內修其本而不炫於外，保其精神，偃其機智，「大成若缺，大巧若拙」（老子四十五章），滅其跡象，智愚不顯，此即所謂「虛」，「虛」豈可得而名哉！明虛靜之道，澹泊無爲，則得其所安，反之則競爭名利，貪求取與，便陷於憂患之中；在未造憂患之前，便是虛，能守此虛，則萬慮俱消，風平浪靜矣！如不能守虛，而滋事自擾，寧靜境遇已遭破壞，然後始悔前愆，從事修治，已無及矣。

仲尼篇、列子藉「言」與「知」以明虛之妙義。老子云「知者不言，言者不知」（五十六章），常人學「道」，倘得一知半解，便信口而談，叨叨不休。然而眞能悟得道意者，眞已了解事理者，則知道之玄奧，理之微妙，不可言喩，故列子云「得意者無言」，盡知者亦無言」，修道之人，探賾明理，心領神會，盡在不言之中，無言並非不能言，無知並非眞無知，實乃「大辯若訥，大智若愚」，輝光內蘊，深不可識，可以言則言，不可以言則無言；知之爲知之，不知爲不知。無言以緘默示意，不知乃免妄斷之失，故列子云「用無言爲言亦言，無知爲知亦知。無言與不言，無知與不知，亦言亦知」。然則此人「亦無所不言，亦無所不知」，而其虛心之態度，「亦無所言，亦無所知」。又，列子初好遊，壺子爲之講「內觀」之法，不要求備於外物，不被外物所限，當取足於自身，游於無形，則「物物皆游，物物皆觀矣」。此乃至妙之游（仲尼篇）。此皆修「致虛守靜」之工夫而成。

德行實踐、須明權宜

宋襄公之仁，介子推之廉，申生之不違父命，尾生之以死守信，此四人之仁廉孝信，令人不忍非之，然其不知權宜，故亦無足崇尚。道德以情理爲本，矯情用事，則失德；昧理而行，則違道。故割股獻君，不可謂忠；暴虎憑河，不可謂勇；孔子云「可與共學，未可與適道；可與適道，未可與立；可與立，未可與權」（論語子罕篇）。可與共同研究學問之人，但彼或只爲求知干祿，未必與我道同志合，故曰未可與適道；可與適道之人，但彼或所守不堅，中途變卦，故曰未可與立；可與立之人，雖同一立場，同道而行，然彼或固滯不通，不能權衡事之輕重緩急，膠柱鼓瑟，每致處事失宜，故曰未可與權。周禮地官大司徒，以六德教萬民，六德者「智仁聖義忠和」，此中之「聖」字，卽通達時宜，處事得當之意。不能通權達變，固執機械，雖存心爲善，而有時亦未必合理，故孔子以「言必信，行必果」者，爲三等士人（論語子路篇）。孟子謂有「非禮之禮，非義之義」，故「大人者，言不必信，行不必果，惟義所在」（孟子離婁篇）。義者，事之宜也，隨事順理，因時制宜，此卽所謂權宜。列子仲尼篇，子夏問孔子一段談話，卽講此義者也。孔子曰「夫回能仁而不能反（忍），賜能辯而不能訥，由能勇而不能怯，師能莊而不能同」。仁而不能忍，則有過寬之失，「辯而不能訥，必虧忠信之實；勇而不能怯，必傷仁恕之道；莊而不能同，有違和光之義；此皆滯於一方者也」（張注）。滯於一方，不權其宜，雖未違道德，必有失當之處，不合中庸之道，列子特擧此義，以贊揚孔門修養之道。

守柔爲強

世人皆好爭勝，而只知以强取勝，兇猛積極，橫衝直撞，力盡技窮，至死不悟。道家最忌爭先逞强，謂「堅則毀矣，銳則挫矣」（莊子天下篇引老子語）。深明以柔克剛，以弱制强之理，老子第三十六、四十三、七十六、七十八各章，屢講此道。列子黃帝篇亦申述此義云：「天下有常勝之道，有常不勝之道。常勝之道曰柔，常不勝之道曰强」。又曰：古人有言：强者之爭勝先以在他以下之弱者爲對象，「好勝者必遇其敵」；若遇到力量與之相等者，則殆矣。柔者「知其雄，守其雌」，其所計慮者，先以在他以上之强者爲對象，設法避其鋒鋩，使之雖有力而無所用，故得安全無殆、故强。守柔之道，立於不爭之地，不爭卽下敗，無論對於一人，或對於多人，「衆人皆有以，而我獨頑且鄙」，「以其不爭，故天下莫能與之爭」，（老子第二十章、第六十六章），故曰「不勝而自勝，不任而自任也」（任抵當也）。鬻子曰「欲剛必以柔守之，欲强必以弱保之」。聚柔之力必能剛，聚弱之力必能强，觀其所積，即知其勝敗。以强爲用，若遇對敵，則兩剛相逢必折；以弱爲用，則含蓄而能伸縮，其力不可量。——道家處世，以謙沖克讓爲本，故主張守柔不爭，然人不能避離世事，守柔並非怯懦退縮，不爭並非消極行爲，而乃對待强者爭者，另有其方術，項羽之强，沛公之柔，結果强者敗而柔者勝，可爲顯徵。嘗聞拳擊之術有兩大派：一爲硬工夫，手可擊碎磚塊，頭可撞彎鐵棍；一爲軟工夫，閃轉跳避，敏捷如猱，有拳術教師宮寶田，牟平人，在東三省以保鏢著名，精通硬軟拳法及各種兵器，其基本工夫名「八卦拳」，光緒末年，淸廷徵選爲宮內護院，張作霖素慕其名，入民國、張氏爲東三省巡閱使，聘寶田爲東三省勝刺總教官，有人問其硬軟拳術二者孰優？彼云「優劣勝負，當以工夫之深淺爲斷，若以術而言，則我之經驗以爲硬不如軟，何也？硬者以拒堅取勝，若以千鈞之大石墜壓頭頂，任何硬工夫亦必粉身碎骨；而軟工夫則周旋靈活，雖有萬鈞之硬力擊來，而閃躲迅速，亦不能傷其毫髮」。此亦可作柔弱勝剛强之一喩。

謙卑慈惠以免怨

說苻篇：孤丘丈人謂孫叔敖曰「人有三怨，子知之乎」？孫叔曰「何謂也」？對曰「爵高者，人妬之；官大者，主惡之；祿厚者，怨逮之」。孫叔敖曰「吾爵益高，吾志益下；吾官益大，吾心益小；吾祿益厚，吾施益博；以是免於三怨，可乎」？——爵高者貴，祿厚者富，富而不仁，故惹人怨；貴而驕傲，故惹人妬，官大權重，最易放恣，故惹人主之忌憎。然能如孫叔敖之謙下對人，博施濟衆，則爵高祿厚能得人群之擁護，豈惟不妬不怨而已哉？官大權重而愈肅愼其身，則人主依爲腹心，豈但不忌憎而已哉？此與老子所持之三寶「慈、儉、不敢爲天下先」同義（老子第六十七章）。

環境習性之重要

黃帝篇：孔子觀於呂梁，見善游水者，神乎其技，問其有道乎？曰：吾無道；從水之道，而不爲私焉。「吾生於陵而安於陵，故（常）也；長於水而安於水，性也；不知所以然而然，命也」。居於大河之濱，性好戲水，故了解水性，順其自然之理，恣意浮游，習與性成，對水之急疾奔流，涵泳其中，安之若素，從無驚險之覺，不知吾所以然而然，如天賦本能在陸地行走一般。——此可知後天習性之重要，故孔子曰「少成若天性，習慣成自然」（賈誼治安策引孔子語）。

成功之道、專心致志

黃帝篇：痀瘻丈人、善於捉蜩，擧手便得，自言其道在乎心一志定；孔子贊之曰「用志不分，乃凝於神」。湯問篇：愚公移山，智叟笑而止之，而愚公仍然矢志不怠，若有神助，終達成功。——諺云「天下無難事，只怕心不專」。「精誠所至，金石爲開」（見後漢書廣陵思王傳），而況捉蜩之小技乎。苟自信之心强，而奮勉不懈，則太行之山可移，所謂「有志者事竟成也」（見後漢書耿弇傳）。此乃爲學治事，一切成功之要道也。

結語——再談貴虛

列子爲博學之人，故善射，能御風而行，見神巫之相術亦好之，以至於修道悟道，竟成爲道家之至人，所謂「下學而上達」也（論語憲問篇）。下學爲修世事日常所行之道；上達爲通天人之理，達虛靈之境；故劉向列子序謂其「治身接物，合於六經」；張湛列子序謂其「所明往往與佛經相參」；有道之士，亂世未得其用，故只以貴虛見稱。

夫「虛」未易言也，其有迹可言者，姑舉曾子之言爲一例：「以能問於不能，以多問於寡，有若無，實若虛，犯而不校，昔者吾友嘗從事於斯矣」（論語泰伯篇）。吾友指顏淵而言，顏子之安貧樂道，卽游心於清虛之境中，其所樂之道卽天道。孔子深明天道，故云「樂天知命，故不憂」（仲尼篇），又云「知我者，其天乎」！（論語原憲），又云「天何言哉」？（陽貨篇），蓋謂天道無言，其玄妙之理，非言語所可道也。顏子「聞一知十」，能悟天道，而亦未著於言論，故儒門罕講天道。道家善講天人相與之義，故好談天道，其著之於言論者，老子而後，前有列子後有莊子，荀子解蔽篇謂「莊子蔽於天而不知人」。「天道」乃儒家略而未談者，道家特詳述之，人道天道歸於「大通」，荀子之言，門戶之見也（大通見莊子大宗師、秋水）。

論語先進篇：孔子曰「回也其庶乎！屢空」。朱注「空」爲空匱之意，謂顏子「不以貧窶動心而求富，故屢至於空匱也，言其近道又能安貧也」。此種講解，於義雖可通，而於文意則不符，若按此義而解，則「屢空」下當有闕文，如無闕文，則此解卽難通；此義依此文句而解之，卽謂「回也庶幾近乎大道矣！

因其家中時常貧匱也」；不能因家貧即爲近乎道也，故曰此解難通。按論語古注，何晏集解有一說云「空猶虛中也」，謂「顏回懷道深遠」也。深遠而不可測，即大道之鄉，大道涵容萬理，非俗智所能了悟，非言語所可名狀，道家稱之曰「無」，佛家稱之曰「空」，「無」與「空」皆可稱之曰「虛」，淮南子精神訓云「虛無者，道之所居也」，道爲聖智所證之眞理，無象可見，故曰虛無。佛家謂虛與空者，無之別稱也，又稱菩提之智曰「虛空慧」。能悟入空虛之境，則俗慮消除，游心於淡，故能視富如浮雲，居貧賤而自足，是以顏子不改陋巷之樂，列子不受鄭陽之粟，其胸境曠達，逌然無累，顏子之空，列子之虛，其道一也。

在先秦評論諸子學說者，如尸子廣澤篇謂「列子貴虛」，以與孔墨並論；呂氏春秋不二篇亦云「列子貴虛」，亦與孔墨並論；足見列子爲當時一大學派。其貴虛之修養工夫，伯昏瞀人而外，頗受關尹之啓導，觀黃帝篇列子問關尹至人之行爲，關尹所答之言，及仲尼篇列子稱關尹曰「在己無居，形物自著」之言論，可見其一斑。

七、政治論

無爲而治

道家主張無爲而治，無爲之涵義有二：一、屏除私心，遵道而行，不故意有所作爲，此指爲政之動機而言。二、秉要執本，以簡御繁，不多事紛擾，此指爲政之方法而言。老子將政府分爲四等曰「太上下知有之，其次親之譽之，其次畏之，其次侮之」。聖明之君，處無爲之事，行不言之教，以身率正，以德化民，使萬物各順其本性以生，使人群養成自治之習慣，「甘其食，美其服，安其居，樂其俗」，「百姓皆曰我自然」（老子十七章、八十章）。「日出而作，日入而息，鑿井而飲，耕田而食，帝力何有於我哉」？（堯時民歌）。人民只聞知政府之名，未見其有何作爲，未覺與之有何關係，此卽無爲而治。其次則故意加恩於民，使人民感戴；此卽有所爲而爲，於是政府發號施令，「蹩躠爲仁，踶跂爲義」（莊子馬蹄篇），政府對人民有所希求，人民對政府亦有所要求，所求不遂，乃相離心，有恩必有怨，有譽必有毀，此乃必然之事也。再其次，則政府不施行德政，只用刑罰鎭壓人民，使之畏懼，僅以維持社會秩序而已。再其次，則政府掊克人民，奴役人民，衆心共憤，仇視官吏，輕侮法令，亂端已在暗中滋長。聖明之君，德足服衆，才足濟世，始能實行無爲之治。

黃帝生而神靈，長而敦敏，黜暴君，平叛亂，武功之盛，震鑠古今。然而深知徒憑武力與政權統御天下，非長治久安之道。因而竭誠精思，悟自然之理，行無爲之治，列子述之云：

黃帝即位十有五年，喜天下戴己，此時得以安心身，養性命，與衆人同享豐美之物質生活，然而黃帝焦然寡歡，顏色憔悴，心情不安；以爲擧世享樂爲務，必將有利慾紛爭之患，如何防患於未然，致治於未亂？於是竭聰明，盡智慮，勞心天下之事，焦然面現憂色，情緒煩惑，乃喟然嘆曰「我欲竭心力，盡智慮，以養生治民，而爲術益多，問題愈繁，其過愈深」。於是乃放萬機，捨宮寢，去値侍，徹鐘懸，減厨膳，退而閒居大庭之舘，齋心靜養，三月不親政事，晝寢而夢，遊於華胥氏之國，此國在弇州之西，台州之北，不知離中原幾千萬里；蓋非舟車足力之所及，神游而已。其國無師長，各順其性而安其生，不須政教管理，其人民生活樸素，皆怡然自得，而無嗜慾之奢求。不知樂生，不知惡死，對于夭壽，無介於心。坦然相處，和睦相安，對人無所愛憎，對事無所爭執。既無競爭名利之心，故無行險儌倖之事。既不爲物慾所役，故外物不能傷。神遊太虛，逍遙宇宙，以雲霞雷霆爲聲色之娛，以高山邃谷爲徜徉之墟，胸境曠朗，別有天地。黃帝在夢中省識華胥國人之生活如此自然，如此安樂，醒寤之後，自感心中怡然，乃召大臣而告以夢中所見，曰「今始知至道不可以世情追求，而乃心領神會，獨有妙悟，此中之玄理精諦，又非言語所可傳告也」。黃帝自此深明無爲而治之道，勤而行之，凡二十八年，天下大治，幾與華胥氏之國相同。

以黃帝之神智，平亂安民，天下咸寧，人群感戴，而猶以爲未足，乃更勞心焦思，追求無爲之治道，建設理想之社會，竟因精誠所至，妙悟通神，果然夢得華胥之奇蹟，以助志趣，古云「日有所思，夜有所夢」。蓋帝齋心致誠，推研無爲之奧義，構想至治之盛況，故在尋思之中，而見之於夢境；在篤行之下，而見之於事實；事實雖不能盡如理想，然黃帝之盛治，實照耀千古也（黃帝篇）。

孔子贊美大舜之政治云「無爲而治者，其舜也歟！夫何爲哉？恭己正南面而已矣」（論語衞靈公篇）。舜受堯禪，纘堯之緒，堯典謂帝堯「文思安安，允恭克讓」，亦秉無爲之道以治天下，列子仲尼篇述帝堯之治云：

堯治天下五十年，不知天下治歟，不治歟？不知億兆之願戴己歟、不願戴己歟？顧問左右，左右不知。問外朝，外朝不知。問在野，在野不知。堯乃微服游於康衢，聞兒童謠曰「立我蒸民，莫匪爾極。不識不知，須帝之則」。

史稱帝堯「其仁如天，其智如神」，克明俊德，協和萬邦，民睦時雍，遠方來朝，爲何不知天下治否？爲何不知萬民擁戴否？孔子贊美帝堯云「大哉堯之爲君也！巍巍乎，唯天爲大，唯堯則之」（論語泰伯篇）。帝堯法天行道，天道廣大無私，人猶有所不滿，故爲政五十年，天下雖已治矣，而帝心仍不自滿，自心不滿，不知天下人有多少不滿者，故不知天下人認爲治歟、不治歟？亦不知天下人對此政府、願擁戴、不願擁戴？帝對政績所擬定之事，是否已達所期之程度，左右外朝，皆不能答，「天下有道，則庶人不議」（論語陽貨篇），故在野者之輿論，亦無此項答案。帝乃微服，深入民間，考察實情，在康衢所聽到之民歌，其大意謂「凡我人民之一切生活建樹，皆由政府所導之正路而成。人民絕對信仰政府，只要順從政府所示之法則即可，不必擔心政事」。「天子作民父母，以爲天下王」（洪範）。父母愛護子女，子女當然信賴父母；政府負保民養民之責，人民「不識不知，順帝之則」，如嬰兒在搖籃之中，安享幸福，而不知也，非「無爲」之治，豈能如此？

王霸共同之法則

先王無爲而治之作風，爲後王政教之所本，雖不能至，然爲傳統祖述之法則。及至春秋時代，王道陵夷，而霸道出現；霸道並非如俗語所說：無理逞強，或恃勢專橫之意。霸者、伯也，諸侯之長曰霸，左傳成公二年，「五伯之霸也」。疏云「天子衰，諸侯興，故曰霸，霸把也，言把持王者之政教」也。春秋時、周天子委靡，不能領導諸侯，賢能之諸侯如齊桓晉文，出而會周攘夷，安靖天下，主持政教，爲諸侯之長，試看孟子告子篇所述齊桓所主持葵丘之會，與諸侯所定之盟書，皆不違王道者也。孟子云「霸者之民，驩虞如也；王者之民，皞皞如也」。皞皞爲「不識不知，順帝之則」，廣大自得之貌；驩虞爲歌頌善政，歡樂愉快之貌；可知霸道僅次於王道而已。孟子述王霸之根本分別云「堯舜性之也，湯武身之也，五霸假之也；久假而不歸，惡知其非有也」（盡心篇）。謂：堯舜之仁，出自天性，不事修飾；湯武修身體道，致力行仁；五霸乃假借仁義，求得民心。此卽謂：王者之行仁政，出於當然之良心；霸者之行仁政，徒務現實之形迹；此卽謂：王道乃無爲而爲，霸道乃有爲而爲；一則無心爲善，一則故意爲善；一爲道德主義，一爲功利主義，二者雖不相同，然其福惠人民則一也。假借他人之器具爲我所用，久假而不歸還，則等於我所有矣；然則霸者之假借仁義以行事，久假而不歸，則仁義豈不爲霸者之所有乎？霸者亦行仁義，是以其民驩虞如也。論語顏淵篇云「民無信不立」，政府對人民已失信用，則其政府卽不能存立。荀子王霸篇云「信立而霸。」行仁政、取得人民之信仰，始能稱霸，霸道雖次於王道，然非英明之君不能爲。宋人詩云「王霸漫分心與迹，到成功處一般難」（見斷腸詩詞）。王者與霸者之基本條件，有共同之法則，是以列子亦贊述霸者：

楚莊王問詹何曰「治國奈何」？詹何對曰「臣明於治身而不明於治國也」。楚莊王曰「寡人得奉宗廟社稷，願學所以守之」。詹何對曰「臣未嘗聞身治而國亂者也；又未嘗聞身亂而國治者也。故本在身，不敢對以末」。楚莊王曰「善」！—（說符篇）。——大學云「自天子以至於庶人，壹是皆以修身爲本」。論語子路篇云「其身正，不令而行；其身不正，雖令不從」；皆此義也。

詹何以獨絲爲綸，以鋩鍼爲鈎，荆篠爲竿，而能釣大魚，楚王問其故，詹何答以其道在乎「用心專，動手均。所以能以弱制强，以輕致重也。大王治國誠能若此，則天下可運於一握」。楚王曰「善」！（湯問篇）。——用心專、卽誠意；天下一切事，「心誠求之，雖不中，不遠矣」！（大學）。列子云「均、天下之至理也」；一切事物不能離卻均衡之理，天之風雨寒暑須均衡，人之呼吸飲食須均衡。老子云「天之道，其猶張弓歟！高者抑之，下者擧之，有餘者損之，不足者補之」（七十七章）。均者、平也，公也，天道大公無私，故能使萬物生生不息。人當法天，爲政尤須效法天道之公平，論語云「有國有家者，不患寡，而患不均」（季氏篇），不均則不公，不公則不平，於是亂端起矣；故曰：明乎均之理，「則天下可運於一握」。

故治國之難，在於知賢，而不在於自賢。（說符篇）。——夫自身不賢，豈能用賢？尚書皐陶對大禹言治道曰「在知人，在安民」，禹曰「知人則哲，能官人；安民則惠，黎民懷之」，能惠而哲，天下豈有不治者乎！明哲之君始能「知賢」，明哲之君豈有不賢者乎？所謂「不在自賢」，此「賢」字當指才能而言。君爲元首，臣爲股肱，元首明，股肱良，國家乃治。元首一人豈能包辦天下之事？故必賴股肱輔助，始能使庶績咸熙。天下並無全智全能之人，元首不必須全智全能，能善用各項人才即可。漢高帝自言「運籌幃幄之中，決勝千里之外，吾不如子房。鎮國家，撫百姓，給餉餽，不絕糧道，吾不如蕭何。連百萬之衆，戰必勝，攻必取，吾不如韓信。三者皆人傑也，吾能用之，此吾所以取天下也」。項羽則不然，有功者害之，賢者疑之，嫉范增之才智而不能用，此其所以亡也。晉文公云「吾聞上君所與居，皆其所畏也。中君之所與居，皆其所愛也。下君之所與居，皆其所侮也」（韓非子外儲左下）。所畏者，必才德兼備，忠直不阿者也。所愛者，必狡獪諂媚，善悅君心者也。所侮者，必善柔便佞，駑駘無能者也。先哲有言「上君以師爲友，中君以友爲友，下君以奴爲友」；師者，品高學博，足以爲法，以匡不逮者也。友者，知能相等，取其易於牢籠也。奴者、卑鄙愚劣，取其易於控制也。嫉賢害能而專用庸才奴才，其國焉有不亡者乎！此即列子所云「治國之難，在於知賢，而不在於自賢」也。

晉國苦盜，有郄雍者，能視盜之貌，察其眉睫之間，而得其情。晉侯使視盜，千百無一遺焉。晉侯大喜，告趙文子曰「吾得一人，而一國盜爲盡矣，奚用多爲」？文子曰「吾君恃伺察而得盜，盜不盡矣。且郄雍必不得其死焉」。俄而群盜謀曰「吾所窮者郄雍也」。遂共盜而殘之。晉侯聞而大駭，立召文子而告之曰「果如子言，郄雍死矣！然取盜何方」？文子曰「周諺有言：察見淵魚者不祥，知料隱匿者有殃。且君欲無盜，莫若擧賢而任之，使教明於上，化行於下，民有恥心，則何盜之爲」？

於是用隨會知政，而群盜奔秦焉」（說符篇）。——大學云「子曰聽訟吾猶人也；必也使無訟乎」！政府腐敗，民間多故，雖然有善於聽訟，善於斷獄之人才，總不若政治清明，人群和樂，無訟可聽，無獄可斷爲美。諺云「道高一尺，魔高一丈」，郄雍善察盜，而竟被盜所害。紀綱不振，風氣惡化，盜賊乃繁，捕盜破案之術雖精，而盜賊之伎倆亦愈多，其隱滅罪迹之方法亦愈巧；故善捕盜，不若化行俗美，無盜可捕爲愈。晉侯能聽趙文子之言，任用賢人爲政，而盜乃絕迹焉。（晉侯乃晉平公，趙文字卽趙武，文子其諡號也）。

以上所述：爲政者當以身率正，爲民之則，其政令始能實行；當大公無私，普利蒼生，始能使人民歸心；當有知人之明，任用賢能，始能勵精圖治，保邦安民；當善施教化，造成明禮知恥之風尚，始能完成路不拾遺，夜不閉戶之清平社會。此四項雖然簡明，又似平易，然爲執政者之要道，此王霸必遵之共同法則也。

八、楊朱篇

楊朱曾習道家之學

楊朱爲老子弟子，列子黃帝篇，莊子寓言篇，皆記其事云：

楊朱南之沛，欲見老子，適聞老子西遊秦，乃追邀於郊，至梁而遇老子，老子見其虛浮矜飾之態度，在途中仰天嘆曰「始以汝爲可教，今不可教也」！楊朱默然；至旅舍，進盥巾，爲老子洗塵之後，脫履戶外，膝行而前曰「向者夫子仰天而嘆，謂弟子不可教，因夫子勞於行路，弟子未敢請訓，此時已閒靜，請問其過」！老子曰「我看你神氣外露，態度高昂，現出與衆不同之意味，令人望而生畏，誰能與爾相處？廉潔之士，決不自鳴清高，其對人之態度，反而似乎自身也有汙點一般；盛德之人，決不自覺滿意，其對人之態度，反而似乎自己大有缺點一般。人不能離群而獨居，必當和光同塵，與衆相容，亂世尤然」！楊朱聽此一段訓話，立刻改容曰「敬遵師教」！自此改變其少年高傲之氣，而能虛心謙遜，藹然與衆人相處。

由上述可知楊朱從學於老子，此次南之沛見老子，已非初次相見。注云：楊朱「不與老子同時，此皆寓言也」。張子蓋藐然以爲老子乃春秋時人，楊朱爲戰國時人，故謂其不同時；其實不然。老子爲陳人，在周爲守藏史時，孔子往而問禮（時孔子年約三十四歲），周景王三十二年，陳哀公自殺，國內亂，楚靈王乘機而入，立楚公子棄疾爲陳公，陳之政權已併於楚，老子此時遷居於沛，莊子天運篇，記述孔子五十一歲南之沛見老子，此乃孔子第二次見老子，此時老子辭官隱居於沛，周敬王四十二年，楚正式滅陳，時老子尚在，故後世稱老子爲楚人，考之楊朱約生於周敬王三十年左右，後七十餘年始爲戰國，其青年時代從學於老子，固無足疑。其此次之沛見老子，值老子西遊秦，此卽老子暮年入關著書之時，時楊朱年已二十餘，其訓戒楊朱之言，後來著於道德經四十一章中，楊朱年長於列子，其學說盛行於當時，故列子力命篇，說符篇，皆錄楊朱之言，仲尼篇，黃帝篇，皆載楊朱之事，更有楊朱篇專述楊朱之言論。

楊子有近乎道家之言、而其實並非道家

楊朱曾受敎於老子，故有人謂其爲道家之別派，而其實與道家大相逕庭。世衰道微，人心思亂，乃潮流之所趨，雖有聖哲莫之能挽，老子見周室已衰，知天下必亂，事無可爲，而且自身已入晚境，故只得辭官歸隱，不問世事。楊朱當亂世，亦不勞心世事，亦不參與名利之競爭，亦能視生死爲自然，似近乎道家之思想，然而實際與道家不同。老子主張「少私寡欲」，「貴以身爲天下」，「聖人常善救人」，「功成名遂身退」，身退乃知足知止，不貪戀名位，並非消極偸安。楊朱則以人生短暫，當從心所欲，盡量享樂，謂人生之目的卽在乎「美厚」之享受與聲色玩好。呂氏春秋不二篇云「楊生貴己」，一切以私人之利益爲重，故曰「貴己」。雖然其主張不損人以利己，而損己之一毫以利天下亦所不爲；似乎公平，然而此適

足爲自私之藉口；其言論雖有與道家相似之處，然而差之一絲，竟致謬之千里，其學說流爲極端爲我之享樂主義，與道家之無私無慾，「愛以身爲天下」，大相逕庭，略舉其言論如下：

楊朱謂其弟楊布曰：古之人有言，吾嘗識之，將以告若。不知所以然而然，命也。今昏昏昧昧，紛紛若若，隨所爲，隨所不爲。日去日來，孰能知其故？皆命也夫。信命者，無壽夭；信理者，無是非；信心者，無逆順；信性者，無安危。則謂之都無所信，都無所不信，奚爲奚不爲？……黃帝之書云「至人居若死，動若械」。亦不知所以居，亦不知所以不居；亦不知所以動，亦不知所以不動。亦不以衆人之觀易其情貌，亦不爲衆人之不觀不易其情貌。獨往獨來，獨出獨入，孰能礙之？——力命篇。

命爲自然構成之條件，非人力所能改易，智者之聰慧，愚者之昏惑，皆不知其所以然而然，此乃命定之事；故上智之人不能沉於下流，下愚之人亦不能升於上等。社會昏昏茫茫，世事擾擾攘攘，有孜孜爲善者，有孜孜爲惡者，大禹之手胼足胝不厭其苦，盜跖之殺人越貨視爲當然，皆自然而然，不知其故，此卽所謂命。有生必有死，修短隨化終歸於盡，故曰信命者無壽夭。言不必信，行不必果，惟義所在，故曰信理者無是非（無固定之是非）。人心惟危，道心惟微，忠言逆耳，邪說怡人，違我者未必爲害，順我者未必有益，故曰信心者無逆順。好善惡惡出自天性，爲國敵愾，艱險不避；見義勇爲，患難何懼；故曰信性者無安危。可見利害哀樂不能左右人之行爲，惟命能主宰人之一切。至人靜則寂然，動而有矩，順自然之理，安性命之情，不役于外物，獨往獨來，無入而不自得。——楊子此段引古人之言，黃帝之書，以述其所得道家之旨。

楊朱曰：行善不以爲名，而名從之；名不與利期，而利歸之；利不與爭期，而爭及之；故君子必愼爲善。（說符篇）。

爲善而得榮名，則利亦隨之而來，名利爲衆人所嫉爲衆人所爭之物，爭則禍至；此雖近乎道家之言，然楊子以「貴己」爲主，其所謂「必愼爲善」，即言爲善當顧及個人所得之結果。老子云「善行無轍迹」（二七章），莊子云「爲善無近名」（養生主），道家擺脫名利，爲善出乎慈心，並非有所爲而爲，與世無爭，只求良心所安。楊子此段話，亦擯斥名利，然其凡事以一己之利害爲取捨，其不爭名利，爲恐招怨惹禍，與道家之無爲不同也。

楊朱曰「生民之不得休息，爲四事故：一爲壽，二爲名，三爲位，四爲貨。有此四者，畏鬼、畏人、畏威、畏刑：此謂之遁人也。可殺可活，制命在外。不逆命、何羨壽？不矜貴、何羨名？不要勢、何羨位？不貪富、何羨貨？此之謂順民也。（楊朱篇）。

爲求厚生多壽，爲求聲名榮耀，爲求地位崇高，爲求金玉滿堂，爲此四者不擇手段，巧取妄奪，自知罪孽甚重，故畏冥冥中難測之惡報，畏衆人共憤之制裁，畏正義之威脅，畏刑罰之處分，時時在惶恐周旋之中，此之謂逃罪之人。死生命也，命乃天然之條件所構成，非人力所能如何；達人知命，故將生死置之度外，不違命、視夭壽爲自然，壽數之多寡無介於衷。不以貴爲可矜耀，故不羨虛榮之名。不欲以權勢稱雄，故不羨高位。不願爲富豪，故不羨貨財。能如此，便爲順乎天理之人。對外無所强求，便無敵對，則我之生命可以自主，而坦然自如矣。——此段頗類道家之言。

楊朱曰：人肖天地之類，懷五常之性，有生之最靈者也。……必將資物以爲養性，任智而不恃力。故智之所貴，存我爲貴；力之所賤，侵物爲賤。然身非我有也，既生，不得不全之；物非我所有也，既有，不得而去之。身固生之主，物亦養之主。雖全生身，不可有其身；雖不去物，不可有其物。有其物，有其身，是橫私天下之身，橫私天下之物。其惟聖人乎！公天下之身，公天下之物；其唯至人矣！此之謂至至者也。（楊朱篇）。

人之生命寄託於身體，有生必有死，故身非我有。然我既生矣，不得不順乎自然保養此身以全吾生。養生必資於物，生與物不能分離，故人皆愛身愛物，甚至侵奪他人之物以肥己之身，卒之以身殉物，仍然不可有其身，亦不可有其物。固執私心，定要強取所欲之物以供己身，勢必侵害他人之身，剝奪他人之物，此卽所謂「橫私」，欲「悉天下奉一身」，以天下之身天下之物皆爲我利用，此盜竊亂賊之所由起也。聖人明至理，故稱爲至人，視天下人之身，同我之身，己所不欲，勿施於人；視天下之物，同我之物，苟非吾之所有，雖一毫而莫取。不侵人，不妄取，或者有顧及自身之利害，而不敢爲。聖人達乎人情，順乎良心所使然，與常人不同也。——楊子此段言論，亦類乎道家。然其所謂「智之所貴，存我爲貴」，頗有語病，人皆知注重存我，然不可強調此說，猶如人固然必須飲食，然不可說人生意義卽在於飲食。楊子雖述道家之言，而仍寓「爲我」主義在其中。

損一毫而利天下、不爲也

世衰道微，人情偷薄，君子道消，小人道長。克己者愈退讓，貪得者愈無厭，善人犧牲一切，亦不能救時之弊；群小狡詐得利，而自以爲當然。楊子對此世風深有敏感，蓋以爲君子退讓，益增小人侵奪之性；善人施惠，實啓貪夫苟得之心。倘人人能嚴格守己，不損己以利人，亦不損人以利己，則世無越分妄爲之事，故曰「人人不損一毫，人人不利天下，天下治矣」。夫損人利己固爲亂端，倘我有餘力，在可能範圍內，以我之利，濟人之急，則安我惻隱之心，解人困厄之苦，人我兩利，豈不懿歟？楊子之言，抹煞人心爲善之樂，愈使人情趨向冷淡，似此狹隘之「守己」思想，引發其「爲我」主義，而遂成其「貴己」之學說。

睹人壽之短促而灰心、故主張縱慾享樂以了此生

楊子云：百年爲人壽之大限，然人活百年者千無一焉；縱然有之，而幼弱之童年，衰枯之老年幾居其半，而夜眠晝寢所遺亡之時間，又幾居其半，痛疾哀苦，亡失憂懼，又幾居其半，所餘十數年中，而能逌然自得胸無憂慮者，恐區區一時，亦難得到，由此觀之，人生有何可樂？又云：

萬物生時有異，死後化爲壓土，則皆相同。人生有賢愚貴賤之別，死後歸於臭腐消滅，則皆相同。賢愚貴賤，非人所能自主；臭腐消滅，非人所能避免；生死賢愚貴賤，皆自然而然，非人力所能如何。故生死賢愚貴賤，當作平等觀。死後皆化爲烏有，故「十年亦死，百年亦死，仁聖亦死，凶愚亦死，生則堯舜，死則腐骨；生則桀紂，死則腐骨。腐骨一矣，孰知其異？且趣當生，奚遑死後？

孟孫陽問楊朱曰「有人於此，貴生愛身，以蘄不死，可乎」？曰「理無不死」。「以蘄人生，可乎」？曰「理無久生，生非貴之所能存，身非愛之所能厚。且久生奚爲？五情好惡，古猶今也；四體安危，古猶今也；世事苦樂古猶今也；變易治亂，古猶今也。既聞之矣，既見之矣，既更之矣，百年

猶厭其多，況久生之苦也乎」？孟孫陽曰「若然，速亡愈於久生；則踐鋒刃，入湯火，得所志矣」。楊子曰「不然，旣生，則不必顧慮死，當將死之問題，置諸度外，任其自然，盡人生之所欲，以俟生命之結束；將死，不必戀生，當對生之問題置而不論，任其自然，盡其所之，以達於死」。對于生死，能淡然置之，任其自如，不貪生，亦不尋死，無所愛憎，對生死亦無遲速之希求。

總上所述，楊子雖亦能體悟古人所言「知生之暫來，知死之暫往」，視生死爲自然，無所拘繫，似乎深得道家之趣味。然其感觸所成之觀念，以人壽短促，賢愚貴賤同爲枯骨，是以頹然灰心，以爲在此短暫之歲月中，應當盡情享樂，以了此生，不必用心於世事。而其所重視之享樂，亦只在物慾生活；其言云：

豐屋美服，厚味姣色，有此四者，何求於外？又云：人之生也奚爲哉？奚樂哉？爲美厚爾，爲聲色爾。而美厚復不可常厭足，聲色不可常翫聞。乃復爲刑賞之所禁勸，名法之所進退；遑遑爾競一時之虛譽，規死後之餘榮；偊偊爾愼耳目之觀聽，惜身意之是非；徒失當年之至樂，不能自肆於一時。重囚纍梏，何以異哉？

以人生之意義只在美厚之享受，聲色玩樂。苟有安適之屋宇，華美之衣著，豐盛之飲食，並有姸姬姣女相伴，如此萬事已足，別無所求。彼夫爲生平之聲譽，圖死後之餘榮者，受賞罰之勸禁，畏人言之評論，懼法律之限制，踽踽然行爲不得自由，身意拘謹，惟恐遭是非之譏議，如此失却一生之至樂，不能縱情以快心，此與囹圄中之繫囚有何異哉？——此楊子之重心思想。

重利輕名

楊子謂賢愚貴賤，死後同爲枯骨，「死後之名非所取也，故不爲名所勸」。以爲人生之實際卽爲物質享樂，「實無名，名無實，名者僞而已矣」。「利」有實用之價值，可以供人之一切享受；而「名」則不能救飢渴，只是無用之口號而已。彼以爲好名之人爲大愚，享樂之人爲眞智，謂伯夷矜淸廉以致餓死，柳下惠矜貞節以致寡宗，皆不務實際，而被虛名所誤也。並引其所贊美縱慾享樂者之言行，以助其理論：

管夷吾（此非管仲，乃與管仲同字者）曰「恣耳之所欲聽，恣目之所欲視，恣鼻之所欲向，恣口之所欲言，恣體之所欲安，恣意之所欲行。夫耳之所欲聞者音聲，而不得聽，謂之閼聰；目之所欲見者美色，而不得視，謂之閼明；鼻之所欲向者椒蘭，而不得嗅，謂之閼顫；口之所欲道者是非，而不得言，謂之閼智；體之所欲安者美厚，而不得從，謂之閼適；意之所欲爲者放逸，而不得行，謂之閼性。凡此諸閼，廢虐之主，（廢虐毀殘也）。——閼、塞也，遮止也。此言塞止一切欲望，於人無益。欲享受而被名教所拘，不得隨便，此種心理，直主使人生等於殘廢，陷於苦惱而已。

子產爲鄭相，善者服其化，惡者畏其禁，鄭國大治，諸侯憚之。而有兄曰公孫朝，有弟曰公孫穆，朝好酒，穆好色。朝之室聚酒千鍾，積麴成封，望門百步糟漿之氣，逆於人鼻。方其荒於酒也，不知世道之安危，人理之悔吝，室內之有無，九族之親疏，存亡之哀樂也。雖水火兵刃交於前，弗知也。穆之後庭比房數十，皆擇稚齒婑媠者以盈之。方其耽於色也，屏親昵，絕交遊，逃於後庭，以晝足夜；三月一出，意猶未慊，鄉有處子之娥姣者，必賄而招之，媒而挑之，必獲而後已。子產日夜以爲戚，用鄧析之言，勸其兄弟當重禮義而養性命，悔過而求榮祿。朝穆曰「吾知之久矣，擇之亦久矣，豈待若言而後識之哉？凡生之難遇而死之易及。以難遇之生，俟易及之死，可孰念哉？而欲尊禮義以夸人，矯情性以招名，吾以此爲弗若死矣。爲欲盡一生之歡，窮當年之樂。惟患腹溢而不得恣口之飲，力憊而不得肆情於色；不遑憂名聲之醜，性命之危也。且若以治國之能夸物，欲以說辭亂我之心，榮祿喜我之意，不亦鄙而可憐哉？我又欲與若別之。夫善治外者，物未必治，而身交苦；善治內者，物未必亂，而性交逸。以若之治外，其法可暫行於一國，未合於人心；以我之治內，可推之於天下，君臣之道息矣。吾嘗欲以此術而喻若，若反以彼術而教我哉」？子產以告鄧析，鄧析曰「子與眞人居而不知也，孰謂子智乎」？——此以子產守禮義歛嗜慾爲不智，而謂朝穆恣情酒色爲眞人。朝穆之言論，實與楊子同一聲調。

子貢之後人端木叔，藉其先資，家累萬金。不治世故，放意所好。其生民之所欲爲，人意之所欲玩者，無不爲也，無不玩也。牆屋臺榭，園囿池沼、飲食車服、聲樂嬪御，擬齊楚之君焉。至其情所欲好，耳所欲聽，目所欲視，口所欲嘗，雖殊方偏國，非齊土之所產育者，無不必致之；猶藩墻之物也。及其游也，雖山川阻險，途逕修遠，無不必之；猶人之行咫步也。賓客在庭者日百數，庖厨之下不絕烟火，堂廡之上不絕聲樂。奉養之餘，先散之宗族；宗族之餘，次散之邑里；邑里之餘，乃散之一國。行年六十，氣幹將衰，棄其家事，都散其庫藏珍寶車服妾媵。一年之中盡焉，不爲子孫留財。及其病也，無藥石之儲；及其死也，無瘗埋之資。一國之人受其施者，相與賦而葬之，反其子孫之財焉。禽骨釐聞之曰「端木叔狂人也，辱其祖矣」！段干生聞之曰「端木叔達人也，德過其祖矣。其所行也，其所爲也，衆意所驚，而誠理所取。衞之君子多以禮教自持，固未足以得此人之心也」。——禽滑釐爲墨家，墨家貴儉，與楊朱思想正相反。楊子此處所贊同者爲段干之言，貶禮法而崇物慾。

楊朱曰：天下之美歸之舜禹周孔，天下之惡歸之桀紂。然而舜以耕陶爲生，四體不得暫安，口腹不得美厚，父母弟妹所不親。及受堯之禪，年已長智已衰，商均不才，讓位於禹，戚戚然以至於死。大禹忙於治水，手足胼胝，及受舜禪，卑宮室，非飲食，戚戚然以至於死。周公攝政、遭流言，東征三年，僅免其身，戚戚然以至於死。孔子明帝王之道，應時君之聘，伐樹於宋，削迹於衛，窮於商周，圍於陳蔡，受屈於季氏，見辱於陽虎，戚戚然以至於死。此四聖者，生無一日之歡，死有萬世之名，名者，固非實之所取也，雖稱之弗知，雖賞之不知，與株塊無以異矣。桀居南面之尊，智足以御群下，威足以震海內，恣耳目之所娛，窮意慮之所爲，熙熙然以至於死。紂亦居南面之尊，威無不行，志無不從，肆情於傾宮，縱慾於長夜，不以禮義自苦，熙熙然以至於死。彼二凶也，生有縱慾之歡，死被愚暴之名。實者，固非名之所與也，雖毀之不知，雖稱之弗知，此與株塊奚以異矣。彼四聖雖美之所歸，苦以至終，同歸於死矣。彼二凶雖惡之所歸，樂以至終，亦同歸於死矣。同歸於死，有何美惡之分？

又云：伏羲已來，三十餘萬歲，賢愚好醜，成敗是非，無不消滅；但遲速之間耳。矜一時之毀譽，以焦苦其神形，要死後數百年中餘名，豈足潤枯骨？何生之樂哉？此言人生若崇德行善，而自身憂勞不得享樂，雖死後流芳百世，然而無知無識，並未得實際之利益。人生若不守禮教，而自身暢快，盡情享樂，雖死後遺臭萬年，然而無知無識，却已獲實際之利益；如此，美名有何益？惡名有何害？故人生只求當前之樂，不必計死後之名也。

名中求利

楊朱既以舜禹之以身爲天下，不如桀紂之肆情享樂，善人之榮名不如惡人之得利。然楊子並不敎人作惡，何也？居南面之尊，有桀紂之威，始可作惡；普通人而作惡，陷於罪罰，豈不大違享樂主義？倘名中有利，楊子亦不反對求名，其言云：

楊朱游於魯，舍於孟氏，孟氏問曰「人而已矣，奚以名爲」？曰「以名者爲富」。

楊朱曰……鬻子曰「去名者無憂」；老子曰「名者實之賓」。而悠悠者趨名不已。名固不可去，名固不可賓耶（當作也）！今有名則尊榮，無名則卑辱。尊榮則逸樂，卑辱則憂苦。憂苦、犯性者也；逸樂、順性者也；斯實之所係矣。名胡可去？名胡可賓？（實爲本、賓爲末，此謂名不可賓，即謂有名則可得實利也）。但惡夫守名而累實，守名而累實、將恤危亡之不救，豈徒逸樂憂苦之間哉？

鬻子爲道家，道家以德行爲實，名譽爲賓。名從實起，有實自然有名；然而實爲主，名爲賓，實爲本，名爲末，務實非以要名，要名等於圖利。要名未必得名，圖利未必得利，名利皆爲煩惱之物，故鬻子云「去名者無憂」，老子云「名者實之賓」，是以道家輕視名利。楊子以利慾享樂爲實，謂「名無實，名者僞而已矣」。然又以爲有名則尊榮，尊榮可得逸樂；有名即可得利，求名即所以求利，故反對道家之言，謂「名胡可去，名胡可賓」？楊子此段言論雖名利兼重，不過以名爲取利之手段而已，故曰「名者僞而已矣」，其實仍以利爲重也。

結　語

總觀楊子之思想，由於感到人生短促，人皆必死，故生時當縱情享樂，不受一切拘束，不顧名譽美醜。其所謂享樂，只在豐屋、美服、厚味、姣色，以爲四者之外，皆非眞實之享樂。以忠義榮名皆有礙於實際享樂，蓋以忠義爲邦家社會宣勞，不若以此勞力作利己之事爲實用。此卽後世所謂個人享樂主義。

人之生死如何？固難確知；若如宗教家所體認，人有三生，今生之善行，造成來生之善果，予人前途以無限之希望，豈不懿歟！然如楊子之思想，謂善惡智愚死後同爲枯骨，仁聖凶愚並無優劣高下之別，生時之榮名虛僞而無實用；惟有滿足口體之慾，恣情享樂，乃爲眞實利益。此種意識，類乎佛家所說順世外道之「斷滅論」。

夫崇德好善，雖未必人人肯爲，然亦爲人情所樂之事。行善固未必爲求名，然有爲善之事實，而榮名歸之，當然心感愉快；而且好名之人以「令聞廣譽施於身，不願人之文繡」（孟子告子篇），榮譽之樂，非物慾所能代替。諺云「爲善最樂」，大禹治水，手胼足胝；文王爲政，不遑暇食；惟其中有樂，故不憚辛勞，苦中得樂，乃非常之樂；楊子不知此樂，而抹煞人生精神之樂，囿於聲色飲食嗜慾之樂，此種唯物享樂主義，其人生亦狹矣。

老子主張「善救人」，「善救物」，乃順乎人情之自然，天理之當然，「生而不有，爲而不恃，長而不宰」，「名者實之賓」，實爲實際之行事，賓爲身外之榮名，實際之行事，心安理得，於願已足，「少私寡欲」，名利非所計也，故「功成不名有」，然事功既成，名不能泯，是以「功成、名遂、身退」，離卻富貴之場，與世無爭，而歸於恬淡之境，逌然無累，徜徉乎塵垢之外，逍遙乎無爲之業，此道家之人生。——楊朱則只顧自己而不顧社會，只知有私而不知有公，故損一毫以利天下，亦所不爲，以人生實際利慾而外，別無眞實之事；德行名譽皆爲虛妄，倘名中有利，則可趨名以贏利，若名中無利，如大禹墨翟之勞身爲天下，四體不得暫安，口腹不得美厚，生無一日之歡，死後之名有何用哉？可見楊子之思想絕非道家之思想。其「貴己」而外，漠視一切，其言云：

原憲窶於魯，子貢殖於衞，原憲之窶損生，子貢之殖累身。然則窶亦不可，殖亦不可，其可焉在？曰：可在樂生，可在逸身。故善樂生者不窶，善逸身者不殖。

此言原憲貧窶，而不設法謀利，物慾享受不得豐美，固爲不可。子貢善貨殖，足夠自身之享樂，卽可矣；而乃累積千金，成爲巨富，辛苦所得，以利他人，亦不可也。其所謂「善樂生」、「善逸身」，眞乃極端之「爲我」主義，彼不知有安貧守道之樂，有博施濟衆之樂也。

墨子曾習儒者之業，吳起曾受學於曾子，韓非李斯曾師事荀子，後來皆棄其所學而反對儒家，楊朱亦猶此也，雖從學於老子，而其思想則大違乎道家，再舉列子之言，以明楊朱決不屬於道家學派：

嚴恢曰「所爲問道者爲富，今得珠亦富矣，安用道」？子列子曰「桀紂唯重利而輕道，是以亡。幸哉余未汝語也。人而無義，唯食而已，是雞狗也。強食磨角，勝者爲制，是禽獸也。爲雞狗禽獸矣，而欲人之尊己，不可得也。人不尊己，則危辱及之矣」！（說符）。

儒家「不寶金玉」而「多文以爲富」（禮記儒行），文以載道，道卽人生之道，包羅人生所須之一切學問，老子云「聖人欲不欲，不貴難得之貨，學不學」（六四章），難得之貨卽金銀珠玉，此衆人之所欲，以其可以作富華享受之代價。道乃天道人事之眞理，明其理，則萬物皆備於我，與天地爲一體，無入而不自得，樂莫大焉，此聖人之所欲，聖人之所學，衆人視之爲空虛無用，而不欲理會；聖人則欲衆人之所不欲，學衆人之所不學，志不在乎溫飽，故不以金玉爲寶，而以通明眞理達乎天德爲貴。此儒道一致之思想，此楊子所視爲有名無實之人生。

嚴恢謂有珠寶便爲富，安用道？以道爲空虛無用，此與楊朱之思想同，列子斥之云「人而無義，唯食而已，是雞狗也」。此卽明斥楊子只重美厚聲色，以仁聖達生之樂不如凶愚縱慾之樂，抹煞性靈生活，偏重食色享樂，此儒道兩家皆反對者也。

孟子云「仁義忠信，樂善不倦，此天爵也」（告子篇），樂善不倦爲實，天爵爲名，有實乃有名，故孔子曰「君子疾沒世而名不稱焉」（衞靈公篇）。道家以實爲主，以名爲賓，儒道兩家之義不相悖。楊朱謂「有名則尊榮，尊榮則逸樂」，以名爲取利之工具。又謂「利出者實及，怨往者害來」（說符篇），雖主張不損己之一毫以利人，亦不損人之一毫以利己，但損己所付出之利而能贏得實益，則亦爲之；其所以不損人者，則惟恐招惹怨恨而於己不利。總之蔑視禮義，擯棄名節，事事以利爲本，當日孟子斥「爲我」思想曰「是禽獸也」（滕文公篇），列子亦謂「重利而輕道，是雞狗也」（說符），蓋當日楊子之言盈天下，其誘惑人心，腐化社會，有嚴重之事實，故遭儒道兩家之痛斥。

列子集釋原文

列子集釋目錄

重要序論匯釋

（一）劉向　列子新書目錄

小字夾注者爲唐殷敬順釋文以及宋陳景元之釋文補遺，而任大椿之釋文考異則略而未錄。○姓列，名禦寇，或名圄寇。先莊子，故莊子稱之。天寶初，奉旨冊爲冲虛眞人，其書改題曰冲虛眞經，名冠八篇之首。此是劉向取二十篇除合而成，都名新書焉。大宋景德四年勅加至德二字，號曰冲虛至德眞經。

天瑞第一　黃帝第二　周穆王第三　仲尼第四一曰極智

湯問第五　力命第六　楊朱第七一曰達生　說符第八

右新書定著八章。護左都水使者光祿大夫臣向姓劉，名向，字子正，楚元王交玄孫，校定此書也。言：所校音敎中書列子五篇，臣向謹與釋文與作歟，云：音與，經中與字多如此作。長社尉臣參七南切。劉向管子新書目錄云：臣參書四十一篇。校讎音酬。校爲兩本相對覆校也。讎謂如仇讎報也。太常書三篇，太史書四篇，臣向書六篇，臣參書二篇，內外書凡二十篇，以校除復扶又切重十二篇，定著八篇。中書多，外書少。章亂布在諸篇中，或字誤，以盡子忍切，極也；下同。爲進，以賢爲形，如此者衆。及在新書有棧。音剪，謂蟲蠹斷滅也。略作翦，又作揃，皆與前字同。周禮有翦氏，掌除蠹魚蠹書。校讎從中書已定，皆以殺靑，謂汗簡刮去靑皮也。書可繕寫。列子者，鄭人也，與鄭繆公繆音穆。與魯哀公同時。同時，蓋有道者也。其學本於黃帝老子，號曰道家。道家者，秉要執本，清虛無爲，及其治身接物，務崇不競，合於六經。而穆王、湯問二篇，迂誕（迂音于。誕，徒旱切。迂誕，謂迂遠之大言也。）恢詭，（恢，口回切。詭，孔委切。恢詭，大怪異之言也。）非君子之言也。至於力命篇，一推分（符問切。）；命楊子之篇，唯貴放逸，二義乖背，（音佩。）不似一家之書。然各有所明，亦有可觀者。孝景（漢帝，諱啓。）皇帝時貴黃老術，此書頗（普可切。）行於世。及後遺落，散在民間，未有傳者。且多寓言，（寓，釋文作偶，云：音遇。劉向別錄云，偶言者，作人姓名，使相與語。史記頗爲寓。）與莊周相類，故太史公司馬遷不爲列傳。（列傳紀傳之類，皆音去聲。）謹第錄。臣向昧死上。（時掌切。）護左都水使者光祿大夫臣向所校列子書錄。永始（漢成帝年號。）三年八月壬寅上。

（二）張湛　列子序（殷敬順註音爲釋文。）

湛聞之（張湛字處度，東晉光祿勳，注此書解。）先父曰：吾先君與劉正輿、（音余，晉揚州刺史，名陶。）傅穎根，（名敷，北地人。晉丞相從事中郎。）皆王氏之甥也，並少（詩照切。）游外家。舅始周，（姓王，張湛舅之字。）始周從兄（從，疾用切。）正宗、（王宏字正宗，高平人，晉尚書。）輔嗣（王弼字輔嗣，山陽人，魏尚書郎。）皆好集文籍，先（悉薦切，下同。）并（卑正切。）得仲宣（王粲字仲宣，山陽人，魏侍中。）家書，幾（音祈，近也。）將萬卷。傅氏亦世爲學門。三君總角（詩云：總角丱兮，謂童子結髮之時也。）競錄奇書。及長，（丁丈切。）遭永嘉之亂，與穎根同避難（乃旦切。）南行，車重各稱（尺證切。）力，並有所載。而寇虜（音魯。）彌盛，前途尙遠。張謂傅曰：『今將不能盡（子忍切）全所載，且共料（音聊，理也，量也。）簡世所希有者，各各保錄，令無遺棄。』穎根於是唯齎（音躋）其祖玄、父咸子集。（傅玄字休奕，北地人，著子書一百二十卷，有集五十卷。咸字長虞，有集二十卷。父子俱爲司隸校尉、稱賢侯。）先君所錄書中有列子八篇。及至江南，僅（音覲，少也。）有存者。列子唯餘楊朱、說符、目錄三卷。比（必利切）亂，正輿爲揚州刺史，先來過江，復（扶又切）在其家得四卷。尋從輔嗣女壻趙季子家得六卷。參校有無，始得全備。

其書大略明羣有以至虛爲宗，萬品以終滅爲驗；神惠以凝寂常全，想念以著（直略切）物自喪；（息浪切）生覺（音敎）與化夢等情，巨細不限一域；窮達無假智力，治身貴於肆任；（而鴆切。此例稍多，後以意取之。）順性則所之皆適，水火可蹈；忘懷則無幽不照。此其旨也。然所明往往與佛經相參，（猶云佛經往往與列子相參，此爲文者辭語互陳也。）大歸同於老莊。屬（音燭）辭引類特與莊子（名周，字子休，宋人也，爲蒙漆園吏，著書五十二篇。郭象合爲三十三篇以注之。天寶初冊爲南華眞人，其書曰南華眞經。經中往往有沖虛眞人之語。）相似。莊子、慎到、（趙人也，先申韓，申韓稱之。著書四十二篇。其學本師黃老。）韓非、（韓之諸公子，使秦，李斯害而殺之。著書五十五篇。其學本師黃老。）尸子、（名佼，音絞，晉人。秦相商君師之。鞅死佼逃入蜀。著書二十篇。）淮南子、（劉安，漢武孫，淮南厲王長子也。招致賓客作內書二十一篇，多眞經之語。又外書三十三篇，論術語。伯峻案：釋文「漢武孫」，當作「漢高孫」。劉安於漢武爲叔，於漢高始爲孫。）玄示、（道家有玉樞胎中玄示經四十卷，又陳留韓祉作玄示八篇，演解五千文。）旨歸（漢嚴遵字君平，作指歸十四篇，演解五千文。）多稱其言，遂注之云爾。

（三）盧重玄　列子敍論

劉向云：「列子者，鄭人也，與鄭穆公同時，蓋有道者也。其學本於黃帝、老子，號曰道家。道家者，秉要執本，清虛無爲，及其理身接物，務崇不競，合於六經。而穆王、湯問二篇，迂誕恢詭，非君子之言也。至於力命篇，一推分命，楊子篇唯貴放逸，二義乖背，不似一家之書。然各有所明，亦頗有可觀者。且多寓言，與莊周相類，故太史公司馬遷不爲列傳。」張湛序云：「其書大略明羣有以至虛爲宗，萬品以終滅爲驗；神惠以凝寂常全，想念以著物自喪；生覺與化夢等情，巨細不限一域；窮達無假智力，理身貴於肆任；順性則所之皆適，水火可蹈；忘懷則無幽不照。此其旨也。然所明往往與佛經相參，大歸同於老莊。」重玄以爲黃老論道久矣，代無曉之者。咸以情智辯其眞宗，則所論雖多，同歸於不了；所詮雖衆，但詳其糟粕。莫不以大道玄遠，遙指於太虛之中；道體精微，妙絕於言詮之表。遂使眞宗幽翳，空傳於文字；至理虛無，但存其言說。曾不知道之自我，假言以爲詮；得意忘言，離言以求證。徒以是非生滅之思慮，因情動用之俗心，矜彼道華，求名喪實。我開元聖文神武皇帝知道爲生本，至德非言，廣招四方，傍詢萬宇，冀有達其玄理，將欲濟於含生。小臣無知，偶慕斯道；再承聖旨，重考微言。謹尋列子之書，輒詮註其宗要。竊懷智此，（秦恩復曰，此字疑誤。汪萊曰：智此當作知北，莊子有知北遊篇。）非欲指南。倘默契於希夷，猶玄珠於象罔。是所願也，非敢望焉。

論曰：夫生者何耶？神與形會也。死者何耶？神與形離也。形有生死，神無死生；故老子曰「谷神不死，」「死而不亡者壽也。」然此之死生，但約形而說耳。若於神用，都無死生。神本虛玄，契眞者爲性；形本質礙，受染者爲情。至人忘情歸性則近道，凡迷矜性殉情則喪眞。是故隳支黜聰，道者之恆性；貪生惡死，在物之常情。不矜愛以損生，不祈名而棄實，故莊子曰，「爲善無近名，爲惡無近刑，緣督以爲經，可以養生，可以盡年」也。代人以不求於名，則縱心爲惡；此又失之遠矣。何則？人笑亦笑，人號亦號；人之所畏，不可不畏；復安得爲不善耶？是知神爲生主，形報神功。神有濟物之功，形有尊崇之報；神有害物之用，報有賤陋之形。故神運無窮，形有修短。報盡則爲死，功著則別生；亦由清白者遷榮，貪殘者降黜。約位而說也，形不變則位殊；約神而辯也，神不易而形改。至人了知其道，故有而實眞。眞神無形，心智爲用。用有染淨，凡聖所以分。在染溺者則爲凡，居清淨者則爲道。道無形質，但離其情，豈求之於冥漠之中辯之於恍惚之外耳？故老子曰，「吾道甚易知，甚易行。」而不能知不能行，其故何也？代人但約形以爲生，不知神者爲生主；約氣以爲死，不知神者爲氣根。繫形則有情，迷神則失道。封有惑本，溺喪忘歸。聖人嗟其滯執之如此也，乃歎夫知道者不易逢矣。故曰，「千里一賢，猶如比肩；萬代有知，不殊朝暮」者，惜之深矣。豈不然耶？倘因此論，以用心去情智以歸本，損之又損，爲於無爲，然後觀列子之書，斯亦思過之半矣。

（四）碧虛子陳景元　列子冲虛至德眞經釋文序

夫莊子之未生，而列子之道已汪洋汗漫充滿於太虛，而無形畛可聞也，故著書發揚黃老之幽隱，剖抉生死之根柢。墮弢解袠，決疣潰癰。語其自然而不知其然，意其無爲而任其所爲。辭旨縱橫，若木葉乾殼，乘風東西，飄颻乎天地之間，無所不至。而後莊子多稱其書，載於論說。故世稱老莊而不稱老列者，是蘇莊子合異爲同，義指一貫；離堅分白，有無幷包也。昔列子陸沈圃田四十年而人莫識，藏形衆庶在國而君不知，天隱者也。人有道而人莫譽，道豈細也夫？書有理而世罕稱，理豈粗也夫？人也，之書也，深矣！遠矣！與物返矣！不其高哉！

僕自總角好讀是書，患無音義解所闇惑。及長，游天台山桐柏，於司馬微水帳之下獲爛書兩卷。標題隱約，乃列子釋文。紙墨敗壞，不任展玩。而急手鈔錄，其脫落蠹碎，堙滅棧損，十巳四五矣。而紙尾題云：「唐當塗縣丞殷敬順纂。衡岳墨希子書。」遂草寫藏於巾衍。後於潛山覽有唐道士徐靈府手寫列子洎盧重元注，就於藏室繙景德年中國子監印本參有校無會得帖異。比得國子監印本經幷注脫誤長乙共一百六十字，集成訛謬同異一卷，附於釋文之後。已而補亡拾遺，復其舊目。前人所稱最善者如程是豹之別名，高䲭乃泰內兩字古文，此其博學而多識者。其有越略，惟竢同志損益啓悟。熙寧二年九月九日碧虛子題序。伯峻案：陳景元，字太初，玄號碧虛子，家世建昌，所讀內外道書數千卷，皆親所校正。卒於紹聖元年，年七十。宋薛致玄述道德眞經藏室纂微開題科文疏有其事略。

（五：）任大椿　列子釋文考異序

通考載列子釋文一卷，唐當塗縣丞殷敬順撰。其書引荀子楊倞注，則憲宗以後人也。　余於乾隆戊戌教學淮陰，嘗過淮瀆廟，見有道藏殘帙數架，遂檢得此本。書分上下二卷，與通志同。體例仿陸氏經典釋文。凡所徵引多爲前代逸書；又於正文之下附載異文，率皆當時流傳舊本。夫藏書之家得一宋元佳刻，已若璆璧；况此書所載一作又作之本更在唐以前耶？道家諸子，莊列並稱；奇詞隱義，最尙音釋。莊子釋文列諸經典之末，遂克盛行；列子釋文秘在道藏，故見之者希。考今本列子目錄之前雖並標張湛注及敬順釋文，而每卷篇首乃獨標湛注，更不辨何者爲釋文矣。試以道藏本證之，則注自爲注，釋文自爲釋文，不待研索而知也。又今本列子所載釋文闕佚甚多，其于湛注加音釋者咸省汰焉。訛文錯簡彌復不少，皆不及道藏本之完善。是書與莊子釋文後先輝映，允宜並行于時。余故仿照道藏原本別爲專刻，使之流布藝林。又取古今本之異同標其崖略，附一卷於書後。至于以盡爲進，以賢爲形，析疑辨誤如劉向所云者，則未之幾及也。乾隆五十二年十月興化任大椿書。

（六）秦恩復　列子盧重玄注序　原文「重玄」皆作「重元」，「玄孫」作「元孫」，蓋避「玄曄」之二名，今皆復原。

列子先於莊子而書最後出，史遷不爲立傳，學者遂疑爲依託。以故注南華者不下數十家，獨冲虛祇張湛一注孤行於世。唐當塗縣丞殷敬順爲之釋文，宋碧虛子陳景元補其遺。景元序稱曾於潛山得見徐靈府手寫列子洎盧重玄注。考新唐書宰相表重玄爲盧思道玄孫，藏用之弟。藏用注老子二卷，莊子十二卷；重玄有夢書四卷，均載藝文志中，今並不傳。惟重玄所注列子自唐藝文志以下皆不著錄。至鄭樵通志、焦竑經藉志始有其目。余於南北藏書家訪求盧注十餘年，今始得於金陵道院。書凡八卷，楊朱一篇注佚其半。其書羽翼張注，頗有可採者。間有徵引，皆與古本相合。宰相表云：重玄仕至司勳郎中。今稱通事舍人者，就其注書時而標題也。沈汾續仙傳云：開元二十三年命中書舍人徐嶠、通事舍人盧重玄齎璽書迎張果於常州，則知重玄奉詔注書之時正官通事舍人之時也。由唐迄今幾及千載，歷代搜奇好古之士網羅放失，不遺餘力，而盧注未經采錄。夾際、弱侯號稱淹博，縹緗什襲，又不廣爲流通。向非入之道家，遞相纂述，不幾終遭沉晦邪？傳寫日久，譌謬滋多。爲之是正文字，辨張、盧字句之異同，補殷陳釋文所未備。其有烏馬焦魯灼然可知者，隨加刊正，不復存疑。或辭義難通，字文牽混，仍其舊本，未敢以臆爲斷，別加考證以相參檢而已。校刻既竣，復得歙縣汪君孝嬰補正數條，附錄卷末，以竢將來。懼蹈班生露才揚己之譏，庶守宣聖多聞闕疑之義云爾。嘉慶九年甲子正月七日江都秦恩復序。

（七）汪繼培　列子序

世所傳列子八卷與漢書藝文志篇帙符合。其文或淺近卑弱，於韓策所稱貴正，尸子、呂氏春秋所稱貴虛之旨，持之不堅，故先儒多疑其僞。張湛序謂所明往往與佛經相參，大歸同於老莊，又云莊子、愼到、韓非、尸子、淮南、玄示，旨歸多稱其言。實則原書散帙，後人依採諸子而稍附益之，其會粹補綴之迹，諸書見在者可覆按也。湛注明簡，昔人方之王弼郭象之注老莊。唐殷敬順因湛注爲釋文，二家各自爲書。元明以來，刊本皆以釋文入注，溷殽不別。余從錢塘何君元錫所得張注影宋鈔本，又錄釋文專本於吳山道藏，二書迺復釐然。同邑陳君春讀而善之，因取以付梓，屬余參訂。影宋本間有缺譌，以纂圖互注本、世德堂本、虞九章王震亨同訂本、盧學士文弨羣書拾補所載道藏本補正數字。釋文所稱一作此多與之合，雖爲脫誤，舊本如是，不敢輒改也。宋本六十葉，每葉廿八行，行廿六字，注雙行，行卅字。張湛序、劉向敘錄原脫，據別本補之卷首。原題冲虛至德眞經，今作列子，以還舊稱云。癸酉四月十二日蕭山汪繼培識於環碧山房。

列子集釋卷第一

楊伯峻撰

天瑞第一

〔注〕夫巨細舛錯，修短殊性，雖天地之大，羣品之衆，涉於有生之分，關於動用之域者，存亡變化，自然之符。夫唯寂然至虛凝一而不變者，非陰陽之所終始，四時之所遷革。〇〔解〕夫羣動之物，無不以生爲主。徒愛其生，不知生生之理。生化者，有形也；生生者，無象也。有形謂之物，無象謂之神。迹可用也，類乎陰陽。論其眞也，陰陽所不測。故易曰：「陰陽不測之謂神。」豈非天地之中大靈瑞也？故曰天瑞。〇釋文云：夫音符，是發語之端；後更不音。舛，昌兗切。分，符問切；下同。

子列子〔注〕載子於姓上者，首章或是弟子之所記故也。〇釋文云：冠子氏上者，著其爲師也。居鄭圃，〔注〕鄭有圃田。〇釋文云：圃音補。圃田，鄭之藪澤也，今在滎陽中牟縣。〇伯峻案，鄭之圃田，一作甫田，見詩經；左傳、爾雅諸書。今河南中牟縣西南之丈八溝及附近諸陂湖，皆其遺跡。四十年人無識者。〔注〕非形不與物接，言不與物交，不知其德之至，則同於不識者矣。〇「無」汪本作「无」，今从世德堂本、四解本作「無」，下同。〇釋文「無」作「无」，云：无或作亡，同音無。國君卿大夫眎之，猶衆庶也。〔注〕非自隔於物，直言無是非，行無軌迹，則物莫能知也。〇釋文「眎」作「眡」，云：眡，古視字也。行，下孟切。國不足，〔注〕年饑。將嫁於衞。〔注〕自家而出謂之嫁。〇〔解〕不足，年饑也。嫁者，往也。弟子曰：「先生往無反期，弟子敢有所謁；〇〔解〕謁，請也。〇釋文云：謁，請也。先生將何以教？先生不聞壺丘子林之言乎？」〔注〕壺丘子林，列子之師。〇釋文云：壺丘子林，司馬彪注南華眞經云，名林，鄭人也。子列子笑曰：「壺子何言哉？〔注〕四時行，百物生，豈假於言哉？〇仲父過夫先生曰，論語，孔子曰：天何言哉？四時行焉，百物生焉，天何言哉？雖然，夫子嘗語伯昏瞀人。〇釋文云：語，一本作詔；詔，告也。瞀，莫侯切；後伯昏无人者亦音謀。吾側聞之，試以告女。〔注〕伯昏，列子之友，同學於壺子。不言自受教於壺子者，列子之謙者也。〇盧文弨曰：張注「列子之謙者也」「者」字疑當作「言」。〇釋文云：女音汝。其言曰：有生〔注〕今塊然之形也。〇釋文云：塊，口對切。

不生，〔注〕生物而不自生者也。有化〔注〕今存亡變改也。不化。〔注〕化物而不自化者也。○〔解〕不因物生，不爲物化，故能生於衆生，化於羣化者矣。不生者能生生，〔注〕不生者，固生物之宗。不化者能化化。〔注〕不化者，固化物之主。生者不能不生；化者不能不化。〔注〕生者非能生而生，化者非能化而化也，直自不得不生、不得不化者也。○〔解〕凡有生則有死，爲物化者常遷，安能無生無死、不化不遷哉？故常生常化。〔注〕涉於有動之分者，不得暫無也。常生常化者，無時不生，無時不化。〔注〕生化相因，存亡復往，理無間也。○盧文弨曰：注「復往」二字當依後文乙正。

陰陽爾，四時爾，〔注〕陰陽四時，變化之物，而復屬於有生之域者，皆隨此陶運；四時改而不停，萬物化而不息者也。○〔解〕爲陰陽所遷順時轉者，皆有形之物也。念念遷化，生死無窮，故常生常化矣。○注「四時」下各本皆有「節」字，今依四解本刪。○釋文云：而復之復，扶又切。不生者疑獨，〔注〕不生之主，豈可實而驗哉？疑其冥一而無始終也。○〔解〕神無方比，故稱獨也。老子曰「獨立而不改」也。疑者不敢決言以明深妙者也。○注「不生之主」各本作「不生之生」。不化者往復。○釋文云：復依字音服。後不音者，皆是入聲。往復，其際不可終；代謝無間，形氣轉續，其道不終。○世德堂本、藏本、北宋本皆不重「往復」兩字，盧文弨曰：「往復」二字當疊。陶鴻慶曰：張注云「代謝無間形氣轉續」正釋往復之義，是其所見本未誤。王重民曰：盧陶二說是也。吉府本正疊「往復」二字。伯峻案：王說是也。今從吉府本增。疑獨，其道不可窮。〔注〕亦何以知其窮與不窮哉？直自疑其獨立而不改，周行而不殆也。○〔解〕四時變易，不可終也；神用變化，亦不可窮也。○陶鴻慶曰：疑者止也。爾雅釋言：疑，戾也。郭注云：戾，止也。疑者亦止。詩桑柔「靡所止疑」，孫卿解蔽篇「而無所疑止之」，皆與「止」連文，是疑與止同義。此云疑獨，亦謂止於獨。道德經所謂「天得一以淸，地得一以寧」也。張云「獨立而不改」，正得其旨。乃釋「疑」爲「疑惑」，望文生訓，失之。許維遹曰：疑讀爲擬，僭也，比也。管子君臣篇云，「內有疑妻之妾，此宮亂也；庶有疑適之子，此家亂也；朝有疑相之臣，此國亂也」。（呂氏春秋知度篇愼子內篇文略同。）韓非子說疑篇「疑」作「擬」。又漢書食貨志云「遠方之能疑者」，顏師古注，「疑讀爲擬」。並其證也。此文「疑獨」猶言「比獨」，與下文「往復」相對爲義。仲父曰：終窮爲韵，古音同在冬中部。○釋文云：殆音待。

黃帝書曰：○惠棟曰：此老子所述也。老子之學蓋本黃帝，故漢世稱黃老。○釋文云：黃帝姓公孫，名軒轅，得長生之道，在位一百年。按漢書藝文志有黃帝書四篇，黃帝君臣一篇，黃帝銘六篇，與道家相類。○伯峻案：今本藝文志「黃帝書」作「黃帝四經」，黃帝君臣作十篇，班自注云，起六國時，與老相似也。又有雜黃帝五十八篇，班自注云，六國時賢者所作。谷神不死，〔注〕古有此書，今已不存。夫谷虛而宅有，亦如莊子之稱環中。至虛無物，故謂谷神；本自無生，故曰不死。○伯峻案：此老子第六章文。是謂玄牝。〔注〕老子有此一章，王弼注曰：「無形無影，無逆無違，處卑不動，守靜不衰；谷以之成而不見其形，此至物也。處卑而不可得名，故謂之玄牝。」○俞正燮曰：牝者，古人以爲谿谷；所謂虛牝者，如今言空洞。朱子語類云，「牝只是木孔受栒能受的物事。元牝者，至妙之牝，不是那一樣的牝。」其言若即若離。嘗深思之，元者，白虎通五行篇云，元冥者，入冥也。是元爲入牝者。唐律衞禁上釋文云，有穴而可受入者爲牝。則元牝之爲古語可知。爲表出之，儒者可勿復道矣。○伯峻案：張注所引老子王弼注「故謂之玄牝」，今本作「故謂之天地之根」。○釋文無影作無景，云：牝，毗忍切。景音影。

玄牝之門，是謂天地之根。綿綿若存，用之不勤。〔注〕王弼曰：「門，玄牝之所由也。本其所由，與太極同體，故謂天地之根也。欲言存邪？不見其形；欲言亡邪？萬物以生，故曰綿綿若存。無物不成而不勞也，故曰不勤。」○〔解〕谷虛而氣居其中，形虛而神處其內。玄者，妙而無體；牝者，應用無方。出生入死，無不因之，故曰門也。有形之本，故曰根也。視之不見，用之無窮，故曰若存者也。○〔解〕「玄者」秦刻本作「元者」，淸康熙帝名玄燁，蓋避其上名而改之也，今從四解本正。許維遹曰：勤當訓盡。淮南子原道訓云，「纖微而不可勤」，高誘注：「勤猶盡也。」同篇，用之而不勤，高又注：「勤，勞也。」誤與張注同。仲父曰：牝門根勤爲韻，古音同在魂痕部。○釋文云：綿，武延切。邪，以遮切；下同。

故生物者不生，化物者不化。〔注〕莊子亦有此言。向秀注曰：吾之生也，非吾之所生，則生自生耳。生生者豈有物哉？故不生也。吾之化也，非物之所化，則化自化耳。化化者豈有物哉？無物也，故不化焉。若使生物者亦生，化物者亦化，則與物俱化，亦奚異於物？明夫不生不化者，然後能爲生化之本也。○〔解〕此神爲生之主，能生物化物，無物能生化之者。○王叔岷曰：注「故不生也」「故」上疑挩「无物也」三字。「无物也，故不生也」與下文「无物也，故不化焉」相對而言。○釋文云：向秀，向音餉，字子期，晉常侍，注南華眞經二十八篇。

自生自化，自形自色，自智自力，自消自息。〔注〕皆自爾耳，豈有尸而爲之者哉？○仲父曰：色力息爲韻，古音同在職德部。

謂之生化形色智力消息者，非也。」〔注〕若有心於生化形色，則豈能官天地而府萬物，瞻羣生而不遺乎？○〔解〕神之獨運、非物能使；若因情滯有同物生化，皆非道也。○俞樾曰：謂當作爲，古書謂爲通用，說詳王氏引之經傳釋詞。上文云「自生自化，自形自色，自智自力，自消自息」，故此云「爲之生化形色智力消息者非也」。張湛注上文云，「皆自爾耳，豈有尸而爲之者哉？」正得其義。陶鴻慶曰：俞氏平議讀謂爲爲，非也。謂讀如道德經「同謂之玄」之謂，此言萬物根於無形，無形則無名，而強爲之名者非矣。下文子列子曰「非其名也」，注云，「皆有實著，非假名而後得也」，正合此旨。讀謂爲爲，義反淺矣。伯峻案：注「瞻羣生而不遺乎」，「瞻」藏本、宋本、四解本皆作「贍」，釋文世德堂本皆作「贍」，作贍者是也。說文「贍」，臨視也」。又新附，「贍，給也」。孟子公孫丑篇注云，「贍，足也」。此當訓給訓足。又遺釋文及世德堂本作匱，作遺者是也。其意謂若有心生化，則必有所偏；今官天地府萬物而無所遺失，則知是自生自化，非被生被化。俞讀謂爲爲，其義較順。陶駁疑未諦。○釋文「智」作「知」，「遺」作「匱」，云：知音智，下同。贍，時豔切。匱音饋，竭也。

子列子曰：「昔者聖人因陰陽以統天地。〔注〕天地者，擧形而言；陰陽者，明其度數統理。○〔解〕夫有形之物，皆有所生以運行之；擧其所大者，天地也。運天地者，陰陽也。陰陽，氣之所變，無質無形；天地因之以見生殺也。陰陽易辯，神識離明，借此以喻彼，以爲其例，然後知神以制形，無以有其生也。

夫有形者生於無形，〔注〕謂之生者，則不無；無者，則不生。故有無之不相生，理既然矣，則有何由而生？忽爾而自生。忽爾而自生，而不知其所以生；不知所以生，生則本同於無。本同於無，而非無也。此明有形之自形，無形以相形者也。○注「謂之生者則不無」，「無」世德堂本作「死」，蓋因无死形近，又涉生字義而誤。

則天地安從生？〔注〕天地無所從生，而自然生。○〔解〕天地，形之大者也。陰陽者，非神識也。有形著生於無形者，天地豈有神識心性乎？若其無者，從何而生耶？假設此問者，將明萬物者有生也。○注「而自然生」御覽一引作「自然而生」。

故曰：有太易，有太初，有太始，有太素。〔注〕此明物之自微至著，變化之相因襲也。○注文御覽一引作「此明有物始之自微至著變化自相因襲也」。○釋文「太」作「大」，云：大音太，下同。

太易者，未見氣也；〔注〕易者，不窮滯之稱。凝寂於太虛之域，將何所見耶？如易繫之太極，老氏之渾成也。○注「何所見耶」，「耶」北宋本四解本作「即」，屬下句讀，世德堂本作「也」。○釋文「渾」作「混」，云：見，賢遍切，注同。稱，尺證切，下同。繫，胡計切。混，胡本切。任大椿曰：山海經「渾敦無面目」，莊子「混沌爲儵忽所鑿」，渾敦即混沌。漢書劉向傳「賢不肖渾淆」，渾殽爲混，則混渾通。

太初者，氣之始也；〔注〕陰陽未判，即下句所謂渾淪也。

太始者，形之始也；〔注〕陰陽既判，則品物流形也。

太素者，質之始也。〔注〕質，性也。旣爲物矣，則方員剛柔，靜躁沈浮，各有其性。

氣形質具而未相離，〔注〕此直論氣形質，不復說太易；太易爲三者宗本，於後句別自明之也。○路史前紀一引「氣」下有「與」字。○釋文云：離，力智切，去也。或作平聲讀。近曰離，遠曰別，後以意求之也。別，彼列切。

故曰渾淪。○釋文云：渾音魂，淪音論，下同。

渾淪者，言萬物相渾淪而未相離也。〔注〕雖渾然一氣不相離散，而三才之道實潛兆乎其中。淪，語之助也。○釋文云：散，先汗切，卷內同。

視之不見，聽之不聞，循之不得，故曰易也。○王重民曰：循當讀如揗。說文：揗，摩也。漢書高帝紀，「因拊其背」。顏注，「拊謂摩揗之也」。後拊揗字皆作循。史記晉世家「子反收餘兵，拊循欲復戰。」漢書趙充國傳「拊循和輯」是也。揗，正字；循，假字。○釋文云：循音旬。

易無形埒，〔注〕不知此下一字。老子曰，「視之不見名曰希」，而此曰易，易亦希簡之別稱也。太易之義如此而已，故能爲萬化宗主，冥一而不變者也。○「埒」，北宋本作「畤」，汪本從之，今從四解本改正。○釋文「埒」作「畤」，云：淮南子作形埒，謂兆朕也；乾鑿度作形畤。今从乎者轉寫誤也。任大椿曰：淮南子本經訓「合氣化物，以成埒類」。高誘注：「埒，形也」。要略訓「形埒之兆」，繆稱訓「道之有篇章形埒者」，兵略訓「夫有形埒者，天下公見之」，凡形埒字皆作埒。說文玉篇廣韻有埒字，無畤字；類篇有畤字，云「耕田起土也」。與「王耕一墢」之墢同意。埒畤異義，埒之作畤，蓋假借字。又敬順釋文云，「今从乎者，轉寫誤也」，考淮南子要略訓「褭浮有無之情」，類篇「垺，埒也」，卽敬順所謂从乎者也。垺之義同乎，埒則從乎，義自可通，而敬順云轉寫誤也，未詳其說。

易變而爲一，〔注〕所謂易者，窈冥惚恍，不可變也一氣恃之而化，故寄名變耳。○注「恃之」御覽一引「恃」作「持」。○釋文「恍」作「悅」，云，自一經九，大衍之數。恍音怨。悅，兄往切。一變而爲七，七變而爲九。九變者，究也；〔注〕究，窮也。一變而爲七九，不以次數者，全舉陽數，領其都會。○胡懷琛曰：張注不甚明瞭。中國數目系統，或曰，一生二，二生三，三生萬物。語見老子。或曰，一而二，二生四，四生八。所謂太極、兩儀、四象、八卦是也。說見易繫辭。一變七，七變九，其說出周易乾鑿度。（張注前「此章全是周易乾鑿度」云云。）然一變七，七變九，其理終不可解。○釋文云：數，色主切。乃復變而爲一。○俞樾曰：上「變」字衍文，本作「九者究也，乃復變而爲一」。因涉上文「一變七變」而誤爲「九變」，則於詞贅矣。孫詒讓曰：此章與易緯乾鑿度文同。「九變者究也」緯作「九者氣變之究也」，與下「一者形變之始也」文正相對，此書當亦與彼同。今本變字誤移箸者字上，又脫氣之二字耳。王重民曰：孫說是也。御覽一引作「九變者之究也」，亦有舛誤。蓋御覽所據本已脫氣字，又因「一變七變」而誤移變字於者上，後人以之字爲贅，遂以意刪之也。幸所引尚存之字，足證列子原文當同於易緯。俞氏以變字爲衍文，誤矣。王叔岷曰：孫說是也。法苑珠林七引作「九者變之究也」，僅挩一氣字。○釋文「乃」作「迺」，云：迺古乃字。一者，形變之始也。〔注〕旣涉於有形之域，理數相推，自一之九。九數旣終，乃復反而爲一。反而爲一，歸於形變之始。此蓋明變化往復無窮極。清輕者上爲天，○釋文云：上，時掌切。濁重者下爲地，〔注〕天地何耶，直虛實淸濁之自分判者耳。此一章全是周易乾鑿度也。○文選潘安仁西征賦注引「淸輕」「濁重」作「輕淸」「重濁」。冲和氣者爲人；○文選西征賦注引作「冲和之氣」。陶鴻慶曰：冲讀爲中。文子九守篇「故三皇五帝有戒之器，命曰侑卮，其冲即正，其盈即覆」。冲即中也。又繆稱篇「執冲含和」，淮南繆稱訓冲作中，皆冲中通用之證。中與上文「上爲天，下爲地」相對成義。中和氣者，言和氣之中也。文子上德篇云：「萬物負陰而抱陽，冲氣以爲和，和居中央」，義與此同。故天地含精，萬物化生。〔注〕推此言之，則陰陽氣徧交會而氣和，氣和而爲人生；人生則有所倚而立也。○〔解〕一三五七九，陽之數也。極則反一；運行無窮。易曰，「本乎天者親上，本乎地者親下」。親下者，草木之類是也；親上者，含識之類是也。故動物有神，植物無識。無識者爲氣所變，有神者爲識所遷，故云太易太初以至渾淪，言氣之漸也。其中精粹者，謂之爲神。神氣精微者爲賢爲聖，神氣精濁者爲凡爲愚，乃至含生蠢別，則多品矣。○仲父曰：易繫辭下云：「男女構精，陰陽化生」。○釋文云：倚，於綺切。

子列子曰：「天地無全功，聖人無全能，萬物無全用。〔注〕全猶備也。故天職生覆，地職形載，聖職教化，物職所宜。〔注〕職，主也。生各有性，性各有所宜者也。然則天有所短，地有所長，聖有所否，○釋文作「天地所否」，云，否，蒲鄙切，塞也。物有所通。〔注〕夫體適於一方者，造餘塗則閡矣。王弼曰：「形必有所分，聲必有所屬；若溫也，則不能涼，若宮也，則不能商」。○仲父曰：羣書治要引體作職，閡作閒。伯峻案：莊子天下篇述彭蒙、田駢、慎到之言曰：「天能覆之而不能載之，地能載之而不能覆之，大道能包之而不能辯之；知萬物皆有所可，有所不可」，亦卽此意，而其所从言不同，故結論各異矣。○釋文云：造，七到切。閡音礙。屬音燭。何則？生覆者不能形載，形載者不能教化，教化者不能違所宜，〔注〕順之則通也。宜定者不出所位。〔注〕皆有素分，不可逆也。○伯峻案：「不出所位」不下疑脫「能」字。「不能出所位」與「不能形載」等三句句法一律。下句「不能出所位者也」，有能字，可證。張注云云，似其所見本尚未脫捝。○釋文云：分，符問切，下「名分」「形分」同。故天地之道，非陰則陽；聖人之教，非仁則義；萬物之宜，非柔則剛：此皆隨所宜而不能出所位者也。〔注〕方員靜躁，理不得兼；然尋形卽事，則名分不可相干；任理之通，方員未必相乖。故二儀之德，聖人之道，燾育羣生，澤周萬物，盡其淸寧貞粹而已。則殊塗融通，動靜澄一，蓋由聖人不逆萬物之性，萬物不犯聖人之化。凡滯於一方者，形分之所閡耳。道之所運，常冥通而無待。○〔解〕氣運者能覆載，神運者能教化，然則天地生萬物，聖人隨狀而用之。○仲父曰：注靜躁治要引作靖躁。○釋文云：燾音蹈，覆也。粹音邃。故有生者，有生生者；有形者，有形形者；有聲者，有聲聲者；有色者，有色色者；有味者，有味味者。〔注〕形、聲、色、味皆忽爾而生，不能自生者也。夫不能自生，則無爲之本。無爲之本，則無當於一象，無係於一味；故能爲形氣之主，動必由之者也。○〔解〕有形之始謂之生，能生此生者謂之形神。能形其形，能聲其聲，能色其色，能味其味者，皆神之功，以無制有。○注「無當於一象」，「當」世德堂本作「留」。汪萊曰：盧解謂之「形神」「形」字衍。○釋文云：係音計。生之所生者死矣，而生生者未嘗終；形之所形者實矣，而形形者未嘗有；聲之所聲者聞矣，而聲聲者未嘗發；色之所色者彰矣，而色色者未嘗顯；味之所味者嘗矣，而味味者未嘗呈：〔注〕夫盡於一形者，皆隨代謝而遷革矣；故生者必終，而生生物者無變化也。○釋文云：呈，示見也。皆無爲之職也。〔注〕至無者，故能爲萬變之宗主也。○〔解〕神所運用，有始必終。形聲色味，皆非自辯者也；所以運運者，乃神之功焉，無爲而無不爲也。○伯峻案：淮南精神訓云：「化者復歸於無形也，不化者與天地俱生也。夫木之死也，靑靑去之也。夫使木生者，豈木也？猶充形者之非形也。故生生者未嘗死也，其所生則死矣；化物者未嘗化也，其所化則化矣」。可爲此文注解。能陰能陽，能柔能剛，能短能長，能員能方，能生能死，能暑能涼，能浮能沈，能宮能商，能出能沒，能玄能黃，能甘能苦，能羶能香。○江有誥曰：陽剛方涼商黃香爲韵，古音同在陽部。○釋文云：羶，式連切。無知也，無能也，而無不知也，而無不能也。〔注〕知盡則無知，能極則無能，故無所不知，無所不能。何晏道論曰：「有之爲有，恃無以生；事而爲事，由無以成。夫道之而無語，名之而無名，視之而無形，聽之而無聲，則道之至焉。故能昭音響而出氣物，包形神而章光影；玄以之黑，素以之白，矩以之方，規以之員。員方得形而此無形，白黑得名而此無名也。」○〔解〕老子曰：「吾不知誰之子，象帝之先」，言此神也，先天先地，神鬼神帝，無能知者，無能設者。若能體證玆道，則天地之內無不知，無不能矣。○注「恃無以生」北宋本藏本同，而世德堂本作「待」，形近誤也。又盧解「則天地之內」秦刻本「天」誤作「夫」，今從四解本正。○釋文「響」作「響」，「影」作「景」，云：論，盧困切。恃音市。名，彌正切，與語同。響，許兩切。景音影。

子列子適衛，食於道，從者見百歲髑髏，○陶鴻慶曰：列子因見髑髏，攓蓬而指，以示弟子百豐，不當言「從者。」莊子秋水篇作「從見百歲髑髏」，無「者」字，當從之。從見者，蒙上之辭，言從道上見之也。（莊子釋文以道從連文，引司馬云，「從，道旁也。」非是。）後人誤讀從去聲，而妄增者字，則與下文意不相屬。伯峻案：陶以「從見」訓「從道上見」，增字為訓，似不確。從當依釋文作徒，字之誤也。詩王風中谷有蓷箋云：「徒用凶年深淺為厚薄」，釋文引此注云，「徒當作從」。又齊風載驅箋云，「徒為淫亂之行」，釋文，「徒一本作從」，皆其例也。徒與涂通，古同音也。食於道徒，即食於道路。（或謂道旁，於古無徵。）郭慶藩莊子集釋[illegible]云「列子天瑞篇正作食於道徒」，是郭所見列子有作徒者矣，當據改。者字後人所加，陶說是。惟陶謂莊子至樂篇為秋水篇，偶誤。○釋文作「食於道徒」，云，司馬彪云，徒，道旁也。一本或作從。髑髏音獨婁。

攓蓬而指，〔注〕攓，拔也。○類聚八二引作「搴蓬而指之」。○釋文「蓬」作「蓬」，云，攓音蹇。蓬音蓬，蒿也。拔，皮八切。任大椿云：九歎「登逢龍而下隕兮」注：「本作蓬」，「飄風蓬龍」，注：「一作逢」，則逢蓬通。

顧謂弟子百豐曰：「唯予與彼知而未嘗生未嘗死也。〔注〕俱涉變化之塗，則予生而彼死；推之至極之域，則理既無生，亦又無死也。○〔解〕形則有生有死，神也無死無生。我如神在，彼如神去。髑髏與我生死不同，若悟其神，未嘗生死。

此過養乎？此過歡乎？〔注〕遭形則不能不養，遺生則不能不歡。此過誤之徙，棄理之實當也。○〔解〕既受其形，則欲養失理，以至於死耳。○洪頤煊曰：莊子至樂篇「過」字皆作「果」。國語晉語「知果」，漢書古今人表作「知過」。過即果，假借字。俞樾曰：養當讀為恙。爾雅釋詁：恙，憂也。恙與歡對，猶憂與樂對也。恙與養古字通。詩二子乘舟篇「中心養養」，傳訓養為憂，即本雅詁矣。○釋文云：過，古臥切。當，丁浪切。

種有幾：〔注〕先問變化種數凡有幾條，然後明之於下。○陶鴻慶曰幾當讀為機，黃帝篇之「杜德幾」「善者幾」「衡氣幾」諸幾字，莊子皆作機，即其例也。機即下文「萬物皆出於機皆入於機」也。張注殷釋皆讀幾上聲，而以為問辭，非。釋文云：種，居勇切。幾，居豈切。

若鼃為鶉，〔注〕事見墨子。○王叔岷曰：御覽九十五、玉海急就篇四補注引鼃並作蛙。蛙下並有化字。蛙即鼃之俗。○釋文云：鼃音蛙。見，賢遍切。墨子曰：「夫物或有久，或無久。始當無久。化，若鼃為鶉」也。伯峻案：墨子經說上云：「始〔句〕，時或有久，或無久。始當無久」。孫詒讓閒詁云，列子釋文引「始」作「大物」，疑誤。

得水為𢇁，○王先謙曰：釋草：「蕢，牛脣」。郭注引毛詩傳曰「水舄也，如續斷，寸寸有節，拔之可復。」說文，「蕒，水舄也。」郝懿行云：「今驗馬舄生水中者，葉如車前而大，拔之，節節復生。」據此，即䕶也。拔之寸節復生，故以䕶爲名。其或作斷，又作續斷者，䕶或譌斷，後人又妄加續字耳。蕒如續斷，與生山谷之續斷判然二物。節節復生，無根著土，故名水舄，與本文「得水爲䕶」合。○釋文云：䕶音計，司馬彪云：萬物雖有兆朕，得水潤之氣，乃相繼而生也。

得水土之際，則爲鼃蠙之衣。〔注〕衣猶覆蓋。○王先謙曰：釋草：「蕍蕮」。郭注，「今澤蕮」，蕮即澤瀉也。本草云：一名水瀉。（即水舄。）陶注，葉狹而長，叢生淺水中。蘇頌圖經，葉似牛舌草，獨莖而長，秋開白花作叢，似穀精草。秋末采根暴乾。案此「得水土之交」，故有根可采也。馬敍倫曰：爾雅釋草：「薄，石衣。」郝懿行曰：「薄苔聲相轉。說文曰，『菭，水衣。』菭卽苔也。水衣卽石衣，一曰魚衣。周禮醢人曰，『加籩之實有箈菹。』鄭衆注曰：『箈，水中魚衣也。（據先鄭解字當作菭，後鄭作笞，故解作箭萌。今本周禮作箈者，後人誤合菭笞爲一字。段玉裁說。）』然則鼃蠙之衣卽魚衣。蠙、說文作玭，爾雅釋魚作蠙，山海經西山經作蚍。說文云，鼃，蝦也。蝦借爲鮭，鮭卽蛙也。」○釋文曰：蠙，步田切。司馬彪云：物根在水土際，布在水中，就水上視之，不見，鈔之，可得，如張綿在水中央。楚人謂之鼃蠙之衣。伯峻案今莊子釋文鈔作按。

生於陵屯，〔注〕陵屯，高潔處也。○釋文屯作純，云，屯音豚，阜也。處，昌據切，下同。

則爲陵舄。〔注〕此隨所生之處而變者也。○王先謙曰：詩芣苢釋文引陸璣云，「牛舌又名當道。」韓詩說云，「直曰車前，瞿曰芣苢。」乃就直道而生及生道兩旁析言之。直道卽當道，皆與此生於陵屯合。○釋文云：陵舄，舄音昔，一名澤舄，隨燥濕之變也。伯峻案：此亦引司馬文。

陵舄得鬱棲，則爲烏足。〔注〕此合而相生者也。○注中「者」字依藏本、四解本增。○釋文云：鬱棲，糞壤也。烏足，草名也。

烏足之根爲蠐螬，○御覽九四五引作「烏足以其根爲蠐螬。」王先謙曰：釋蟲「蟦，蠐螬。」郭注：「在糞土中。」蠐蟦糞之音轉字。烏足保陵舄在糞壤所化，其根在糞土中，而出爲蠐螬。本草，「蠐螬生河內平澤及人家積糞草中，反行者良。」陶注，「蠐亦作蟦」。方言，「蠀螬謂之蟦」。蠐蟦雙聲。馬敍倫曰：蠐螬非蠐蟦。韓保昇、蘇頌、陳藏器均辨之。論衡無形篇曰，「蠐螬化而爲復育，復育轉而爲蟬。」陳藏器曰，「蠐螬居糞土中，身短足長，背有毛筋，但從夏入秋蛻而爲蟬。」李時珍曰：「蠐螬狀如蠶而大，身短節促，足長有毛。生樹根及糞土中者外黃內黑，生舊茅屋上者外白內黯。」○釋文云：郭注爾雅云，「在木中。今雖通名爲蝎，所在異。」

其葉爲胡蝶。〔注〕根，本也；葉，散也。言烏足爲蠐螬之本，其末散化爲胡蝶也。○注「其末」北宋本作「其未」，汪本從之，今依四解本正。○釋文云：蝶音楪，卽蛺蝶也。蛺音頰。

胡蝶胥也〔注〕胥，皆也，言物皆化也。

化而爲蟲，○俞樾曰：「胥也」當屬下句讀之，本云「胡蝶胥也化而爲蟲」，與下文「鴝掇千日爲鳥」兩文相對。「千日爲鳥」，言其久也；「胥也化而爲蟲」，言其速也。○釋文云：師說云，胥，少也；謂少去時也。

生竈下，○釋文云：得熱氣生。

其狀若脫，○釋文云：脫，他括切。郭注爾雅云，脫謂剝皮也。

其名曰鴝掇。〔注〕此一形之內變異者也。○釋文云：鴝音衢。掇，丁括切。鴝掇，蟲名。

鴝掇千日，〔注〕千日而死。

化而爲鳥，其名曰乾餘骨。乾餘骨之沫爲斯彌。〔注〕沫猶精華生起。○釋文「骨」作「胥」，云，沫音末。否，南華眞經作胥。李頤云，沫，口中汁也。斯彌，蟲名。**斯彌爲食醯頤輅。**○釋文云：醯，許兮切、苦酒上蠛蠓也。亦曰醯雞，下同。頤輅上治下路。**食醯頤輅生乎食醯黃軦，**○釋文云：軦音況。頤輅黃軦，皆蟲也。**食醯黃軦生乎九猷。**○俞樾曰：「頤輅食醯黃軦食醯」八字皆衍文。莊子至樂篇止作「頤輅生乎食醯，黃軦生乎九猷」，無此八字。王叔岷曰：俞說非也。此文以「斯彌爲食醯頤輅」爲句，「食醯頤輅生乎食醯黃軦」爲句，「食醯黃軦生乎九猷」爲句。御覽八八七引莊子「黃軦生乎九猷」上「黃軦食醯」四字尙未挩。此當據列子以補莊子，不當據莊子挩誤之文以刪列子也。○釋文云：李云，九當作久；久，老也。猷，蟲名。**九猷生乎瞀芮，**○朱駿聲曰：瞀芮即蚊蚋也。瞀蚋一聲之轉。○釋文云：瞀，茂謀二音。芮音蚋，小蟲也，喜去亂飛。**瞀芮生乎腐蠸。**〔注〕此皆死而更生之一形者也。○釋文云，腐音輔。蠸音權，一音歡，謂瓜中黃甲蟲也。**羊肝化爲地皋，**○胡懷琛曰：轉字疑在爲字上。轉爲鄰與上文化爲地皋對文。○釋文云：皋音高。顧胤漢書集解云，「如淤泥鄰，說文作粦，又作燐，皆鬼火也。」淮南子云，「血爲燐也。」音吝。**人血之爲野火馬血之爲轉鄰也。**〔注〕此皆一形之內自變化也。**鷂之爲鸇，**○釋文云：鷂音曜。鸇音氈。**鸇之爲布穀，**○釋文作「布鷇」，云，本又作穀。陸機毛詩鳥獸疏云，鸇似鷂，黃毛、鷂頭有身皆相似，其飛急疾，取鳩鴿燕雀食之。布穀，鵠鵴也，一名鳲鳩，一名擊穀，一名乘鳩。仲春省鷂鷹鷂之化爲鵴也，音掬。秦恩復曰：穀鷇古字通，老子「不穀」亦作「不鷇」。**布穀久復爲鷂也，鷰之爲蛤也，**○「鷰」各本作「燕。」王叔岷曰：御覽八八七引莊子有此文，久作之。當从莊子作之。宋徽宗義解：「或因性而反復，則鷂之爲鸇，鸇之爲布穀，布穀之復爲鷂是也。」是所見本正作之。○釋文「鷰」作「燕」，云，蛤音閤。家語云，「冬則燕雀入海化爲蛤。」燕或作雀。周書云，「雀入大水化爲蛤。」**田鼠之爲鶉也，**○釋文云：鶉音淳，與鴽化同。說文云，「䳽，鶉也。」大戴禮「三月田鼠化爲鴽」，周書云「化鴽。」郭注爾雅云「鴽亦鶉也。」鶉音諳。鴽音如。伯峻案：今本說文隹部作雗，云，「雗，雒屬。」與敬順所見本不同。**朽瓜之爲魚也，**○釋文「朽」作「殀」，云，殀音朽。**老韭之爲莧也，**○釋文莧作莞，云，韭，舉有切，莞音官，似蒲而圓，今之爲蓆是也。楊承慶字統音關，一作莧，侯辨切，轉寫誤也。任大椿曰：李氏易傳「莧陸夬夬」，虞翻曰，「莧，說也。」莧讀夫子莧爾而笑之莧」。易夬釋文，「莧三家音胡練反，一本作莞」。論語釋文，「莧爾，華版切，今作莞」。楚辭漁父「莞爾」一作「莧爾」，故莞莧通。管子地員篇「葉下於攀，即鬱也。攀下於莧，莧下於蒲。」山國軌篇「有莞蒲之壤」，大戴禮勸學篇「莞蒲生焉」，然則莧與莞皆近於蒲，故老韭爲莞，莞一作莧也。**老羭之爲猨也，**〔注〕羭，牝羊也。○「牝」北宋本、藏本作「牡」，世德堂本作「牝」。案說文云，「夏羊牝曰羭。」段注引師古急就篇注曰「羭，夏羊之牝也。」則作牝者是。○釋文云：羭音俞，牝羊也，又黑羊也。猨音猿。**魚卵之爲蟲。**〔注〕此皆無所因感自然而變者也。○王叔岷曰：蟲下當有也字，乃與上文句法一律。御覽八八七引莊子正有也字。○釋文云：卵，來短切。**亶爰之獸自孕而生曰類。**

〔注〕亶音蟬。山海經云：「亶爰之山有獸，其狀如狸而有髮，其名曰類，自爲牝牡相生也。」○盧文弨曰：注「而有髮」山海經作「髦。」任大椿曰：山海經郭注云，「髦或作髮」，然則今本髦作髮，即郭注所云或作本也。○釋文「髮」作「髦」，云：亶爰，上蟬下袁。狸，力之切。髦音毛，垂髮也。牝，毗忍切。牡音某。**河澤之鳥視而生曰鶂。**〔注〕此相視而生者也。莊子曰，「白鶂相視，眸子不運，而風化之也」。○伯峻案：注引莊子，是天運篇文。「之也」兩字，今本無，恐是張湛所加。○釋文云：鶂，五歷切。三蒼云：鶂，鷁也。司馬彪云：鳥子也。眸音謀。**純雌其名大腰，純雄其名稺蜂。**〔注〕大腰，龜鼈之類也。稺，小也。此無雌雄而自化。上言蟲獸之理既然，下明人道亦有如此者也。○黃承吉曰：蜂乃鋒之通用。鋒者，芒也，即勢也。稺鋒大腰對文，非蟲名。○釋文云：稺古稚字也。蜂音豐。司馬彪云：稚蜂細腰者，取桑蟲祝之，使似己之子也。**思士不妻而感，思女不夫而孕。**〔注〕大荒經曰，「有思幽之國，思士不妻，思女不夫。精氣潛感，不假交接而生子也。」此亦白鶂之類也。○釋文云，孕，以證切。**后稷生乎巨跡，**〔注〕傳記云，高辛氏之妃名姜原，見大人蹟，好而履之，如有人理感己者，遂孕，因生后稷。長而賢，乃爲堯佐。即周祖也。○釋文「生」作「長」，云：好，呼報切。長，丁丈切。注同也。**伊尹生乎空桑。**〔注〕傳記曰：伊尹母居伊水之上，既孕，夢有神告之曰，臼水出而東走，無顧！明日視臼出水，告其鄰，東走，十里而顧，其邑盡爲水，身因化爲空桑。有莘氏女子採桑，得嬰兒于空桑之中，故命之曰伊尹，而獻其君。令庖人養之。長而賢，爲殷湯相。○注「十里而顧」事文類聚前集四四、楚辭天問洪興祖補注引顧下並有視字。以文義論，亦宜有視字。○釋文云：臼音舅。莘，疏臻切。嬰或作孆，非。相，息亮切。**厥昭生乎溼。**〔注〕此因蒸潤而生。○釋文云：厥昭，尸子云，孤蠽一名厥昭，恒翔繞其木，不能離之。師說云，孤蠽，蜻蛉蟲也。蜻蛉，青䗴。溼，失入切。蒸音證。**醯雞生乎酒。**〔注〕此因酸氣而生。○釋文云：醯雞，蠛蠓也。**羊奚比乎不筍。**〔注〕此異類而相親比也。○「筍」世德堂本作「荀。」秦恩復曰：荀莊子作箰，合下句讀。○釋文云：比音毗。筍音笋。**久竹生青寧，**〔注〕因於林藪而生。○王叔岷曰：御覽八八七引莊子疊「不箰久竹」四字。「羊奚比乎不箰久竹」爲句，「不箰久竹生青寧」爲句，文理甚明。此「生青寧」上蓋亦挩「不筍久竹」四字也。○釋文云：南華眞經從羊奚至青寧連爲一句。司馬彪云，羊奚，草名，根似蕪菁，與久竹比合，皆生非類。青寧，蟲名也。**青寧生程，**〔注〕自從醯至於程，皆生生之物，蚳鳥蟲獸之屬，言其變化無常，或以形而變，或死而更生，終始相因，無窮己也。○釋文云：尸子云，程，中國謂之豹，越人謂之貘。按爾雅，「熊虎醜，其子豹。」豹，熊虎之子也。山海經云，「南山多貘豹。」郭注云，「貘[illegible]豹之白者，豹即虎生非類也。」據程是貘之別名也。按貘似熊，毛又黃而黑，有光澤者。貘音陌。伯峻案，爾雅釋獸：「熊虎醜，其子狗」。敬順引作「其子豹」，不詳其故。**程生馬，**○沈括曰：昔觀文字注，「秦人謂豹曰程。」予至延州，人至今謂虎豹爲「程」，蓋言「蟲」也。方言如此，抑亦舊俗也？**馬生人。**○蔣超伯曰：疑皆草木異名，如縣鶡馬夫之類。○釋文云：搜神記云，秦孝公時有馬生人，劉向以爲馬禍。**人久入於機。**○王叔岷曰：莊子久作又，當从之。久乃又之誤，又久形近易混。下文「進乎本不久」，久亦又之誤。

萬物皆出於機，皆入於機。〔注〕夫生死變化，胡可測哉？生於此者，或死於彼；死於彼者，或生於此。而形生之生，未嘗暫無。是以聖人知生不常存，死不永滅，一氣之變，所適萬形。萬形萬化而不化者，存歸於不化，故謂之機。機者，羣有之始，動之所宗，故出無入有，散有反無，靡不由之也。〇〔解〕稱之類也。言種有類乎？亦互相生乎？設此問者，欲明神之所適則為生，神之所去則為死；形無常主，神無常形耳。神本無期，形則有凝。一受有形之質，猶機關繫束焉，生則為出，死則為入。〇注文「形生之生」四解本世德堂本作「形生之主」。〇解「設此問」，秦刻本「設」作「殺」，今從四解本正。盧文弨曰：注「死不永滅」下藏本有「而」字。注末無「也」字。汪萊曰：盧解「稱之類也」，「種」上當有「幾」字。

黃帝書曰：形動不生形而生影，聲動不生聲而生響，〔注〕夫有形必有影，有聲必有響，此自然而並生，俱出而俱沒，豈有相資前後之差哉？郭象注莊子論之詳矣。而世之談者，以形動而影隨，聲出而響應。聖人則之以為喻，明物動則失本，靜則歸根，不復曲通影響之義也。〇釋文云：響，許兩切，後同。應，於證切。復，扶又切。無動不生無而生有。〔注〕有之為有，恃無以生；言生必由無，而無不生有。此運通之功必賴於無，故生動之稱，因事而立耳。〇〔解〕形有所生，不能生無，影響是也；神而無形，動則生有，萬類是也。〇盧文弨曰：注「而無不生有」「不生」下當有「於」字。伯峻案盧說不可信。此言有非無所生，不過由無而生耳。文意甚明。增「於」字反失之。〇釋文云：稱，尺證切。

形必終者也；天地終乎？與我偕終。〔注〕料巨細，計修短，則與我殊矣；會歸於終，理固無差也。〇〔解〕大小雖殊，同歸於盡耳。〇釋文云：偕音皆。料音聊。終進乎？不知也。〔注〕進當為盡。此書盡字例多作進也。聚則成形，散則為終，此世之所謂終始也。然則聚者以形實為始，以離散為終；散者以虛漠為始，以形實為終。故迭相與為終始，而理實無終無始者也。〇〔解〕進當為盡。假設問者，言天地有終盡乎？為復不知乎？其下自答也。〇陶鴻慶曰：「不知」二字無義，注亦弗及，疑知為始字之誤。莊子列禦寇篇云，「歸精神乎無始，而甘冥乎無何有之鄉。」「終盡乎不始」者，即「歸精神乎無始」也。注云，「迭相與為終始，而理實無終無始」，蓋其所見本正作「不始」。此承上言「我與天地同體，天地與我偕終」而終則盡不始，未嘗有始，則亦未嘗有終矣。」下云「道終乎本無始，進乎本不有」，即申言此義。〇釋文云：進音盡，下同。漠音莫。迭音姪。道終乎本無始，進乎本不久。〔注〕久當為有。無始故不終，無有故不盡。〇盧重玄本「進乎」下無「本」字。〇王叔岷曰：注「久當為有」，其說是也。久蓋又之形誤，古多以又為有。〇釋文云：久音有。

有生則復於不生，有形則復於無形。〔注〕生者反終，形者反虛，自然之數也。〇〔解〕凡有始有終皆本乎無始，歸於不有。今從太初渾淪而言之，是有始也；安得不終乎？安得不盡乎？不生者，〔注〕此不生者，先有其生，然後之於死滅。〇釋文云：先，悉薦切，下同。非本不生者也；〔注〕本不生者，初自無生無滅。無形者，〔注〕此無形亦先有其形，然後之於離散。非本無形者也。〔注〕本無形者，初自無聚無散者也。夫生生物者不生，形形物者無形，故能生形萬物，於我體無變。今謂既生既形，而復反於無生無形者，此故存亡之往復爾，非始終之不變者也。○〔解〕所言神之不生者，非本不曾生也。萬物所以生，羣品所以形，皆神之所運也。以其能生生，而卽體無生滅耳。是非都無形生，同夫太虛之氣。○釋文云：而復之復扶又切。

生者，理之必終者也。終者不得不終，亦如生者之不得不生。〔注〕生者不生而自生，故雖生而不知所以生。不知所以生，則生不可絕；不知所以死，則死不可禦也。而欲恆其生，畫其終，惑於數也。〔注〕畫，亡也。○〔解〕有生之物，必有終極，亦如和氣萌達，草木不得不生；而欲令長生者，迷於至數者也。○盧文弨曰：「畫」藏本作「盡」；注，「盡，亡也。」俞樾曰：畫者，止也。論語雍也篇「今女畫」，孔注曰：「畫，止也。」「畫其終」者，止之使不終也。上文云，「生者理之必終者也」，然則生固不可得而常，終固不可得而止矣。「而欲恆其生、畫其終」，故曰惑也。張注曰「畫，亡也」疑本作「畫止也」，以形似而誤。呂氏春秋本味篇「道者亡彼正己」，今誤作「止彼在己」，與此正可互證。殷敬順釋文曰，「畫亦作盡」，此乃字誤。盧氏文弨羣書拾補謂「張本作畫，注云畫亡也」，非是。伯峻案，俞說是也。藏本、北宋本、盧重玄本作畫，今从世德堂本正。○釋文云，數，胡抄切，計策也。一本作畫，於義不長。

精神者，天之分；○釋文「分」作「久」，云，久音有，下同。本作篆文，與久字相類。按漢書楊王孫曰「精神者天之有，骨骸者地之有。」王孫當讀此篇，今國子監本作分。任大椿曰：今本有作分，卽釋文所云國子監本也。考淮南子精神訓「是故精神者天之有也，而骨骸者地之有也」。又「壺子持以天壤」，高誘注，「精神天之有也，形骸地之有也。」與楊王孫所云皆本列子此文，然則漢人所見之本並作有，不作分。殷敬順釋文謂久應作有，於古本猶可考見。孫詒讓曰：釋文謂「久當作有」，是也。但有篆文與久字不甚相類，疑殷所據別本有當作又，篆文又作ヨ，久作久，正相類。又有古通，故殷氏徑定為有字也。

骨骸者，地之分。屬天淸而散，屬地濁而聚。精神離形，各歸其眞；〔注〕天分歸天，地分歸地，各反其本。故謂之鬼。鬼，歸也，歸其眞宅。〔注〕眞宅，太虛之域。○〔解〕神明離於形，謂之死也。歸眞宅，反乎太淸也。以太淸為眞宅者，明此形骸而為虛假耳。○王重民曰：下「鬼」字下本有「者」字，今本脫之。韓詩外傳「死者為鬼。鬼者，歸也。」論衡論死篇「人死精神升天，骸骨歸土，故謂之鬼。鬼者，歸也。」風俗通「死者，澌也；鬼者，歸也。精神消越，骨肉歸於土也。」鬼下並有者字可證。意林引正作「鬼者歸也」。

黃帝曰：精神入其門，骨骸反其根，我尚何存？〔注〕何生之無形，何形之無氣，何氣之無靈？然則心智形骸，陰陽之一體，偏積之一氣；及其離形歸根，則反其眞宅，而我無物焉。○〔解〕凡人以形為我，緣我則有情。情多者愛溺深，而情少者嗜欲薄。唯至人無我，了識其神；凡人不知，封執彌厚。今神歸乎眞，形歸乎地，向時之我，竟何在耶？○伯峻案：根存為韵，古音同在文部。

人自生至終，大化有四：〔注〕其間遷易，無時暫停，四者蓋舉大較而言者也。○〔解〕夫嬰兒者，是非未生乎心也，故德厚而志專矣。及欲慮充起，攻之者必多；衰老氣柔，更近於道；命之終極，乃休息焉。○盧文弨曰：注

「蹔停」藏本作「暫停」，下同。伯峻案：原本不提行，今依文義分段。○釋文「大較」作「本較」，云：較音角。嬰孩也，少壯也，○釋文云：少，詩照切，下同。老耄也，○釋文云：耄，莫報切。死亡也。其在嬰孩，氣專志一，和之至也；物不傷焉，德莫加焉。〔注〕老子曰，「含德之厚，比於赤子。」其在少壯，則血氣飄溢，○釋文云：飄音漂。欲慮充起；物所攻焉，德故衰焉。〔注〕處力競之地，物所不與也。○釋文「故」作「殷」云：殷，正也；一本作故。其在老耄，則欲慮柔焉；體將休焉，物莫先焉。〔注〕休，息也，已無競心，則物不與爭。○釋文云：爭音諍。雖未及嬰孩之全，方於少壯，間矣。○伯峻案：間，息也，安也。見國語晉語注及楚辭招魂注。言人在老耄，比於少壯之血氣飄溢欲慮充起爲安靜也。或曰，當讀爲論語「病間」之間。○釋文云：間，古莧切，隔也。其在死亡也，則之於息焉，反其極矣。○〔解〕近於性則體道，惑於情則喪眞，故含德之厚比於赤子。傀而不作，猶爲次焉。方之馳競，大可知也。

孔子遊於太山，○釋文「太」作「大」，云：大音泰。見榮啓期行乎郕之野，○伯峻案：淮南主術訓云，「夫榮啓期一彈而孔子三日樂，感於和」，蓋即此榮啓期。○釋文云：郕音成，魯之邑名。鹿裘帶索，○沈濤曰：鹿裘乃裘之麤者，非以鹿爲裘也。鹿車乃車之麤者，非以鹿駕車也。麤从三鹿，故鹿有麤義。呂氏春秋貴生篇，顏闔鹿布之衣，猶言麤布之衣也。伯峻案：韓非子五蠹篇云：「冬日麑裘，夏日葛衣，雖監門之服養不虧於此矣」。（鹿本作麑，今依李斯傳及御覽二十七又八十又六百九十四所引訂正。）史記自序云「夏日葛衣，冬日鹿裘」。淮南精神訓云：「文繡狐白，人之所好也；而堯布衣揜形，鹿裘御寒」。則鹿裘爲最賤之服。○釋文云：索，先各切。鼓琴而歌。孔子問曰：「先生所以樂，何也？」○王重民曰：御覽四六八引「以」作「爲」，類聚四十四引作「先生爲樂何也」，「以」亦作「爲」。○釋文「以樂」作「爲樂」，云：樂音洛，下同。對曰：「吾樂甚多：天生萬物，唯人爲貴。而吾得爲人，是一樂也。〔注〕推此而言，明人之神氣，與衆生不殊；所適者異，故形貌不一。是以榮啓期深測倚伏之緣，洞識幽顯之驗，故忻過人形，喜得男貴，豈孟浪而言？○伯峻案：御覽四六八引作「吾既得爲人」，與下「吾既得爲男」「吾既已行年九十」句法一律，說苑雜言篇作「吾既已得爲人」，家語六本篇作「吾既得爲人」，疑當从家語。男女之別，○釋文云：別，彼列切。男尊女卑，故以男爲貴。吾既得爲男矣，是二樂也。〔注〕人之將生，男女亦無定分，故復喜得男身。○釋文云：分，扶問切。復，扶又切。人生有不見日月不免襁褓者，○釋文「襁褓」作「繦保」，云：繦，居兩切；本或作襁。褓，博物志云，織縷爲之，廣八寸，長尺二，以約小兒於背上。吾既已行年九十矣，○王重民曰：類聚四十四引作「吾年九十有五矣」，疑今本列子「九十」下「有五」二字。說苑雜言篇、御覽五百零九引聖賢高士傳並作「九十有五」。高士傳所據當爲列子古本，御覽「九十」下本有「有五」二字明矣。

是三樂也。貧者士之常也，死者人之終也，〇伯峻案：御覽四六八引作「貧者人之常，死者命之終」。類聚四四引作「貧者士之常，死者生之終」。處常得終，〇盧文弨曰：「得」說苑雜言篇作「待」。王重民曰：作待是也。蓋榮啓期樂天知命，既明貧者士之常，死者人之終，故自謂處常以待終，當有何憂。若作得，則非其旨矣。御覽四六八引正作待。類聚四十四引作居常以待終」，文雖小異，待字固不誤也。伯峻案：盧王說是也。下章張注云：樂天知命，泰然以待終。待終之語即襲此文，可見張所見本猶作待也。當何憂哉？」〇伯峻案：當讀爲倘。史記魏公子列傳「使秦破大梁，而夷先王之宗廟，公子當何面目立天下乎？」當亦應讀爲倘，可以互證。孔子曰：「善乎！能自寬者也。」〔注〕不能都忘憂樂，善其能推理自寬慰者也。〇〔解〕夫大冶鑄金，依範成質；故神爲其範，氣形以成。男女修短，陰陽已定矣。何者？神運其功，形爲功報耳。形既不能自了，神者未形已知。啓期暮年方始爲樂，是知道之晚，情滯於形，夫子但善其自寬，未許其深達至道。

林類年且百歲，〔注〕書傳無聞，蓋古之隱者也。〇伯峻案：且，將也。〇釋文云：類音淚，或本作顆者誤認。底春被裘，〔注〕底，當也。〇注末「也」字依四解本增。伯峻案：說文：裘，皮衣也。重文作求。求即裘象形，蓋本字。凡皮衣皆曰裘，固無美惡之別。後之爲文，或以爲美服。如呂覽「孟冬天子始裘」淮南氾論「世以爲裘者，難得貴賈之物也」。公羊桓八年傳「則冬不裘，夏不葛。」注：「裘葛者，御寒暑之美服。」皆其例也。又可以爲惡服，如莊子天下篇「使後世之墨者多以裘褐爲衣，以跂蹻爲服。」成玄英疏云：裘褐，粗衣。新序雜事五「昔楚丘先生年行七十，披裘帶索，往見孟嘗君」，及此篇底春被裘，皆其例也。〇釋文云：底，都禮切。被音備。拾遺穗於故畦，〔注〕收刈後田中棄穀捃之也。〇釋文云：穗音遂。畦音攜。捃，居運切。並歌並進。〇伯峻案：並歌並進猶言且歌且進。〇釋文云：並，蒲浪切，下同；謂旁畦而行。孔子適衛，望之於野。顧謂弟子曰：「彼叟可與言者，〇釋文云：叟，西口切。試往訊之！」〇釋文作「有試往訊之」，云，訊音信，一本無有字。子貢請行。逆之壠端，〇釋文云：壠，力隴切。面之而歎曰：「先生曾不悔乎，〇釋文云：曾音層。而行歌拾穗？」林類行不留，歌不輟。〇釋文云：輟，丁劣切，止也。子貢叩之不已，〇釋文云：叩，丘候切。乃仰而應曰：〇釋文云：應，於證切。「吾何悔邪？」子貢曰：「先生少不勤行，〇釋文云：少，詩照切。行，下孟切，下同。長不競時，〇釋文云：長，丁丈切，下同。老無妻子，死期將至：亦有何樂而拾穗行歌乎？」〇釋文云：樂音洛。林類笑曰：「吾之所以爲樂，人皆有之，而反以爲憂。〔注〕我所以爲樂者，人人皆同，但未能觸事而夷，故無寶欲。○〔解〕仁者不憂，智者不懼，不受形也。生分已隨之，是以君子不戚戚於貧賤，不遑遑於富貴。人不達此，反以爲憂，汝亦何怪於我也？少不勤行，長不競時，故能壽若此。〔注〕不勤行，則遺名譽；不競時，則無利欲。二者不存於胸中，則百年之壽不祈而自獲也。○〔解〕勤於非行之行，競於命外之時，求之不跋，傷生夭壽矣。吾所以樂天知命，而得此壽。汪萊曰：盧解「求之不跋」，「跋」字當作「獲」。○釋文云：壽音受。老無妻子，死期將至，故能樂若此。〔注〕所謂樂天知命，故無憂也。○〔解〕妻子適足以勞生苦心，豈能延人壽命？居常待終，心無憂戚，是以能樂若此也。子貢曰：「壽者人之情，死者人之惡。○伯峻案：漢書董仲舒傳云，「情者人之欲也。」又云：「人欲之謂情。」後漢書張衡傳注云：「情者，性之欲。」古人多以欲惡對文，如呂覽論威篇「人情欲生而惡死」是也。則此情字當訓欲。○釋文云：惡，烏路切。子以死爲樂，何也？」林類曰：「死之與生，一往一反。故死於是者，安知不生於彼？○梁章鉅曰：輪迴之說，蓋出於此。故吾知其不相若矣。○俞樾曰：吾下脫安字。上云「死之與生，一往一反」，故云「安知其不相若」。言死生一致也。下云「吾又安知營營而求生非惑乎」，正承此而言。若作知其不相若，則於語意大背矣。淺人見下兩言安知，句末並用乎字，而此是矣字，疑其不協，遂妄删安字。不知矣猶乎也，語有輕重耳。古書多以矣字代乎字，說詳王氏經傳釋詞。吾又安知營營而求生非惑乎？亦又安知吾今之死不愈昔之生乎？」〔注〕尋此旨，則存亡往復無窮已也。○〔解〕知形有代謝，神無死生，一往一來，猶朝與暮耳，何故營營貪此而懼彼哉？○王叔岷曰：「求生」下當有之字。文選鮑明遠行樂至城東橋詩注引正有之字。○釋文云：愈音庾。子貢聞之，不喻其意，還以告夫子。釋文云、告，古沃切，下章同。夫子曰：「吾知其可與言，果然。然彼得之而不盡者也。」〔注〕卒然聞林類之言，盡以爲已造極矣；而夫子方謂未盡。夫盡者，無所不盡，亦無所盡，然後盡理都全耳。今方對無於有，去彼取此，則不得不覺內外之異。然所不盡者，亦少許處耳。若夫萬變玄一，彼我兩忘，即理自夷，而實無所遺。夫冥內遊外，同於人羣者，豈有盡與不盡者乎？○〔解〕死此生彼，必然之理也。林類所言「安知」者是疑似之言耳，故云未盡。○注「冥內遊外」北宋本遊作逝，汪本从之，誤，今依道藏本、世德堂本訂正。○釋文云：卒，倉沒切。造，七到切。去，丘呂切。處，昌據切。

子貢倦於學，告仲尼曰：「願有所息。」〔注〕學者，所以求復其初，乃至於厭倦，則自然之理虧矣。○錦繡萬花谷前集二十、合璧事類前集四三引作「告於仲尼曰」。○釋文云：厭，於豔切。仲尼曰：「生無所息。」〔注〕勞知慮，役支體，此生者之事。莊子曰：生爲徭役。子貢曰：「然則賜息無所乎？」○王叔岷曰：「息無所」疑原作「無所息」，即本上文「生無所息」而言。今本息字誤錯在「無所」上。仲尼曰：「有焉耳。望其壙，○釋文云：壙音曠，墓穴也。荀卿有此篇。睪如也，○伯峻案：荀子大略篇作皋如也。王念孫曰：家語困誓篇亦作睪如也。劉台拱曰：睪即皋。王肅曰：睪，高貌。○釋文云：睪音皐。宰如也，○釋文云：宰，如冢宰也。墳如也，○盧文弨曰：墳如，如大防也。○釋文云：如墳墓也。鬲如也，○郝懿行曰：鬲如，蓋若覆釜之形，上小下大，今所見亦多有之。○釋文云：鬲音歷，形如鼎；又音隔。則知所息矣。」〔注〕見其壙壤鬲異，則知息之有所。莊子曰：死為休息也。子貢曰：「大哉死乎！君子息焉，小人伏焉。」〔注〕樂天知命，泰然以待終，君子之所以息；去離憂苦，昧然而死，小人之所以伏也。○伯峻案：荀子大略篇家語困誓篇皆有此文。○釋文云：伏焉，荀卿作休焉。樂音洛，下同。去，丘呂切。離，力智切。昧音妹。仲尼曰：「賜！汝知之矣。人胥知生之樂，未知生之苦；知老之憊，○釋文云：憊，蒲界切，疲也。未知老之佚；○釋文云：佚音逸。知死之惡，未知死之息也。〔注〕莊子曰：大塊載我以形，勞我以生，佚我以老，息我以死耳。○〔解〕夫生者，動用之質也，唯死乃能休息耳。亦猶太陽流光，羣物皆動。君子徇名，小人徇利，未嘗休止也。○伯峻案：注所引莊子乃大宗師篇文。晏子曰：○釋文云：晏子，齊大夫晏嬰。『善哉，古之有死也！〔注〕生死古今所同，而獨善古之死者，明古人不樂生而惡死也。○釋文云：樂音洛。惡，烏路切。仁者息焉，不仁者伏焉。』」〔注〕修身慎行，恆懷兢懼，此仁者之所憂；貪欲縱肆，常無厭足，此不仁者之所苦；唯死而後休息寢伏之。○伯峻案：此晏子春秋內諫篇上文。○釋文云：行，下孟切。厭，一鹽切。死也者，德之徼也。〔注〕德者，得也。徼者，歸也。言各得其所歸。○釋文云：徼音叫。古者謂死人為歸人。夫言死人為歸人，則生人為行人矣。行而不知歸，失家者也。一人失家，一世非之；天下失家，莫知非焉。〔注〕此舉相傾者也。晏子儒墨為家，重形生者，不辨有此言，假託所稱耳。○〔解〕老子曰：歸根曰靜，靜曰復命，復命曰常，知常曰明。不知常，妄作，凶。神之有形，一期之報。迷本執有，勞神苦心，疲亦極矣。唯死也乃歸乎真，猶脫桎梏而捨負擔也。貪生惡死者苟戀乎有，曾不知歸於本焉，而天下不以為非迷者多矣。○伯峻案：莊子齊物論云，「終身役役而不見其成功，苶然（依盧文弨說正）疲役而不知其所歸，可不哀耶？」正是此意。又案：今晏子春秋內諫上云：晏子曰，「昔者上帝以人之沒為善（沒字依王念孫說正），仁者息焉，不仁者伏焉。」列子所引亦僅此三句。第一句文稍變者，古人引書原不拘本文也。玩盧虔此注，似以莫知非焉以上皆晏子語，故注列此下，而評謂假託。不知晏子實有此語，盧虔未嘗見晏子書耳。有人去鄉土，離六親，廢家業，遊於四方而不歸者，何人哉？○釋文哉作才，云，才音哉，下同。世必謂之為狂蕩之人矣。又有人鍾賢世，〔注〕鍾賢世宜言重形生。○釋文鍾作種，云，種賢世音重形生。任大椿曰：者荀子議兵篇，「按角鹿埵隴種東籠而退耳」，楊倞注：或曰即龍鍾。新序作龍鍾。今本種之作鍾，蓋通用字。**矜巧能，修名譽，**○釋文云：譽，余據切。**誇張於世而不知已者，**○釋文誇作跨，云：跨，口花切。已音以。**亦何人哉？世必以爲智謀之士。此二者，胥失者也。**〔注〕此二者雖行事小異，而並不免於溺喪也。○盧文弨曰：溺當作弱，語見莊子，下同。**而世與一不與一，唯聖人知所與，知所去。**〔注〕以生死爲寤寐者與之，溺喪忘歸者去之。○〔解〕夫棄本逐末，勞神苦心，順情之與求名，逐欲之與徇利，二者俱失也。何厚何薄哉？而鑒所謂，則舉世爲是也；凡執所滯，則舉世爲非矣。唯有道者知去與焉。故莊子云：臧與穀二人俱牧羊，俱亡羊。一則博塞問，一則讀書。善惡雖殊，亡羊一也。苟失道，則游方之與修學，夫何遠哉？○秦恩復曰：莊子：問臧奚事？一曰博塞。問穀奚事？一曰讀書。盧注博塞下多一問字，當是衍文。○伯峻案：與即論語「吾與女弗如也」，左傳僖廿八年「子與之」之與，許也。而列子書常用以訓取，義得相通也。下章云：「靜也虛也，得其居矣；取也與也，失其所矣。」靜虛同義，則取與亦同義。又楊朱篇云：「名者固非實之所取也，實者固非名之所與也。」取與互文，皆其證也。○釋文云：去，丘呂切，注同。寤音悟。

或謂子列子曰：「子奚貴虛？」○許維遹曰：呂氏春秋不二篇云：子列子貴虛。**列子曰：「虛者無貴也。」**〔注〕凡貴名之所以生，必謂去彼而取此，是我而非物。今有無兩忘，萬異冥一，故謂之虛。虛既虛矣，貴賤之名，將何所生？○釋文云：去，丘呂切。**子列子曰：「非其名也，**〔注〕事有實著非假名而後得也。**莫如靜，莫如虛。靜也虛也，得其居矣；取也與也，失其所矣。**〔注〕夫虛靜之理，非心慮之表，形骸之外；求而得之，即我之性。內安諸己，則自然眞全矣。故物所以全者，皆由虛靜，故得其所安；所以敗者，皆由動求，故失其所處。○〔解〕或問貴虛。答曰：無貴。吾所以好虛者，非爲名也。夫虛室生白，吉祥止耳。唯靜唯虛，得其居矣。若貪求取與，神失其安；然後名利是非，紛競交滲，將何以堪之？故虛非我貴耳。○注「故物所以全者」，本無所字，今从藏本增。秦恩復曰：解「吉祥止耳」據莊子當作止止。伯峻案：莊子作止止，乃止之之誤。此作止耳，淮南俶眞訓作止也，皆可通。說詳俞氏莊子平議。**事之破𥖁而後有舞仁義者，弗能復也。」**〔注〕爲之於未有，治之於未亂；乃至虧喪淪殘，方欲鼓舞仁義，以求反性命之極者，未之得也。𥖁音毀。○〔解〕言所言虛，是修於未亂耳。若使眞性破毀，心神汩昏，更弄仁義之辭教易情之波蕩，故不能克復矣。○陶鴻慶曰：張注解舞仁義爲鼓舞仁義，非也。舞讀爲舞文之舞。仲尼篇「爲若舞，彼來者奚若？」張注釋爲舞弄，是也。言事已破𥖁而後爲仁義以補苴之，則毀者不能復全也。道德經上篇云「大道廢，有仁義。」莊子馬蹄篇云，「聖人蹩躠爲仁，踶跂爲義，而天下始疑。」皆此旨也。注未達。○釋文云：𥖁音毀。喪，息浪切。

鬻熊曰：○梁章鉅曰：諸子書以鬻子爲最古，然其書有二。漢書藝文志道家鬻子說二十二篇，又小說家鬻子說十九篇。列子所引鬻子凡三條，皆黃老清淨之說，與今本不類，疑即道家二十二篇之文。伯峻案：今本鬻子一卷，自宋人葉夢得以來多疑其僞，而四庫全書提要疑其爲「唐以來好事之流，依仿賈誼所引，撰爲贋本」，蓋可信。○釋文云：鬻音育。鬻熊，周文王師，封於楚，著子書二十二篇。「運轉亡已，○釋文云：已音以。天地密移，疇覺之哉？〔注〕此則莊子舟壑之義。孔子曰：日夜無隙，丘以是徂。夫萬物與化爲體，體隨化而遷。化不暫停，物豈守故？故向之形生非今形生，俯仰之間，已涉萬變，氣散形朽，非一旦頓至。而昧者操必化之器，託不停之運，自謂變化可逃，不亦悲乎？○伯峻案：本不提行，今依文義分段。○釋文云：操，七刀切。故物損於彼者盈於此，成於此者虧於彼。〔注〕所謂川竭谷虛，丘夷淵實也。損盈成虧，隨世隨死。〔注〕此世亦宜音生。○伯峻案：莊子大宗師云：「无不毀也，无不成也。」亦是此意。○釋文云：世音生，下同。往來相接，間不可省，疇覺之哉？〔注〕成者方自謂成，而已虧矣；生者方自謂生，潛已死矣。○釋文云：省上聲。凡一氣不頓進，○伯峻案：進本訓登，見說文。又訓前，見詩常武箋、士冠禮注及公羊莊十三年傳注。引伸爲增長之義，故周禮小司寇「以圖國用而進退之」，鄭注云：「進退猶損益也」。此文進與虧相對，下文亦不覺其成，承不頓進而言；亦不覺其虧，承不頓虧而言。則進猶成也。○釋文云：進音盡。一形不頓虧；亦不覺其成，亦不覺其虧。〔注〕皆在冥中而潛化，固非耳目所瞻察。○盧文弨曰：注「耳目」下藏本有之字。伯峻案：亦不覺其虧本無亦字，今从四解本、秦劉本增。○釋文瞻作矚，云：矚音燭，一本作睹。亦如人自世〔注〕音生。○釋文云：世音生。至老，貌色智態，亡日不異；皮膚爪髮，隨世隨落，非嬰孩時有停而不易也。〔注〕形色髮膚，有之麤者，新故相換，猶不可識，況妙於此者乎？○伯峻案：注「之麤」或作「精麤」，非。又盧抱經以形色髮膚有之爲句，亦非。間不可覺，俟至後知。○〔解〕夫心識潛運，陰陽鼓作，故形體改換，天地密移，損益盈虛，誰能覺悟？所以貴夫道者，知本而不憂亡也。

杞國有人憂天地崩墜，身亡所寄，廢寢食者；○初學記一「有人」引作「昔有人」。○釋文墜作隧，云：杞音起。系本云：殷湯封夏後於杞，周又封之，今在陳留雍丘縣；武德年曾置杞州地是也。隧音墜。任大椿云：考楚辭九歌「矢交墜兮」，墜作隧。荀子儒效篇「至共頭而山隧」，楊倞注，「隧讀爲墜。」淮南子說林訓「縣蠹之類有時而隧」，注云：「隧，墜也。」漢書王莽傳「不隧如髮」，敍傳「厥宗不隧」，不隧即不墜。隸釋西狹頌橫澥特卑呂君碑實隧即實墜。樊安碑失隧即失墜。敬順釋文猶存古字。伯峻案：武德爲唐高祖年號。黃堯圃疑釋文爲宋人僞託（見北宋本列子跋），即此可見其非。又有憂彼之所憂者，因往曉之，〔注〕彼之所憂者惑矣，而復以不惑憂彼之所惑，不憂彼之所憂，喻積惑彌深，何能相喻也。○道藏本注文「也」下有哉字。○伯峻案：注「不憂彼之所憂」當作「以不憂憂彼之所憂」。曰：「天積氣耳，亡處亡氣。若屈伸呼吸，終日在天中行止，奈何憂崩墜乎？」〔注〕夫天之蒼蒼，非積然之質；則所謂天者，豈但遠而無所極邪？自地而上則皆天矣。故俯仰喘息，未始離天也。○合璧事類前集一引作「奈何憂其崩墜乎」。其人曰：「天果積氣，日月星宿，不當墜耶？」○釋文云：宿音秀，下同。曉之者曰：「日月星宿，亦積氣中之有光耀者；〔注〕氣亦何所不勝，雖天地之大，猶自安於太虛之域，況乃氣氣相舉者也？○御覽二引宿作辰。王重民曰：曉下之字蒙上文因往曉之句而衍。御覽二引作「曉者云」，無之字。下文「曉者曰地積塊耳」云云，亦無之字，可證。「積氣中之有光耀者」御覽三又六引並「中之」互倒，疑御覽所引近是。○釋文云：勝音升。只使墜，亦不能有所中傷。」○藝文類聚一、初學記一、事文類聚前集二「只使墜」作「正復使墜」。○釋文云：中，丁仲切。其人曰：「奈地壞何？」曉者曰：「地積塊耳，○釋文云：塊，口對切。充塞四虛，○釋文云：塞，蘇則切。亡處亡塊。若躇步跐蹈，○釋文云：躇音除。跐音此。蹈，徒到切。四字皆踐蹈之貌。終日在地上行止，奈何憂其壞？」其人舍然大喜，〔注〕舍宜作釋，此書釋字作舍。○釋文云：舍音釋，下同。曉之者亦舍然大喜。〔注〕此二人一以必破為憂，一以必全為喜，此未知所以為憂喜也，而互相慰喻，使自解釋，固未免於大惑也。○〔解〕天為積氣，何處無氣也？地為積塊，何處無塊也？塊無所隱，氣無所崩，日月是氣中有光者，復何憂於崩墜乎？○注「必破」道藏本、世德堂本作「必敗」。長廬子聞而笑之曰：○伯峻案：御覽二引無之字，是也，當刪。下文「子列子聞而笑曰」亦無之字，可證。○釋文作長盧子，云：史記云，楚有長盧子。漢書云，長盧子著書九篇，屬道家流。任大椿云：考荀子富國篇「朴盧屋妾」，楊倞注訓盧屋作廬屋。莊子讓王篇「廬水」，釋文音閭，司馬本作盧水。淮南子說林訓「陶者用缺盆，匠人處狹盧」。盧即廬也。國語晉語「侏儒扶盧」，韋昭注，「盧，矛戟之柲」。考工記「秦無廬」，鄭注，「矛戟柄，竹欑柲也。」則盧廬一也。吳越春秋「吳子柯盧」，史記盧作廬。左傳桓十三年釋文「盧戎如字，本或作廬，音同。」又左傳成十三年釋文「伯盧，力吳反，本一作廬。」則盧廬通。與釋文廬之作盧，可以互證。又考史記慎到傳「楚有尸子長盧」，索隱曰「長盧，未詳。」蓋未考列子此文耳。「虹蜺也，○釋文云：虹蜺音紅倪。雲霧也，風雨也，四時也，此積氣之成乎天者也。山岳也，河海也，金石也，火木也，此積形之成乎地者也。知積氣也，知積塊也，奚謂不壞？〔注〕夫混然未判，則天地一氣，萬物一形。分而為天地，散而為萬物。此蓋離合之殊異，形氣之虛實。夫天地，空中之一細物，有中之最巨者。○釋文云：最，子外切。難終難窮，此固然矣；難測難識，此固然矣。○伯峻案：終窮爲韻，古音同在冬中部。測識爲韻，古音同在職德部。憂其壞者，誠爲大遠；○釋文云：大音泰。言其不壞者，亦爲未是。天地不得不壞，則會歸於壞。遇其壞時，奚爲不憂哉？〔注〕此知有始之必終，有形之必壞；而不識休戚與陰陽升降，器質與天地顯沒也。○〔解〕積氣積塊，以成天地。有積有成，安得無壞耶？但體大難終，不可則見。若遇其壞時，不得不憂。○注「必壞」本作「必敗」，依藏本改。又解「不得不憂」四解本作「何得不憂」。「不可則見」，當作「不可測見」。子列子聞而笑曰：「言天地壞者亦謬，言天地不壞者亦謬。壞與不壞，吾所不能知也。雖然，彼一也，此一也。〔注〕彼一謂不壞者也，此一謂壞者也。若其不壞，則與人偕全；若其壞也，則與人偕亡。何爲欣戚於其間哉？○釋文云：偕音皆。故生不知死，死不知生；來不知去，去不知來。壞與不壞，吾何容心哉？」〔注〕生之不知死，猶死之不知生。故當其成也，莫知其毀；及其毀也，亦何知其成。此去來之見驗，成敗之明徵，而我皆卽之，情無彼此，何處容其心乎？○〔解〕夫天地者，物之大者也；形體者，物之細者也。大者亦一物也，細者亦一物也。有物必壞，何用辯之哉？且人生不知死，死不知生；來去不自知，成壞不能了。近取諸己，且未能知；亦何須用心於天地而憂辯於物外耶？○釋文云：見，賢遍切。處，昌據切。

舜問乎烝曰：○皮錫瑞曰：烝當作丞。伯峻案：皮說是。莊子知北遊篇作丞，御覽五一九引亦作丞。○釋文烝作丞，云：丞謂輔翼舜丞之官；一本作烝。任大椿云：考漢書王子侯表「承陽侯景」，師古曰：「承音烝，字或作丞。」翟方進傳「太保後丞丞陽侯甄邯」，師古曰：「丞音烝。」又丞陽侯後漢書郡國志作烝陽侯。蓋承丞皆有烝音，故通作烝。敬順釋文丞之作烝，猶存古讀。「道可得而有乎？」〔注〕舜欲明羣有皆同於無，故舉道以爲發問之端。○盧文弨曰：注末藏本有也字。曰：「汝身非汝有也，汝何得有夫道？」〔注〕郭象曰：夫身者非汝所能有也，塊然而自有耳。有非所有，而況無哉？○〔解〕夫汝我者，自他形稱耳，非謂神明也。俗以己身爲我，前人爲汝；欲有其道，安可得乎？故曰汝身非汝有，安得有夫道？○釋文云：夫音符。舜曰：「吾身非吾有，孰有之哉？」〔注〕據有此身，故重發問。○釋文云：重，柱用切，下同。曰：「是天地之委形也。〔注〕是一氣之偶積者也。○俞樾曰：國策齊策「願委之於子高」，注曰：「委，付也。」成二年左傳「王使委於三吏。」杜注曰：「委，屬也。」天地之委形，謂天地所付屬之形也。下三委字並同。生非汝有，是天地之委和也。〔注〕積和故成生耳。性命非汝有，是天地之委順也。〔注〕積順故有存亡耳。郭象曰：若身是汝有，則美惡死生當制之由汝。今氣聚而生，汝不能禁也；氣散而死，汝不能止也。明其委結而自成，非汝之有也。孫子非汝有，是天地之委蛻也。〔注〕氣自委結而蟬蛻耳。若是汝有，則男女多少亦當由汝也。○伯峻案：六帖十、御覽五一九引「孫子」作「子孫」，疑當從之。張注下文云「子孫何所委蛻」，似其所見本亦作子孫。○釋文云：蛻音稅。故行不知所往，處不知所持，食不知所以。〔注〕皆在自爾中來，非知而爲之也。○俞樾曰：莊子知北游篇作食不知所味。王叔岷曰：宋徽宗義解：「食不知所味」，范致虛解：「食安知所味」，是所見本以並作味，與莊子同。天地強陽，氣也；又胡可得而有邪？」〔注〕天地卽復委結中之最大者也。今行處食息，皆彊陽氣之所運動，豈識其所以然？彊陽猶剛實也。非剛實理之至，反之虛和之極，則無形無生，不死不終，則性命何所委順？子孫何所委蛻？行處何所止泊？飲食何所因假也？○〔解〕既不知神明之爲道也，故假天地以喜之。天主神用，地主形物。涉有者，委形也；體和者，生性也；應用者，委順也；情育者，委蛻也。汝今行止食息，但知強陽之所運，而不知神明之眞宰也。亦可得有大道者邪？或曰：虞舜聖人也，安得不知道乎？答曰：夫假賓主辯惑，豈可玄默而已耶？然莊子曰：「卜梁倚有聖人之才，而無聖人之道；我有聖人之道，而無聖人之才。」是知有濟物之才，居君臨之位者，未必能知道。處山林之下有獨善之名者，未必能理人。是故黃帝卽位三十年，然後夢華胥之國；放勛見乎四子，然後窅然汾水之陽，舜之未寤，亦何足怪之？○注非剛實四解本作而非剛實。王重民曰：莊子知北遊篇天地下有之字，此不可省。疑列子本有之字，而今本脫之也。郭注云：強陽猶運動耳。又寓言篇「彼來則我與之來，彼往則我與之往，彼強陽則我與強陽。」郭注云：「直自強陽運動相隨往來耳。」是強陽有運動義，蓋與倘徉襄羊等字同爲疊韻連緜字。此謂身生性命子孫非人所有，均是天地之委結，更不知天地之旋轉運動亦一氣耳。若明天地之旋轉乃氣之運動，則天地間一切將胡可得而有耶？天地之強陽句當逗，若無之字，則語不明晰。張注曰：強陽猶剛實也，失之。○釋文云：復，扶又切。

齊之國氏大富，宋之向氏大貧；○釋文云：向音餉。自宋之齊，請其術。國氏告之曰：「吾善爲盜。始吾爲盜也，一年而給，二年而足，三年大穰。○穰本作壤。洪頤煊曰：莊子庚桑楚篇「居三年畏壘大壤。」釋文「崔本作穰」，古穰字皆作壤。王重民曰：說文，穰，黍梨已活者。又秋字下云，禾若秋穰也。秋穰疊韻字，猶穰穰也。是穰有二義，秋穰卽此大穰義所本。又按說文，壤，柔土也。則壤爲古字，於古無徵，疑後人亂之也。穰義當爲近之。許氏又曾用以解字，則穰字較古。莊子崔本及陸氏所見別本作穰，列子吉府本御覽四百八十五引亦並作穰。伯峻案：王說是也。今从吉府本作穰。○釋文穰作壤，云，壤，如掌切，又作穰。自此以往，施及州閭。」○伯峻案：施，惠也。（晉語夫齊侯好示務施注。）惠，與也。（易乾德施普也注。）○釋文云：施，以智切，延也。向氏大喜。喻其爲盜之言，而不喻其爲盜之道，○六帖九一引上「喻」字作「聞」，「道」作「術」。遂踰垣鑿室，手目所及，亡不探也。○六帖九一引「鑿室」作「穿宇」，「探也」作「探取」。○釋文云：亡音無，下同。

未及時，○六帖九一引「未及時」作「俄而」。以贓獲罪，○釋文云：贓音臧。沒其先居之財。○俞樾曰：居猶蓄也，謂其先所蓄之財也。論語公冶長篇「臧文仲居蔡」，皇侃義疏曰：「居猶蓄也」，是其義。王重民曰：御覽四百八十五引作先君，於義較善。伯峻案：周穆王篇云，「以居產之半請其方」，居亦訓蓄。俞說是也。御覽不得其義，妄改作君，不可憑信。○釋文云：先，悉薦切。向氏以國氏之謬己也，○錢繹曰：謬，詐也。往而怨之。國氏曰：「若爲盜若何？」向氏言其狀。國氏曰：「嘻！○釋文云：嘻音熙，哀痛之聲。若失爲盜之道至此乎？今將告若矣。吾聞天有時，地有利。〔注〕謂春秋冬夏，凡土出所有也。○注「出」下各本無「所」字，今依四解本增。吾盜天地之時利，○釋文云：句絕。雲雨之滂潤，○釋文云：滂，普郎切。山澤之產育，以生吾禾，殖吾稼，○六帖九一引作「生吾禾黍，殖吾穡稼」。築吾垣，○釋文殖作植，云：築音竹。垣音袁。植，時職切。伯峻案：釋文植字之音在垣字下，疑敬順所見本作築吾垣，建吾舍，生吾禾，植吾稼。建吾舍。陸盜禽獸，水盜魚鼈，○釋文云：鼈，并列切。亡非盜也。夫禾稼、土木、禽獸、魚鼈，皆天之所生，豈吾之所有？〔注〕天尚不能自生，豈能生物？人尚不能自有，豈能有物？此乃明其自生自有也。然吾盜天而亡殃。〔注〕天亡其施，我公其心，何往而有殃哉？○陰符經疏中引作「吾盜天地而无殃咎」。○釋文云：施，尸智切。夫金玉珍寶，穀帛財貨，○秦刻本金玉珍寶作禾土稼寶。人之所聚，豈天之所與？〔注〕天尚不能與，豈人所能聚？此亦明其自能自聚。○伯峻案：注「自能自聚」當作「自與自聚」。若盜之而獲罪，孰怨哉？」〔注〕人有其財，我犯其私，所以致咎。○〔解〕夫天地不仁，以萬物爲芻狗。既無情於生育，豈有心於取與哉？小大相吞，智愚相役，因時以興利，力制以御私，動用取與，皆爲盜也。人財則不爾，主守以自供，取之獲罪，此復何譏也。

向氏大惑，以爲國氏之重罔己也，○伯峻案：罔讀爲論語雍也篇「不可罔也」之罔。漢書揚雄傳云：「不可姦罔」，注：罔，誣也。○釋文云：罔，文兩切。過東郭先生問焉。○過本作遇，汪本从之，今从藏本、四解本、世德堂本改正。○釋文云：過音戈，一作遇字。東郭先生曰：「若一身庸非盜乎？盜陰陽之和以成若生，載若形；○俞樾曰：載亦成也。尚書皋陶謨篇「乃賡載歌曰」，枚傳「載，成也」，是其義。況外物而非盜哉？〔注〕若其有盜耶？則我身即天地之一物，不得私而有之。若其無盜耶，則外內不得異也。○〔注〕不得私而有之四解本作不得恣而有之。誠然，天地萬物不相離也；○釋文云：離，力智切。仞而有之，皆惑也。〔注〕夫天地，萬物之都稱；萬物，天地之別名。雖復各私其身，理不相離；仞而有之，心之惑也。因此而言，夫天地委形，非我有也；飭愛色觀，矜伀智能，已爲惑矣。至於甚者，橫仞外物，以爲己有，乃標名氏以自異，倚親族以自固，整章服以耀物，藉名位以動衆，封殖財貨，樹立權黨，終身欣玩，莫由自悟。故老子曰「吾所以有大患，爲吾有身」，莊子曰：「百骸六藏，吾誰與爲親？」領斯旨也，則方寸與太虛齊空，形骸與萬物俱有也。○盧文弨曰：注藏本飾作飾，吾所以有大患下有者字，太虛作大虛。伯峻案：仞而有之，藏本作認而有之，仞卽認。本書周穆王篇，夢仞人鹿，釋文云，仞一本作認，可證。○釋文太作大，云：仞音忍。稱，尺證切。復，扶又切。吾之爲，爲，于僞切。藏，才浪切。大音泰。

國氏之盜，公道也，故亡殃；若之盜，私心也，故得罪。〔注〕公者對私之名，無私，則公名滅矣。今以犯天者爲公，犯人者爲私，於理未至。○〔解〕天地無私，取之無對，故無殃也，人心有私，取之有情，故爲盜也。以有私之心，取有私之物；私則有對，得罪何疑？故法者，禁人之私；無對，無禁也。○伯峻案：解取之有情，情當作對。對猶今言對方。

有公私者，亦盜也；〔注〕直所犯之異耳，未爲非盜。亡公私者，亦盜也。〔注〕一身不得不有，財物不得不聚，復欲遣之，非能卽而無心者也。○〔解〕聖人設法教化不害人不侵衆者，皆非盜也。不違法者，則爲公道；違於法者，則爲私道焉。雖不違於公而封於己者，亦爲盜也，況違法封己乎？○解況違法封己秦本作違法教化，今从四解本正。

公公私私，天地之德。〔注〕生卽天地之一理，身卽天地之一物。今所愛吝，便是愛吝天地之間生身耳，事無公私，理無愛吝者也。○釋文云，吝，良刃切。

知天地之德者，孰爲盜耶？孰爲不盜耶？」〔注〕天地之德何耶？自然而已。自然而已，何所厝其公私之名？公私之名既廢，盜與不盜，理無差也。○〔解〕知公知私而無私焉，與物同例而不怪者，是天地之德也。若知天地之德，取而無私心者，是不欺乎天，取之不殊於衆人，得之無私，不爲盜。若然者，誰爲盜耶？誰爲不盜耶？唯了神悟道者知之矣。○注「厝其公私之名」各本「厝」作「歷」，今从藏本改正。解若知天地之德，秦本若作萬，今从四解本正。盧文弨曰：注自然而已藏本不疊此四字，又何所歷其公私之名，藏本歷作厝○釋文歷作厝，云，厝音措。

列子集釋卷第二

楊伯峻撰

黃帝第二

〔注〕稟生之質謂之性，得性之極謂之和；故應理處順，則所適常通；任情背道，則遇物斯滯。○〔解〕此明忘形養神，從玄默以發眞智。始其養也，則遺萬有而內澄心；發其智，則化含生以外接物。故其初也，則齋心服形，不親政事；其末篇也，則贊孔盛以濟人焉。此其大旨。

黃帝即位十有五年，喜天下戴己，〔注〕隨世而喜耳。○王叔岷曰：路史後紀五注引戴上有之字，當从之。「喜天下之戴己」與下文「憂天下之不治」句法一律。藝文類聚十一引戴上亦有之字。養正命，〔注〕正當爲性。○俞樾曰：正當爲生。古字生與性通，周官大司徒職「辨五地之物生」，杜子春讀生爲性，是其例也。列子原文本作「養生命」，蓋叚生爲性，因誤爲正耳。張注曰：「正當爲性」，雖得其字，而古字亡矣。又胡懷琛說同。○釋文云：正音性。娛耳目，供鼻口，焦然肌色皯黣，○焦世德堂本作燋。○釋文焦作燋，云：燋音焦。肌色一作顏色。皯，古旱切。黣音每。諸書無此字，埤蒼作黴，同音每，謂木傷雨而生黑斑點也。皯黣亦然也。秦恩復曰：黴，說文無此字。隸俗黴字，當作黴。楚辭漁父「顏色憔悴」，王逸注，皯黴黑也。昏然五情爽惑。〔注〕役心智未足以養性命，祗足以焦形也。○〔解〕擧代之人咸以聲色飲食養其身，唯豐厚者則爲富貴矣。而賢人知此道足以傷生，故焦然不樂也。第一篇知神爲生主，第二篇欲明道以養身，故先示衆人之所溺，然後漸次而進之。○伯峻案：盧解擧代即擧世，下文代謂之君子即世謂之君子。唐太宗名世民，唐人多以代代世。又十有五年，憂天下之不治，〔注〕隨世而憂耳。○釋文云：治，直吏切；下致治同。竭聰明，進智力，○釋文進智作進治，云：進音盡。營百姓，焦然肌色皯黣，昏然五情爽惑。〔注〕用聰明未足以致治，祗足以亂神也。○〔解〕代謂之君子，理人之士也。皆勞生苦己，以身徇物，以求其名，以濟其利耳。而不知役神以喪實，去道斯遠矣。○解勞生四解本作勞心。黃帝乃喟然讚曰：〔注〕讚當作歎。○釋文云：讚音歎。「朕之過淫矣。〔注〕淫當作深。○釋文云：淫音深。養一己其患如此，治萬物其患如此。」〔注〕惟任而不養，縱而不治，則性命自全，天下自安也。○〔解〕淫者，失於其道也。含生之物咸知養己自私以爲生，不知所生生而之死也。操仁義者咸知徇名以取利自私以爲能，亦不知所以喪神傷生而知死也。徇己自私以爲小人，濟物無私代以爲君子。善之以惡，約外則有誅；求名喪實，約內則俱失。方明大道，故雙非之也。○汪萊曰：解「不知所生」所下脫落以字。又「傷生而知死也」知當作之。於是放萬機，舍宮寢，○宮葉劉盧解本作官，世德堂本亦作官，非也。御覽七十九引正作宮，類聚十一引同。○釋文云：舍音捨。去直侍，○釋文云：去，丘呂切。徹鐘懸，○王叔岷曰：徹借爲撤。說文：「撤，發也」。引申有除去義。書鈔十二、御覽七九引徹並作撤。撤卽撤之俗。○釋文懸作縣，云：縣音玄。減廚膳，退而間居大庭之館，○釋文云：間音閑。齋心服形，〔注〕心无欲則形自服矣。○釋文齋作齊，云：齊音齋，下同。三月不親政事。○〔解〕放萬機者，非謂都無所行也。事至而應，如四時焉。故曰，「天何言哉？四時行焉，百物生焉。」不勞焦思以邀虛名，不想能於千載，欲垂芳於竹帛耳。但冥冥然應用，不得已而運之。不封崇其身名，不增加其嗜慾，不豐厚其滋味，不放肆於淫聲。齋肅其心，退伏其體。三月者，一時也。孔子曰：「顏回三月不違仁」是也。擇賢才而責成，賞罰無私焉，是不親政事也。晝寢而夢，〔注〕將明至理不可以情求，故寄之於夢。聖人無夢也。遊於華胥氏之國。華胥氏之國在弇州之西，台州之北，〔注〕不必便有此國也，明至理之必如此耳。淮南云，正西曰弇州，西北曰台州。○伯峻案：注引淮南見地形訓。○釋文云：弇音奄。不知斯齊國幾千萬里；〔注〕斯，離也。齊，中也。○類聚十一、天中記二三引「斯」並作「距」，當是臆改。○釋文云：幾，居豈切。蓋非舟車足力之所及，神游而已。〔注〕舟車足力，形之所資者耳。神道恍惚，不行而至者也。其國無師長，○世德堂本師作帥。俞樾曰：釋文：帥或作師，當從之。周官太宰職「以九兩繫邦國之民」，「二曰長以貴得民，三曰師以賢得民」，此師長二字之義。其國無師長，見其無貴賤無賢愚也。若作帥長，則止是無貴賤耳，於義轉有所不盡矣。盧重元本正作師長。王重民曰：俞說是也。北宋本及御覽七十九又三百九十七引並作師。○釋文師作帥，云：帥，所類切，或作師。長，丁丈切。帥長，首主也。自然而已。其民無嗜慾，○釋文云：嗜，常二切。自然而已。〔注〕自然者，不資於外也。不知樂生，不知惡死，故無夭殤；不知親己，○釋文云：己音紀。不知疏物，故無愛憎；不知背逆，○釋文云：背音佩。不知向順，故無利害；〔注〕理無生死，故無所樂惡；理無愛憎，故無所親疏；理無逆順，故無所利害也。都無所愛惜，⊙王重民曰：惜當作憎，字之誤也。上文云不知親己，不知疏物，故無愛憎，此正承以爲說。若作惜，則非其義矣。御覽七十九引正作憎。王叔岷曰：范致虛解：「都無所愛憎，故其心無所知」。是所見本「惜」亦作「憎」。都無所畏忌。入水不溺，入火不熱。斫撻無傷痛，○釋文云：斫音酌。撻，打也。指擿無痟癢。〔注〕至和者無物能傷。熱溺痛癢實由矜懼，義例辟於下章。痟癢，酸痟也；義見周官。○盧文弨曰：注痟癢之癢衍文。酸痟之痟當作痠。○釋文云：擿音倜，搔也。痟音消。癢，餘兩切。痟癢謂疼癢也。

周禮，春時有痟首疾，夏時有癢疥疾。鄭玄云：痟，酸削也。說文云，痟，痟痛也。見，賢遍切。任大椿云：說文有痟字，相邀切，云：酸痟頭痛，从疒，肖聲。而無痠字。敬順釋文引說文作痠，云痠痛。今說文亦無此語。考玉篇，痠，先丸切，痠痛。敬順乃誤引玉篇爲說文耳。乘空如履實，寢虛若處牀。雲霧不硋其視，〇胡懷琛曰：硋，礙也。段玉裁說文硋字云：列子作硋，是也。許維遹曰：硋與閡通。〇釋文云：硋，五蓋切。雷霆不亂其聽，〇釋文云：霆音廷。美惡不滑其心，〇王叔岷曰：御覽七九引「滑」作「汩」。范致虛解：「利心無物，美惡不能汩也」。是所見本亦作汩。滑汩古通。莊子齊物論：「置其滑涽」，釋文引向秀滑作汩、荀子成相篇：「吏謹將之無鈹滑」，注：「滑與汩同」，並其比。〇山谷不躓其步，〇釋文云：躓音致。神行而已。〔注〕至順者無物能逆也。〇〔解〕寄宿也。齋心服形，神與道合，則至其大國矣。夫神者，生之主也。既爲生主，則役神以養生，養之失理，抑成於損也。俗以益嗜欲者爲養生，適爲促年之本矣。故君子養於性，小人養於情。養性者，無嗜欲，保自然，不樂生，不惡死，無向背憎愛，無長短自然。神行者，神合於道也。非是別有一國，別類之人耳。故曰，仁道不遠，行之則至。一言契者，交臂相得識。黃帝既寤，〔注〕亦寄之眠寐耳。聖人無眠覺也。怡然自得，〇怡世德堂本作憎。江重民曰：作怡者近是。北宋本吉府本並作怡，御覽三九七引作憎。伯峻案：秦刻盧解本亦作怡。作憎者，字之誤也。〇釋文云：怡，與之切。召天老、力牧、太山稽，〔注〕三人黃帝相也。〇盧文弨曰：太藏本作大。〇釋文太作大，云：大音泰。稽音雞。漢書云：大山稽，黃帝師也。任大椿曰：路史前紀，大塡爲黃帝師，大山稽爲黃帝司徒，唐渤海姓大。大山稽世音爲泰，誤。考廣韻十四泰大字下列複姓曰大狐氏，曰黃邑大夫大心子成，曰秦將軍大彊洪，曰大羅氏，曰大夜氏，曰大叔氏。倘如路史所云，則廣韻大字下不列大山稽於複姓之前，是有遺也。姓氏急就篇大氏，唐渤海大祚榮，又大門藝，宋有大周仁爲，與路史所云渤海姓大，可以互證，而不及大山稽。告之曰：「朕閒居三月，齋心服形，思有以養身治物之道，弗獲其術。〔注〕身不可養，物不可治，而精思求之未可得。疲而睡，〇釋文云：句絕。所夢若此。今知至道不可以情求矣。朕知之矣！朕得之矣！而不能以告若矣。」〔注〕不可以情求，則不能以情告矣。又二十有八年，〇「二十有八年」路史後紀五注引作「四十八年」，事文類聚後集二一引作「二十有九年」。〇釋文云：一本作三十有八年。天下大治，〇釋文云：治，直吏切。幾若華胥氏之國，〇釋文云：幾音祈。而帝登假。〔注〕假當爲遐。〇釋文云：假音遐。〇百姓號之，〇伯峻案：左宣十二年傳「號而出之」，注：號，哭也。釋文云：號，戶刀切。二百餘年不輟。〇〔解〕既寤於道也，自不因外物以得之。疲而睡者，冥於理，去嗜欲也。誠神歸性，不可以情求也。不能以告若者，心證忘言也。凡以數理天下者，但成其空名。散極則跡見，虛而不能實也。上以虛名責於下，下以虛名應於上，上下相蒙，積虛以爲理；欲求純業，其可得乎？夫道者，神契理合，應物以眞。非偏善於小能，不暴怒於小過，如春之布，萬物皆生。俗易風移，自然而化；不知所以化，不覺所以成，故百姓思之不知其極也。

列姑射山在海河洲中，〔注〕見山海經。○釋文云：射音夜。山海經曰：姑射國在海中，西南環之。從國南水行百里，曰姑射之山。又西南行三百八十里，曰姑射山。郭云：河水所經海上也。言遙望諸姑射山行列在海河之間也。按西域傳黃河東注蒲昌海，潛行地下，入中國。蒲昌海一名鹽澤，在交河郡。見，賢遍切。秦恩復云：釋文所引與今本山海經不同。姑射山山海經凡兩見。東山經云：盧其之山又南三百八十里曰姑射之山，無草木，多水。又南水行三百，流沙百里，曰北姑射之山。無草木，多石。又南三百里，曰南姑射之山，無草木，多水。海內北經云：列姑射在海河洲中。郭璞注：山名也。山有神人。河洲在海中，河水所經者，莊子所謂藐姑射之山也。經又曰：姑射國在海中，屬列姑射，西南山環之。考東山經之姑射在臨汾縣，見隋書地理志，即今平陽府西之九孔山。左右前後並無所謂南北姑射者，則東山經之北姑射南姑射二條當在海內北經西南山環之之下。敬順所引山海經乃唐時之本，且言諸姑射山行列在海河之間，解列字之義尤爲明據。又云：此章與山海經略同，據此則列子之吸風飲露云云，山海經皆有之，今本之脫落錯簡，從可知矣。後人因莊子有藐姑射之山汾水之陽之文，遂以爲臨汾之姑射。畢氏校刊山海經，於海內北經列姑射條下謂姑射在山西，郭注誤引莊子。殊不知莊子藐姑射之山有神人云云，與列子之說同其爲海中之列姑射無疑。至堯見四子藐姑射之山汾水之陽，乃臨汾之姑射山，非列姑射山也。上下文絕不相蒙，遂以貫紈爲誤，其未之深考歟？莊子列作藐。陸釋文引簡文云：藐，遠也。二山之名混淆已久，恐誤後學，故詳識於此。山上有神人焉，〔注〕凝寂故稱神人。○釋文云：此章與山海經略同。吸風飲露，不食五穀；〔注〕既不食穀矣，豈復須吸風飲露哉？蓋吐納之貌，不異於物耳。○釋文云：復，扶又切。○釋文云：吸，許及切。心如淵泉，○釋文云：淵字諱爲深字。形如處女；〔注〕盡柔虛之極者，其天姿自粹，弗養而不衰也。○釋文云：粹音邃。不偎不愛，〔注〕偎亦愛也。芻狗萬物，恩無所偏。偎音隈偎。○釋文云：偎，烏恢切，愛也。不偎不愛，謂或隱或見。山海經曰：北海之隅，其人水居偎愛。隈偎也。字林云：偎，仿佛見不審也。伯峻案：說文：僾，仿佛也。詩曰：僾而不見。今詩僾作愛。此愛字亦借爲僾，故釋文訓隱。山海經海內經云，不畏不愛。郭注云：畏亦愛也。張注本此。仙聖爲之臣；〔注〕仙，壽考之跡；聖，治世之名。○盧文弨曰：注藏本仙下有者字，聖下亦同。不畏不怒，愿慤爲之使；〔注〕畏，威也。若此豈有君臣役使之哉？尊卑長短，各當其分，因此而寄稱耳。○釋文云：愿音願。慤，口角切。不施不惠，而物自足；不聚不斂，而已無愆。〔注〕愆，乏也。○注乏一本作乏之，非。○釋文云：愆本又作騫，去言切。陰陽常調，日月常明，四時常若，〔注〕若，順也。風雨常均，○釋文均作鈞，云：鈞音均。任大椿曰：考詩大雅「四牡既鈞」，書泰誓「厥罪維鈞」，左傳昭公二十六年「年鈞以德，德鈞以卜」，國語周語「細鈞有鐘無鎛，大鈞有鎛無鐘」，戰國策「鈞吾悔也」，注：鈞即均，則鈞均通。字育常時，年穀常豐；而土無札傷，人無天惡，物無疵厲，鬼無靈響焉。〔注〕天人合德，陰陽順序，昏明有度，災害不生，故道合二儀，契均四時。老子曰：以道涖天下者，其鬼不神。〇〔解〕此言神之合道也，故假以方外之中，託以神人之目。不因五穀以爲養，吐納眞氣以爲全。心如澄水，無波浪之能鼓；形如處女，無思慮之所營。喜怒不入其懷，是非不干其用。無求無欲，同天地之不仁；不惠不施，正陰陽之生育。萬物所不能撓，鬼神所不能驚。體之眞，其功若此也。〇釋文瘥作癘，云：札，側八切。鄭衆注周禮云：越人名死爲札。左傳曰，人不夭札。疵，才移切，病也。厲音例。鄭衆注周禮云：厲，風氣不和之疾也。響音嚮。任大椿曰：荀子勸學篇「君子如嚮矣」，楊倞注：嚮與響同，如響應聲。則靈響猶靈聲也。

列子師老商氏，友伯高子；進二子之道，〇釋文云：進音盡，下同。乘風而歸。〔注〕莊子云，列子御風而行，泠然善，旬五日而後反。蓋神人禦寇稱之也。〇〔解〕夫神之滯於有，則百骸俱破；神之契乎眞，則五根俱通也。有通則無滯不塞，無破則乘風而行。被羽服以往來，託鱗毛以騰躍者，故爲常理也，非謂其倘奇也，而此寓言者也。〇注泠各本作冷，誤，今從藏本。〇王重民曰：張注引見逍遙遊篇，句下有有字，蓋今本列子注脫之也。御覽九引注文有有字，當據補。〇釋文云：泠音零。稱，尺證切。尹生聞之，從列子居，數月不省舍。〇釋文云：數，色主切，下同。省，息井切。視也因閒請蘄其術者，〇釋文云：閒音閑。蘄音祈。十反而十不告。尹生懟而請辭，〇釋文云：懟音墜，怨也。列子又不命。〇釋文作又不與命，云：一本無與字。尹生退。數月，意不已，又往從之。列子曰：「汝何去來之頻？」〇釋文汝作女，云：女音汝。尹生曰：「曩章戴有請於子，〔注〕章戴，尹生名。〇盧文弨曰：注尹生下藏本有之字。〇釋文戴作載，云：曩，乃朗切。章戴字載則，一本作章載。子不我告，固有憾於子。〇釋文云：憾，胡紺切。今復脫然，〇釋文云：脫，土活切。是以又來。」列子曰：「曩吾以汝爲達，〔注〕曩，昔也。〇王叔岷曰：疑此注當在上文「曩章戴有請於子」下。今汝之鄙至此乎？〇釋文云：乎本又作于。姬！將告汝〔注〕姬，居也。〇釋文云：姬音居。所學於夫子者矣。〇〔解〕昔汝去也，吾將謂汝達乎道；今汝之息憾而來，知汝之鄙陋矣。〇解息憾本作懟憾，今依四解本訂正。〇釋文汝作女，云：女音汝。自吾之事夫子友若人也，〔注〕夫子謂老商，若人謂伯高。三年之後，心不敢念是非，口不敢言利害，始得夫子一眄而已。〔注〕實懷利害而不敢言，此匿怨藏情者也，故眄之而已。〇〔解〕專一而不雜，恭敬以聽，未顯言之形，難言之行者也。〇釋文云：眄音麪，斜眎。五年之後，心庚念是非，口庚言利害，〔注〕庚當作更。〇吉府本庚作更。〇釋文云：庚音更，居行切，益也，下同。夫子始一解顏而笑。〔注〕是非利害，世間之常理；任心之所念，任口之所言，而無矜吝於胸懷，內外如一，不猶踰於匿而不顯哉？欣其一致，聊寄笑焉。○〔解〕三年之後，專於定也，頤眄而已；五年之後，越於專，其嚮明矣。○北宋本吝作恡，胸作匈，猶作猶，皆非，今正。匿世德堂本作已，亦非。○釋文云：匿一本作已

七年之後，從心之所念，庚無是非；○釋文云：從音縱，下同。 從口之所言，庚無利害，夫子始一引吾並席而坐。

〔注〕夫心者何？寂然而無意想也；口者何？默然而自吐納也。若順心之極，則無是非；任口之理，則無利害。道契師友，同位比肩，故其宜耳。○〔解〕審之而後言，欲是非利害无所緊也。○釋文云：契，苦計切。

九年之後，橫心之所念，○釋文云：橫去聲，下同，縱放也。 橫口之所言，亦不知我之是非利害歟，亦不知彼之是非利害歟；亦不知夫子之爲我師，若人之爲我友：內外進矣。〔注〕心既無念，口既無違，故能恣其所念，縱其所言。體道窮宗，爲世津梁。終日念而非我念，終日言而非我言。若以無念爲念，無言爲言，未造於極也。所謂無爲而無不爲者如斯，則彼此之異，於何而求？師資之義，將何所施？故曰內外盡矣。○〔解〕都无心，故是非利害不擇之而後言，縱橫者也。縱心而言，皆合斯道。○釋文云：造，七到切。

而後眼如耳，耳如鼻，鼻如口，無不同也。○〔解〕眼耳口鼻不用其所能，各任之而无心，故云無不同也。

心凝形釋，骨肉都融；不覺形之所倚，○釋文云：倚，於綺切。 足之所履，隨風東西，猶木葉幹殼。○汪萊曰：殼僞六書故引唐本說文曰，榦溼之榦也。徐本無榦字。萊案：榦古榦溼正字，通假作乾。列子黃帝篇木葉榦殼，張湛注（伯峻案：當作釋文）榦音乾，可證。○釋文云：榦音乾。殼，口角切。

竟不知風乘我邪？我乘風乎？〔注〕夫眼耳鼻口，各有攸司。令神凝形廢，無待於外，則視聽不資眼耳，臭味不賴鼻口，故六藏七孔，四肢百節，塊然尸居，同爲一物，則形奚所倚？足奚所履？我之乘風，風之乘我，孰能辨也？○〔解〕神凝者，不動也；形釋者，無礙也；骨肉都融者，忘形骸也。形骸忘於所之，神念墮於所寄，則與風氣同之上下也。○盧文弨曰：注令神凝形廢令當作今。

今女居先生之門，曾未浹時，○釋文云：曾音層。浹，子協切。 而懟憾者再三。女之片體將氣所不受，汝之一節將地所不載。〔注〕用其情，有其身，則肌骨不能相容，一體將無所寄，豈二儀之所能覆載。○伯峻案：將，且也。 履虛乘風，其可幾乎？」○釋文云：幾音冀。

尹生甚怍，○釋文云：怍音昨。 屏息良久，○釋文云：屏息，屏氣似不息也。 不敢復言。○〔解〕列子所以乘風者，爲能忘其身也。老子曰：吾所以有大患者，爲吾有身；及吾無身，吾有何患也？若其形骸之不忘，則一節之重，猶地所不能載，何暇乘風而遊虛哉？○釋文云：復，扶又切。

列子問關尹曰：○釋文云：關尹，關令尹喜，字公度，著書九篇。伯峻案：今本關尹子一卷，九篇，南宋陳振孫直齋書錄解題疑爲孫定（南宋人）依託，四庫提要則云：「或唐五代間方士解文章者所爲也」。「至人潛行不空，〔注〕不空者，實有也。至人動止不以實有爲閡者也。郭象曰：其心虛，故能御羣實也。○道藏江遹本、宋徽宗本空並作窒。作窒者是也。但張湛原本作空，故仍之。俞樾曰：張注甚爲迂曲。釋文曰：空一本作窒，當从之。莊子達生篇正作不窒。仲父曰：俞說是也。潛行謂行於水也。說文十一上水部：泳，潛行水中也。哀十七年左傳：越子以三軍潛涉。韓非子十過篇記智伯伐趙事云：決晉陽之水以灌之，圍晉陽三年。城中巢居而處，懸釜而炊。張孟談謂趙襄子曰：臣請試潛行而出見韓魏之君。皆其證也。窒謂窒息，潛行入水與下入火正相對。○釋文云：潛或作漸，亦音潛。空一本作窒，塞也。閡音礙。秦恩復云：易「闃其无人」，陸釋文：孟作窒。虞翻注，空也。空之爲窒，猶亂之訓治也。蹈火不熱，行乎萬物之上而不慄。〔注〕向秀曰：天下樂推而不厭，非吾之自高，故不慄者也。○釋文云：慄音栗。請問何以至於此？」關尹曰：「是純氣之守也，非智巧果敢之列。〔注〕至純至眞，卽我之性分，非求之於外。愼而不失，則物所不能害，豈智計勇敢而得冒涉艱危哉？○〔解〕言至人潛行積德，非本空虛者也，何如能蹈火不熱，登高不慄乎？以明純氣出乎性，守神以合道，則能至於此，故曰至人也；豈智巧果敢所能得耶？○釋文云：列音例。姬！○釋文云：姬音居。魚語女。〔注〕魚當作吾。○釋文云：魚音吾。語，魚據切。女音汝。凡有貌像聲色者，皆物也。〔注〕上至聖人，下及昆蟲，皆形聲之物。以形聲相觀，則無殊絕者也。物與物何以相遠也？〔注〕向秀曰：唯無心者獨遠耳。○釋文云：遠，于萬切。夫奚足以至乎先？是色而已。〔注〕向秀曰：同是形色之物耳，未足以相先也。以相先者，唯自然也。○〔解〕凡有形者皆物也。物皆是色，亦何機何先耶？而自貴賤物者，情惑之甚也。會忘形守神習靜以生慧者，然後能通神明者也。○伯峻案：色上脫形字，當作「是形色而已」。「形色」承上文「貌像聲色」而言。注引向秀曰「同是形色之物耳」，則向所注莊子本有形字。江南古藏本莊子正作「是形色而已」，當據正。說本奚侗莊子補注。則物之造乎不形，而止乎無所化。〔注〕有旣無始，則所造者無形矣；形旣無終，則所止者無化矣。造音作。○盧文弨曰：注造音下當有造字。○釋文云：造音作，臧祚切，注同。夫得是而窮之者，焉得而正焉？〔注〕夫形聲欲窮其終始者，亦焉得至極之所乎？○〔解〕忘形守神，造乎不形也；實眞合道者，止乎无所化也。若得此道而窮理盡性者，何得不爲正乎？○而正本作爲正。俞樾曰：爲正當作而止，字之誤也。止與正形相似。爲古文作𢀳，與而亦相似。襄十四年左傳：「射爲禮乎」，太平御覽工藝部引作「射而禮乎」。孟子滕文公篇「方里而井」，論語顏淵篇正義引作「方里爲井」，並其證也。莊子達生篇述此文曰：「夫得是而窮之者物焉得而止焉」，可據以訂正。王重民曰：吉府本爲正作而。伯峻案：俞、王兩說是也。爲字今依吉府本正。○釋文云：焉，於虔切。彼將處乎不深之度，〔注〕卽形色而不求其終始者，不失自然之正矣。深當作淫。○釋文云：深音淫。而藏乎無端之紀，

〔注〕至理豈有隱藏哉？任而不執，故冥然無迹，端崖不見。○釋文云：見，賢遍切。游乎萬物之所終始。〔注〕乘理而無心者，則常與萬物並遊，豈得無終始之迹者乎？○〔解〕至人者，言无失德也，故不淫其度矣；行无失迹也，故藏乎无端矣；常歸其本也，故游萬物之終始矣。○伯峻案：紀始爲韻，古音同爲之咍部之上聲。壹其性，養其氣，○釋文云：養其氣一本作眞其氣。含其德，以通乎物之所造。〔注〕氣壹德純者，豈但自通而已哉？物之所至，皆使無閡，然後通濟羣生焉。造音操。○〔解〕性不雜亂，唯眞與天地合其德而通於萬物之性命。○盧文弨曰：張注末音操下藏本有有字。○釋文云：造，七到切，至也。夫若是者，其天守全，其神無郤，○郤釋文作郄。云，郄音綌，閑也。俞樾曰：釋文「閑也」，閑乃閒字之誤，謂閒隙也。郤與隙通。莊子知北遊篇「若白駒之過郤」，釋文曰「郤本作隙」，是也。故郤有閒隙之義。禮記曲禮篇「相見於隙地曰會」，鄭注曰：「郤，閒也。」莊子養生主篇：「批大郤」，德充符篇「使日夜無郤」，釋文引崔李云：「郤，閒也。」並可爲證。物奚自入焉？〔注〕自然之分不虧，則形神全一，憂患奚由而入也？○〔解〕寶道則性全，去情則无郤𨻶朕无迹也，外物何從而入焉？夫醉者之墜於車也，○釋文墜作隊，云：隊音墜。雖疾不死。骨節與人同，而犯害與人異，其神全也。乘亦弗知也，墜亦弗知也。〔注〕此借喻以明至理之必然也。○釋文云：乘，食陵切。死生驚懼不入乎其胸，是故遻物而不慴。〔注〕向秀曰：遇而不恐也。○遻秦劉盧解本作忤。秦恩復曰：遻忤古字通。○釋文云：遻音忤，遇也。一本作遌，心不欲見而見曰遌，於義頗迋。莊子亦作遌。慴，之涉切。彼得全於酒而猶若是，〔注〕向秀曰：醉故失其所知耳，非自然無心也。而況得全於天乎？〔注〕向秀曰：得全於天者，自然無心，委順至理也。聖人藏於天，故物莫之能傷也。〔注〕郭象曰：不闚性分之外，故曰藏也。○〔解〕夫醉人者，神非合於道也，但爲酒所全者，憂懼不入於天府，死生不傷其形神。若得全於神者，故物不能傷也。○釋文云 闚，去隨切。

列禦寇爲伯昏無人射，○釋文無作无，云：爲，于僞切。无，莫侯切，下並同。引之盈貫，〔注〕盡弦窮鏑。○釋文云：鏑音的。措杯水其肘上，〔注〕手停審故，杯水不傾。○注「故」四解本作「固」，誤。○釋文云：杯，必回切。肘，竹九切。發之，鏑矢復沓，〔注〕郭象曰：矢去也。箭鏑去復往沓。○釋文鏑作摘，云：摘音的，本作鏑。復，扶又切。沓音踏。方矢復寓。〔注〕郭象曰：箭方去，未至的，以復寄杯於肘，言敏捷之妙也。○奚侗曰：說文：鏑，矢鏠也。小爾疋：沓，合也。楚辭天問，天何所沓，王逸注：沓，合也。詩秦風：方何爲期。鄭箋：「方今以何時爲還期乎」，是方有今義。發之鏑矢復沓，言已發者，鏑與矢復相連合。方矢復寓，方矢猶今矢，是引而未發之矢。對已發者言，則未發者爲今矢；若以先後言，則今矢又爲後矢。方矢復寓，言後矢又寓於弦也。仲尼篇：「善射能令後鏃中前括，發發相及，矢矢相屬。前矢造準而無絕落，後矢之括猶銜弦，視之若一焉」。正可逐釋此文。○釋文云：寓音遇。括，古活切。

當是時也，猶象人也。○〔解〕引滿而置水於其肘上，發一箭復寄一箭，猶如泥木象人也。志審神定，形不動，以致於此也。○釋文云：木偶人形曰象人。伯昏無人曰：「是射之射，〔注〕雖盡射之理，而不能不以矜物也。非不射之射也。〔注〕忘其能否，雖不射而同乎射也。當與汝登高山，履危石，臨百仞之淵，若能射乎？」〔注〕內有所畏，則失其射矣。○〔解〕恃其能而安其形，審其當耳，非謂忘形遺物而以神遇者也。○伯峻案：當即儻，若也，如也。韓非子人主篇：「當使虎豹失其爪牙，則人必制之矣」，當即儻也。可證。於是無人遂登高山，履危石，臨百仞之淵，背逡巡，足二分垂在外，○釋文云：逡，七旬切。二分垂謂足二分懸垂在外。揖禦寇而進之。禦寇伏地，汗流至踵。○〔解〕登高履危而懼若此者，蓋其身，惜其生也。會不知有其形者，適足以傷其生；忘其形者，適所以成其生。禦寇但審於射者，非合於道也。若忘形全神無累於天下者，乃不射之射也。○釋文云：踵音腫。伯昏無人曰：「夫至人者，上闚青天，下潛黃泉，揮斥八極，○釋文云：斥音尺。郭象云：揮斥猶放縱也。又曰：揮斥，奮迅也。神氣不變。〔注〕郭象曰：揮斥猶縱放也。夫德充於內，則神滿於外，無遠近幽深，所在皆明，故審安危之機而泊然自得也。○注曰字汪本作云，今从北宋本藏本訂正。今汝怵然有恂目之志，○秦恩復曰：恂當作眴。○釋文云：怵，丑律切。恂音荀。何承天纂要云：吳人呼瞬目爲恂目。爾於中也殆矣夫！」〔注〕郭象曰：不能明至分，故有懼而所喪者多矣，豈唯射乎？○〔解〕夫至道之人自得於天地之間，神氣獨主，憂樂不能入也。今汝倘恐懼之若此，豈近乎道者耶？汝於是終始矜智耳，未能得其妙也。○俞樾曰：志即識字，謂標識也。猶言表著於外。中讀如字，謂心中也。禮文王世子禮樂交錯於中，鄭注：中，心中也。王叔岷曰：張注引郭象文，莊子田子方篇注疊「有懼」二字，當从之。此文挩「有懼」二字，文意不完。○釋文云：中，丁仲切。殆矣夫一本作始矣夫。

范氏有子曰子華，善養私名，〔注〕遊俠之徒也。○文選陸士衡擬古詩注引「范氏」上有晉字。許維遹曰：名疑爲客之壞字。注「遊俠之徒也」，則原文本作客明矣。又下文「子華使其俠客」，正承此而言。舉國服之；有寵於晉君，不仕而居三卿之右。目所偏視，晉國爵之；口所偏肥，〔注〕音鄙。晉國黜之。〔注〕肥，薄也。○盧文弨曰：注「音鄙，肥，薄也。」疑本是「音鄙薄」，肥字乃衍文。段玉裁曰：古肥與非通。口所偏肥，猶云口所偏非耳。洪頤煊曰：漢書敘傳「安滔滔而不肥兮」，鄧展曰：「肥，避也。」肥又通作腓字。詩采薇「小人所腓」，毛傳：「腓，避也。」口所偏肥，謂不齒之人。○釋文云：肥，皮美切。按說文字林並作[illegible]，又作圮，皆毀也。字從其省。秦恩復曰：說文無[illegible]字，當作[illegible]，俗作[illegible]。圮當作[illegible]，故釋文云字从其省。多肉之肥字古作[illegible]，从卪，不從色。俞樾曰：說文無[illegible]字。[illegible]部：[illegible]，[illegible]也。[illegible]與毀義近是。[illegible]爲[illegible]之誤。張注曰「音鄙，肥，薄也」，疑本作

「肥音鄙，薄也。」蓋謂誀如鄙薄之鄙耳。肔字孫愐音符鄙切，與張讀正合。肔省作肥，故釋文曰字从其省也。秦氏恩復校劉盧重元本以肥爲肥字之誤。夫肥何得訓毀，於義難通。蓋誤讀張注作肥薄也，故爲此說。今正其字爲肔，其義爲毀，其音爲鄙，則皆得之矣。秦說非也。

游其庭者侔於朝。○釋文云：侔音謀，齊也。朝音潮。子華使其俠客以智鄙相攻，彊弱相凌。○釋文云：相淩一本作相陵。雖傷破於前，不用介意。○釋文云：介音界，副也，稱也。終日夜以此爲戲樂，國殆成俗。○〔解〕偏視者，顧眄之深也；偏肥者，毀謗之厚也。士因其說以爲榮辱，故遊其門者比於晉朝。而子華使令門客恣其言辯，無所遍避；人相毀辱，殆成風俗。

禾生、子伯，范氏之上客，出行，經坰外，〔注〕坰，郊野之外也。○釋文云：坰，古螢切。宿於田更商丘開之舍。〔注〕更當作叟。○釋文更作叟，云：叟，西口切。秦恩復曰：三老五更，老人之通稱，作更於義亦通。任大椿曰：考文王世子「三老五更」，注，「更當爲叟。」文王世子釋文「更，工衡反，注同。蔡作叟，音素口反。」田更之作田叟，與五更之作五叟同。王重民曰：蔡說見獨斷，且謂俗書瘦作㛐，證更與叟互通。蔡氏五更之說姑俱不論，而張湛所見已作叟，則釋文作叟者乃後人所改。御覽三百四十引亦作叟。中夜，禾生、子伯二人相與言子華之名勢，能使存者亡，亡者存；富者貧，貧者富。○〔解〕存者亡，毀之也；亡者存，譽之也。富者貧，奪之也；貧者富，施之也。而商丘開下里不達，將謂彊力所成之也。商丘開先窘於飢寒，○釋文云：先，悉薦切。窘，奇隕切，困也。潛於牖北聽之。○俞樾曰：牖北即室中央。禾生子伯宿於田更商丘開之舍，必當在其室中，商丘開安得更於牖北聽之？牖北疑當作北牖，所謂向也。詩七月篇毛傳曰：「向，北出牖也」，是也。二子在室中，商丘開於北牖外聽之，正合事理。古者士庶人之室皆有北牖，說詳羣經平議。因假糧荷畚之子華之門。○釋文云：荷，胡可切。畚音本，簣籠也。

子華之門徒皆世族也，縞衣乘軒，緩步闊視。○釋文云：闊，苦括切，遠也，廣也。顧見商丘開年老力弱，面目黎黑，衣冠不檢，莫不眲之。〔注〕眲音奴革。○釋文云：眲，奴革切。方言：揚越之間，凡人相輕侮以爲無知謂眲。眲，耳目不相信也。既而狎侮欺詒，○王重民曰：御覽四百三十引詒作紿。案說文「詒，相欺語也。」「紿，絲勞也。」詒本字，後人多以紿代之。仲尼篇：「吾笑龍之詒孔穿」，此並古字之僅存者。○釋文云：詒音待。方言：相欺。本作紿。攩抋挨扰，〔注〕攩音晃。抋音扶閉。挨音烏待。扰音都感切。○釋文云：攩，胡廣切。方言，今江東人亦名推爲攩。又音晃，搥打也。抋，蒲結切。方言，凡相推搏曰抋。又扶畢切，推擊也。挨，烏駭切，推也。扰，丁感切。方言，擊背也。一本作抌，違拒也。亡所不爲。○釋文云：亡音無。商丘開常無慍容，○釋文云：慍，於問切。而諸客之技單，○釋文云：技，渠奇切。單音丹，盡也。憊於戲笑。○〔解〕攩弄輕忽之極者也；狎侮者，輕近之也；欺詒者，狂妄之也。攩者，觸發之也；㧙者，拗捩之也；挨者，恥辱之也；扰者，違拒之也。○釋文云：攩，蒲界切，挨也。
遂與商丘開俱乘高臺，○釋文俱乘作俱升，云：俱升一本作俱乘。乘，登也。任大椿曰：漢書張湯傳：「迺遣山乘鄣」，師古曰：「乘，登也。」陳湯傳「乘城呼」，師古曰：「乘，登也。」賈誼傳「乘北邊亭鄣候望」，師古曰：「乘，登也。」與敬順乘訓登同。又案釋名，「乘，升也。」荀子大略篇「亟其乘屋」，楊倞注乘亦訓升。故「升高臺」，升又作乘。
於衆中漫言曰：○釋文云：漫，莫汗切，散也。有能自投下者賞百金。○釋文賞作償，云：償音賞。衆皆競應。○〔解〕以愚侮之，衆故僞爭應命耳。商丘開以爲信然，遂先投下，形若飛鳥，揚於地，○釋文云：飛鳥一本作飛兔。揚，餘亮切，猶颺物從風也。骪骨無碼。○釋文骪作骫，云：骫音肍。按骫是古委字。說文云：骨曲直也，於義頗迂。碼音毀。任大椿曰：骫卽委。廣雅「骫，委曲也。」史記司馬相如傳「崔錯發(音校)骫」，顏案，骫音委。漢書揚雄傳「從者仿佛骫屬而還」，師古曰：「骫古委字也。」文選舞賦「漫末一世之骫曲」，李善注，卽委曲。骫無肍音。玉篇，肍，渠留切，熟肉醬也。与骫音義不同，骫不得音肍也。玉篇又有髋字，胡玩切，引說文云，擾生創也。又有𩨨字，扶華切。皆與骫音義不同。未知釋文骫之音肍，肍字究爲何字之誤。至今本骫作骪，音肍之肍亦作肌，則又釋文骫肌二字傳寫之誤。范氏之黨以爲偶然，未詎怪也。○釋文詎作巨，云：偶，五口切。巨，大也。一本作詎。任大椿曰：漢書高帝紀「沛公不先破關中，公巨能入乎」，師古訓巨爲詎。莊子齊物論釋文：「庸詎，徐本詎作巨。」則詎巨通，與敬順釋文詎之作巨，可以互證。因復指河曲之淫隈曰：○釋文云：復，扶又切。淫音深。隈，烏恢切，水曲也，一本作隅。「彼中有寶珠，泳可得也。」○釋文云：泳音詠，潛行水中也。商丘開復從而泳之。〔注〕水底潛行曰泳。○釋文云：底，都禮切。既出，果得珠焉。衆昉同疑。○〔注〕昉，始也。○釋文云：昉，分兩切，或作放。俞樾曰：古字放與方通。尙書堯典篇「方命圮族」，漢書傅喜傳王商傳竝作「放命圮族」，是其證也。廣雅釋詁：方，始也。然則昉者俗字，放者叚字，實卽方始之方耳。子華昉令豫肉食衣帛之次。俄而范氏之藏大火。○王重民曰：御覽四百三十引大火作失火。子華曰：「若能入火取錦者，從所得多少賞若。」商丘開往無難色，○釋文云：難，乃汗切。入火往還，埃不漫，○釋文云：漫，爲句。埃一本作挨。身不焦。范氏之黨以爲有道，乃共謝之曰：「吾不知子之有道而誕子，〔注〕誕，欺也。吾不知子之神人而辱子。○御覽四三〇引作「吾不知子之有道而紿子，吾不知子之神而辱子」。子其愚我也，子其聾我也，子其盲我也。敢問其道。」○〔解〕從高而下若飛焉，入水取珠若陸焉，入火往來無所傷焉，子華門人咸以爲神而有道。此見欺怒而不愠者，必以我等聾盲之聾。敢問其道。商丘開曰：「吾亡道。○釋文云：亡音無。雖吾之心，亦不知所以。○御覽四三〇引「不知」下有其字。雖然，有一於此，試與子言之。曩子二客之宿吾舍也，聞譽范氏之勢，○釋文云：譽音餘。能使存者亡，亡者存；富者貧，貧者富。吾誠之無二心，○盧文弨曰：誠之，太平御覽四百三十作誠信。俞樾曰：爾雅釋詁，誠，信也。吾誠之即吾信之也。下文唯恐誠之之不至，即唯恐信之之不至也。故不遠而來。及來，以子黨之言皆實也，唯恐誠之之不至，○盧文弨曰：御覽引不重之字，下同。伯峻案：引見御覽四百三十卷。行之之不及，○釋文作唯恐誠之之不至，至之之不行，行之之不及，云：一本無至之之不行一句。不知形體之所措，利害之所存也。心一而已。物亡迕者，如斯而已。○王重民曰：吉府本無上已字。御覽四百三十引而已作已矣。今昉知子黨之誕我，我內藏猜慮，外矜觀聽，追幸昔日之不焦溺也，怛然內熱，惕然震悸矣。○釋文云：怛，丁達切，驚也。水火豈復可近哉？」○〔解〕老子曰「大智若愚」者，似之而非也。但一志無他慮，能頓忘其形骸者，則死生憂懼不能入，況泯然與道合，實神以會眞，智周於宇宙，功備羣有者，復何得一二論之耶？及是非生於心，則水火不可近之也。○釋文云：近去聲。自此之後，范氏門徒路遇乞兒馬醫，弗敢辱也，必下車而揖之。宰我聞之，以告仲尼。仲尼曰：「汝弗知乎？夫至信之人，可以感物也。動天地，感鬼神，橫六合而無逆者，豈但履危險，入水火而已哉？○釋文云：險音險。商丘開信僞物猶不逆，況彼我皆誠哉？小子識之！」○〔解〕乞兒馬醫皆下人也，遇之不敢辱。夫子嘗其至信之感理盡矣。○釋文云：識音志。

周宣王之牧正有役人梁鴦者，○釋文云：宣王名靖，厲王子也。牧正，養禽獸之長也。鴦音央。能養野禽獸，委食於園庭之內，○釋文云：委，於僞切。食音飼，下食虎同。雖虎狼鵰鶚之類，無不柔馴者。○藏本世德堂本柔下有馴字，今據補。御覽九百二十六引無馴字。○釋文云：鵰鶚音彫愕。馴，松倫切，順也。一本無馴字。雄雌在前，孳尾成羣，○釋文云：孳音茲，又音字。孳尾，牝牡相生也。乳化曰孳，交接曰尾。異類雜居，不相搏噬也。○釋文云：搏噬音博逝。王慮其術終於其身，令毛丘園傳之。

○釋文傳之作傳受之，云：毛丘園，姓毛，名丘園也。一本作闕，魚呂切。一本無受字。梁鴦曰：「鴦，賤役也，何術以告爾？懼王之謂隱於爾也，且一言我養虎之法。凡順之則喜，逆之則怒，此有血氣者之性也。然喜怒豈妄發哉？皆逆之所犯也。夫食虎者，不敢以生物與之，為其殺之之怒也；〔注〕恐因殺以致怒。○王叔岷曰：北山錄異學篇引「之怒」作「而怒」，下同。御覽八九一、記纂淵海九八引並作「怒怒」，下同。○釋文云：為，于偽切，下同。不敢以全物與之，為其碎之之怒也。〔注〕恐因其用力致怒。○釋文云：碎之一本作決之。王叔岷曰：事類賦二十獸部一、記纂淵海九八、天中記六十引並作「決之」。莊子人間世篇同。時其饑飽，達其怒心。〔注〕向秀曰：達其心之所以怒而順之也。○王叔岷曰：淮南主術篇「怒心」作「怒恚」。「怒恚」與「饑飽」對言，當从之。「心」蓋「恚」之壞字。虎之與人異類，而媚養己者，順也；〔注〕殊性而愛媚我，順之故也。故其殺之，逆也。〔注〕所以害物，逆其心故。○盧文弨曰：藏本注害物下有而字，疑當作由。注末有也字。王重民曰：莊子人間世殺之作殺者，當从之。故猶則也，說見經傳釋詞。此謂虎雖與人異類，其媚養己者，由於能順其性；則其所以噬殺者，由於逆其性也。王叔岷曰：疑此文本作「故其殺之者逆也」。今本此文挩者字，莊子挩之字，文意並不完。伯峻案：王說是也，張注即是此意，則張所見本尚未誤。然則吾豈敢逆之使怒哉？亦不順之使喜也。夫喜之復也必怒，怒之復也常喜，皆不中也。〔注〕不處中和，勢極則反，必然之數。○王叔岷曰：埤雅三引「夫」作「何則」。疑「夫」上原有「何則」二字。埤雅或略引夫字也。今吾心無逆順者也，則鳥獸之視吾，猶其儕也。○釋文云：儕，助皆切。故游吾園者，不思高林曠澤；○釋文曠澤作廣澤，云：廣本又作曠。任大椿曰：左傳莊二十八年傳，廣莫，注云：曠莫之地。荀子解蔽篇，「則廣焉能克之」，楊倞注：「廣讀為曠。」王霸篇，「胡不廣焉」，楊倞注云：「或曰讀為曠。」漢書武五子傳「横術何廣廣兮」，蘇林曰：「廣音曠。」則廣曠通。寢吾庭者，不願深山幽谷，理使然也。〔注〕聖人所以陶運群生，使各得其性，亦猶役人之能將養禽獸，使不相殘害也。○〔解〕夫形質各有殊，神氣則不異也。故莊子云，觀其異也，則肝膽楚越；觀其同也，則萬物一體矣。至人以神會之也，入鳥不亂行，入獸不亂群者，逆順同志而不迕；故猛獸可養，海鷗可狎也。夫禽獸之入深山幽谷者，欲全其身，遠人害也。苟無其虞，則園庭之與山林，夫何異哉？

顏回問乎仲尼曰：「吾嘗濟乎觴深之淵矣，津人操舟若神。○孫詒讓曰：說文水部云：「津，水渡也。」津人蓋掌渡之吏士。左傳昭二十四年：「王子朝用成周之寶珪于河，甲戌，津人得諸河上。」劉向列女傳辯通篇「趙津女娟者，趙河津吏之女。」○釋文云：操，七刀切，下同。吾問焉，曰：『操舟可學邪？』曰：『可；能游者可教也，○釋文云：浮水曰游。善游者數能。〔注〕向秀曰：其數自能也，言其道數必能不懼舟也。○釋文不懼舟作擢舟，云：數色據切，術也，注同。擢，直孝切，一本作懼，恐字誤。伯峻按：本作擢舟，擢誤成懼，妄人又增不字也。敬順所見已有誤為懼者，但尚未增不字耳。乃若夫沒人，則未嘗見舟而謖操之者也。』〔注〕謖，起也。向秀曰：能鶩沒之人也。○注鶩北宋本作矜，汪本从之，今依藏本正。又四解本注末有鶩音木三字。曾廣源曰：楚語通謂愚嬾曰僫頭僫腦，猶北人謂傻頭傻腦也。楚亦謂傻曰謖，列子未見舟而謖操之，謖即傻也。○釋文云：謖，所六切，莊子作便。鶩音木，鴨也。一本作矜，字誤。吾問焉，而不告。敢問何謂也？」○〔解〕善操舟者，能學之也；善游浮者，串習之也；至乎沒人未嘗見舟而得者，斯乃神會，彼不能遠。仲尼曰：「譆！○釋文云：譆音衣，與譩同，歎聲也。胡懷琛曰：譩即噫字。吾與若玩其文也久矣，○釋文云：玩，五貫切，習也。而未達其實，而固且道與。〔注〕見操舟之可學，則是玩其文；未悟沒者之自能，則是未至其實；今且為汝說之也。○陶鴻慶曰：據注操舟之可學云云，殊謬。仲尼之意，言吾與汝但玩習道理之文，而未嘗取驗於事實，固不足以知道也。下文「壺子曰，吾與汝無（俞氏以無為毋字之誤毋即貫習字）其文未既其實而固得道與」注引向秀曰，「夫實由文顯，道以事彰」云云，正得其旨。疑此文且亦當作得，古文尋字壞其下半，遂誤為且矣。○釋文云：與音余。為，于僞切。能游者可教也，輕水也；善游者之數能也，忘水也。〔注〕忘水則無矜畏之心。○盧文弨曰：注藏本作忘水者則無矜畏之心也。陶鴻慶曰：能游者下亦當有之字。乃若夫沒人之未嘗見舟也而謖操之也，彼視淵若陵，視舟之覆猶其車卻也。覆卻萬物方陳乎前而不得入其舍。〔注〕神明所居故謂之舍。○盧文弨曰：注藏本作神明所居者故謂之舍也。俞樾曰：方，並也。方之本義為兩舟相並，故方有並義。荀子致仕篇：「其不問遠方起以尙盡矣」，楊注曰：「方起，並起。」漢書楊雄傳「雖方征僑與偓佺兮」，師古注曰：「方謂並行也。」皆其證也。方陳乎前謂萬物並陳乎前也。奚侗曰：俞說非是。易恆卦「君子以立不易方。」王注：「方猶道也。」覆卻承上舟車言，覆卻萬方謂舟車覆卻之道甚多也。列子黃帝篇衍物字，莊子不衍。惡往而不暇？〔注〕所遇皆閒暇也。○釋文云：惡音烏。閒音閑。以瓦摳者巧，○釋文云：摳，探也，以手藏物探而取之曰摳，亦曰藏彄。風土記云：臘日飲祭之後，叟嫗兒童為藏彄之戲。辛氏三秦記：漢鉤弋夫人手拳，時人傚之，因名為藏鉤也。彄，口侯切，莊子作注。秦恩復曰：今本莊子摳作注。以鉤摳者憚，○釋文云：鉤，銀鉤為之。憚，徒汗切。以黃金摳者惛。〔注〕互有所投曰摳。郭象曰：所要愈重，則其心愈矜也。○注曰世德堂本作曰，非，今从藏本。沈赤然曰：莊子達生篇誤用此語，而改摳為注。按投曰摳，射而斷物曰注。伯峻案：吾師吳檢齋先生云：莊子作注，呂氏作投，淮南作鉒，殊大罔，蓋博戲勝算之名。淮南注云：鈓者提馬，即投壺爲勝者立馬之馬。今方俗謂博進之算爲注馬，其遺語也。作摳，則以爲蔽彊字，別有意義。○釋文惛作殙，云：殙音昏。方言曰：迷殙也。要，於遙切。愈音庾，益也。列子巧一也，○許維遹曰：巧上疑捝其字。莊子達生篇作其巧一也，呂氏春秋去尤篇作其詳一也，並有其字可證。而有所矜，則重外也。凡重外者拙內。」〔注〕唯忘內外，遺輕重，則無巧拙矣。○〔解〕見操舟者可學者，玩其文也。若會其眞者，彼則視水如陵，覆溺不入其靈府矣，何往而不閑暇哉？以瓦投物者，但見其巧中而不憚於失瓦也；若以鉤投物，則不專於巧中，更恐失鉤之損也；若以黃金爲投者，不敢新中，惟懼失金之損矣。是知向時之妙忘於外物，今時之懼惜於外物也。代人知矜外之兩失，而貪物以喪其生。○拙北宋本作撰，汪本从之；他本作拱。盧文弨曰：拱藏本作拙，是也。今从之。莊子亦作拙。拱拙形近，故致誤。○釋文拙作拱，云：拱本作拙。

孔子觀於呂梁，○莊逵吉曰：呂梁有兩說，一說在西河。司馬彪曰：呂梁在離石縣西是也。水經注云：河水左合一水，出善無縣故城西南八十里，其水西流，歷于呂梁之山，而爲呂梁洪。昔呂梁未闢，河出孟門之上。蓋大禹所闢以通河也。今離石縣西歷山尋河，並無過阻，至是乃爲巨險，即呂梁矣。在離石北以東百有餘里。（伯峻註：水經注原文止此，因係節引，故不加引號。以東百有餘里，原文作以東可二百有餘里，當係偶誤。）道元雖駁正郡國志，然亦主西河之說矣。一說在彭城。俞正燮曰：說符篇云：「孔子自衛反魯，息駕河梁而觀焉」，實是一事。莊子達生篇河梁即孔子所觀。釋文引司馬彪云：「河水有石絕處也，今西河離石西有此縣絕，世謂之黃梁。」呂氏春秋愛類篇：「呂梁未發」，高誘云：「在彭城呂縣，大石在水中，禹發而通之。」淮南本經篇「呂梁未發」，注亦云：「在彭城」，按四書所說是兩呂梁，莊列之文合在彭城，呂氏淮南呂梁確在離石，古注乃互錯。水經注於泗水引孔子事，河水引呂文及司馬說，眞爲通矣。莊子釋文云，「北人名水皆曰河」，則泗得有河名。漢書溝洫志云：禹釃二渠，後三代時自滎陽下引河東南爲鴻溝，以通宋、衛、陳、蔡、曹、鄭，與濟汝淮泗會於楚。泗梁正得名河梁。宋劉奉世校漢書以爲誤，妄矣。或謂泗梁始於唐，讀史方輿紀要言晉宋已有之，語俱不審。○釋文云：呂梁在今彭城郡。爾雅曰：石絕水曰梁。懸水三十仞，○文選謝靈運還舊園作見顏范二中書詩注引「三十」作「四十」。說苑雜言篇同。流沫三十里，黿鼉魚鼈之所不能游也，見一丈夫游之。以爲有苦而欲死者也，使弟子並流而承之。○釋文云：並音傍。史記漢書傍海傍河皆作並。承音拯，方言：出溺爲承。諸家直作拯，又作撜。數百步而出，被髮行歌，而游於棠行。〔注〕棠當作塘，行當作下。○四解本「棠行」作「塘下」，當是依注意改。○釋文云：棠音塘，下同。孔子從而問之，曰：「呂梁懸水三十仞，流沫三十里，黿鼉魚鼈所不能游，向吾見子道之。〔注〕道當爲蹈。○四解本作「蹈」，亦是依張注之意而改。○釋文云：道音導，下道之同。郭璞注穆天子傳云，道，從也。伯峻案：道當从注改爲蹈，下文請問蹈水有道乎作蹈，可證。釋文讀爲導，雖可通，終不逮張注爲近之。以爲有苦而欲死者，使弟子並流將承子。〇釋文云：承音拯。子出而被髮行歌，吾以子為鬼也。察子，則人也。請問蹈水有道乎？」曰：「亡，〇釋文云：亡音无，本無此亡字。吾無道。吾始乎故，長乎性，成乎命，與齎俱入，與汩偕出。〔注〕齎汩者，水迴入涌出之貌。〇釋文齎作齊，云：司馬云，齊，洄水如磨齊也。汩，古忽切，涌波也。郭象云：洄伏而涌出者汩也。任大椿曰：注曰，齎汩，洄入涌出之貌，即司馬所云齊洄水如磨齊者也。說文齎，肶齎。玉篇，臍又作齎。今本齎字當為齎字之誤。又洄水洄伏莊子達生篇釋文作回水回伏。齎回，轉也，洄，逆流也。說文、玉篇、廣韻、類篇訓此二字皆分二義，故荀子致士篇「水深則回」，楊倞注，「回，流旋。水，深不湍峻，則多旋流也」。淮南子本經訓「旋流回波」，又云，「曲拂邅回以象湡浯。」凡水之回旋皆作回，若溯洄之洄則作洄。文選吳都賦「泝洄順流」，江賦「泝洄沿流」，李善注引毛傳「逆流而上謂之洄」。水經注「楊桃居上洄，楊顯居下洄」，水以洄名而分上下，則亦有逆流而上之意。後漢書任延傳「十里立一水門，令更相洄。」注李賢引爾雅逆流而上為洄。故洄與回義各異也。但考爾雅釋水釋文「回，戶恢反，又作洄。」文選七發「直使人洄闇悽愴焉」，李善注，「洄與回同」。則回洄又為通借之字。故莊子釋文作回，列子釋文又作洄也。從水之道而不為私焉，此吾所以道之也。」孔子曰：「何謂始乎故，長乎性，成乎命也？」曰：「吾生於陵而安於陵，故也；〔注〕故猶素也。任其真素，則所遇而安也。長於水而安於水，性也；〔注〕順性之理，則物莫之逆也。不知吾所以然而然，命也。」〔注〕自然之理不可以智知；知其不可知，謂之命也。〇〔解〕夫生於陵而安於陵，生於水而安於水，習以為常，故曰始乎故也，長乎性也。習其故，安其性，忽然神會，以成其命，得之不自知也。故易曰，窮理盡性以至於命。命者，契乎神道也。

仲尼適楚，出於林中，見痀僂者承蜩，〇僂世德堂本作慺，或作瘻。任大椿曰：說文僂或言背僂。通俗文，曲脊謂之傴僂。淮南子精神訓「子求行年五十有四而病傴僂」。楊倞注，「僂脊也」。地形訓，「其人面末僂」。楊倞注：「末猶脊也」。凡訓曲脊者皆作僂。玉篇：慺，謹敬也，不輕也，下情也。無曲脊之義。今本僂作慺，誤。伯峻案：任誤高誘注為楊倞注。〇釋文承蜩作承鼂，云：痀，於禹切。僂音縷。痀僂，背曲疾也。鼂音條，一本作蜩，蟬也。任大椿曰：廣韻，鼂，直遙切；又涉遙切。條，徒聊切。鼂無條音。楚詞天問「胡惟嗜不周而快鼂飽」，注：鼂一作晁，一作朝。補曰：鼂晁並音朝暮之朝。天問又曰：「會鼂爭盟。」一作會晁，詩云，會朝清明。史記秦紀「庶長鼂」，正義曰：鼂，竹遙反。劉伯莊音潮。鼂錯傳，鼂音朝，顏子鼂之後。漢書「鼂采琬琰」，師古曰：「鼂，古朝光也」。據此諸證，則鼂惟得與晁朝潮通讀。敬順釋文謂鼂音條，未詳所出。莊子作承蜩，此作承鼂，則鼂亦蜩也，但不必改讀耳。考說文云：「鼂，匽鼂也，讀若朝。楊雄說，匽鼂，蟲名。」又考夏小正「五月唐蜩鳴」，盧辯注：

「唐蜩者，𧌒也。」陸璣草木蟲魚疏「蟧，蟬之大而黑者，一名蝭。」埤雅云：「蟧一名蝒，夏小正曰唐蜩者，蝒是也。」然則說文之𧌒蝒，即夏小正一名匽者也。匽即蝘也。蓋黽之屬，銳頭大腹。蟬亦銳頭大腹，故匽蟲之蟲从黽也，與蝘蜓蝘從黽同意。是承蟲即承蜩，不必改讀也。

猶掇之也。○釋文云：掇，都括切，拾取也。

仲尼曰：「子巧乎！有道邪？」曰：「我有道也。五六月，纍垸二而不墜，則失者錙銖；〔注〕向秀曰：累二丸而不墜，是用手之停審也，故承蜩所失者不過錙銖之間耳。○釋文纍作絫，云：絫古累字。垸音丸。司馬云，謂累丸於竿頭也。錙銖音淄殊。蜩音調。纍三而不墜，則失者十一；纍五而不墜，猶掇之也。〔注〕用手轉審，則無所失者也。吾處也，○許維遹曰：處下挩身字。吾處身與下文吾執臂對言。釋文有身字，莊子達生篇亦有身字，可據補。○釋文吾處也作吾處身也，云：一本無身字。伯峻案：釋文「一本無身字」有作「一本無身也」者，今據正。若橜株駒；〔注〕崔譔曰：橜株駒，斷樹也。○釋文橜株駒作厥株拘，云：厥本或作橛，同其月切。說文作橜，木本也。李頤云：厥，豎也。株拘亦枯樹本也。駒音俱。崔譔，譔音詮，清河人也，晉議郎，注淮南萬畢經內外二十七篇。任大椿曰：今本作橜，厥橜通。荀子大略篇「和之璧，井里之厥也」，新校本讀厥爲橜，言璧璞如橜也。與敬順釋文橜之作厥可以互證。又考呂覽本生篇「佁蹷之機」，注，「蹷，門內之位也。」詩云，「不遠伊邇，薄送我畿」，此不過蹷之謂」。是佁蹷之蹷即門闑之橜。橜與厥通，又與蹷通也，又株駒，莊子達生篇作株拘。釋文引李云，「厥，豎也。豎若株拘」。考易林「蒙生株䕠，棘掛我襦。」云蒙生，云棘，則亦林木之類。株駒、株拘、株䕠，皆一音相轉也。又考山海經「下有九拘」，注，「根盤錯也」。淮南子曰，大本則根擢。音劬。」則駒、拘、䕠、枸、擢，皆有木本盤錯之義。吾執臂若槁木之枝。○王叔岷曰：「執臂」下當有也字，乃與上文句法一律。莊子達生篇正有也字。○釋文云：槁空好切。雖天地之大、○北宋本無雖字。萬物之多，而唯蜩翼之知。吾不反不側，不以萬物易蜩之翼，何爲而不得？」〔注〕郭象曰：遺彼故得此也。○〔解〕言初學累丸也，未嘗得之。習經半載而能累二不墜矣，習之不已，乃至累五而不墜者何耶？我身如橜株，臂如枯木，心一志定，都無異思。雖萬物之多，而知在蜩翼，何爲而有不得耶？○伯峻按：側翼得爲韻，古音同在職德部。

孔子顧謂弟子曰：「用志不分，乃疑於神。〔注〕分猶散。意專則與神相似者也。○盧文弨曰：疑藏本作凝，莊子同。焦循曰：管子內業篇云，「思之思之，又重思之。思之而不通，鬼神將通之。非鬼神之力也，其精氣之極也。」思之又思，用志不分也。鬼神將通之，疑於神也。俞樾曰：「疑道藏本作凝，盧重元本亦作凝，莊子同。然此字實當作疑，即所謂驚猶鬼神也」。上文孔子曰「吾以子爲鬼也，察子則人也」，亦可爲乃疑於神之證。管子形勢篇「無廣者疑。」神解篇曰：「以規矩爲方圜，則成；以尺寸量長短，則得；以法數治民，則安。故事不廣於理者，其成若神。」此正用志不分乃疑於神之謂也。說互詳莊子平議。陶鴻慶曰：「俞說是也，張注云：『意專則與神相似』，是其所見本正作疑，不作凝也。」王叔岷曰：雲谷雜記三、天中記五七引亦並作疑。疑猶擬也。莊子天地篇：「子非夫博學以擬聖」。淮南俶眞篇作疑，即其比。伯峻案：

陶以張注爲證，補俞未足，實則俞於其莊子平議亦嘗舉此相證也。又孔子所云疑爲成語，故諸子皆有此言。古成語多有韻，此分神乃眞文合韻也。（如老子十五章以川鄰爲韻，禮記孔子閒居以神先雲爲韻，詩正月鄰云慇爲韻，易訟卦辭人川爲韻，楚辭天問分神爲韻，遠遊天聞鄰爲韻，荀子雲賦損文神門存譔爲韻，例證極多，不煩枚舉。）眞段氏列入爲其十二部，文爲十三部，謂爲合韻最近，即是理也。其痀僂丈人之謂乎！」○〔解〕專心不雜，乃凝於神會也。夫子以其未忘於蜩翼，故凝於神，非謂神會者也。

丈人曰：「汝逢衣徒也，○孫詒讓曰：逢衣即禮經侈袂之衣。周禮司服鄭注云：士之衣袂皆二尺二寸而屬幅，其袪尺二寸，大夫以上侈之。侈之者，蓋半而益一焉。半而益一，則其袂三尺三寸，袪尺八寸。○釋文汝作女，云：女音汝。禮記儒行篇曰：丘少居魯，衣逢掖之衣。長居宋，冠章甫之冠。鄭玄注云：逢猶大也，謂大掖之衣。向秀曰：儒服寬而長大者。亦何知問是乎？脩汝所以，而後載言其上。」〔注〕脩，治也。言治汝所用仁義之術，反於自然之道，然後可載此言於身上也。○〔解〕言夫子之徒皆縫掖之士，用仁義以敎化於天下，使天下紛然尙名利，役智慮，而喪失其眞，勞其神明者，何知問此道耶？汝垂文字於後代者，復欲以言智之辯，將吾此道載之於文字然。○秦恩復曰：解末然字疑作焉。俞樾曰：張注於義未得。味丈人之言，其輕儒術甚矣，豈復使治其術乎？脩者，脩除也。周官典祀職「帥其屬而脩除」，鄭注曰：「脩除芟埽之」，是其義也。又司尊彝職「脩酌」，司農注曰：「以水洗勺而酌也。」以水洗勺謂之脩，亦脩除之義。此文脩汝所以，言汝所以者宜脩除之，然後可載吾言於其上也。王叔岷曰：俞氏以脩爲脩除字，是也。惟亦未得載字之義。載猶再也，言脩除汝故所以者，然後可以再言其上也。林希逸口義云：「載言，更言也」，最得其解。莊子讓王篇：「夫子再逐於魯」，御覽四八六引作載，即載再通用之證。

海上之人有好漚鳥者，○伯峻案：呂覽精諭篇作好蜻者，下同。○釋文云：好，呼報切。漚音鷗。漚鳥，水鴞也，今江湖畔形色似白鴿而羣飛者是也。每旦之海上，從漚鳥游，漚鳥之至者百住而不止。〔注〕心和而形順者，物所不惡。住當作數。○王叔岷曰：藝文類聚九二、御覽九二五、爾雅翼十七、容齋四筆十四、記纂淵海五六、事文類聚後集四六、合璧事類別集六九、韻府羣玉八、天中記五九引皆作數。○釋文云：住音數。其父曰，「吾聞漚鳥皆從汝游，汝取來，吾玩之。」○釋文云：汝取來一本作可取來。明日之海上，漚鳥舞而不下也。〔注〕心動於內，形變於外；禽鳥猶覺，人理豈可詐哉？故曰，至言去言，○釋文云：去，丘呂切。至爲無爲。齊智之所知，則淺矣。〔注〕言爲都忘，然後物無疑心。限於智之所知，則失之遠矣。或有疑丈人假爲形以獲蜩，海童任和心而鷗游，二情相背，而同不忤物。夫立言之本，各有攸趣。似若乖互會歸不異者，蓋丈人明夫心慮專一，猶能外不駭物，況自然冥至，形同於木石者乎？至於海童，誠心充於內，坦蕩形於外；雖非能利害兩忘，猜忌兼消，然輕羣異類，亦無所多怪。此二喻者，蓋假近以徵遠，借末以明本耳。○〔解〕夫神會可以理通，非以情知。知生則骨肉所猜，理生則萬類無間，然後知審精微也。同萬物者，在於神會；同羣有者，在於情滅。欲濁矜其心智，則去道遠矣。○注丈人假爲形之爲，北宋本藏本作僞，作爲者義長。○釋文云：齊，在詣切。忤音悟。賤，譖楷切，下同。

趙襄子率徒十萬狩於中山，〔注〕火畋曰狩。○王重民曰：御覽五十一、類聚八十並引中山作山中。○釋文云：趙襄子名无恤，簡子之子也。率，所律切。畋音田。藉芿燔林，○釋文云：藉，在夜切。芿，而證切。在下曰藉，草不翦曰芿。燔音煩，燒也。扇赫百里。有一人從石壁中出，隨煙燼上下。○釋文云：燼，疾刃切。上，時掌切。衆謂鬼物。○類聚八十引作「衆謂之鬼物」。火過，徐行而出，若無所經涉者。襄子怪而留之。○釋文云：留，力救切，謂宿留而視之也。徐而察之：形色七竅，人也；○釋文云：竅，口弔切。氣息音聲，人也。問奚道而處石？奚道而入火？其人曰：「奚物而謂石？奚物而謂火？」〔注〕此則都不覺有石火，何物而能閡之？襄子曰：「而嚮之所出者，石也；而嚮之所涉者，火也。」○釋文云：嚮音向。其人曰：「不知也。」〔注〕不知之極，故得如此。魏文侯聞之，問子夏曰：「彼何人哉？」子夏曰：「以商所聞夫子之言，和者大同於物，物無得傷閡者，游金石，蹈水火，皆可也。」文侯曰：「吾子奚不爲之？」子夏曰：「刳心去智，○釋文云：刳音枯。去，丘呂切。商未之能。雖然，試語之有暇矣。」〔注〕夫因心以刳心，借智以去智；心智之累誠盡，然所遣心智之跡猶存。明夫至理非用心之所體忘，言之則有餘暇矣。○〔解〕前章言游水之不礙，此章明火石之不傷；言人之習水者多，蹈火者少，恐物情之偏執也，故復言火以辯之。其內忘己形，外忘於物，不知石之所以礙，火之所以傷。文侯不曉而興問，子夏素知而善答。故文侯重質，子既能知者，何不爲之耶？子夏曰，我但知而說之，則有餘也；若行而證之者，商則未知之能。○秦恩復曰：解未知之能，知字疑衍。○釋文云：暇本又作假，亦音暇字。文侯曰：「夫子奚不爲之？」子夏曰：「夫子能之而能不爲者也。」文侯大說。〔注〕天下有能之而能不爲者，有能之而不能不爲者，有不能而彊欲爲之者，有不爲而自能者。至於聖人，亦何所爲？亦何所不爲？亦何所能？亦何所不能？俛仰同俗，升降隨物；奇功異迹，未嘗暫顯；體中之絕妙處，萬不視一焉。此卷自始篇至此章明順性命之道，而不係著五情，專氣致柔，誠心無二者，則處水火而不焦溺，涉木石而不挂礙，觸鋒刃而無傷殘，履危險而無顚墜；萬物靡逆其心，入獸不亂羣；神能獨游，身能輕舉；耳可洞聽，目可徹照。斯言不經，實駭常心。故試論之：夫陰陽遞化，五才偶育。金土以母子相生，水火以燥濕相乘，人性以靜躁殊途，升降以所能異情。故有雲飛之翰，淵潛之鱗，火遊之鼠，木藏之蟲。何者？剛柔炎涼，各有攸宜；安於一域，則困於餘方。至於至人，心與元氣玄合，體與陰陽冥諧；方員不當於一象，溫涼不值於一器；神定氣和，所乘皆順，則五物不能逆，寒暑不能傷。謂含德之厚，和之至也；故常無死地，豈用心去就而復全哉？蹈水火，乘雲霧，履高危，入甲兵，未足怪也。○〔解〕言夫子能而不爲者，方以仁義禮節君臣之道以救衰俗耳，不獨善其身以羣鳥獸焉。○注至人世德堂本作聖人。○釋文礙作硋，云：説音悅。強，其兩切。著，直略切。挂音卦。硋本作礙。顚，都年切，墜也。儻音黨。

有神巫自齊來處於鄭，○釋文云：男曰覡，女曰巫。顏師古曰：巫覡亦通稱。命曰季咸，○伯峻案：荀子正名篇「然後隨而命之」，又「實不喻然後命，命不喻然後期」，楊注皆以名釋命。莊子大宗師篇「无以命之」，釋文引崔云：「命，名也。」左傳桓二年云：「君命太子曰仇，弟曰成師。」又六年云：「是其生也，與吾同物，命之曰同。」命皆訓名。命曰季咸，名曰季咸也。又案淮南地形訓云：「巫咸在其北方。」高注：「巫咸，知天道，明吉凶。」○釋文云：季咸，姓季名咸，鄭人也。伯峻案：莊子應帝王篇作「鄭有神巫曰季咸」，淮南精神訓作「鄭之神巫相壺丘子林見其徵」，故釋文以季咸爲鄭人也。知人死生、存亡、禍福、壽夭，期以歲、月、旬、日，如神。○天中記四十、荊川稗編六五引「知人」下並有之字。○王先謙曰：或歲或月或旬日，無不神驗。伯峻案：王以旬日連讀非也。歲月旬日皆一字一逗，謂或歲或月或旬或日也。鄭人見之，皆避而走。〔注〕向秀曰：不喜自聞死日也。○釋文云：避一本作棄。列子見之而心醉，〔注〕向秀曰：迷惑或道也。而歸以告壺丘子，○釋文云：壺子，列子師也。曰：「始吾以夫子之道爲至矣，則又有至焉者矣。」〔注〕郭象曰：謂季咸之至又過於夫子也。○釋文云：過音戈。壺子曰：「吾與汝無其文，未既其實，而固得道與？○盧文弨曰：無藏本作既，案注似無字是，然莊子亦作旣。俞樾曰：無當作毋。毋讀爲貫，蓋貫毋本一字也。爾雅釋詁：貫，習也。毋其文，言習其文也。黃帝篇：「吾與若玩其文也久矣，而未達其實。」釋文曰：「玩，五貫反，習也。」然則此作毋，彼作玩，聲近而義同。因毋字誤作毋，後人遂以無字易之，而義不可通矣。盧重元本作既其文未既其實，則據莊子改之，非列子之舊。王叔岷曰：「吾與汝既其文，未既其實」，作「既」作「无」，義皆不明。上文顏回問津人操舟章作「吾與若玩其文也久矣，而未達其實」，玩字義長。疑既卽玩之誤，下既字亦當作玩。其作无者，玩壞爲元，傳寫因易爲无耳。○釋文無作无，云：无諸家本作既，於義不長。與音余。衆雌而無雄，而又奚卵焉？〔注〕向秀曰：夫實由文顯，道以事彰。有道而無事，猶有雌無雄耳。今吾與汝雖深淺不同，然俱在實位，則無文相發矣；故未盡我道之實也。此言至人之唱，必有感而後和者也。○伯峻案：淮南覽冥訓云：「故至陰飂飂，至陽赫赫，兩者交接成和而萬物生焉。衆雄而無雌，又何化之所能造乎？」○釋文云：卵，來短切。司馬云：汝受訓未孰，故未成；若衆雌無雄者則無卵也。和，胡臥切。而以道與世抗，必信矣。○釋文云：抗，口浪切；或作亢，音同。夫故使人得而相汝。〔注〕向秀曰：亢其一方以必信於世，故可得而相也。○〔解〕列子見鄭巫而心醉，以其能知生死禍福，將以道盡於此。壺丘子曰：吾與汝且亡其文跡，都未盡其實理也。汝豈得吾道歟？夫至神寂慮，如衆雌也；動用成功，若雄也。汝方息事以靜心，安得無雄而求卵耶？乃欲以至道與俗巫相敵，則汝之深信，故鬼物知汝也。○釋文云：相，悉亮切。嘗試與來，以予示之。」○釋文云示作眎，云：眎音視。明日，列子與之見壺子。出而謂列子曰：「譆！○釋文云：譆音熙。子之先生死矣，○光聰諧曰：古書傳事以先生稱師者，殆始見於此。弗活矣，不可以旬數矣。吾見怪焉，見濕灰焉。」○釋文云：司馬云，氣如濕灰。列子入，涕泣沾衿，以告壺子。○衿本作衾。俞樾曰：衾當作衿，即襟字也。莊子應帝王篇正作泣涕沾襟。王重民曰：吉府本正作衿。伯峻案：今从吉府本正。壺子曰：「向吾示之以地文，〔注〕向秀曰：塊然若土也。○釋文云：向吾一本作嚮吾，下同。罪乎不誫不止，〔注〕罪或作萌。向秀曰：萌然不動，亦不自止，與枯木同其不華，死灰均其寂魄，此至人無感之時也。夫至人其動也天，其靜也地，其行也水流，其湛也淵嘿。淵嘿之與水流，天行之與地止，其於不爲而自然一也。今季咸見其尸居而坐忘，即謂之將死；見其神動而天隨，便爲之有生。苟無心而應感，則與變升降，以世爲量，然後足爲物主而順時無極耳，豈相者之所覺哉？○注其靜也地北宋本地作土，汪本从之，今从藏本訂正。○盧文弨曰：注便爲之有生爲藏本作謂。俞樾曰：罪當讀爲嶵。說文山部作嶵，云：山貌，是也。釋文云：罪本作萌，盧重元本亦作萌，乃後人據莊子改之。萌乃罪之誤字，說詳莊子平議。王叔岷曰：罪讀爲嶵，說殊牽強。此當以作萌爲是。萌有生義（淮南俶眞篇：「孰知其所萌」。注：「萌，生也」）「萌乎不誫不止」猶云「生於不動不止」，正對上文「子之先生死矣」而言。誫訓明白。作罪者誤。○釋文云：罪本作萌。誫音振。崔譔曰：不誫不止，如動不動也。誫音震。是殆見吾杜德幾也。〔注〕向秀曰：德機不發，故曰杜也。○〔解〕夫鬼神之靈，能知人之動用之心耳。有所繫，鬼便知也。壺子色存乎濕灰，心著乎土壤，萌然無慮，故曰天文。振動則爲生，止靜則爲寂，故曰不動不止也。○秦恩復曰：解中之天文當作地文。嘗又與來！」明日，又與之見壺子。出而謂列子曰：「幸矣，子之先生遇我也，有瘳矣。灰然〔注〕灰或作全。○釋文云：灰本作全。有生矣，吾見杜權矣。」〔注〕有用而無利，故謂之杜權。列子入告壺子。壺子曰：「向吾示之以天壤，〔注〕向秀曰：天壤之中，覆載之功見矣。比地之文，不猶外乎？○陶鴻慶曰：說文：「壤，柔土也。」書禹貢：「厥土惟白壤。」馬注云：「天性和美也。」周禮大司徒：「辨十有二壤。」鄭注云：「壤，和緩之貌。」然則天壤取和柔之義。質言之，則爲天和。此與地文皆形況之辭，張注以天壤爲天地，義殊難通。王叔岷曰：注「比地之文」，莊子應帝王篇注作「比之地文」，當从之。此文「之地」二字誤倒。○釋文云：見，賢遍切。名實不入，〔注〕向秀曰：任自然而覆載，則名利之飾皆爲棄物。○注名利之飾北宋本作名利之作。而機發於踵，〔注〕郭象曰：常在極上起。○釋文云：許慎注淮南子云：機發不旋踵。此爲杜權。是殆見吾善者幾也。〔注〕向秀曰：有諸於彼，彼乃見之；明季咸之所見者淺也。○〔解〕有權而不用爲杜也。若天之覆而未見其功自下而升，爲名實未入，故云有生矣。嘗又與來！」明日，又與之見壺子。出而謂列子曰：

「子之先生坐不齋，〔注〕或無坐字。向秀曰：無往不平，混然一之。以管窺天者，莫見其崖；故以不齋也。○盧文弨曰：注管藏本作鮀。又「故以」下當有爲字。○釋文齋作齊，云：齊，側皆切，下同。吾無得而相焉。○盧重元本無得作不得。試齋，將且復相之。」列子入告壺子。壺子曰：「向吾示之以太沖莫眹，〔注〕向秀曰：居太沖之極，皓然泊心，玄同萬方，莫見其迹。○釋文太作大，云：大音泰。眹，直引切，兆也。是殆見吾衡氣幾也。〔注〕衡，平也。鯢旋之潘〔注〕音藩。爲淵，○奚侗曰：潘當爲瀋，沈之叚字。沈正作湛。說文：湛，沒也。引伸之則有深意。沈湛古今字，今多用沈爲湛。淵，說文：回水也。从水，象形，左右岸也。中象水皃。管子度地篇水出地而不流者命曰淵。是淵爲水所渟滀之處。渟滀則深，故淵亦訓深。（見詩衞風注。）沈爲淵者，尤言深爲淵耳。禮記檀弓爲榆沈故設撥，是叚沈爲瀋也。而此則叚潘爲沈。莊子作審。蓋瀋缺氵則爲審，缺水則爲審，易滋譌誤，蹤迹固可尋也。○釋文旋作桓，云：鯢音倪。桓，胡官切，盤桓也。一本作旋，謂盤旋也。潘音盤，本作蟠，水之瀊洄之瀊；今作蟠，恐寫之誤。鯢，大魚也。桓，盤桓也。蟠，洄流也。此言大魚盤桓，其水蟠洄，而成深泉。南華眞經作審。梁簡文云：蟠，聚也。任大椿曰：凡山水以桓名，皆有盤桓之義。水經注云：「桓是隴阪名，其道盤桓旋曲而上，故曰桓」。阪以桓名，與水以桓名，皆以盤桓爲義，與釋文旋之作桓可以互證。而盤桓二字古多訓爲旋。易屯釋文馬融云「盤桓，旋也。」故列子盤桓之桓又作旋。又考莊子應帝王釋文「鯢桓，司馬云，二魚名也。簡文云，鯢，鯨魚也。桓，盤桓也。崔本作鯢拒，云，魚所處之方穴也。又云，拒或作桓。」然則鯢桓之桓一作旋，見列子釋文；一作拒，又見莊子釋文也。又曰：潘敬順釋文旣云本作蟠，水之盤洄之瀊，則是以蟠爲正字。又云今本作蟠，恐寫之誤，於義頗未順。其云今本作蟠之蟠，恐是潘之訛。然考莊子應帝王釋文鯢桓之審，司馬云，審當爲蟠，聚也，崔本作潘，云回流所鍾之域。管子五輔篇「導水潦，利陂溝，決潘渚。」注云：「潘，溢也。渚滂溢者，疏決之令通。」潘音藩。」補注謂水之溢洄爲潘。廣雅：潘，（手袁）瀾也。然則作蟠作潘，義各有據，皆不誤也。未知敬順釋文所云今本作蟠之蟠究爲何字之誤。又考玉篇瀊，洄也。敬順釋文瀊洄二字乃本於此。管子小問篇作洀桓。止水之潘爲淵，流水之潘爲淵，濫水之潘爲淵，○釋文云：濫，咸上聲，爾雅云：水涌出也。沃水之潘爲淵，○釋文云：沃，烏僕切，水泉從上溜下也。氿水之潘爲淵，○釋文云：氿音軌，水泉從傍出也。雍水之潘爲淵，○釋文云：雍音擁，河水決出復還入也。汧水之潘爲淵，○釋文云：汧音牽，水不流行也。肥水之潘爲淵，○釋文云：水所出異爲肥也。是爲九淵焉。〔注〕此九水名義見爾雅。夫水一也，而隨高下夷險有洄激流止之異，似至人之心因外物難易有動寂進退之容。向秀曰：夫水流之與止，鯢旋之與龍躍，常淵然自若，未始失其靜默也。郭象曰：夫至人用之則行，舍之則止。雖波流九變，治亂紛紜，若居其極者，常滯然自得，泊乎無爲也。○〔解〕心遲於太冲之氣，漠然無跡，藹然有形，而轉運不常，若水之變動殊名，未嘗離乎淵澄也，故不得其狀而辯之矣。○注九變北宋本作凡變，汪本从之，今从藏本訂正。○釋文云：洄音回。易，以豉切。舍音捨。潘，徒渾切。泊音魄。嘗又與來！」○俞樾曰：上文云，「是殆見吾杜德幾也，嘗又與來」，又曰，「是殆見吾善者幾也，嘗又與來」；然則此文「是殆見吾衡氣幾也」，下即當言「嘗又與來」，方與上文一律。乃於中間羅列九淵，殊爲無謂。疑此五十八字乃它處之錯簡。莊子應帝王篇止列首三句，而總之曰，「淵有九名，此處三焉」。正以其與本篇文義無關，故略之耳。然可證莊子所見本已與今同，蓋古書之錯誤久矣。明日，又與之見壺子。立未定，自失而走。○釋文云：喪失精神而走。

壺子曰：「追之！」列子追之而不及，反以報壺子，曰：「已滅矣，已失矣，吾不及也。」壺子曰：「向吾示之以未始出吾宗。〔注〕向秀曰：雖進退同羣，而常深根寧極也。○伯峻案：「未始出吾宗」即莊子「不離其宗」，淮南覽冥訓「未始出其宗」之意。吾與之虛而猗移，〔注〕向秀曰：無心以隨變也。○猗移汪本作倚移，今从北宋本藏本訂正。馮登府曰：猗移即委蛇。○釋文云：猗，於危切。猗移，委移，至順之貌。不知其誰何，〔注〕向秀曰：汎然無所係者也。○各本注末無者也二字。○釋文云：汎，芳劍切。因以爲茅靡，○光聰諧曰：上文「吾與之虛而猗移」，注既以猗移爲至順之貌，（案此是釋文，光氏誤以爲注。）則茅靡正謂如茅之從風靡，波流正謂如波之逐水流，皆言無逆於物。洪頤煊曰：莊子應帝王篇「因以爲弟靡」，釋文：「弟靡，不窮之貌。崔云：猶遜伏也。」弟靡即遞靡之借。第茅因字形相近而譌。○釋文云：茅莊子作茅，音頹。茅靡，崔譔曰：遜伏也。伯峻案：釋文「莊子作茅」之「茅」，字當作弟。因以爲波流，○莊子釋文引崔本作波隨。王念孫曰：崔本是也。蛇何靡隨爲韻。陶鴻慶說同。故逃也。」〔注〕茅靡當爲頹靡。向秀曰：變化頹靡，世事波流，無往不因，則爲之非我。我雖不爲，而與羣俯仰。夫至人一也，然應世變而時動，故相者無所用其心，自失而走者也。○〔解〕絕思離念，入於無爲。至虛而無形，不見其相貌，如草之靡，如波之流，淼然汎然，非神巫之所識也。

然後列子自以爲未始學而歸，三年不出，〔注〕向秀曰：棄人事之近務也。爲其妻爨，〔注〕向秀曰：遺恥辱。○釋文云：爲，于僞切。爨，七玩切。食豨如食人，〔注〕向秀曰：忘貴賤也。○釋文云：食音嗣，下同。豨，虛豈切，楚人呼猪作豨。於事無親，〔注〕向秀曰：無適無莫也。○伯峻案：莊子作「於事無與親」。○釋文云：適音的。雕琢復朴，塊然獨以其形立；〔注〕向秀曰：雕琢之文，復其眞朴，則外事去矣。○雕瑑藏本作雕琢。○釋文云：瑑持兗切，本作琢。份然而封戎，〔注〕向秀曰：眞不散也。戎或作哉。○釋文戎作哉，云：份音紛。哉一本作戎，音哉。壹以是終。〔注〕向秀曰：遂得道也。○〔解〕忘是非，等貴賤，齊物我，息外緣。不封於我，守一而終，然後契眞。

子列子之齊，中道而反，〔注〕驚人之推敬於己，故不敢遂進。遇伯昏瞀人。伯昏瞀人曰：「奚方而反？」曰：「吾驚焉。」「惡乎驚？」○釋文云：惡音烏。「吾食於十漿，〔注〕賣漿之家。而五漿先饋。」〔注〕人皆敬下之也。○王重民曰：御覽八六一引下吾字上有曰字，蓋惡字與下吾字之上本均有曰字，而今本並脫之。莊子列禦寇篇並有「而曰」字，是其證。王叔岷曰：事文類聚續集十七、合璧事類外集四三引「吾」上亦並有曰字。○釋文云：饋，求位切，餉也。伯昏瞀人曰：「若是，則汝何為驚已？」○釋文云：已音紀。驚已，謂驚其自失也。下驚已同音。曰：「夫內誠不解，〔注〕郭象曰：外自矜飾，內不釋然也。○釋文云：解音蟹。向秀曰：未能懸解。形諜成光，〔注〕郭象曰：舉動便辟成光儀。○釋文云：諜音牒。辟，婢亦切。以外鎮人心，〔注〕外以矜嚴服物，內實不足。使人輕乎貴老，〔注〕使人輕而尊長之者，由其形諜成光故也。○釋文云：長，丁丈切。而䪠其所患。〔注〕郭象曰：以美形動物，則所患亂至也。○盧文弨曰：䪠當作齍。秦恩復曰：䪠即說文齍字，或作齏，見玉篇。王重民曰：御覽八百六十一引䪠作齎。○釋文云：䪠，子西切。夫漿人特為食羹之貨，○釋文云：食音嗣。多餘之贏；〔注〕所貨者羹食，所利者盈餘而已。○汪本作無多餘之贏。俞樾曰：無無字是也。依張注，張本亦無無字。無字淺人妄加也。若云無多餘之贏，則下不必更言其為利也薄矣。盧重元本無無字，莊子列禦寇篇亦無無字，當據刪。王重民曰：俞說是也。北宋本、御覽八百六十一引並無無字。伯峻案：藏本亦無無字，今从之。道藏林希逸本、江遹本、宋徽宗本與世德堂本、贏並作嬴。○釋文作无多餘之贏，云：贏音盈。一本無无字。其為利也薄，其為權也輕，而猶若是。〔注〕郭象曰：權輕利薄，可無求於人，而怜敬已，是高下大小無所失者。而況萬乘之主，身勞於國，而智盡於事；〔注〕所以不敢之齊。○釋文智作知，云：知音智。彼將任我以事，而效我以功，吾是以驚。」〔注〕推此類也，則貨輕者望利薄，任重者責功多。伯昏瞀人曰：「善哉觀乎！〔注〕汝知驚此者，是善觀察者也。汝處已，人將保汝矣。」〔注〕汝若默然不自顯曜，遁齊之與處此，皆無所懼。苟違此義，所在見保矣。○〔解〕見威儀以示人，故人輕死以尊敬。將恐人主之勞於事也，必委以責功；食祿增憂，所以驚懼耳。伯昏曰：汝能退身以全眞，含光以滅跡，人將保汝矣。何則？逃譽之心，人皆有之；多利之地，人皆競之。中人之性，可上可下。知名利之不可強也，則進善以自脩。詩書禮樂，事不易習。若退跡守閑，灰心滅智也，無招招之利，得善人之名。故學道之門，善惡同趣者，君子以澄心，小人以脩身。雖不體悟，亦從善之益之也。故曰人將保汝矣。○汪萊曰：解輕死以尊敬死當作先。○陶鴻慶曰：保者任也，言人將信任之，即列子所謂彼將任我以事而効我以功也。張注解為所在見保，義殊未安。王重民曰：張注苟違此義，違當作遠，形近而誤耳。莊子人間世篇「時其飢飽達其怒心」，淮南主術篇誤作遠，是其證。奚侗曰：處當訓審，說詳王引之經義述聞。處己謂審乎己也。○釋文云：保，附也。無幾何而往，則戶外之屨滿矣。〔注〕歸之果衆。○釋文云：屨，九遇切，關西呼履謂之屨。伯昏瞀人北面而立，敦杖蹙之乎頤。〔注〕敦，豎也。○釋文云：敦音頓。蹙，子六切。頤音怡。立有閒，○釋文云：閒，少時也。不言而出。賓者以告列子。○釋文云：賓本作儐，導也，必刃切。列子提屨徒跣而走，○釋文屨作履，云：提音蹄。履一本作屨。跣，先典切。暨乎門，○釋文云：暨，其器切，至也。問曰：「先生既來，曾不廢藥乎？」〔注〕廢，置也。曾無善言以當藥石也。○〔解〕廢當爲發。先生既來，何不發藥石之言少垂訓耳。○王叔岷曰：莊子列御寇篇廢正作發。廢發古通。仲尼篇：「發无知，何能情？發不能，何能爲？」釋文引一本作「廢無知，廢無能」，即其比。○釋文云：當，丁浪切。曰：「已矣。吾固告汝曰，人將保汝，果保汝矣。非汝能使人保汝，〔注〕順乎理以接物，則物不保之。今背理而感物，求物不保，不可得。○秦刻盧重元本使人保下無汝字。疑無汝字者是。○釋文云：背音佩。而汝不能使人無汝保也。〔注〕郭象曰：任平而化，則無感無求。無感無求，乃不相保。○〔解〕汝之退身全行，絕學棄智，人所以保汝者，非汝能召之也。若能滅跡混眞，愚智不顯者，人亦不知保汝矣。由是言之，汝之行適足爲人所保，而不能使人不保也。而焉用之感也？〔注〕汝用何術乃感物如此乎？○釋文云：焉，於虔切。感豫出異。〔注〕郭象曰：先物施惠，惠不因彼豫出而異也。○感豫秦本作應豫。又注末也字北宋本作者，今依藏本訂正。○釋文云：先，悉薦切。且必有感也，搖而本身，○釋文云：一本作搖而才本性。又無謂也。〔注〕必恆使物感己，則彼我之性動易之。○許維遹曰：且必有感也，必當作心，形近致訛。緣心與本身相輔而行，心有所感，則必搖動其本身。（本身猶言本性。）故上文謂以外鎮人心而盪其所患。所謂患者，即心爲物所感，則本身遂有搖動之患。莊子列禦寇篇誤與此同。王重民曰：身有性義，蓋身性古通用。本身猶本性也。莊子列御寇篇作搖而本才。釋文曰：一本才作性。才字並是身之誤。淮南原道篇故達於道者，不以人易天。高注云：天性也。一說，曰天身也。天身也亦猶天性也。三國志吳質傳注：上將眞性肥，中領軍朱鑠性瘦。性肥性瘦亦即身肥身瘦也。莊子郭注曰：必將有感則與本性動也，是也。伯峻案：王說本身猶本性，是也。但莊子作本才，亦非誤字。才讀爲孟子告子上「非天之降才爾殊也」之才，才亦性也。○釋文云：易，以豉切。與汝遊者，莫汝告也。〔注〕皆搖本之徒，不能相啓悟也。○注不能汪本作不肯，今依北宋本藏本訂正。彼所小言，盡人毒也。〔注〕小言細巧，易以感人，故爲人蠹毒也。莫覺莫悟，何相孰也。」〔注〕不能相成濟也。○〔解〕汝用何道感之耶？必讚勝豫之詞而出奇異之致，搖鼓汝舌，見能於衆物；雖囂然順汝，有何益耶？與汝同居者，不攻汝之短，但稱汝之長；如此，適足蕩汝之行，惑汝之心，有何相成耶？○莫覺莫悟秦本作若覺若悟。伯峻案：告毒孰爲韻，古音同是屋沃部。○釋文云：覺音教。

楊朱南之沛，○顧炎武曰：列子「楊朱南之沛」，莊子「楊子居南之沛」，子居正切朱。○釋文云：楊朱解在第七篇。沛音貝。老聃西遊於秦，邀於郊。○釋文云：邀，於宵切，抄也，遮也。至梁而遇老子。〔注〕莊子云楊子居，子居或楊朱之字。又不與老子同時，此皆寓言也。老子中道仰天而歎曰：○釋文云：中道，道中。仰本作卬，音仰。「始以汝爲可教，○釋文汝作女，云：女音汝。今不可教也。」〔注〕與至人遊而未能去其矜夸，故曰不可教者也。○釋文云：去，丘呂切。夸，口瓜切。楊朱不答。至舍，進涫漱巾櫛，○釋文云：涫音管；莊子作盥。漱音瘦。櫛，壯乙切。脫履戶外，○釋文云：履本作屨。膝行而前，曰：「向者夫子仰天而歎曰：○釋文向作嚮，云：嚮音向。『始以汝爲可教，今不可教。』弟子欲請夫子辭，行不閒，○釋文云：閒音閑，下同。是以不敢。今夫子閒矣，請問其過。」老子曰：「而睢睢而盱盱，○釋文云：睢，許唯切。盱音吁。說文云：盱，仰目也。蒼頡篇云，盱，張目貌。高誘注淮南子云：睢盱，視聽貌。而誰與居？〔注〕汝云何自居處而夸張若此，使物故歎之乎？○伯峻案：盱居爲韻，古音同是魚部之平聲。大白若辱，盛德若不足。」〔注〕不與物競，則常處卑而守約也。○伯峻案：辱足爲韻，古音同是侯部入聲。老子四十一章作廣德若不足。馬敍倫老子覈詁以爲作盛者是。楊朱蹵然變容曰：○釋文云：蹵，子六切。「敬聞命矣。」其往也，舍迎將家，〔注〕客舍家也。○道藏各本舍下有者字。惟四解本無者字。汪本亦無者字。是也。俞樾曰：舍與舍者不同。下云舍者避席，又云舍者與之爭席矣，皆謂同居逆旅者。此云舍，則謂逆旅主人也。主逆旅者即謂之舍，猶典市者即謂之市，主農者即謂之田。禮記王制篇注曰，「市，典市者。」月令篇注曰：「田，主農之官。」是其例也。公執席，妻執巾櫛；舍者避席，煬者避竈。〔注〕厚自藏異，則物憚之也。○盧文弨曰：注藏疑當作尊。伯峻案：韓非子內儲說上云：「夫竈一人煬焉，則後人無從見矣。」由此可知煬者避竈之義。○釋文云：煬音楊。司馬云：對火曰煬。淮南子云：富人衣纂錦，貧人煬竈口。其反也，舍者與之爭席矣。〔注〕自同於物，物所不惡也。○〔解〕夫眞隱之者，無矜夸之聲，無可貴之容。故楊子之往也，人迎送之；及聞善而改，居者與之爭席矣。前章言列子之使人保汝，而此章言楊朱能使人無汝保也。○王重民曰：御覽七百零九引席上有竈字。以上文舍者避席煬者避竈證之，疑本有竈字。王叔岷曰：御覽七百九引「舍者」作「煬者」，「席」上有「竈」字。疑此文「舍者」下原有「煬者」二字（或在舍者上），「席」上原有「竈」字。「舍者煬者與之爭竈席矣」乃兼承上文「舍者避席，煬者避竈」而言。御覽所引，蓋略舍者二字也。○釋文云：惡，烏路切。

楊朱過宋，○釋文云：過音戈。東之於逆旅。逆旅人有妾二人，其一人美，其一人惡；惡者貴而美者賤。楊子問其故。逆旅小子對曰：〇伯峻案：韓非子說林上作逆旅之父答曰。「其美者自美，吾不知其美也；其惡者自惡，吾不知其惡也。」楊子曰：「弟子記之！行賢而去自賢之行，〇王叔岷曰：韓非子說林上篇「之行」作「之心」，審文意，當從之。今本心作行，卽涉上行字而譌。〇釋文云：去，丘呂切。行，下孟切。安往而不愛哉？」〔注〕夫驕盈矜伐，鬼神人道之所不與；虛己以循理，天下之所樂推。以此而往，孰能距之？〇〔解〕此重結前兩科之義也。夫能使人保於我者，其不保者心練之哉。不敢令物之保已也，則天下皆忘其惡矣；況逆旅之妾乎？〇伯峻案：韓非子說林上作焉往而不美。

天下有常勝之道，有不常勝之道。〇陶鴻慶曰：不常勝當作常不勝。下文云，常勝之道柔，常不勝之道彊，承此言。常勝之道曰柔，常不勝之道曰彊。二者亦知，〔注〕亦當作易。〇釋文云：亦本作易，以豉切。而人未之知。故上古之言：彊，先不已若者；〔注〕所勝在已下者耳。柔，先出於已者。〔注〕不與物競，則物不能加也。先不已若者，至於若已，則殆矣。〔注〕遇敵必敗之也。先出於已者，亡所殆矣。〔注〕理常安也。〇釋文云：亡音無。以此勝一身若徒，以此任天下若徒，謂不勝而自勝，不任而自任也。〔注〕夫體柔虛之道，處不競之地，雖一身之貴，天下之大，無心而御之，同於徒矣。徒，空默之謂也。郭象曰：聽耳之所聞，視目之所見，知止其所不知，能止其所不能，用其自用，爲其自爲，順性而不競於物者，此至柔之道也。故舉其自舉，持其自持；旣無分銖之重，而我無力焉。〇〔解〕強之與柔，二者易知也。人所以未知者何？卽求勝之心多也。卽遇不如已者，未足爲強；若遇敵於已者，則常危矣。以此心求勝一身一任天下也，常如徒役無時自安。若柔者，在已下者，亦不欲勝之；況出乎已者耶？人謂不勝，而我乃自勝也；自任，故未嘗有失也。老子曰：柔弱勝剛強。鬻子曰：〇釋文鬻作粥，云：粥本作鬻，余六切。任大椿曰：考禮記曲禮釋文：讀鬻，本又作粥，之六反。左傳隱十一年釋文：鬻本又作粥，之六反，又與六反。夏小正雞桴粥，盧辯注，或曰，粥，養也。淮南子天文訓行桴鬻，高誘注：桴鬻，粥也。文選潘岳閒居賦，灌園粥蔬，李善注：粥與鬻同。則鬻粥通。「欲剛，必以柔守之；欲彊，必以弱保之。〔注〕守柔不以求剛而自剛，保弱不以求彊而自彊，故剛彊者，非欲之所能致也。〇伯峻案：守保爲韻，同是幽部上聲字。積於柔必剛，積於弱必彊。觀其所積，以知禍福之鄉。〔注〕禍福生於所積也。彊勝不若已，至於若已者剛；〔注〕必有折也。〇王叔岷曰：淮南原道篇「不若已」下有者字（文子道原篇同），與下文句法一律，當从之。柔勝出於已者，其力不可量。」〇伯峻案：鬻子所云又見淮南原道訓、文子道原篇，皆不云鬻子之言。又案：剛彊鄉剛量爲韻，古音同是陽唐部字也。淮南詮言訓作強勝不若已者，至於與同則格；柔勝出於已者，其力不可度。以格度爲韻。老聃曰：「兵彊則滅，〔注〕王弼曰：物之所惡，故必不得終焉。木彊則折。〔注〕彊極則毀矣。○伯峻案：老子七十六章作兵彊者則不勝，木彊則兵。俞樾、易順鼎、馬叙倫皆云當从列子引，說詳老子斠詁。滅折爲韻，古音同是祭部字。柔弱者生之徒，堅彊者死之徒。」○〔解〕君子曰：強梁者不得其死，好勝者必遇其敵。積德累仁，柔之道也。○伯峻案：此亦老子七十六章文。又死之徒北宋本作化之徒，今从藏本世德堂本訂正。又案：韓非子解老篇云，屬之謂徒也。此徒字亦當訓屬。

狀不必童〔注〕童當作同。而智童，智不必童而狀童。聖人取童智而遺童狀，衆人近童狀而疏童智。狀與我童者，近而愛之；狀與我異者，疏而畏之。有七尺之骸，手足之異，戴髮含齒，倚而趣者，謂之人；○釋文云：倚，於綺切。趣音趨。而人未必無獸心。雖有獸心，以狀而見親矣。傅翼戴角，○釋文云：傅音附。分牙布爪，仰飛伏走，謂之禽獸；而禽獸未必無人心。雖有人心，以狀而見疏矣。庖犧氏、○釋文云：庖音鮑。犧，許宜切。女媧氏、○釋文云：媧音瓜。庖犧、女媧皆古天子。神農氏、夏后氏，蛇身人面，牛首虎鼻：此有非人之狀，而有大聖之德。〔注〕人形貌自有偶與禽獸相似者，古諸聖人多有奇表；所謂蛇身人面，非被鱗臆行、無有四支；牛首虎鼻，非戴角、垂胡、曼頞、解頷；亦如相書龜背、鵠步、鳶肩、鷹喙耳。○釋文云：臆音億。曼音萬。頞，烏葛切，鼻上也。頷，胡感切。相，息亮切。鵠音鶴。鳶音緣。喙，許穢切。夏桀、殷紂、魯桓、楚穆，狀貌七竅，皆同於人，而有禽獸之心。而衆人守一狀以求至智，未可幾也。○〔解〕夫異物之所親者，神也。神去，則父子之親亦隔矣。故居恐怖之夜，與生物同宇，則不懼者，神有同也。處平常之宅，與死屍同室，則恐矣；神有異也。則彼死我生，猶是向時之形；一安一懼者，同類去而形非親也。而人不知含生之物神同形殊，以爲愛畏；乃以狀貌同異以爲親疏者，惑矣。故莊子曰：物所齊有者爲神；故神爲養生之主也。○解居恐怖之夜秦刻本居作后，今从四解本正。○釋文云：幾音冀。

黄帝與炎帝戰於阪泉之野，○釋文云：阪，蒲阪切。阪泉在上谷。帥熊、羆、狼、豹、貙、虎爲前驅，○伯峻案：貙，虎之大者。○釋文云：帥音率。羆音碑。貙，丑俱切。鵰、鶡、鷹、鳶爲旗幟，○王叔岷曰：藝文類聚九十、九一、初學記二二、御覽九一九、玉海八三、引「鵰」上並有「以」字，當从之。今本挩以字，文意不完。○釋文云：鵰鶡音彫曷，一本作鶚。幟音熾。自熊羆皆猛獸勇鬭者也。胡懷琛曰：作鶚者是也。原文所言皆猛獸、鷙鳥，鶡非鷙鳥，非其倫也。以作鷁爲是。此以力使禽獸者也。堯使夔典樂，擊石拊石，百獸率舞；簫韶九成，鳳皇來儀：此以聲致禽獸者也。然則禽獸之心，奚爲異人？形音與人異，而不知接之之道焉。○釋文作而人不知接之之道，云：一本無人字。聖人無所不知，無所不通，故得引而使之焉。禽獸之智有自然與人童者，其齊欲攝生，亦不假智於人也；○伯峻案：假或作叚，叚假皆讀爲下。牝牡相偶，母子相親；避平依險，違寒就溫；○伯峻案：胡懷琛謂人未有惡平喜險者，因謂避平依險乃指守衞言。實則諸句皆以禽獸爲主語，人在其外。胡說非。居則有羣，行則有列；○釋文云：行，戶剛切。小者居內，壯者居外；飲則相攜，食則鳴羣。太古之時，○釋文太作大，云，大音泰。則與人同處，與人並行。〔注〕德純者，禽獸不忌也。帝王之時，始驚駭散亂矣。逮於末世，隱伏逃竄，以避患害。〔注〕人有害物之心，物亦知避之也。今東方介氏之國，○釋文云：介音界。其國人數數解六畜之語者，○釋文云：數音朔。畜，朽又切。解音蟹，注同。蓋偏知之所得。〔注〕夫鱗龍，甲鱗之宗；麟鳳，毛羽之長；爰逮蜎飛蠕動，皆鳴呼相聞，各有意趣，共相制御，豈異於人？但人不能解，因謂禽獸之聲無有音章。是以窮理備智，則所通萬塗；因事偏達，偶識一條。春秋左氏傳曰：介葛盧聞牛鳴，曰，是生四子，盡爲犧矣。○注鳴呼四解本誤作鳴呼。○盧文弨曰：注四字別本依左氏改爲三字。伯峻案：四三兩字古皆積畫而成，因以致悞。此當依左傳改正。沈濤乃依此文改左傳，是顚倒是非矣。（沈氏說見交翠軒筆記卷三。）世說新語言語篇注亦引左傳作是生三犧，皆用之矣，與今本左傳合，可證。○釋文云：長，張丈切。蜎，許緣切。蠕，而兗切。太古神聖之人，備知萬物情態，悉解異類音聲。會而聚之，訓而受之，同於人民。故先會鬼神魑魅，〔注〕禹朝羣神於會稽是也。○釋文云：魑，丑知切。魅音媚。次達八方人民，末聚禽獸蟲蛾。〔注〕百獸率舞是也。○釋文云：爾雅云：有足曰蟲，無足曰蛾。一本作蟲蛇。言血氣之類心智不殊遠也。神聖知其如此，故其所教訓者無所遺逸焉。○〔解〕春秋介葛盧聞牛鳴，知生三牲犧；禹朝羣神，舜百獸，則其事也。○秦恩復曰：盧解百獸下當脫率舞二字。孫詒讓曰：解舜下挩一舞字。舜舞百獸與上禹朝羣神句正相對，秦謂脫率舞二字非。

宋有狙公者，〔注〕好養猨猴者，因謂之狙公也。○釋文云：狙，七余切。狙公，養狙公也。好，呼報切。愛狙；養之成羣，能解狙之意；○釋文云：解音蟹。狙亦得公之心。損其家口，充狙之欲。俄而匱焉，將限其食。恐衆狙之不馴於己也，〔注〕馴音屛。○釋文云：馴音屛。先誑之曰：「與若芧，〔注〕芧，栗也。○釋文云：芧音予，橡子也。朝三而暮四，足乎？」衆狙皆起而怒。俄而曰：「與若芧，朝四而暮三，足乎？」衆狙皆伏而喜。物之以能鄙相籠，皆猶此也。○釋文云：能鄙相籠一本作智鄙相籠。伯峻案：疑作智者是，下文以智籠羣愚衆狙正承此而言。聖人以智籠羣愚，亦猶狙公之以智籠衆狙也。名實不虧，○名實北宋本作若實，汪本从之，今依藏本、秦刻本、世德堂本訂正。莊子齊物論作名實未虧。○釋文不作未，云：名實未虧，一本作若實未虧也。使其喜怒哉！○〔解〕含識之物雖同有其神，而圓首方足，人最爲叢智耳。智之尤者爲聖爲賢，才之大者爲君王。聖人隨才而任，各得其宜。無小無大，各當其分。既無棄人，亦無棄物。籠之以智，豈獨衆狙也？

紀渻子爲周宣王養鬭雞，○藏本作紀消子，秦本同，今依北宋本、吉府本、御覽九一八及類聚九十一引正。莊子達生篇同。伯峻案：左傳昭二十五年，季郈之雞鬭，季氏介其雞，郈氏爲之金距。呂氏春秋去宥篇淮南子人間訓同有此文。古之鬭雞，猶今之鬭蟋蟀也。古樂府及陶潛歸田園居云，雞鳴桑樹顚。杜子美羌村三首云，羣雞正亂叫，客至雞鬭爭。驅雞上樹木，始聞叩柴荊。唐時雞猶能上樹木，今則鮮能矣。今之廣東及湘南尚有鬭雞之風。○釋文紀渻子作紀消子，云：姓紀名消，或作渻，所景切。爲，于僞切。十日而問：「雞可鬭已乎？」曰：「未也；方虛驕而恃氣。」〔注〕無實而自矜者。十日又問。曰：「未也；猶應影嚮。」〔注〕接悟之速。○盧文弨曰：注速藏本作迅。○釋文速作迅，云：嚮音響。李頤云：應響鳴，顧影行。迅，峻信二音，一本作速。十日又問。曰：「未也；猶疾視而盛氣。」〔注〕常求敵而必己之勝。十日又問。曰：「幾矣。雞雖有鳴者，已無變矣。」〔注〕彼命敵而我不應，忘勝負矣。望之似木雞矣。其德全矣。〔注〕至全者更不似血氣之類。異雞無敢應者，反走耳。」〔注〕德全者，非但己無心，乃使外物不生心。郭象曰：養之以至於全者，猶無敵於外，況自全乎？○〔解〕恃氣以自矜，非必勝之道也。應物疾速如影響者，爲物所轉，未必自得也。疾視盛氣者，機心未忘也。唯忘形神，全死生，不知變者，斯乃無敵於外物也。

惠盎〔注〕惠盎，惠施之族。○淮南子道應訓「惠盎」作「惠孟」，下同。注文道藏本作「惠施之孫」。張注本呂覽順說注，「孫」字誤。○釋文云：盎，阿浪切。見宋康王。○伯峻案：呂覽順說篇高注云：康王，宋昭公曾孫，辟公之子，名偃。立十一年，僭號稱王。四十五年，大爲不道，故曰宋子不足仁義者也。齊湣王伐滅之。梁伯子云：注名偃當是偃字之訛。四十五年與楚湣篇注四十七年又異，其實六十一年也。○釋文云：見，賢遍切。康王蹀足謦欬，○釋文云：蹀音牒。謦，口頂切。欬音愾。疾言曰：「寡人之所說者，○釋文云：說音悅，下同。勇有力也，不說爲仁義者也。客將何以教寡人？」惠盎對曰：「臣有道於此，使人雖勇，刺之不入；○釋文云：刺，七亦切。雖有力，擊之弗中。○釋文云：中，丁仲切，下同。大王獨無意邪？」宋王曰：「善；此寡人之所欲聞也。」惠盎曰：「夫刺之不入，擊之不中，此猶辱也。臣有道於此，使人雖有勇，弗敢刺；雖有力，弗敢擊。夫弗敢，非無其志也。臣有道於此，使人本無其志也。夫無其志也，○道藏白文本、林希逸本「也」並作「者」。未有愛利之心也。臣有道於此，使天下丈夫女子莫不驩然皆欲愛利之。○釋文云：驩音歡。此其賢於勇有力也，四累之上也。大王獨無意邪？」〔注〕處卿大夫士民之上，故言四累也。○光聰諧曰：四累之上，一累謂刺不入、擊弗中，二累謂弗敢刺、弗敢擊，三累謂使人本無其志，四累謂使天下皆欲利之。胡懷琛說同。陶鴻慶曰：此文當以此其賢於勇有力也四累之上也十三字連讀。四累總上文四事而言。勇有力，一也；刺之不入，擊之不中，二也；弗敢刺，弗敢擊，三也；本無擊刺之志，四也。今所言者，旣無其志而又有愛利之心，故在四累之上。累，層累也，猶言四層之上也。淮南道應訓引此文，高注云，此上凡四事皆累於世，而男女莫不歡然爲上也。義亦未晰。宋王曰：「此寡人之所欲得也。」○〔解〕刺不入擊不中，一也；不敢刺不敢擊，二也；本無擊之心，三也；使男女驩然愛利之，四也。如此四重，取其上者，何如耶？故宋王傾意欲聞之。惠盎對曰：「孔墨是已。○〔解〕此明智以齊物崇教以化人，皆道之餘事陟乎德者。孔丘墨翟無地而爲君，○釋文云：翟音狄。墨翟，宋大夫也，在孔子後，齊書七十一篇，崇孝尊鬼，強本節用，亦教世之雄，有攻守之術。無官而爲長；○秦本官作宮。○釋文云：長，張丈切。天下丈夫女子莫不延頸舉踵而願安利之。今大王，萬乘之主也；○萬乘，吕覽作千乘。誠有其志，則四竟之內○秦本竟作境。○釋文云：竟音境。皆得其利矣。其賢於孔墨也遠矣。」宋王無以應。惠盎趨而出。宋王謂左右曰：「辯矣，客之以說服寡人也！」○〔解〕此崇道以明德，垂跡以利人。衆徒見孔墨之教傳，豈知隱道以彰德？所以間津不羣於鳥獸，此其大旨也。○釋文云：說如字，又音稅。服寡人也一本作曉寡人也。

列子集釋卷第三

楊伯峻撰

周穆王第三

〔注〕夫禀生受有謂之形，俛仰變異謂之化。神之所交謂之夢，形之所接謂之覺。原其極也，同歸虛僞。何者？生質根滯，百年乃終；化情枝淺，視瞬而滅。神道恍惚，若存若亡；形理顯著，若誠若實。故洞監知生滅之理均，覺夢之塗一；雖萬變交陳，未關神慮。愚惑者以顯昧爲成驗，遲速而致疑，故竊然而自私，以形骸爲眞宅。孰識生化之本歸之於無物哉？○〔解〕天地成器，無所不包。人生其中，但保其有；曾不知神爲形主，無制於有。聖人所以養其本，愚者但知養其（原脫一字）。形約以爲生，貪生而不識生之主；形謝以爲死，不知神識之長存。迷者爲凡人，悟者通聖智。惑者多矣，故先說悟者以拯之。○汪萊曰：解無制於有當作有制於無。秦恩復曰：解形約上脫末字。伯峻案：注洞監(鑒)下當有者字。○釋文視瞬作視瞚，恍惚作怳惚，云：俛音免。覺音教。怳，況往切。惚音忽。

周穆王時，○釋文云：周穆王名滿，昭王子也。西極之國有化人來，〔注〕化幻人也。○伯峻案：書鈔一二九、御覽一七三、六二六引「西極」並作「西域」。類聚六二引作「西胡」。○釋文云：幻，胡辦切。入水火，貫金石；○釋文云：貫音官，穿也。反山川，移城邑；乘虛不墜，○釋文墜作隧，云：隧音墜。觸實不硋。○釋文云：硋音礙。千變萬化，不可窮極。既已變物之形，又且易人之慮。〔注〕能使人暫忘其宿所知識。穆王敬之若神，事之若君。○〔解〕凡人之慮不過嗜慾愛憎名利仁義矣，化人今反其眞，故云易也。化人者，應物之身也。窮理極智，應用無方，千變萬化，未始有極者也。推路寢以居之，引三牲以進之，選女樂以娛之。化人以爲王之宮室卑陋而不可處，王之廚饌腥螻而不可饗，〔注〕螻，蛄臭也。○胡懷琛曰：螻應作僂。僂字與下膻字互訛。應作「王之宮室卑陋而不可處，廚饌腥膻而不可饗，嬪御僂惡而不可親。」○釋文云：腥音星。螻音樓。饗音享。周禮天官內饔「腥不可食者，馬黑脊而般臂螻」。鄭玄云：「般臂，毛自有文也。螻，蛄臭。」今讀者宜依周禮羹食。按隋秘書王邵讀書記云，螻蛄古本多作女旁者，方書亦同。羹音兇。般音斑。王之嬪御膻惡而不可親。○〔解〕陋王之宮室，腥王之廚膳，膻王之嬪御者，明化人不貴厚色滋味及居處也。○俞樾曰：膻當作𦞦，言臭惡而不可親也。廣雅釋器：「𦞦，臭也。」○釋文云：膻音𦞦。穆王乃爲之改築。○王叔岷曰：容齋四筆三引「築」下有「宮室」二字。土木之功，○釋文乃作迺，云：迺古乃字。爲，于僞切。赭堊之色，○釋文云：赭音者，赤色。堊音惡，白土也。無遺巧焉。五府爲虛，○釋文云：周禮：「太府掌九貢九職之貨賄」，「玉府掌金玉玩好」，「內府主良貨賄」，「外府主泉藏」，「膳府主四時食物」者也。而臺始成。其高千仞，臨終南之上，○釋文云：終南，山名，在京兆。號曰中天之臺。簡鄭衛之處子娥媌靡曼者，〔注〕娥媌，妖好也。靡曼，柔弱也。○釋文云：媌音茅。好而輕者謂之娥，自關而東河濟之間謂之媌，或謂之妖。曼音萬。施芳澤，正娥眉，○娥各本作蛾。王重民曰：吉府本蛾作娥。方言：「娥，好也。秦晉之間好而輕者謂之娥」。此娥眉本字。形若蠶蛾之說始於顏師古漢書注，蓋以詩衛風碩人「螓首蛾眉」螓蛾相對，既誤以螓爲蜻蜻，因以蛾爲蠶蛾，而不知螓當爲頸，蛾當爲娥也。楚辭大招：「娥眉曼只。」枚乘七發：「皓齒娥眉。」張衡思玄賦：「嫮眼娥眉。」並作「娥。」伯峻案：王此說乃本陳奐毛詩傳疏說，是也。今从吉府本。○釋文云：娥音俄。設笄珥，〔注〕笄，首飾；珥，瑱也。○釋文云：笄音雞。珥音餌，瑱也，冕上垂玉以塞耳也。瑱，他見切。衣阿錫，〔注〕阿，細縠；錫，細布。○胡懷琛曰：錫通緆。阿謂齊東阿縣，見李斯傳徐廣註。阿錫與齊紈對文。阿縞謂東阿，張註非也。○釋文云：衣，於既切。縠音斛。曳齊紈。〔注〕齊，名紈所出也。○釋文云：曳音裔。齊紈，范子曰：「白紈素出齊魯」。粉白黛黑，○釋文云：黛音代。珮玉環。雜芷若〔注〕芷若，香草。○釋文云：芷音止。以滿之，〔注〕充滿臺館。奏承雲、六瑩、九韶、晨露以樂之。〔注〕承雲，黃帝樂；六瑩，帝嚳樂；九韶，舜樂；晨露，湯樂。○釋文九韶作九招，云：瑩，烏定切，又音螢。招本作韶，市昭切。樂音洛。任大椿曰：離騷經「奏九歌而舞韶兮。」補注：「山海經：夏后開始歌九招。」開即啓也。竹書云：「夏后啓舞九韶。」招韶古多通。月月獻玉衣，旦旦薦玉食。〔注〕言其珍異。○月月世德堂本作日月，非。化人猶不舍然，○釋文云：舍音釋。不得已而臨之。○〔解〕王不違其意，更崇飾之。化人猶不釋然，明心不在此之也。○秦恩復曰：解「之」字衍文。居亡幾何，○釋文云：亡音無。幾，居豈切。謁王同游。○釋文云：謁，請也。王執化人之袪，〔注〕袪，衣袖也。○釋文云：袪音墟。騰而上者，中天迺止。○釋文云：上，時掌切。暨及化人之宮。○王重民曰：暨及同義，於文爲複，蓋後人附注及字於暨之下而誤入正文者。類聚六十二、初學記二十七、御覽八百十二引並無及字。王叔岷曰：北山錄一聖人生第、文選左太沖魏都賦注、御覽一七三引亦並無及字。○釋文云：暨，其器切。化人之宮構以金銀，絡以珠玉；出雲雨之上，而不知下之據，○王叔岷曰：北山錄一聖人生第引「據」上有所字，文意較完，當从之。望之若屯雲焉。耳目所觀聽，鼻口所納嘗，皆非人間之有。王實以爲清都、紫微、鈞天、廣樂，帝之所居。〔注〕清都、紫微，天帝之所居也。傳記云：「秦穆公疾不知人，既寤，曰：我之帝所甚樂，與百神游鈞天廣樂，九奏萬舞，不類三代之樂，其聲動心。」一說云趙簡子亦然也。○伯峻案：注云云見史記扁鵲倉公傳。○釋文穆作繆，云：廣樂之樂音岳，注同。甚樂之樂音洛。繆音穆。 王俯而視之，其宮榭若累塊積蘇焉。○釋文云：塊，口對切。蘇，樵人。伯峻案：釋文「人」字疑「也」字之誤。世德堂本改作也。 王自以居數十年不思其國也。〔注〕所謂易人之慮也。○〔解〕中天，至靈之心也。以穆王未能頓忘其嗜慾，故化以宮室之盛，奪其所重之心焉。 化人復謁王同游，○釋文云：復，扶又切。 所及之處，○釋文云：處，昌據切。 仰不見日月，俯不見河海。光影所照，○王叔岷曰：北山錄一聖人生靈引「影」作「彩」。 王目眩不能得視；○釋文云：眩音縣。 音響所來，王耳亂不能得聽。百骸六藏，悸而不凝。○釋文云：悸，其季切。 意迷精喪，○釋文云：喪，息浪切。 請化人求還。〔注〕太虛恍惚之域，固非俗人之所涉。心目亂惑，自然之數也。 化人移之，〔注〕移猶推也。 王若殞虛焉。〔注〕殞，墜也。○〔解〕至極之理，卽化人所及之處也。萬象都盡也，何日月江海之可存？衆骨皆除也，何光景之能有？此俗形所不能止，常心所未嘗知。常戀未忘，故請歸也。○殞各本亦作磒。○汪萊云：解「光景」上脫「音響」二字。○釋文殞作磒，云：音隕，落也。 既寤，所坐猶嚮者之處，○釋文云：嚮音向。 侍御猶嚮者之人。視其前，則酒未清，肴未晞。〔注〕扶貴切。○釋文云：晞，扶貴切。方言：晞，乾物也。又音沸。 王問所從來。左右曰：「王默存耳。」由此穆王自失者三月而復。○釋文云：三月而復爲句，一本作不復。 更問化人。〔注〕問其形不移之意。○〔解〕亡攀緣之慮，入寂照之方。一念之間，萬代所不及。至人之域，豈更別有方？豈故酒未清肴未晞，左右見王之默坐而都無所往來，王因坐忘三月不敢問矣。○秦恩復曰：解中豈字誤，或衍文也。伯峻案：解「肴未晞」秦本「未」作「夫」，今依四解本訂正。 化人曰：「吾與王神遊也，形奚動哉？〔注〕所謂神者，不疾而速，不行而至。以近事喻之，假寐一昔，所夢或百年之事，所見或絕域之物。其在覺也，俛仰之須臾，再撫六合之外。邪想淫念，猶得如此，況神心獨運，不假形器，圓通玄照，寂然凝虛者乎？○釋文云：覺音敎。 且曩之所居，○釋文云：曩，乃朗切。 奚異王之宮？曩之所游，奚異王之圃？王閑恒有，疑蹔亡。〔注〕彼之與此，俱非眞物。習其常存，疑其蹔亡者，心之惑也。○秦本作「王閑恒疑蹔亡」，各本「恒」下無有字，今從世德堂本增。閑，習也。恒有卽注所謂「常存」。「閑恒有」「疑蹔亡」相對成文。○釋文云：閒音閑。謂習其常存也，一本無有字。變化之極，徐疾之間，可盡模哉？」〔注〕變化不可窮極，徐疾理亦無間，欲以智尋象模，未可測。○〔解〕夫神之異形，此益明矣。王但閑習常見，故有疑於變亡。若夫至道之人常亡其形者，復何疑哉？神之變化徐疾不可盡言。○釋文模作摸，云：摸音謨。王大悅。不恤國事，○釋文云：恤，思律切。不樂臣妾，〔注〕感至晉，故遺世事之治亂，忘君臣之尊卑也。○釋文云：治，直吏切。肆意遠游。○〔解〕莊子之論，夫貴道之人遺天下而不顧，是猶塵垢粃糠將猶陶鑄堯舜也，孰肯以物爲事乎？且聲色嗜慾之溺也，豈有道之所就翫乎？故王大悅其道，不恤國事，不樂臣妾也。遠游者，忘於近習者也。○解「陶鑄」本作「陶傭」，今依四解本訂正。命駕八駿之乘，○釋文云：駿音俊。乘，實證切，下同。右服䮸〔注〕古驊字。騮而左綠耳，○世德堂本䮸作騧。孫詒讓曰：䮸者，說文馬部騧字籀文作䯄，此變咼爲𠨍，兩爲兩，又左右互易，遂不可辨。（本張文虎舒藝堂隨筆說，穆天子傳作䮸，亦誤。）○釋文云：䮸音華。騮音留。䮸騮、綠耳，皆八駿名。任大椿曰：穆天子傳「右服䮸騮。」注云：「疑䮸騮字。」䮸字與驊字形相近，可以互証。右驂赤驥而左白𤈦，〔注〕古義字。○義世德堂本作犧。洪頤煊曰：爾雅釋畜，「馬屬回毛在肘德減陽」。𤈦即減字。穆天子傳作「左白儀」。郭璞注，「古義字」。故注以犧釋𤈦，犧即儀字之譌。𤈦非犧字。孫詒讓曰：「白𤈦，穆天子傳兩見，𤈦一作義，一作儀。郭璞亦云，「古義字」，與張注同。廣雅釋畜，馬類有𩦸鹿，疑即𩦸之借字。今本作𤈦，洪頤煊謂即爾雅釋畜之減陽。𤈦形頗相近，然與穆傳及張郭讀並不合，恐未塙。○釋文𤈦作犧，云：驂，七南切。驥音冀。犧音義。史記曰：「造父爲穆王得驊騮、綠耳、赤驥、白犧之馬，御以遊巡，往見西王母，樂而忘歸」。與穆天子傳略同。郭璞注云：「皆毛色以爲名也」。後有渠黃、踰輪、盜驪、山子，爲八駿也。主車則造父爲御，⿱齊合𠫤爲右；〔注〕上齊下合，此古字，未審。○孫詒讓曰：⿱齊合釋文作𡗗，云：𡗗音泰，篆作𣳚。𡗗當作泰，上从大从𠬞，與齊字上半形近；下从水而變爲合，則失之遠矣。殷云篆作𣳚，亦傳寫之誤。張注舊本當與釋文同，故注云「上齊下合」。此注本當箸「𡗗」下，謂其字上從齊（依釋文本實从齊省），下从合。古字書無此文，形聲皆不可說，故云未審。蓋𡗗殷本雖譌泰爲𡗗，而音泰則自不誤。上齊下合之云，自專釋𡗗字之形，本與音不相涉，與𠫤字尤不相涉也。自別本譌𡗗爲⿱齊合，（上齊變爲亝，下合變爲冋。）既失其齊合之形，而孤存此注；又誤移箸於𠫤字下。讀者不見故書，無從索解，遂以其釋𡗗字之形者析而爲⿱齊合𠫤二字之音。其誤於釋文引或本，（殷本𡗗字倘未譌，疑不當絕無辯正。或釋文此條爲陳景元所竄與？）而丁度集韻韓道昭五音集韻並襲其說。於齊紐收⿱齊合字，合紐收𠫤字，蓋古書之重佳貼綴失其本始有如是者。（玉篇弓部有𢏚字，云：胡閤切，會也。亦即𠫤字之譌。此必非顧野王之舊，蓋宋人所妄增也。）「𠫤」釋文引石經作「𠆢」，（此據魏三體石經，古文丙字也。郭忠恕汗簡及洪氏隸續所載石經殘字並無此字。今無攷。）亦不成字。以意推之，石經古文疑當本作㒳，（阮元積古齋鐘鼎款識周留鼎，要字作𡈼，丙正作此形。石鼓文乙鼓𩅰字省从𠕲，形尤完備。）蓋重桑丙字之形。（古籀多重形，如五作𠄡，貝作𧴪，車作𨏥之類是也。）隸寫當作㒳，傳鈔貿亂，變上丙爲𠆢，下丙爲只，遂不可辨識。字林作㒳，則當作丙，此正丙字篆文，下誤增一畫耳。穆天子傳作「𠫤𠫤爲右」，亦傳寫之誤。又案：「主車則造父爲御」，造父既爲御，不當復主車。此主車則下當有王字。蓋王乘車，即王爲主車；下次車王不乘，故別以柏夭爲主車也。穆天子傳作「天子主車」，是其塙證。今本挩一王字，遂似主車與御爲一，與下次車不相應矣。王叔岷曰：今本挩一王字是也。惟王字似當在「主車」上。「王主車」與下文「柏夭主車」句法一律。○釋文高作𧄝，云：造，七到切。父音甫。史記云：「周穆王乘驊騮綠耳，使造父爲御，日行千里。」𧄝音泰，綠作𥿄。𧄍音丙，石經作風。字林云陸作面，本作高𧄍，音上齊下合，於義無取焉。淮南子云：「鉗且泰丙之御也，除轡銜，去鞭策。」高誘云：「皆古之得道善御也。」鉗，其炎切。且，子余切。任大椿曰：𧄝作高。宋陳景元序云：高𧄍乃泰丙二字。則景元所見本作高不作𧄝，與今本同。獨釋文作𧄝，猶存古字。吳任臣云，「石林燕語，唐王起不識𧄝𧄍二字，今考列子𧄍音丙，𧄝字未見所出。又王世貞作𧄝𧄍二字，似誤。」吳任臣知𧄍字之出列子，而謂𧄝字未見所出，則以任臣但見今本列子，未見敬順釋文耳。攷通雅引廣綽賦序曰：唐辨𧄝𧄝止存王起王元美胡名瑞作𧄝，（即𧄝字之訛。）𧄍，（即𧄍字之訛。）然則王起所見者高𧄍猶作𧄝𧄍，故云不識𧄝𧄍二字。證之敬順釋文亦作𧄝𧄍，可見唐時舊本高多作𧄝。王元美胡名瑞作𧄝𧄍，雖爲𧄝𧄍二字傳寫之訛，而釋文舊本之作𧄝𧄍轉可藉以攷鏡。惟是釋文於𧄍字之下又云本作高，𧄍音上齊下合，於義無取。蓋敬順謂𧄝𧄍別本作高𧄍，上高音齊，下𧄍音合，是不特𧄝𧄍異文，并高𧄍之讀齊合與𧄝𧄍之讀泰丙亦殊。五音集韻：高，徂奚切，與齊同紐；𧄍，蓋臘切，與盍同紐。此即一本作高音齊，作𧄍音合之明證。但淮南子作太丙，而此音齊合，於義無所取，故定本作𧄝，音泰；作𧄍，音丙，不從別本耳。又考穆天子傳：「𧄝𧄍爲右」。𧄝與高相近，𧄍與𧄍相近，故傳寫訛誤。孫詒讓曰：釋文字林云陸，云當作音，一切經音義六引字林音陸，即此書也。各本並譌作云。任氏亦未校正。

次車之乘，右服渠黃而左踰輪，左驂盜驪而右山子，○蔣超伯曰：爾雅馬屬有小領盜驪，廣雅作騠驛，玉篇作桃驛，史記秦紀作溫驪，皆盜驪之異文。○釋文云：驪，力移切。盜驪即荀子之纖離者也（荀子纖離見性惡篇）。柏夭主車，○釋文云：夭，於表切。郭璞云：柏夭，人姓名。參百爲御，奔戎爲右。○蔣超伯曰：奔戎據傳（案即穆天子傳）乃高氏掌七萃之士，而張湛注未詳。馳驅千里，至於巨蒐氏之國。○汪中曰：巨蒐即禹貢之渠搜也。○釋文云：巨蒐音渠搜，西戎國名。巨蒐氏乃獻白鵠之血以飲王，○釋文云：飲，於禁切。具牛馬之湩以洗王之足，〔注〕湩，乳也。以已所珍貴獻之至尊。○釋文云：湩，竹用切。洗，先禮切。乘，實證切。及二乘之人。已飲而行，遂宿於崑崙之阿，赤水之陽。〔注〕山海經云：「崑崙山有五色水也。」○釋文云：崑崙音昆侖。山海經云：「流沙之濱，赤水之後，黑水之前，有大山，名崑崙之丘。有人穴處，名曰西王母也。」別日升於崑崙之丘，○各本無於字。○釋文丘作北，云：北古丘字。以觀黃帝之宮；○釋文云：陸賈新語云，「黃帝巡游四海，登崑崙山，起宮，望於其上」。而封之以詒後世。○釋文云：詒音怡，傳也。遂賓於西王母，○釋文云：河圖玉版云：「西王母居崑崙山。」紀年云：「穆王十七年西征，見西王母，賓于昭宮」。觴於瑤池之上。〔注〕西王母，人類也。虎齒蓬髮，戴勝善嘯也。出山海經。西王母爲王謠，〔注〕徒歌曰謠。詩名白雲。○釋文云：

爲，于謡切。王和之，〔注〕和，答也。詩名東歸。○釋文云：和，胡臥切。其辭哀焉。西觀日之所入。〔注〕穆天子傳云：「西登弇山。」○西本作迺。王引之曰：焉猶於是也，乃也，則也。招魂曰：「巫陽焉乃下招。」遠遊篇曰，「焉乃遊以俳佪。」列子周穆王篇曰「焉迺觀日之所入」。此皆古人以焉乃二字連文之證。王重民曰：王說非是。迺本作西，字之誤也。焉字仍當屬上爲句。張注引穆天子傳云西登弇山，按郭璞穆天子傳注曰，弇玆山，日所入也。弇山在瑤池之西，爲日所入處。張氏引之正以釋西觀之義，御覽三引作西觀日所入處，文雖小異，西字尚不誤。吉本府正作西。伯峻案：王重民說是。迺西形近而訛，今从吉府本改正。○釋文云：弇音奄。蔣超伯曰：坊本穆天子傳殘闕不完，惟郭璞山海經注所引文義較是。其引傳曰：「吉日甲子，賓於西王母，執玄圭白璧以見西王母，獻錦組百縷，金玉百斤。西王母再拜受之。乙丑，天子觴西王母於瑤池之上。西王母爲天子謠曰：白雲在天，山陵自出。道理悠遠，山川間之。將子無死，尚復能來。天子答之曰：予還東土，和理諸夏。萬民均平，吾顧見汝。比及三年，將復而野。西王母又爲天子吟曰：徂彼西土，爰居其所。虎豹爲羣，烏鵲與處。嘉命不遷，我爲帝女。彼何世民，又將去子。吹笙鼓簧，中心翶翔。世民之子，惟天之望。天子遂驅升於奄山，乃紀迹於奄山之石而樹之槐，眉曰西王母之山」。一日行萬里。○釋文作萬行，云：行讀爲里。王乃歎曰：「於乎！○釋文於作于，云：於于音嗚呼，又作乎。予一人不盈於德而諧於樂。〔注〕諧，辨。後世其追數吾過乎！」〔注〕自此已上至命駕八駿之乘事見穆天子傳。○釋文云：數，色句切，責也。穆王幾神人哉！〔注〕言非神也。○釋文云：幾音豈。能窮當身之樂，○釋文云：樂音洛。猶百年乃徂，〔注〕知世事無常，故肆其心也。世以爲登假焉。〔注〕假字當作遐，世以爲登遐，明其實死也。○〔解〕揮翮駭，擇賢才，應用隨方。不限華夷之國，唯道所趣。不遠軒轅之宮，窮天地之所有，極神知之所說。不祟德以矜用，方樂道以通神。千載皷化而上升，世俗之人以爲登遐焉矣。○秦恩復曰：解「皷」字書所無。集韻有皷字，音奇，即古跂字，於義難通。孫詒讓曰：解「皷化」當作「肢化」，肢化猶言尸解也。秦引集韻皷爲古跂字，非此義。○釋文云：假音遐。

老成子學幻於尹文先生，○王重民曰：御覽七百五十二引作考成子，與釋文本同。○釋文老作考，云：考成子一本作老成子，著書十八篇。任大椿曰：姓氏急就篇：「老成氏，世本有宋大夫老成方，列子老成學幻於尹文，藝文志有老成子」，然則伯厚所見列子本作老成子，與今本同。三年不告。老成子請其過而求退。尹文先生揖而進之於室。屏左右而與之言曰：○釋文云：屛，必郢切。「昔老聃之徂西也，○釋文云：聃，吐藍切。顧而告予曰：有生之氣，有形之狀，盡幻也。造化之所始，陰陽之所變者，謂之生，謂之死。窮數達變，因形移易者，謂之化，謂之幻。〔注〕窮二儀之數，握陰陽之紀者，陶運萬形，不覺其難也。造物者其巧妙，其功深，固難窮難終。〔注〕造物者豈有心哉？自然似妙耳。夫氣質憤薄，結而成形，隨化而往，故未即消滅也。○陶鴻慶曰：張注未得妙字之義。妙之本字當爲眇，亦作妙。道德經上篇：常無欲以觀其妙。王注云：妙者，微之極也。其巧妙，言其巧微妙不可知也；與下文「因形者其巧顯其功淺」相對爲義。伯峻案：御覽七二五引作「故難窮難終」，固作故，於義較長。○釋文云：憤，房吻切。

因形者其巧顯，其功淺，故隨起隨滅。〔注〕假物而爲變革者，與成形而推移，故暫生暫沒。功顯事著，故物皆駭。

知幻化之不異生死也，始可與學幻矣。〔注〕注當目巳詳其義。○盧文弨曰：注「注」下藏本有見字。王重民曰：與猶以也，說見釋詞。謂始可以學幻也。御覽七百五十二引作「始可學夫幻矣」，文異義同。

吾與汝亦幻也，奚須學哉？」〔注〕身則是幻，而復欲學幻，則是幻幻相學也。○〔解〕夫形氣之所變化，新新不住，何殊於幻哉？故神氣所變者，長遠而難知；法術之所造，從近而易見；乃不知乎難知者爲大幻，易見者爲小幻耳。著知幻化之不異生死，更何須學耳。○釋文云：復，扶又切。

老成子歸，用尹文先生之言深思三月；○釋文深作淫，云：淫音深。任大椿曰：楚辭九懷「汎淫兮無根」。注云：「一作沉淫，猶深淫也。」（戰國燕策，其智深而慮沉。注云：沉猶深。）史記樂書：「聲淫及商。」王肅曰：「聲深淫貪商」。此淫訓爲深之証也。又此書淫深二字多相通。黃帝篇，「彼將處乎不深之度」。注云：「深當作淫」。淫讀爲深，深又讀爲淫，義相通也。

遂能存亡自在，憣校四時；○釋文云：憣音翻。校音絞。顧野王讀作翻交四時。

冬起雷，夏造冰。飛者走，走者飛。〔注〕深思一時，猶得其道，況不思而自得者乎？夫生必由理，形必由生。未有有生而無理，有形而無生。生之與形，形之與理，雖精麤不同，而迭爲賓主。往復流遷，未始蹔停。是以變動不居，或聚或散。撫之有倫，則功潛而事著；修之失度，則跡顯而變彰。今四時之令或乖，則三辰錯序。雷冰反用，器物蒸爍，則飛煉雲沙以成冰澒。得之於常，衆所不疑。推此類也，盡陰陽之妙數，極萬物之情者，則陶鑄羣有，與造化同功矣。若夫偏達數術，以氣質相引，俛仰則一出一沒，顧眄則飛走易形，蓋術之末者也。○冰澒各本作水頃，非。○釋文云：爍音鑠。澒音洪。

終身不箸其術，○釋文箸作著，云：著，陟慮切。

故世莫傳焉。〔注〕日用而百姓不知，聖人之道也。顯奇以駭一世，常人之事耳。○〔解〕精乎神氣之本，審乎生死之源，則能變化無方，此必然之理也。會須心悟體臆，故不可以言語文字傳者也。○俞樾曰：「故」盧重元本作「固。」固與故通，此古本也。張湛本竟改作「故」，轉非古書之舊。

子列子曰：「善爲化者，其道密庸，其功同人。〔注〕取濟世安物而已，故其功潛著而人莫知焉。○釋文云：巳音以。

五帝之德，三王之功，未必盡智勇之力，或由化而成。孰測之哉？」〔注〕帝王之功德，世爲之名，非所以爲帝王也。揖讓干戈，果是所假之塗，亦奚爲而不假幻化哉？但駭世之迹，聖人密用而不顯焉。○釋文云：爲之之爲，于僞切。

覺有八徵，○釋文云：覺音教。夢有六候。〔注〕徵，驗也。候，占也。六夢之占，義見周官。○釋文云：見，賢遍切。奚謂八徵？一曰故，〔注〕故，事。二曰爲，〔注〕爲，作也。○陶鴻慶曰：故謂舍其舊，爲謂圖其新，與下文得喪哀樂生死皆相對爲義。張注未晰。三曰得，四曰喪，○釋文云：喪，息浪切。五曰哀，六曰樂，○釋文云：樂音洛。七曰生，八曰死。此者八徵，形所接也。○俞樾曰：當作「此八者形所接也」，與下文「此六者神所交也」相對。王重民曰：俞說是也。吉府本作「此八者徵形所接也。」疑先誤衍一徵字，後人遂以意移入於者字之下，吉府本猶存其跡。王叔岷曰：道藏高守元本引范致虛解云：「此八者形所接也」。所見本與俞說合。神編六五引作「此八者徵形所接也」，與吉府本合。徵字非衍文，疑本作「此八徵者，形所接也」，與下文「此六候者神所交也」相對。今本下文「六」下既捝候字(詳後)，此文亦錯亂不可讀矣。宋徽宗義解云：「故曰，此八證者，形所接也」(以證詁徵)，所見本不誤。奚謂六候？一曰正夢，〔注〕平居自夢。二曰蘁夢，〔注〕周官注云：蘁當爲驚愕之愕，謂驚愕而夢。○釋文云：蘁音愕。三曰思夢，〔注〕因思念而夢。四曰寤夢，〔注〕覺時道之而夢。○釋文云：寤音悟。五曰喜夢，〔注〕因喜悅而夢。六曰懼夢。〔注〕因恐怖而夢。此六者，神所交也。〔注〕此一章大旨亦明覺夢不異者也。○王叔岷曰：宋徽宗義解：「故曰，此六候者，神所交也」。是所見本「六」下有候字，與上文「此八徵者形所接也」相對。當據補。草堂詩箋補遺四引「六」下有夢字，亦可證今本有捝文。

不識感變之所起者，事至則惑其所由然；識感變之所起者，事至則知其所由然。知其所由然，則無所怛。〔注〕夫變化云爲皆有因而然。事以未來而不尋其本者，莫不致惑。誠識所由，雖譎怪萬端，而心無所駭也。○〔解〕夫虛心寂慮，反照存神，則能通感無礙，化被含靈矣。人徒見其用化之跡，不識夫通化之本也。何者？以其道密用而難知，其功成不異於人事，故五帝三王，人但知其勇之力，不能識其感化而成之者也。然覺有八徵，夢有六候者，生人之跡不過此矣。故、爲、得、喪、哀、樂、生、死，形所接也；正、愕、思、寤、喜、懼，神所交也。形所接者，咸以爲覺；神所交者，咸以爲夢。而覺夢出殊，其於化也未始有別。知八徵六候之常化也，是則識其所由矣。夫知守神不亂而化之有由，則所遇徵候，何所驚怛也？○釋文云：怛，丁達切。譎音決。一體之盈虛消息，皆通於天地，應於物類。〔注〕人與陰陽通氣，身與天地並形；吉凶往復，不得不相關通也。故陰氣壯，則夢涉大水而恐懼；〔注〕失其中和，則濡溺恐懼也。○釋文云：濡音儒。陽氣壯，則夢涉大火而燔焫；〔注〕火性猛烈，遇則燔焫也。○焫各本並作爇，字之誤也。禮記郊特牲：「既奠然後焫蕭合羶薌。」釋文云：「焫，如悅切。」敬順文正作焫，亦取此音，可知唐時尚未誤。玉篇有焫字，而悅切，同爇，非顧氏原本，乃後人增竄，亦當據此校正也。惜古逸叢書玉篇殘卷缺火部，無从證明矣。○釋文云：燔音煩。焫，如悅切。陰陽俱壯，則夢生殺。〔注〕陰陽以和爲用者也。抗則自相利害，故或生或殺也。○釋文云：抗或作亢。　甚飽則夢與，甚饑則夢取。〔注〕有餘故欲施，不足故欲取。此亦與覺相類也。○注「欲取」北宋本、汪本作「涉取」，今从道藏本訂正。　是以以浮虛爲疾者，則夢揚；以沈實爲疾者，則夢溺。藉帶而寢則夢蛇，○釋文云：藉，慈夜切。　飛鳥銜髮則夢飛。〔注〕此以物類致感。○藏本「類」下有「而」字，注末有「也」字。　將陰夢火，將疾夢食。飲酒者憂，歌舞者哭。〔注〕此皆明夢：或因事致感，或造極相反，即周禮六夢六義，理無妄然。○〔解〕神氣執有則化隨，陰陽所感則夢變。或會極而爲感，或像似而見跡，或從因而表實，或反理而未表情。若凝理會眞，冥神應道者，明寂然通變，憂樂不能入矣。○陶鴻慶曰：飲酒者憂，歌舞者哭，兩句之首皆當有夢字。伯峻案：陶說是也。莊子齊物論「夢飲酒者且而哭泣，夢哭泣者旦而田獵」。文雖小異，而有夢字則同。又案：解「或反理而未表情」，未字衍文。○釋文云：造，七到切。　子列子曰：「神遇爲夢，形接爲事。〔注〕莊子曰：其寐也神交，其覺也形開。○伯峻案：御覽三九七引作「故神遇爲夢」，「子列子曰」四字作「故」，又注引莊子見齊物論。今本「神交」作「魂交」。　故晝想夜夢，神形所遇。〔注〕此想謂覺時有情慮之事，非如世間常語晝日想有此事而後隨而夢也。　故神凝者想夢自消。〔注〕晝無情念，夜無夢寐。

信覺不語，信夢不達；物化之往來者也。〔注〕夢爲鳥而戾於天，夢爲魚而潛於淵，此情化往復也。○注「戾」本作「厲」，亦通。但戾度用詩，（小雅四月云：匪鶉匪鳶，翰飛戾天。匪鱣匪鮪，潛逃于淵。）詩本作戾，當以戾爲正。今从藏本訂。　古之眞人，其覺自忘，其寢不夢；幾虛語哉？」〔注〕眞人無往不忘，乃當不眠，何夢之有？此亦寓言以明理也。○〔解〕夫六情俱用，人以爲實；意識獨行，人以爲虛。人以爲虛者，同呼爲幻；夢行人以爲夢爲實者，同呼爲眞。是曾不知覺亦神之遊，夢亦神之行。信一不信一，是不達者也。若自忘則不夢，豈有別理者乎？○秦恩復曰：解疑有脫誤。汪萊曰：解「人以爲虛者」上當增「人以爲虛」四字。「夢行」「爲夢」四字衍。伯峻案：莊子刻意篇云：「聖人之生也天行，其死也物化。（中略）其寢不夢，其覺無憂。」（下略）大宗師篇略同。淮南俶眞訓云：「夫聖人用心杖性依神相扶而得終始，是故其寐不夢，其覺不憂。」皆是此意。○釋文云：幾音祟。

西極之南隅有國焉，○釋文隅作嵎。云：嵎與隅同。任大椿曰：爾雅釋水釋文云：「隅又作嵎埆，同音魚吁反。」說文：「嵎，封嵎之山，在吳楚之間汪芒之國。从山禺聲。」徐鍇按：國語「防風氏守封嵎之山者也。」今本國語云：「汪芒氏之君，守封隅之山者也」。韋昭注：「封，封山；隅，隅山」。則嵎隅通，又史記夏本紀索隱曰：「今文尙書及帝命驗並作禺鐵」，禺卽嵎也。則嵎隅禺並通。　不知境界之所接，名古莽之國。○釋文云：莽，莫朗切。

陰陽之氣所不交，故寒暑亡辨；○辨或作辯，下同。○釋文亡辨作亡辯，云：亡音無，下同。　日月之光所不照，故晝夜亡辨。其民不食不衣而多眠。五旬一覺，以夢中所爲者實，覺之所見者妄。四海之齊謂中央之國，〔注〕即今四海之內。○陶鴻慶曰：齊，中央也。謂與爲通用。伯峻案：上文云「名古莽之國」，下文云「日阜落之國」，則此謂字當與「名」「日」同義，不當讀爲爲。陶說疑未審。跨河南北，○釋文云：跨，苦化切。越岱東西，萬有餘里。其陰陽之審度，故一寒一暑；○俞樾曰：審度二字傳寫誤倒，本作陰陽之度審。下句云其昏明之分察，故一晝一夜。度與分對，審與察對，以是明之。昏明之分察，故一晝一夜。○釋文云：分，符問切。其民有智有愚。萬物滋殖，才藝多方。有君臣相臨，禮法相持。其所云爲不可稱計。一覺一寐，以爲覺之所爲者實，夢之所見者妄。東極之北隅有國曰阜落之國。○釋文云：阜音埠。其土氣常燠，○釋文云：燠音郁。日月餘光之照。其土不生嘉苗。其民食草根木實，不知火食，性剛悍，彊弱相藉，○釋文云：藉音陵。伯峻案：藉不當有陵音。釋文之意，蓋以藉當訓陵轢之陵，（後漢書朱浮傳注：陵轢猶欺蔑也。）遂以陵音擬之。藉自有欺陵之意，（史記田蚡傳今吾身在也，而人皆藉吾弟。注：藉，蹈也，踐踏之也。）不必改讀也。此條疑景元所補。貴勝而不尙義；多馳步，少休息，常覺而不眠。〔注〕方俗之異，猶覺夢反用，動寢殊性，各適一方，未足相非者也。○〔解〕故舉此二國之異，而神之可會者未嘗殊也。故知神理之契運不明夢覺衣食。苟嗜慾之不忘，則情繫于俗矣。○陶鴻慶曰：「西極之南隅有國焉不知境界之所接名古莽之國」云云，「東極之北隅有國曰阜落之國」云云，以今地理學考之，南北二字當互易。

周之尹氏大治產，○釋文云：治音持。其下趣役者侵晨昏而弗息。○秦本趣作趨。○釋文云：趣音趨，下同。任大椿曰：史記張儀傳：「方將約車趨行。」正義：「趨音趣。」司馬遷傳：「趣舍異路」。趣舍即趨舍也。漢書賈誼傳：「趣中肆夏」。趣即趨。故敬順釋文云趣音趨也。伯峻案：趨俗趨字，（見廣韻十虞趨下及龍龕手鑑。）與說文「趍趙」之「趍」（音池）形同而音義異。有老役夫筋力竭矣，○伯峻案：管子輕重己篇云：「處里爲下陳，處師爲下通，謂之役夫」。役夫爲賤者之稱，故可爲詬詈之辭。文元年左傳云：「江芊怒曰：呼！役夫！宜君王之欲殺女而立職也」。而使之彌勤。晝則呻呼而即事，○釋文云：呻呼音申吟，下同。伯峻案：呼不當有吟音，或文有脫誤。不然，則敬順蓋以吟訓呼，遂爾標音，不知其不合音理也。夜則昏憊而熟寐。○釋文云：憊，蒲介切。精神荒散，昔昔夢爲國君。○秦恩復曰：昔與夕聲相近。伯峻案：詩云，「樂酒今昔」。今昔，今夕也。穀梁傳云：「日入至于星出謂之昔」。昔即夕。管子云「且昔從事。」且昔，且夕也。皆昔夕相假之證。○釋文云：昔昔，夜夜也。居人民之上，總一國之事。遊燕宮觀，○釋文云：燕音宴。觀，古亂切。恣意所欲，其樂無比。○釋文云：樂音洛。覺則復役。○釋文云：覺音教，下同。人有慰喻其懃者，○樂本懃作勤。役夫曰：「人生百年，晝夜各分。〔注〕分，半也。吾晝爲僕虜，苦則苦矣；夜爲人君，其樂無比。何所怨哉？」尹氏心營世事，慮鍾家業，心形俱疲，夜亦昏憊而寐。昔昔夢爲人僕，趨走作役，無不爲也；數罵杖撻，無不至也。眠中啽囈呻呼，〔注〕啽，吾南反。囈音藝。○釋文云：啽，吾南切。囈音詣。啽囈呻吟，並寐語也。徹旦息焉。尹氏病之，以訪其友。友曰：「若位足榮身，資財有餘，勝人遠矣。夜夢爲僕，苦逸之復，數之常也。〔注〕夫盛衰相襲，樂極哀生，故覺之所美，夢或惡焉。○釋文云：惡，烏路切。若欲覺夢兼之，豈可得邪？」尹氏聞其友言，寬其役夫之程，減己思慮之事，○釋文云：思音四。疾並少閒。〔注〕此章亦明覺夢不異，苦樂各適一方，則役夫勩於晝而逸於夜，尹氏榮於晝而辱於夜。理苟不兼，未足相跨也。○〔解〕夫勞形而逸其神者，則覺疲而夢安；勞神而役形者，則覺樂而夢苦。神者，生之主也；而人不知養神以安形。形者，神之器也；而人不知養形以逸神也。故形神俱勞，則過其分。若勞佚適中者，疾並少閒矣。○注「則役夫」汪本作「明役夫」，今从各本改。「適一方」或作「通一切」。○釋文跨作咵，云：少閒，病差也。咵音誇。

鄭人有薪於野者，遇駭鹿，御而擊之，〔注〕御，迎。○釋文云：御音訝，迎也。斃之。○釋文云：斃音弊。恐人見之也，遽而藏諸隍中，○釋文云：隍音黃，無水池也。覆之以蕉。○黃生曰：蕉樵古字通用。取薪曰樵，謂覆之以薪也。莊子人間世：「死者以國量乎澤若蕉」。字與此同，謂死人骨如積薪也。今以蕉字爲芭蕉用，而相如子虛賦但作巴且。○釋文云：蕉與樵同。不勝其喜。○釋文云：勝音升。俄而遺其所藏之處，遂以爲夢焉。順塗而詠其事。傍人有聞者，用其言而取之。既歸，告其室人曰：「向薪者夢得鹿而不知其處；吾今得之，彼直眞夢矣。」○夢下本有者字。○俞樾曰：此本作「彼直眞夢矣」，者字衍文。盧重元本無者字。○伯峻案：俞說是也。今依樂刻盧重元本、四解本删者字。室人曰：「若將是夢見薪者之得鹿邪？詎有薪者邪？今眞得鹿，是若之夢眞邪？」夫曰：「吾據得鹿，何用知彼夢我夢邪？」薪者之歸，不厭失鹿。〇伯峻案：厭、懕通。說文：「懕，安也。」詩小戎：「厭厭良人。」傳云：「厭厭，安靜也。」不厭失鹿猶言不安失鹿也。〇釋文云：厭音恹，又於豔切。其夜眞夢藏之之處，又夢得之之主。爽旦，案所夢而尋得之。遂訟而爭之，歸之士師。〇釋文云：士師，掌五禁之法者。士師曰：「若初眞得鹿，妄謂之夢；眞夢得鹿，妄謂之實。彼眞取若鹿，而與若爭鹿。〇陶鴻慶曰：「而與若爭鹿」當作「而若與爭鹿。」此云爭鹿，指失鹿者言；下云今據有此鹿，指取鹿者言。故請二分之也。室人又謂夢仞人鹿，〇吉府本世德堂本仞作認。〇釋文云：仞一本作認。無人得鹿。今據有此鹿，請二分之。」以聞鄭君。鄭君曰：「嘻！〇釋文云：嘻音熙。士師將復夢分人鹿乎？」〇釋文云：復，扶又切。訪之國相。〇釋文云：相，息亮切。國相曰：「夢與不夢，臣所不能辨也。欲辨覺夢，唯黃帝孔丘。〔注〕聖人之辨覺夢何邪？直知其不異耳。〇釋文云：邪，似遮切。直或作眞。今亡黃帝孔丘，〇釋文云：亡音無。孰辨之哉？〇俞正燮曰：史記正義引帝王世紀云：「黃帝夢大風吹天下塵垢皆去，又夢人執千鈞之弩驅羊萬羣。帝寤而歎曰：風爲號令，執政者也；垢去土，后在也。天下豈有姓風名后者哉？夫千鈞之弩，異力者也；驅羊萬羣，能牧民爲善者也。天下豈有姓力名牧者哉？於是依二占而求之，得風后於海隅，登以爲相；得力牧於大澤，進以爲將。黃帝因著占夢經十一卷。」其圓夢之法徑情直遂而竟得之，可謂象罔得珠矣。譏楓有淫邪發夢篇。占夢經，藝文志有之，曰：黃帝長柳占夢。孔子兩楹之夢見檀弓。辨夢言黃帝孔丘，此其義也。且恂士師之言可也。」〔注〕恂，信也，音荀。因喜怒而迷惑，猶不復辨覺夢之虛實，況本無覺夢也？〇〔解〕夫以爲夢者，但妄識耳。神識之不寤，則爲妄夢焉。傍閑而取鹿者，亦不寤也，此復爲夢矣。得鹿者又夢而求鹿，以經獄官焉。其皆不寤也，妄情同焉，故二分之。能了其妄者，其唯聖人乎！若時無聖人，孰無的當，故士師之以不了斷不了，更爲妄焉。〇釋文云：恂音荀，信也。

宋陽里華子中年病忘，〇釋文云：華，胡化切。忘音望，不記事也。朝取而夕忘，夕與而朝忘；在塗則忘行，在室則忘坐；今不識先，後不識今。〇王重民曰：「今不識先後不識今」二句有誤，御覽七三八引作「不識先後不識今古」，近是。闔室毒之。〇釋文云：闔，胡臘切。毒，苦也。謁史而卜之，弗占；謁巫而禱之，弗禁；謁醫而攻之，弗已。魯有儒生自媒能治之，華子之妻子以居產之半請其方。〇陶鴻慶曰：居猶蓄也，謂其素所蓄積也。天瑞篇

「沒其先居之財」，義與此同。

儒生曰：「此固非卦兆之所占，〔注〕夫機理萌於彼，蓍龜感於此，故吉凶可因卦兆而推，情匿可假象數而尋。今忘者之心，泊爾鈞於死灰，廓焉同乎府宅；聖人將無所容其鑒，豈卦兆之所占？○釋文云：蓍音尸。匿，昵力切。泊音魄。鑒音鑑。

非祈請之所禱，〔注〕夫信順之可以祈福慶，正誠之可以消邪僞，自然之勢也。故負愧於神明，致怨於人理者，莫不因茲以自極。至於情無專惑，行無狂僻，則非祈請之所禱也。○釋文自極作自拯，云：拯，蒸上聲，本作極。行，下孟切。僻音僻。伯峻案：極，病困也。此魏晉人常語。淺人不明此義，乃改爲拯字，義反而不可通。釋文此條疑景元所加，非殷氏之舊。

非藥石之所攻。〔注〕疢疴結於府藏，疾病散於肌體者，必假脈診以察其盈虛，投藥石以攻其所苦。若心非嗜慾所亂，病非寒暑所傷，則醫師之用宜其廢也。○注「疢疴」或作「疢病」，或作「疼疴」，或作「疾疴」。又「假脈診」北宋本作「攻脈診」，「嗜慾」作「食慾」。義俱不長。○釋文云：疢音救。疴音阿。藏，才浪切。診，止忍切。

吾試化其心，變其慮，庶幾其瘳乎！」〔注〕大忘者都無心慮，將何所化？此義自云易令有心，反令有慮，蓋辭有左右耳。○注「辭」或作「亂」，疑誤。○釋文云：瘳，丑鳩切。

於是試露之，而求衣；飢之，而求食；幽之，而求明。〔注〕先奪其攻己之物以試之。

儒生欣然告其子曰：「疾可已也。然吾之方密，○釋文云：然吾之方密爲句。

傳世不以告人。試屏左右，獨與居室七日。」從之。○釋文云：從音縱。伯峻案：從當讀如字，謂依之也。釋文誤。

莫知其所施爲也，〔注〕儒者之多方，固非一塗所驗也。

而積年之疾一朝都除。〔注〕上句云使巫醫術之所絕思而儒生獨能已其所病者，先引華子之忘同於自然，以明無心之極，非數術而得復推；儒生之功有過史巫者，明理不冥足，則可以多方相誘。又欲令忘者之悟知曩之忘懷，實幾乎至理也。○〔解〕老子曰：「爲學日益，爲道日損。損之又損之，以至於無爲」。華子學道而忘其有，儒生學有以益其知。益其知者，是非必辯於目前；忘其有者，得喪不入於天府。豈占卜醫藥所能瘳之哉？於是儒生以多方誘其心，是非惑其慮。華子於是失道而後德，失德而後是非交馳於胷中，故坐忘之道失矣。○注「有過」下藏本有「乎」字。汪萊曰：解「損之又損之」下「之」字衍。伯峻案：根據范應元道德經集註、彭耜道德經集註、古本都有兩「之」字，與重元所引同。則下「之」字非衍文。汪說誤。○釋文云：思音四。

華子既悟，迺大怒，黜妻罰子，操戈逐儒生。○伯峻案：左傳僖二十三年云：「姜曰：行也！懷與安，實敗名。公子不可。姜與子犯謀，醉而遣之。醒，以戈逐子犯」。古人以戈爲隨身之兵，故古書屢言操戈也。○釋文云：操，七刀切。

宋人執而問其以。華子曰：「曩吾忘也，蕩蕩然不覺天地之有無。今頓識既往，數十年來存亡、得失、哀樂、好惡，擾擾萬緒起矣。○釋文云：數，色主切。樂音洛。好，呼報切。惡，烏路切。

吾恐將來之存亡、得失、哀樂、好惡之亂吾心如此也，須臾之忘，可復得乎？」〔注〕疾病與至理相似者猶能若斯，況體極乎？○〔解〕華子思反眞而無從也，故怒其妻子以逐儒生也。○釋文云：復，扶又切。子貢聞而怪之，以告孔子。孔子曰：「此非汝所及乎！」顧謂顏回紀之。〔注〕此理亦當是賜之所逮，所以抑之者，欲寄妙賞於大賢耳。○〔解〕子貢辯學之士，猶取強學者也，故曰此非汝所及也。顏回好學亞聖，不違於仁者也，故令顏回記之者，用明道於大賢耳。○「紀」藏本作「記」，兩通。○釋文妙賞作妙當，云：當，丁浪切，一本作賞。

秦人逢氏有子，○釋文云：逢音龐。少而惠，○伯峻案：御覽四九○引「惠」作「慧」。案後漢書孔融傳：「將不早惠乎？」注云：「惠作慧」。則惠慧通。○釋文云：少，詩照切。及壯而有迷罔之疾。〔注〕惠非迷也，而用惠之弊必之於迷焉。○釋文云：罔，文兩切。聞歌以爲哭，視白以爲黑，饗香以爲朽，〔注〕月令曰：其臭朽。○錢大昕曰：古人香與朽對，取其相反，猶味有甘苦也。月令：「春之臭羶，夏之臭焦，中央之臭香，秋之臭腥，冬之臭朽」。嘗甘以爲苦，○「嘗」世德堂本作「常」。俞樾曰：常嘗古通用。禮記少儀篇：「馬不常秣」。釋文曰：「常一本作嘗。」爾雅釋詁：「嘗，祭也。」釋文曰：「嘗字又作常。」並其證也。列子原文儻常爲嘗。道藏本易以本字，轉非古書之舊矣。行非以爲是：意之所之，天地四方，水火寒暑，無不倒錯者焉。○〔解〕夫矜於小智者，人以爲慧；體道保和者，人以爲愚。夫齊聲色忘水火者，非俗人之所辯，故以道爲迷罔焉。楊氏告其父曰：「魯之君子多術藝，將能已乎？汝奚不訪焉？」其父之魯，過陳，○釋文云：過音戈。遇老聃，因告其子之證。老聃曰：「汝庸知汝子之迷乎？今天下之人皆惑於是非，昏於利害。同疾者多，固莫有覺者。且一身之迷不足傾一家，一家之迷不足傾一鄉，一鄉之迷不足傾一國，一國之迷不足傾天下。天下盡迷，孰傾之哉？○王重民曰：傾字與上文不相應，蓋正字之誤。此老聃與逢氏之言，謂汝子迷罔之病非病也，今天下之人皆惑於是非，昏於利害，乃眞病耳。特以同病者多，反不覺病。若天下盡如汝子之迷，倘孰求而正之哉？此因上文傾一家傾一鄉等傾字而誤。下文「哀樂聲色臭味是非孰能正之」云云，正承此言。若作傾，則非其義矣。御覽四百九十引正作「正」，可證。向使天下之人其心盡如汝子，○釋作向作嚮，云：嚮音向。汝則反迷矣。哀樂、聲色、臭味、是非，孰能正之？○釋文云：樂音洛。且吾之此言未必非迷，而況魯之君子迷之郵者，〔注〕魯之君子藏稱仁義，明言是非，故曰迷之鄒者也。○世德堂本「言」上無「此」字，御覽四百九十引有「此」字。○汪中曰：鄒尤通。王重民曰：御覽四百九十引「鄒」作「尤」，當亦引者所改。○釋文云：鄒音尤。焉能解人之迷哉？○釋文云：焉，於虔切。榮汝之糧，不若遄歸也。」〔注〕榮，棄也。此章明是非之理未可全定，皆衆寡相傾以成辨爭也。○〔解〕榮，棄也。天下俗士甚多，悟道者少。衆迷以嗤獨智，翻以爲迷。故老子云：「下士聞道大笑之。不笑不足以爲道也。」今欲使趨競之士正其是非者，失道彌遠矣。衆之徧生於忘形保神之道乃迷之甚者也，何能曉人之迷？爾不如棄汝路糧速歸矣。○秦恩復曰：解「趍」字疑「趨」字之誤。牟庭曰：荀子議兵「贏三日之糧。」注：「贏，負擔也。」莊子胠篋「贏縢而趨之。」釋文：「贏，裹也。」方言：「贏，儋也。」然則贏縢謂緘縢而負之。列子榮亦贏之假音。俞樾曰：張湛盧重元注並訓榮爲棄，不知何據，殆非也。榮者對實而言，榮猶華也。爾雅釋草曰：「木謂之華，草謂之榮。不榮而實者謂之秀，榮而不實者謂之英。」是其義也。古人之詞凡無實者謂之華。後漢書馬融傳注曰：「華，虛譽也」。訓華爲虛，則榮亦可爲虛矣。榮汝之糧言其虛費而無實用也。漢書揚雄傳：「四皓采榮於南山」。師古曰：「榮者，聲名也。」蓋榮與實對，故亦可訓名。以草木言之，則榮實也；以人事言之，則名實也，虛實也。其義固得通矣。伯峻案：俞說迂曲，牟說近是。○釋文云：遄，士緣切。爭音諍。

燕人生於燕，長於楚，○釋文云：長，張丈切。及老而還本國。過晉國，○釋文云：過音戈。同行者誑之；○釋文云：誑，九況切。指城曰：「此燕國之城。」其人愀然變容。○釋文云：愀，七小切。指社曰：「此若里之社。」○王重民曰：類聚三十四引「若」作「君」，下同。伯峻案：御覽五五八引「若」下有「若猶汝也」四字注。乃喟然而歎。○釋文云：喟，丘愧切。指舍曰：「此若先人之廬。」乃涓然而泣。○釋文云：涓，音泫，胡犬胡絹二切。指壟曰：「此若先人之冢。」其人哭不自禁。○釋文云：禁音金。同行者啞然大笑，曰：○釋文云：啞，烏陌切。「予昔紿若，○俞樾曰：「昔」當爲「皆」，字之誤也。王重民曰：御覽五百五十八引「昔」作「等」。伯峻案：昔字可通，不煩改字。○釋文云：紿音待，欺也。此晉國耳。」其人大慚。及至燕，眞見燕國之城社，眞見先人之廬冢，悲心更微。〔注〕此章明情有一至，哀樂既過，則向之所感皆無欣戚者也。○〔解〕夫人性相近習相遠者，各隨其情習所安也。生於燕者，未離其本也；長於楚者，安於所習也。所歸於本而不之識，故僞薄者是人得之焉將所似而誘之，信者於是生惑也。反知不實，忘情以生慚。縱得見眞，仍以爲薄者，是非皆不相了，因人以惑其情焉。況今之君子，咸妄執晉國之城社也，寧知養神反本之至道哉？○「更」世德堂本作「便」。汪萊曰：解「是人得之」四字當在「所歸於本」上，「焉」字當在「識」字下。○釋文云：微，少也；作微者誤。

列子集釋卷第四

楊伯峻撰

仲尼第四

〔注〕智者不知而自知者也。忘智故無所知，用智則無所能。知體神而獨運，忘情而任理，則寂然玄照者也。○〔解〕此篇言體無爲之道者，方可無所不爲。世人但見聖人之跡，而不知所體之本也。學者徒知絕情之妙，而不知皆濟之用。皆失其中也。○釋文忘情作去情，云：去，丘呂切，一本作忘。

仲尼閒居，○釋文云：仲尼，魯國曲阜縣人；顏氏禱尼丘山生，因名，字仲尼，周靈王二十一年庚戌歲生。閒音閑。伯峻案：釋文「名」下疑挩「丘」字。子貢入侍，○釋文云：子貢，端木賜，衞人，字子貢；利口巧辭。而有憂色。子貢不敢問，〔注〕子貢雖不及性與天道，至於夫子文章究聞之矣。聖人之無憂，常流所不及，況於賜哉？所以不敢問者，將發明至理，推起予於大賢，然後微言乃宣耳。○注「推起予」本作「惟起余」，參照世德堂本及藏本正。出告顏回。○釋文云：顏回，魯人，字子淵。顏回援琴而歌。○釋文云：援音袁。孔子聞之，果召回入，問曰：「若奚獨樂？」○王重民曰：御覽四百六十八又四百六十九引「獨」上並有「敢」字。○釋文云：樂音洛。回曰：「夫子奚獨憂？」〔注〕回不言欲宣問，故弦歌以激發夫子之言也。○注「宣」藏本作「旨」。孔子曰：「先言爾志。」曰：「吾昔聞之夫子曰：『樂天知命故不憂』，回所以樂也。」〔注〕天者，自然之分；命者，窮達之數也。○釋文云：分，符問切，下同。孔子愀然有閒曰：○釋文云：愀，七小切；愀然，變色少時。「有是言哉？〔注〕將明此言之不至，故示有疑閒之色。○道藏本注文「疑閒」作「疑問」。汝之意失矣。○釋文失作夾，云：夾音狹，一本作失。任大椿曰：夾音狹，故與狹通。據文義蓋謂汝之意狹而未廣也。管子弟子職篇：「夫上夾所下直。」注云：「上既狹則下爲所包。」周禮司市釋文：「廣夾即廣狹。」又廣雅：「夾（古匣）夾、遖、迫、促，近也」。夾與迫促同訓，則夾即狹也。後漢書馬融傳：「東西夾，南北長。」李賢注：「夾音狹」。然則意夾即意狹。釋文猶存古字。此吾昔日之言爾，請以今言爲正也。〔注〕昔日之言，因事而興；今之所明，盡其極也。汝徒知樂天知命之無憂，未知樂天知命有憂之大也。〔注〕無所不知，無所不樂，無所不憂，故曰大也。○王重民曰：御覽四百六十八引「有」上有「之」字。今告若其實修一身，任窮達，知去來之非我，亡變亂於心慮，○「亡」本作「止」，今從藏本、世德堂本。○釋文云：亡音忘，一本作止。爾之所謂樂天知命之無憂也。〔注〕此直能定內外之分，辨榮辱之境，如斯而已，豈能無可無不可哉？○〔解〕夫樂乎天知乎命而不憂戚者，是時濟之道，非應用救物之事焉。仲尼曰：吾昔有此言，今則異於昔。曩吾修詩書，正禮樂，○釋文云：曩，乃朗切。樂音岳，下同。將以治天下，遺來世；〔注〕詩書禮樂，治世之具；聖人因而用之，以救一時之弊；用失其道，則無益於理也。○釋文云：遺，唯季切。非但修一身，治魯國而已。〔注〕夫聖人智周萬物，道濟天下。若安一身，救一國，非所以爲聖也。而魯之君臣日失其序，仁義益衰，情性益薄。此道不行一國與當年，其如天下與來世矣？〔注〕治世之術實須仁義。世既治矣，則所用之術宜廢。若會盡事終，執而不舍，則情之者寡而利之者衆。衰薄之始，誠由於此。以一國而觀天下，當今而觀來世，致弊豈異？唯圓通無閡者，能惟變所適，不滯一方。○仲父曰：「其如天下與來世矣」，如，如何也。省去何字，特爲罕見。○釋文云：治，直吏切，下治亂同。舍音捨。閡音礙。

吾始知詩書禮樂無救於治亂，而未知所以革之之方。此樂天知命者之所憂。〔注〕唯棄禮樂之失，不棄禮樂之用，禮樂故不可棄，故曰，未知所以革之之方。而引此以爲憂者，將爲下義張本，故先有此言耳。○〔解〕非詩書禮樂不足以爲治天下之法，而世之理論不由詩書禮樂所能救焉。若去其法，又無以爲禮之本也。此唯有道者之所深憂。○伯峻案 御覽四六八引「此樂天知命者之所憂」下有「也」字。○釋文云：爲，于僞切。雖然，吾得之矣。夫樂而知者，非古人之所謂樂知也。〔注〕莊子曰「樂窮通物非聖人。」故古人不以無樂爲樂，亦不以無知爲知。任其所樂，則理自無樂；任其所知，則理自無知。○「所謂」二字各本皆倒作「謂所」，今从吉府本正。伯峻又案：莊子大宗師篇云：「故聖人之用兵也，亡國而不失人心；利澤施乎萬世，不爲愛人。故樂通物，非聖人也」。而注文引作「樂窮通物」，窮字當是衍文。無樂無知，是眞樂眞知；〔注〕都無所樂，都無所知，則能樂天下之樂，知天下之知，而我無心者也。故無所不樂，無所不知，無所不憂，無所不爲。〔注〕居宗體備，故能無爲而無不爲也。詩書禮樂，何棄之有？革之何爲？」〔注〕若欲捐詩書易治術者，豈救弊之道？即而不去，爲而不恃，物自全矣。○〔解〕知天命之所無可奈何而安其分以不憂者，君子之常心也。古之開物成務，濟人利俗，則不然也。不安其樂，不任其知；先天而不違，後天而奉天時：是眞樂眞知也。若然者，故無不樂，無不知，故能無所不爲矣。豈復委任之哉？是以詩書禮樂誠可以助化之本也，革之者何爲乎？○釋文云：捐音緣。

顏回北面拜手曰：「回亦得之矣。」〔注〕所謂不違如愚者也。○伯峻案：「拜手」連文不辭。拜當作𢪔。𢪔又作拜，拜汗簡作𢪔，拜拜形相近而誤也。說文：𢪔，竦手也，重文拜，楊雄說廾从兩手。即今拱字。荀子不苟篇「君子絜後王之道而論于百王之前，若端拜而議」。王念孫校云：「拜乃𢪔之譌」。是其證例。出告子貢。子貢茫然自失，〔注〕未能盡符至言，故遂至自失也。歸家淫思七日，不寢不食，以至骨立。〔注〕發憤思道，忘眠食也。顏回重往喻之，乃反丘門，弦歌誦書，終身不輟。〔注〕既悟至理，則忘餘事。○〔解〕顏生亞聖之道，不違闇而得之矣。子貢因詩書以爲智，故爲言而失其所宗。回重喻之，乃悟爲學之益，不知日損之道也。○注「忘」北宋本作「亡」，汪本从之，今从藏本世德堂本訂正。

陳大夫聘魯，○釋文云：聘，匹正切。私見叔孫氏。叔孫氏曰：○世德堂本「曰」上無「氏」字。「吾國有聖人。」曰：「非孔丘邪？」曰：「是也。」「何以知其聖乎？」〔注〕至哉此問！夫聖人之道絕於羣智之表，萬物所不闚擬；見其會通之迹，因謂之聖耳。豈識所以聖也？叔孫氏曰：「吾常聞之顏回〔注〕至哉此答！自非體二備形者，何能言其髣髴，瞻其先後乎？以顏子之量，猶不能爲其稱謂；況下斯者乎？○釋文云：髣，芳味切。量音亮。稱，尺證切，下同。曰『孔丘能廢心而用形。』」〔注〕此顏回之辭。夫聖人既無所廢，亦無所用。廢用之稱，亦因事而生耳。故俯仰萬機，對接世務，皆形迹之事耳。冥絕而灰寂者，固泊然而不動矣。○〔解〕聖人應物而生，濟時用，導羣有以示跡，不顯眞以化凡焉。○釋文云：泊音魄，下同。陳大夫曰：「吾國亦有聖人，子弗知乎？」曰：「聖人孰謂？」曰：「老聃之弟子有亢〔注〕古郎切，又音庚。倉子者，○釋文云：亢倉音庚桑，名楚，史記作亢倉子。賈逵姓氏英覽云：吳郡有庚桑姓，稱爲士族。段玉裁曰：賈逵姓氏英覽必賈執姓氏英賢譜耳，見隋書經籍志。得聃之道，〔注〕老聃猶不言自得其道，亢倉於何得之？蓋寄得名以明至理之不絕於物理者耳。能以耳視而目聽。」〔注〕夫形質者，心智之室宇耳。目者，視聽之戶牖。神苟徹焉，則視聽不因戶牖，照察不閡牆壁耳。○蔣超伯曰：莊子雜篇作「老聃之役有庚桑楚者，偏得聃之道，以北居畏壘之山」。魯侯聞之大驚，〔注〕不怪仲尼之用形，而怪耳目之易任。迹同於物，故物無駭心。使上卿厚禮而致之。○王重民曰：意林引作「以上卿禮致之」，亢倉子全道篇作「使叔孫氏報聘，且致亢倉子，待以上卿之禮」，與意林所引義合。亢倉子應聘而至。〔注〕汎然無心者，無東西之非己。魯侯卑辭請問之。亢倉子曰：「傳之者妄。○事文類聚後集十九引「妄」下有「也」字。○釋文云：傳，丈專切。我能視聽不用耳目，不能易耳目之用。〔注〕夫易耳目之用者，未是都無所用。都無所用者，則所假之器廢也。○〔解〕夫耳目者，視聽之器也；唯神能用之。若神不在焉，則死人之耳目不能視聽矣。亢倉子知人之所能，故不用耳目爲視聽之主矣。是命耳見而目聞耶？此乃傳者不曉，因妄爲說耳。」魯侯曰：「此增異矣。其道奈何？寡人終願聞之。」○〔解〕魯侯仍未了此意，更以爲增加奇異焉，固請其道矣。亢倉子曰：「我體合於心，〔注〕此形智不相違者也。心合於氣，〔注〕此又遺其形智之用，任其泊然之氣也。氣合於神，〔注〕此寂然不動，都忘其智。智而都忘，則神理獨運，感無不通矣。神合於無。〔注〕同無則神矣，同神則無矣。二者豈有形乎？直有其智者不得不親無以自通，忘其心者則與無而爲一也。○〔解〕夫體既有質而成礙，心則有繫而成執。體合於心者，不在於形礙而在封執也。故氣之於心，雖動而無所執；故心合於氣者，不在封執而在於動用也。故氣合於神者，不在於動而在於了識也。神之於無則妙絕有形，故不在於了識而在於冥眞矣。○伯峻案：莊子人間世篇云：「一若志，无聽之以耳，而聽之以心；无聽之以心，而聽之以氣。耳止於聽，（此句依俞曲園說正。）心止於符。氣也者，虛而待物者也。唯道集虛。虛者，心齋也。」蓋同此義。其有介然之有，唯然之音，○孫詒讓曰：此文以「有」與「音」相儷，有疑當作形。盧重元注云，「是故有形有音無遠無近」云云，疑盧本正作形字。（亢倉子全道篇襲此文亦作有。）○釋文云：唯，唯癸切。雖遠在八荒之外，近在眉睫之內，○釋文云：睫音接。來干我者，我必知之。〔注〕唯豁然之無不干聖慮耳。涉於有分，神明所照，不以遠近爲差也。○釋文云，豁，火括切。分，扶問切。乃不知是我七孔四支之所覺，心腹六藏之所知，○釋文云：藏，徂浪切。心、肺、肝、脾、腎謂之五藏。今六藏者，腎有兩藏：其左爲腎，右爲命門。命門者，謂神之所舍也。男子以藏精，女子以繫胞。其炁與腎通，故言藏有六也。其自知而已矣。」〔注〕所適都忘，豈復覺知之至邪？○〔解〕是故有形有音，無遠無近，來干我者，皆能知之；都不用四支七竅，如明鏡高懸，朗然自照；豈運其耳目也哉？魯侯大悅。他日以告仲尼，仲尼笑而不答。〔注〕亢倉言之盡矣，仲尼將何所云。今以不答爲答，故寄之一笑也。○〔解〕寄之一笑者，得忘言之旨也。

商太宰見孔子曰：○法苑珠林二十引作「吳太宰嚭」，廣弘明集一歸正論、十一對傅奕廢佛僧事、翻譯名義一、事文類聚前集三五、合璧事類前集四八引並作「太宰嚭」，恐均不足爲據。盧文弨曰：藏本「太」作「大」，下同。伯峻案：韓非子說林上云：「子圉見孔子於商太宰。」說林下云：「宋太宰貴而主斷」。內儲說上云：「戴驩，宋太宰。」又云：「商太宰使少庶子之市」。顧廣圻曰：「此皆一人，商，宋也」。然則商太宰姓戴名驩，宋之貴臣也。論語子罕篇云：「大宰問於子貢曰：夫子聖者與？何其多能也？子貢曰：固天縱之將聖，又多能也。子聞之曰：大宰知我乎！吾少也賤，故多能鄙事。君子多乎哉？不多也」。此章即本此論語之事而設太宰與孔子相問答，且以太宰爲商太宰。○釋文作商大宰，云：大音太。商，宋國也。宋都商丘，故二名焉。大宰，官名。

伯峻案：宋爲商後，故亦曰商。左傳僖公二十二年云：楚人伐宋以救鄭。宋公將戰，大司馬固諫曰：天之棄商久矣，君將興之，弗可赦也！又哀九年傳云：史龜曰：是謂沈陽，可以興兵，利以伐姜，不利子商。伐齊則可，敵宋不吉。是其確證。商之國號，蓋本于地名（詳見王國維觀堂集林說商），但不如釋文之說。「丘聖者歟？」孔子曰：「聖則丘何敢，〔注〕世之所謂聖者，據其跡耳；豈知所以聖所以不聖者哉？然則丘博學多識者也。」〔注〕示現博學多識耳，實無所學，實無所識也。○釋文示現作示見，云：見，賢遍切。商太宰曰：「三王聖者歟？」孔子曰：「三王善任智勇者，聖則丘弗知。」○弗各本作不，今從道藏白文本、林希逸本。曰「五帝聖者歟？」孔子曰：「五帝善任仁義者，聖則丘弗知。」曰：「三皇聖者歟？」孔子曰：「三皇善任因時者，聖則丘弗知。」〔注〕孔丘之博學，湯武之干戈，堯舜之揖讓，羲農之簡朴：此皆聖人因世應務之麤迹，非所以爲聖者。所以爲聖者，固非言迹之所逮者也。○〔解〕將明大道之非跡也。代人所詮者，徒知其跡耳；故夫子因衆人之所常見欲明至眞之聖人也。○注「孔子」世德堂本作「孔丘。」王重民曰：「善任因時」義不可通。藏本作「三皇善因時者」，任字因上文「三王善任智勇」「五帝善任仁義」諸任字而衍。智勇仁義可言任，因時則不必言任矣。類聚三十、御覽四百零一引並無任字。○釋文云：朴，片角切。商太宰大駭，〔注〕世之所謂聖者，孔子皆云非聖，商太宰所以大駭也。曰「然則孰者爲聖？」○伯峻案：者字疑當在聖字下，本作孰爲聖者。孔子動容有閒，曰：「西方之人〔注〕聖豈有定所哉？趣舉絕遠而言之也。有聖者焉，不治而不亂，〔注〕不以治治之，故不可亂也。○俞樾曰：此本作「不治而自亂。」亂，治也，謂不治而自治也。正與下文「不言而自信，不化而自行」文義一律。後人不達亂字之義，改爲不亂，失之矣。張注曰：「不以治治之故不可亂也」，是其所據本已誤。盧本同。○釋文云：治，直吏切，下治之同。不言而自信，〔注〕言者不信。不化而自行，〔注〕爲者則不能化。此能盡無爲之極也。蕩蕩乎民無能名焉。〔注〕何晏無名論曰：「爲民所譽，則有名者也；無譽，無名者也。若夫聖人，名無名，譽無譽，謂無名爲道，無譽爲大。則夫無名者，可以言有名矣；無譽者，可以言有譽矣。然與夫可譽可名者豈同用哉？此比於無所有，故皆有所有矣。而於有所有之中，當與無所有相從，而與夫有所有者不同。同類無遠而相應，異類無近而不相違。譬如陰中之陽，陽中之陰，各以物類自相求從。夏日爲陽，而夕夜遠與冬日共爲陰；冬日爲陰，而朝晝遠與夏日同爲陽。皆異於近而同於遠也。詳此異同，而後無名之論可知矣。凡所以至於此者何哉？夫道者，惟無所有者也。自天地已來皆有所有矣；然猶謂之道者，以其能復用無所有也。故雖處有名之域，而沒其無名之象；由以在陽之遠體，而忘其自有陰之遠類也。夏侯玄曰：天地以自然運，聖人以自然用。自然者，道也。道本無名，故老氏曰彊爲之名。仲尼稱堯蕩蕩無能名焉，下云巍巍成功，則彊爲之名，取世所知而稱耳。豈有名而更當云無能名焉者邪？夫唯無名，故可得徧以天下之名名之；然豈其名也哉？惟此足喻而終莫悟，是觀泰山崇嶓而謂元氣不浩芒者也。」○注世德堂本「足」作「是」，「芒」作「茫」。○釋文云：儘，其兩切。爲，于僞切。儷與逼同。嶓，俳勿切。芒音茫。丘疑其爲聖。弗知眞爲聖歟？眞不聖歟？」〔注〕聖理冥絕，故不可擬言，唯疑之者也。○梁章鉅曰：尊佛之言蓋始於此。商太宰嘿然心計曰：「孔丘欺我哉！」〔注〕此非常識所及，故以爲欺罔也。○〔解〕夫立跡以崇教，明行以興化者，皆救俗之賢聖耳。若夫體大道者，覆載如天地，化行若四時，不見有可治而不可亂者，不假立言而爲信者，沛然而澤利萬物，褒然而含識皆生，蕩蕩難明。此爲聖者，寄之於方所立言以辯之，猶恐未爲至也；故以疑似而遺言，斯乃太宰所不知，以爲夫子詐之耳。○釋文云：嘿音默。

子夏問孔子曰：「顏回之爲人奚若？」子曰：「回之仁賢於丘也。」○伯峻案：說苑雜言、家語六本「仁」作「信」。曰：「子貢之爲人奚若？」子曰：「賜之辯賢於丘也。」○伯峻案：說苑雜言、家語六本「辯」作「敏」。曰：「子路之爲人奚若？」子曰：「由之勇賢於丘也。」曰：「子張之爲人奚若？」子曰：「師之莊賢於丘也。」〔注〕矜莊。子夏避席而問曰：「然則四子者何爲事夫子？」曰：「居！吾語汝。○釋文云：語，魚據切。夫回能仁而不能反，〔注〕反，變也。夫守一而不變，無權智以應物，則所適必陷矣。○〔解〕可與適道，未可與權。○俞樾曰：反字無義，疑刃字之誤。俗書刃字作刄，故誤爲反耳。刃與忍通。詩將仲子篇毛傳：「彊忍之木」，抑篇鄭箋「柔忍之木」，釋文竝云：「忍本作刃」。是其證也。「能仁而不能刃」，即「能仁而不能忍」；正與下文「賜能辯而不能訥，由能勇而不能怯，師能莊而不能同」一律。淮南子人間篇亦載此事，曰：「丘能仁且忍，辯且訥，勇且怯」。字正作忍，是其明證。張注曰：「反，變也」。是其所據本已誤矣。盧本同。○伯峻案：俞說甚辯。若然，則此「忍」字宜讀爲左傳文公元年之「且是人也，蜂目而豺聲，忍人也」之「忍」，今日「忍心」之忍。賜能辯而不能訥，○〔解〕有進取之能，未階乎道也。○伯峻案：說苑雜言、家語六本訥作「屈」。○釋文云：訥，奴忽切。由能勇而不能怯，○〔解〕但知其雄，不能守其雌也。師能莊而不能同。〔注〕辯而不能訥，必虧忠信之實；勇而不能怯，必傷仁恕之道；莊而不能同，有違和光之義；此皆滯於一方也。○〔解〕自守矜嚴，不能同物，失於和也。○徐時棟曰：論語：「曾子曰：堂堂乎張也」，是即所謂莊也；曰「難與並爲仁」，是即所謂不能同也。兼四子之有以易吾，吾弗許也。〔注〕四子各是一行之極，設使兼而有之，求變易吾之道，非所許。○伯峻案：此易字宜解爲交易，交換。張注解爲變易，誤。盧解爲交易，是也。○釋文云：行，下孟切。此其所以事吾而不貳也。」〔注〕會同要當寄之於聖人，故欲罷而不能也。○〔解〕兼有仁辯莊勇，吾且不與之易，況不能兼之？夫子能兼四子之不能也，故事我而不貳心矣。此論道之大者，更在其行藏之卷耳。○釋文云：

貳，疑也。要，一逸切。

子列子既師壺丘子林，〔注〕日損之師。友伯昏瞀人，〇釋文云：瞀，莫侯切。乃居南郭。〇釋文云：乃居一本作反居。伯峻案：御覽四零六引正作「反」。從之處者，日數而不及。〔注〕來者相尋，雖復日日料簡，猶不及盡也。〇胡懷琛曰：「日」爲「百」字之誤。「百數而不及」，謂從列子處者之多，而莫有能及列子者。黃帝篇：「漚鳥之至者百住（呂氏春秋作數）而不止」，與此句法相同，是其證也。王叔岷曰：初學記十八引「處」作「遊」，「日」作「百」，御覽四百四引「日」亦作「百」，疑作百者是也。〇釋文云：數，色主切。料音聊。雖然，子列子亦微焉。〔注〕列子亦自不知其數也。〇俞樾曰：微猶昧也。周易屯彖傳：「天造草昧」。正義引董遇曰：「昧，微物。」繫辭傳：「知微知彰。」文選西京賦注引薛注曰：「知微謂幽昧」。是微謂之昧，昧謂之微，二字義通。「子列子亦微焉」，猶曰「子列子亦昧焉」。故張注曰：「亦自不知其數」。陶鴻慶曰：微謂精微。孫卿子議兵篇：「諸侯有能微妙之以節」。楊注：「微妙精盡也」。此言列子道術精微，故弟子雖多，亦能朝朝與辨而聞於遠近也。本篇下文：「龍叔謂文摯曰，子之術微矣；吾有疾，子能已乎？」湯問篇：「師襄乃撫心高蹈曰，微矣子之彈也！」皆謂藝術精微，可證此文之義。張注云，「列子亦自不知其數」。俞氏从張注解微爲昧，失之。朝朝相與辯，無不聞。〔注〕師徒相與講肆聞於遠近。〇〔解〕來者既多，列子亦不知其數，日日談講聖人之跡，無不聞也。而與南郭子連牆二十年，不相謁請；〔注〕其道玄合，故至老不相往來也。相遇於道，目若不相見者。〔注〕道存則視廢也。門之徒役以爲子列子與南郭子有敵不疑。〔注〕敵，讎。〇〔解〕衆疑有讎怨見不相往來也。〇伯峻案：下文「闔澤之役有伯豐子者」，注云：「役猶弟子。」莊子庚桑楚篇「老聃是役有庚桑楚者」。釋文引司馬云：「役，學徒弟子也」。故此徒役連文。有自楚來者，問子列子曰：「先生與南郭子奚敵？」子列子曰：「南郭子貌充心虛，耳無聞，目無見，口無言，心無知，形無惕。〇陶鴻慶曰：「惕」當爲「傷」。說文：「傷，交傷也。」即易之本字。「形無傷」者，謂其形無變易也。下文云，「見南郭子，果若欺魄焉，而不可與接。顧視子列子，形神不相偶，而不可與羣。」即形無變易之驗。後人多見易，少見傷，遂誤爲惕矣。〇釋文云：惕，他歷切。往將奚爲？〔注〕充猶全也。心虛則形全矣，故耳不惑聲，目不滯色，口不擇言，心不用知；內外冥一，則形無震動也　〇〔解〕貌全而心虛，終不耳目心口之爲辯也，故心無所用知，形無所變惕。〇「爲」汪本作「焉」，今依各本正。雖然，試與汝偕往。」閱弟子四十人同行。〔注〕此行也豈復簡優劣計長短？數有四十，故直而記之也。〇釋文云：閱音悅。見南郭子，果若欺魄焉，而不可與接。〔注〕欺魄，土人也。一說云：欺頭。神凝形喪，外物不能得闚之。○注「類」本作「頭」，依世德堂本正。任大椿曰：本文云「南郭子貌似欺魌焉」，張湛注曰：「欺魌土人」。蓋以土爲人而飾以人面，卽所謂類頭也。蔣超伯曰：「欺魌」當作「類醜」，字之訛也。淮南子精神訓：「視至尊窮寵猶行客也，視毛嬙西施猶欺醜也」。高誘注：「類醜，言極醜也。」張湛注非。王重民曰：任說非是。欺類雖是一字，而欺魌類頭非一物也。欺魌用以請雨，類頭用以逐疫。類頭以貌醜惡，欺魌乃卽土偶。此謂南郭子若欺魌者，以見其得道之深，卽所謂形若槁木心若死灰也。張注又引一說云欺類神凝形喪外物不能得闚之，是其義也。伯峻案：王說是也。○釋文云：魌，片各切。字書作欺䫏，人面醜也。䫏，片各切。喪，息浪切。秦恩復曰：釋文作「欺」，欺字當誤，當作「類」。說文解字曰「醜也」。類，廣韻，西各切，與魌音相近，通借字也。任大椿曰：欺與之「欺」，以「類」爲本字。說文：「類，醜也，从頁，其聲。今逐疫有類頭」。玉篇、廣韻同。又作「魌」，周禮方相氏注云：「如今魌頭也」。又作「倛」，荀子非相篇：「仲尼面如蒙倛。」楊倞注：「方相也。」又作「𩓌」，玉篇云「𩓌同類」。音皆同欺，故此文又作欺。顧

視子列子，形神不相偶，而不可與羣。〔注〕神役形者也。心無思慮，則貌無動用；故似不相攝御，豈物所得羣也？○〔解〕閔南弟子往見之，果若欺魌爲像人，若今之欺頭者，形神不可與接也。○釋文云：思音四。

南郭子俄而指子列子之弟子末行者與言，〔注〕偶在末行，非有貴賤之位。遇感而應，非有心於物也。○釋文云：行，戶郎切。衎衎然若專直而在雄者。〔注〕夫理至者無言。及其有言，則彼我之辯生矣。聖人對接俯仰，自同於物，故觀其形者，似求是而尙勝也。○〔解〕末行者，情未忘於是非耳。衎衎然，求勝之氣耳。○俞樾曰：釋文曰：「在一本作存。」當从之。莊子天下篇：「施存雄而無術」。亦有存雄之文，可以爲證。○釋文云：衎，口汗切。在雄一本作存雄。

子列子之徒駭之。〔注〕見其尸居，則自同土木；見其接物，則若有是非，所以驚。○釋文駭作駴云：駴與駭同。反舍，咸有疑色。〔注〕欲發列子之言。○〔解〕疑其未忘勝負之心。

子列子曰：「得意者無言，進知者亦無言。〔注〕窮理體極，故言意兼忘。○釋文云：進音盡。用無言爲言亦言，無知爲知亦知。〔注〕方欲以無言廢言，無知遣知；希言傍宗之徒固未免於言知也。無言與不言，無知與不知，亦言亦知。〔注〕比方亦復欲全自然，處無言無知之域，此卽復是遣無所遣，知無所知。遣無所遣者，未能離遣；知無所知者，曷嘗忘知？固非自然而忘言知也。○注「未能離遣」汪本「未」作「不」，今依北宋本藏本訂正。俞樾曰：與猶爲也。上云「用無言爲言亦言，無知爲知亦知」；故此云「無言爲不言，無知爲不知，亦言亦知」。蓋承上文而更進一義也。上文用爲字，此文用與字，文異而義不異，古書多有此例。管子戒篇：「自妾之身之不爲人持接也」。尹知章注曰：「爲猶與也」。然則與亦猶爲也。說詳王氏經傳釋詞。○釋文云：離，力智切。亦無所不言，亦無所不知；亦無所言，亦無所知。〔注〕夫無言者有言之宗也；無知者，有知之主也。至人之心豁然洞虛，應物而言，而非我言；卽物而知，而非我知；故終日不言，而無玄默之稱；終日用知，而無役慮之名。故得無所不言，無所不知也。○釋文云：稱，尺證切。如斯

而已。汝奚妄駭哉？」〔注〕不惜至妙之所會者，更麤；至高之所適者，反下；而使怪其應寂之異容，動止之殊貌，非妄驚如何？〇〔解〕至知之與愚，兩俱忘言也。若優劣不等，則須用言以導之。用无言之言、无知之知，亦何異乎言之與知？畢然，有道自當辯之，則未嘗言，未嘗不言；未嘗知，未嘗不知。理正合如此而已，汝何妄怪哉？

子列子學也，〔注〕上章云，列子學乘風之道。伯峻案：「學」上疑捝「之」字。〇三年之後，心不敢念是非，口不敢言利害，始得老商一眄而已。〇釋文云：眄音麪，斜視也。五年之後，心更念是非，口更言利害，老商始一解顏而笑。七年之後，從心之所念，〇釋文云：從音縱。更無是非；從口之所言，更無利害。夫子始一引吾並席而坐。〔注〕眄笑並坐，似若有褒貶昇降之情。夫聖人之心，應事而感，以外物少多爲度，豈定於一方哉？〇王重民曰：「吾」字當衍。此事又見黃帝篇。黃帝篇爲列子對尹生之言，故可有吾字。此篇既改爲作者所述之言，而書吾字，則不可通矣。九年之後，橫心之所念，〇釋文云：橫去聲。橫口之所言，亦不知我之是非利害歟，亦不知彼之是非利害歟，外內進矣。〇釋文云：進音盡。而後眼如耳，耳如鼻，鼻如口，口無不同。〇盧文弨曰：下「口」字衍。前卷「無不同」下有「也」字，當從之。王叔岷曰：盧說是也。黃帝篇正不重口字。心凝形釋，骨肉都融；不覺形之所倚，足之所履，心之所念，言之所藏。如斯而已。則理無所隱矣。〔注〕黃帝篇已有此章，釋之詳矣。所以重出者，先明得性之極，則乘變化而無窮；後明順心之理，則無幽而不照。二章雙出，各有攸趣，可不察哉？〇〔解〕老子曰：「大智若愚，大辯若訥」。人徒知言知之爲異，不知夫不言不知之爲同，故黃帝篇中明用無言之言以濟人，此篇復重論言，明用言之不殊於无矣。〇注「則」藏本作「明」，「攸趣」北宋本作「攸極」，汪本从之，今从藏本世德堂本訂正。〇釋文云：重，柱用切。

初，子列子好游。〇釋文云：好，呼報切，下同。壺丘子曰：「禦寇好游，游何所好？」列子曰：「游之樂所玩無故。〔注〕言所適常新也。〇釋文云：樂音洛。人之游也，觀其所見；我之游也，觀其所變。〔注〕人謂凡人、小人也，惟觀榮悴殊觀以爲休戚，未覺與化俱往，勢不暫停。〇世德堂本作「觀之所變」注「惟觀」藏本世德堂本作「惟覩」。俞樾曰：之即其也。呂氏春秋音初篇：「之子是必大吉。」高誘訓之爲其是也。孟子公孫丑篇：「皆悅而願爲之氓矣。」周官載師注引作「皆悅而願爲其民矣。」是之其同義。上言「觀其所見」，下言「觀之所變」，文異義同。古書多有此例。作其者，乃不達古書義例而改之。○釋文云：悴，疾醉切。游乎游乎！未有能辨其游者。」〔注〕人與列子游則同，所以游則異，故曰游乎游乎；明二觀之不同也。未有辨之者，言知之者鮮。○〔解〕翫物之變，遷謝无恆。人但樂其見，吾觀其化，此所以異於人。○「辨」藏本作「辯」。○釋文云：鮮，息淺切。壺丘子曰：「禦寇之游○游汪本作遊。固與人同歟，而曰固與人異歟？凡所見，亦恆見其變。〔注〕苟無覺停之處，則今之所見常非向之所見，則觀所以見觀所以變無以爲異者也。玩彼物之無故，不知我亦無故。〔注〕彼之與我與化俱往。務外游，不知務內觀。○伯峻案：外遊內觀相對，則觀亦游也。孟子梁惠王篇云：「吾何修而可以比於先王觀也？」趙岐注云：「當何脩治可以比先王之觀遊乎？」以遊釋觀。呂氏春秋季春云：「禁婦女無觀。」高注：「觀，遊。」皆其證也。○釋文云：不知一本作不如。觀，古亂切。諦，眂也。外游者，求備於物；內觀者，取足於身。取足於身，游之至也；求備於物，游之不至也。」〔注〕人雖七尺之形，而天地之理備矣。故首圓足方，取象二儀；鼻隆口窊，比象山谷；肌肉連於土壤，血脈屬於川瀆，溫蒸同乎炎火，氣息不異風雲。內觀諸色，靡有一物不備；豈須仰觀俯察，履淩朝野，然後備所見？○〔解〕汝自以異於人；人之所視，未嘗異汝也。何者？汝知物知物之變遷，不知汝之无故。但外游而不內觀，雖感物而亡身，斯爲至矣，亦何必求備於外游乎？○注「履淩」藏本世德堂本作「履涉」。汪萊曰：解「知物」二字重出。「至」上當有「不」字。○釋文云：窊，烏瓜切。蒸音證。於是列子終身不出，自以爲不知游。〔注〕既聞至言，則廢其游觀。不出者，非自匿於門庭者也。○釋文云：匿，尼力切。壺丘子曰：「游其至乎！〔注〕向者難列子之言游也，未論游之以至，故重敍也。○釋文云：難，乃旦切。重，柱用切。至游者，不知所適；至觀者，不知所眂。〔注〕內足於巳，故不知所適；反觀於身，固不知所眂。○釋文眂作眡，云：眡音視。物物皆游矣，物物皆觀矣，〔注〕忘游故能遇物而游，忘觀固能遇物而觀。是我之所謂游，是我之所謂觀也。〔注〕我之所是，蓋是無所是耳。所適常通而無所凝滯，則我之所謂游觀。故曰：游其至矣乎！游其至矣乎！」○〔解〕夫形无所適，目無注觀，則物无不覿而物无不游矣。若此游觀者，眞至游矣乎！

龍叔謂文摰曰：○釋文云：摰音至。文摰，六國時人，嘗醫齊威王。或云：春秋時宋國良醫也，曾治齊文王，使文王怒而病愈。「子之術微矣。吾有疾，子能已乎？」文摰曰：「唯命所聽。」○釋文云：聽，平聲。然先言子所病之證。」○〔解〕文摰所言，止於藏府骨肉之疾耳。龍叔所說，忘形出俗之心耳。不與俗類，自以爲疾焉。龍叔曰：「吾鄉譽不以爲榮，國毀不以爲辱；得而不喜，失而弗憂；視生如死；視富如貧；視人如豕；〔注〕無往不齊，則視萬物皆無好惡貴賤。視吾如人。〔注〕忘彼我也。處吾之家，如逆旅之舍；〔注〕不有其家。觀吾之鄉，如戎蠻之國；〔注〕天下爲一。凡此衆疾，○「疾」北宋本作「庶」，汪本从之，今依藏本世德堂本纂本訂正。○釋文云：凡此衆疾一本作衆庶，非是。爵賞不能勸，刑罰不能威，盛衰利害不能易，哀樂不能移。○釋文云：樂音洛。固不可事國君，交親友，御妻子，制僕隸。〔注〕夫人所以受制於物者，以心有美惡，體有利害。苟能以萬殊爲一貫，其視萬物，豈覺有無之異？故天子所不能得臣，諸侯不能得友，妻子不能得親，僕隸不能得狎也。○陶鴻慶曰：固讀爲故。伯峻案：注「天子所不能得臣」，所字疑衍。四解本作「諸侯所不能得友，妻子所不能得親，僕隸所不能得狎也」。諸所字疑後人所加。此奚疾哉？奚方能已之乎？」○〔解〕莊子曰：「譽之不加勸，毀之不加沮；定乎內外之分，辯乎榮辱之境也」。夫契其神而忘其形者，則貧富、死生、人畜、彼此皆過客耳，夫何異哉？今用心之若此也，則君臣、朋友之道廢，愛憎、喜怒之心絕矣。何方能愈之耶？文摯乃命龍叔背明而立，○釋文云：背音佩。文摯自後向明而望之。○釋文作文摯後向明而望之，云：一本文摯下加「從」及「自」字者，皆非也。既而曰：「嘻！吾見子之心矣：方寸之地虛矣。幾聖人也！子心六孔流通，一孔不達。〔注〕舊說聖人心有七孔也。○王重民曰：御覽三百七十六又四百零一又七百二十四引「流通」並作「通流」。今以聖智爲疾者，或由此乎！非吾淺術所能已也。」○〔解〕背明而立者，反歸於凡俗之慮也；向明而望者，仰側至道之心也。方寸虛者，緣執書也；一孔不達者，未盡善也。夫七竅俱通者，寧復以聖智之道爲病耶？此病非文摯所能止。○榮恩復曰：解「執書」疑是「勢盡」二字。伯峻案：解「仰側」疑當作「仰測」。

無所由而常生者，道也。〔注〕忘懷任過，通亦通，窮亦通，其無死地，此聖人之道者也。○〔解〕至道常存，不由外物。由生而生，故雖終而不亡，常也。〔注〕老子曰：「死而不亡者壽」。通攝生之理，不失元吉之會，雖至於死，所以爲生之道常存。此賢人之分，非能忘懷闇得自然而全者也。○〔解〕眞常順理，隨形死生，而自不亡者，道之常也。○釋文云：分，符問切。由生而亡，不幸也。〔注〕役智求全，貴身賤物，違害就利，務內役外，雖之於死，蓋由於不幸也。○〔解〕貪有生而亡道者，不幸也。○「求全」或本作「束身」。有所由而常死者，亦道也。〔注〕行必死之理，而之必死之地；此事實相應，亦自然之道也。○〔解〕俗閑體欲之道必分而至死者。由死而死，故雖未終而自亡者，亦常也。〔注〕常之於死，雖未至於終，而生理已盡，亦是理之常也。○〔解〕愛生死之身，行生死之欲，而不存道，俗以爲常。○各本「亦常」下無「也」字，今依吉府本補。由死而生，幸也。〔注〕犯理違順，應死而未及於此，此誤生者也。○〔解〕居邏獸之業而節於嗜慾者，亦爲知生之幸也。○釋文作由死而生不幸也，云：本多無不字。觀上下文於理有闕，故特添之。任大椿曰：今本「生」下無「不」字，考生字下當有不字。此節詞義皆兩兩相對，謂彼由生之道而死爲不幸，則此由死之道而生亦爲不幸也。敬順釋文謂生字下當有不字，與此節義例極爲脗合，當爲定本。故無用而生謂之道，用道得終謂之常；〔注〕用聖人之道，存亡得理也。有所用而死者亦謂之道，用道而得死者亦謂之常。〔注〕乘凶危之理，以害其身，亦道之常也。○〔解〕不役智以全者，道也；用此道而終者，常也。俗士役其智以至死，以爲濟物之道也；用此道而至死亦謂之常。衆所樂者衆爲道，衆所安者衆爲常。然則出離之道與世間之道，名同而實異也。○陶鴻慶曰：「有所由而常死者，亦道也」。張注云：「行必死之理，而之必死之地，此事實相應，亦自然之道也」。若然，則與所謂「由死而死」者遂無區別，而與上所謂「無所由而常生謂之道」者義尤不倫矣。「無用而生，有所用而死」，用亦由也。自「無用而生」以下四句語意與上文亦無區別，而既云「用道得終謂之常」，又云「用道而得死者亦謂之常」，終與死義又不殊，本書不如是之複沓也。蓋此節詞繁而義隱，傳寫易致謬誤；復經淺人竄改，遂成今本之誤。今考本書之旨，輒正其文如下，以存疑焉：「無所由而常生者，道也。由生而生，故雖終而不亡，常也。由生而亡，不幸也。無所由而常死者，道也。由死而死，故雖未終而自亡者，常也。由死而生，幸也。有所用而生者亦謂之道，用道而得生者亦謂之常。有所用而死者亦謂之道，用道而得死者亦謂之常」。「無所由而常生、無所由而常死」者，天瑞篇云：「不生者能生生，不化者能化化」，所謂「自生自化」也。「有所用而生，有所用而死」者，天瑞篇云：「生者不能不生，化者不能不化」，所謂「陰陽爾四時爾」也。「由生而生」者，賢哲是也；「由死而死」者，桀跖是也。「用道而得生，用道而得死」者，謂隨化推移，卽下文所謂「隸人之生」也。「無所由而生死」與「有所用而生死」，皆以天道言，故謂之道。「由生而生，由死而死」，與「用道而生死」，皆以人事言，故謂之常也。

季梁之死，楊朱望其門而歌。〔注〕盡生順之道，以至於亡，故無所哀也。○王重民曰：御覽四百八十七引「歌」作「不哭」。又注「生順」作「生性」。隨梧之死，楊朱撫其尸而哭。〔注〕生不幸而死，故可哀也。隸人之生，隸人之死，衆人且歌，衆人且哭。〔注〕隸猶羣輩也。亦不知所以生，亦不知所以死，故哀樂失其中，或歌或哭也。○〔解〕得全生之理而歸盡者，聖賢所以不哀也；失眞以喪理與至於死者，賢智所以傷也。凡衆人之生死歌哭，皆物之常，何知其所至哉？○注「隸」下藏本有「者」字。○釋文云：中，丁仲切。

目將眇者，先睹秋毫；○〔解〕老人之視也遠，則見近則昏，是失明之漸也。○釋文云：眇，亡少切。睹音覩。耳將聾者，先聞蚋飛；○〔解〕秦呼蚊爲蚋。患耳者聞耳中蟲飛之聲，是失聽之漸也。○釋文云：蚋，而銳切。口將爽者，先辨淄澠；〔注〕爽，差也。淄澠水異味，既合則難別也。○〔解〕余陵反。二水名，在齊地。○四解本張注「爽」下有「者」字，「難」下有「辨」字。秦恩復曰：解「余陵切」上當有「澠」字。○釋文云：淄音錙；澠音乘。淄水出泰山郡萊蕪縣，澠水西自北海郡千乘縣界流至壽光縣，二水相合。說符篇曰：「淄澠之合，易牙嘗之」。別，彼列切，下同。鼻將窒者，先覺焦朽；〔注〕焦朽有節之氣，亦微而難別也。體將僵者，先亟犇佚；〔注〕僵，仆也。如顏淵知東野之御馬將奔也，與人理亦然。○注「人」下四解本有「之」字。○釋文云：僵音姜。亟，去吏切。方言：「亟，受也」。犇佚音奔逸。仆音赴。伯峻案：「亟受也」，受字當爲愛字之誤。心將迷者，先識是非：〔注〕目耳口鼻身心此六者常得中和之道，則不可渝變。居亢極之勢，莫不頓盡；故物之弊必先始於盈滿，然後之於虧損矣。窮上反下，極盛必衰，自然之數。是以聖人居中履和，視目之所見，聽耳之所聞，任體之所能，順心之所識；故智周萬物，終身全具者也。○〔解〕口失正味，則別有所辨；鼻失所聞，則別有所覺；體將僵仆，必先奔馳；心迷至道，在於是非；是非所以彰，道之所以亡。○注「則不可渝變」，「渝」，北宋本作「側」，道藏本、世德堂本作「測」。○釋文云：渝音俞。亢與抗同。故物不至者則不反。〔注〕要造極而後還，故聰明強識皆爲闇昧衰迷之所資。○〔解〕反其常執，則階於至道矣。故曰視秋毫之末者不見太山，聽蚊蚋之音者不聞雷霆。故莊子曰：膠離朱之目，故天下皆明矣；戾工輸之指，故天下皆巧矣。合儒墨之學，矜是非之名以爲富，記糟粕之跡以爲能，欲反於眞，何方可致也？故易曰，「无思也，无爲也。寂然不動，感而遂通」。此聖人所以殷勤於至道也。○伯峻案：盧解所引莊子，蓋撮取胠篋篇之旨要而爲之，非原文也。○釋文云：造，七到切。還音旋。

鄭之圃澤多賢，〔注〕有道德而隱默者也。○釋文云：圃澤，圃田也，在中牟縣。東里多才。〔注〕有治能而參國政者。○〔解〕修崇道德者賢，習文藝刑者才。○釋文云：治，直吏切。圃澤之役有伯豐子者，役猶弟子。行過東里，遇鄧析。〔注〕鄧析，鄭國辯智之士，執兩可之說而時無抗者，作竹書，子產用之也。○盧文弨曰：注竹書左傳作竹刑。○釋文云：[illegible]音戈。析音錫。鄧析顧其徒而笑曰：「爲若舞，○釋文云：爲，于僞切。彼來者奚若？」〔注〕世或謂相嘲調爲舞弄也。○朱駿聲曰：舞借爲侮。○釋文云：嘲，張交切。調，徒弔切。其徒曰：「所願知也。」〔注〕知猶聞也。○〔解〕鄧析自矜於其同侶，爲而欲欺弄於伯豐，析之門人咸願知此也。○伯峻案：解「爲而欲欺弄於伯豐」句疑有誤字。○釋文云：知一本作如。鄧析謂伯豐子曰：「汝知養養〔注〕上音余亮，下音余賞。○注八字藏本作「上去聲下上聲」六字。之義乎？○〔解〕張湛云：上音養字，下音癢字。○秦恩復曰：今張湛本無此文。伯峻案：解引注蓋據之音卽注「上去聲下上聲」或「余亮余賞」之音也。盧換文言之，而秦云「今張湛本無此文」，非也。○釋文云：養養，上余亮切，下如字。受人養而不能自養者，犬豕之類也；養物而物爲我用者，人之力也。使汝之徒食而飽，衣而息，執政之功也。〔注〕喻彼爲犬豕，自以爲執政者也。長幼羣聚而爲牢藉庖廚之物，○洪頤煊曰：藉，薦也。易大過：「藉用白茅」。馬注：「在下曰藉」。爾雅釋獸：「豕所寢槽」。郭璞注：「槽，其所臥蓐。」蓐即藉也。○釋文云：長，張丈切。藉本作籍，側戟切。牢，牲牢也，圈也。籍謂以竹木圍繞，又刺也。周禮鼈人：「以時籍魚鼈龜蜃也」。又國語云：「羅籍魚也」。莊子云：「以臨牢槽」。李頤云：「牢，豕室也。槽，木之也」。文字雖異，其意同也。槽音樆。庖音鮑。秦恩復曰：今莊子本作「牢筴」。奚異犬豕之類乎？」伯豐子不應。〔注〕非不能應，鄙而不應。○〔解〕嫌其不知，本不足與言也。○注「鄙」世德堂本作「機」。伯豐子之從者越次而進曰：○釋文云：從，才用切。「大夫不聞齊魯之多機乎？〔注〕機，巧也。多巧能之人。有善治土木者，有善治金革者，有善治聲樂者，有善治書數者，有善治軍旅者，有善治宗廟者，羣才備也。而無相位者，無能相使者。〔注〕事立則有所不周，藝成則有所不兼。巧偏而智敝者，則不能相君御者也。○注「巧偏」各本作「巧徧」，誤。○俞樾曰：「位」當作「涖」。涖，臨也。言無相臨者也。周官肆師職：「凡師甸用牲于社宗則爲位」。注曰：「故書位爲涖」。是位與涖古字通。○釋文智作知，云：相，息亮切。知音智，下以意求之。而位之者無知，使之者無能，而知之與能爲之使焉。〔注〕不能知衆人之所知，不能爲衆人之所能，羣才並爲之用者，不居知能之地，而無惡無好，無彼無此，則以無爲心者也。故明者爲視，聰者爲聽，智者爲謀，勇者爲戰，而我無事焉。荀粲謂傅嘏夏侯玄曰：「子等在世，榮問功名勝我，識減我耳」。嘏玄曰：「夫能成功名者識也，天下孰有本不足而有餘於末者邪」？答曰：「成功名者志也，局之所弊也。然則志局自一物也，固非識之所獨濟。我以能使子等爲貴，而未必能濟子之所爲也」。○伯峻案：張注所引荀粲與傅嘏答對之言亦見于三國志魏志荀彧傳注引晉陽秋文，而文字小異。此云「成功名者志也，局之所弊也」，彼作「功名者志局之所奬也」，則此「弊」字當爲「奬」字之譌誤。○釋文云：並爲之爲，于僞切；下以意求之。好，呼報切。惡，烏路切。粲，七汗切。嘏音賈。局，衢足切。執政者，迺吾之所使；子奚矜焉？」鄧析無以應，目其徒而退。○伯峻案：四解本此下有注云：「夫任羣才以爲理，因衆物以爲用，使鷄犬牛馬咸得其宜，士農工商各安其位者，唯有道者能之耳。豈汝曹自致耶？汝徒見其末而不識其本，欲以螳螂之臂而拒車轍者，是不知量也。鄧析理析而恥見其徒，故目之而去也。」爲各本所無。但注「理析」或爲「理折」之誤。

公儀伯以力聞諸侯，堂谿公言之於周宣王，○釋文云：公儀、堂谿，氏也。皆周賢士。○伯峻案：韓非外儲說右上云：「堂谿公謂昭侯曰」，又問田篇「堂谿公謂韓子曰」，皆另一堂谿公。王備禮以聘之。公儀伯至；觀形，懦夫也。〔注〕懦，弱也。音奴亂切。○藏本無「音奴亂切」四字。○釋文云：懦，乃玩切。宣王心惑而疑曰：「女之力何如？」○釋文云：女音汝。公儀伯曰：「臣之力能折春螽之股，○釋文云：折，之舌切。螽音終；一曰，蝗也。股音古。堪秋蟬之翼。」〔注〕堪猶勝也。○俞樾曰：堪當讀爲戡。說文戈部：「戡，刺也。」春螽之股細，故言折，見能折而斷之也。秋蟬之翼薄，故言戡，見能刺而破之也。作堪者假字耳。尙書：「西伯旣戡黎。」爾雅釋詁注引作「堪。」此古字通用之證。張注曰，「堪猶勝也」，則螽股亦可言堪，不見古人文字之密矣。胡懷琛曰：勝謂勝任也。古人多以蟬翼指最輕之物。「堪蟬翼」謂能負荷蟬翼也。王作色曰：「吾之力能裂犀兕之革，曳九牛之尾，○世德堂本「力」下有「者」字。○釋文云：裂或作分字。兕，徐子切。曳音裔。猶憾其弱。〔注〕憾，恨。○釋文云：憾，戶暗切。女折春螽之股，堪秋蟬之翼，而力聞天下，何也？」公儀伯長息退席，曰：「善哉王之問也！臣敢以實對。臣之師有商丘子者，力無敵於天下，而六親不知；以未嘗用其力故也。〔注〕以至柔之道御物，物無與對，故其功不顯。臣以死事之。乃告臣曰：『人欲見其所不見，視人所不窺；○釋文云：窺，去隨切。欲得其所不得，修人所不爲。〔注〕人每攻其所難，我獨爲其所易。○〔解〕衆人之所爲、衆人之所視者，皆利名之道，動用之跡耳。衆人所窺不爲者，斯乃有道者之所遊；故能無敵天下者，力无對也。○汪萊曰：解「窺」上當有「不」字。○釋文云：易，以豉切，下同。故學眎者先見輿薪，○釋文云：輿音余。學聽者先聞撞鐘。○釋文云：鐘，宅紅切。夫有易於內者無難於外。〔注〕古人有言曰，善力舉秋毫，善聽聞雷霆，亦此之謂也。○釋文云：霆音亭。於外無難，故名不出其一家。』〔注〕道至功玄，故其名不彰也。○〔解〕輿薪，近物也；撞鐘，亘聲也；夫易聞易見，自近而及遠也。夫善爲生者，先養其神。神全則无爲之功著，則外物无不通；故曰有易於內者无難於外也。是以得之於一心，成之於一家，故外人不知也。○「故名不出其一家」，「家」北宋本、藏本、秦劉盧重元本、汪本作「道」，吉府本、世德堂本作「家」。秦恩復曰：觀盧注亦作「家」。汪重民曰：北宋本「家」作「道」近是，張注「道至功玄」云云可證。伯峻案：汪說似未審。張注「道至功玄」正釋「不出一家」之理，故又云「故其名不彰。」「其名不彰」正釋「不出一家」之義。「名不出其一家」正承上文「六親不知」而言，而與下「臣之名聞於諸侯」相映也。其誤爲「道」者，正涉張注「道至功玄」所致也。今从吉府本、世德堂本正。○釋文云：一家一本作一道，於義不長。今臣之名聞於諸侯，是臣違師之教，顯臣之能者也。〔注〕未能令名迹不顯也。然則臣之名不以負其力者也，〔注〕猶免於矜，故能致稱。○注藏本「猶」作「愈」，「致稱」作「致此也」。以能用其力者也；〔注〕善用其力者，不用其力也。不猶愈於負其力者乎？」〔注〕矜能顯用。

○〔解〕我雖不及師之隱晦其迹也，豈不猶負其能而自顯乎？夫合大道而化萬物者，爲有力也。故莊子曰：「藏山於澤，藏舟於壑，有力者夜半負之而趨，昧者猶不知也。」而宜王誤爲筋力耳。○汪萊曰：解「猶」下當有「愈於」二字。

中山公子牟者，魏國之賢公子也。〔注〕公子牟，文侯子，作書四篇，號曰道家。魏伐得中山，以邑子牟，因曰中山公子牟也。○〔解〕公子牟，文侯之子也，封於中山，故曰中山公子。○孫詒讓曰：鮮虞之中山初亡於魏，文侯十七年使樂羊圍中山，三年滅之，以其地封子擊。後擊立爲太子，改封次子摯。後中山復國，又亡於趙，則惠文王四年滅之。並見史記魏趙世家及樂毅傳。𥨸列子仲尼篇、莊子讓王篇、呂氏春秋審爲篇、淮南子道應訓並云魏中山公子牟。高誘、張湛皆謂魏伐中山，以邑子牟。然魏牟與趙平原君、秦魏冄、范雎同時，其時中山入趙已久，安得尚屬魏？則牟所封必非鮮虞之中山，殆無疑義。張湛又以子牟爲魏文侯子，蓋捉牟與摯爲一人，其說尤謬，則楊倞巳疑之矣。伯峻案：漢書藝文志有公子牟四篇，列道家。又案：錢穆先秦諸子繫年考辨魏牟攷云：後人疑列子爲張湛僞書，然如此條陳義精卓，蓋得之古籍，或即四篇之遺，非湛所能僞。又云：張湛注云：「公子牟，文侯子」。公孫龍時，文侯後且百年，張注誤也。○釋文云：牟，莫侯切。好與賢人游，不恤國事；○釋文云：好，呼報切。恤，雖律切。而悅趙人公孫龍。〔注〕公子牟、公孫龍似在列子後，而今稱之，恐後人所增益以廣書義。苟於統例無所乖錯，而足有所明，亦奚傷乎？諸如此皆存而不除。○伯峻案：漢志名家有公孫龍子十四篇。樂正子輿之徒笑之。○釋文云：與音余。

公子牟曰：「子何笑牟之悅公孫龍也？」子輿曰：「公孫龍之爲人也，行無師，○釋文云：行，下孟切。學無友，〔注〕不祖宗聖賢也。佞給而不中，〔注〕雖才辯而不合理也。○中，丁仲切。漫衍而無家，〔注〕儒墨刑名亂行而無定家。○注「定家」藏本、四解本作「一定之家」。○釋文云：漫音萬。衍，以戰切。好怪而妄言。〔注〕愛奇異而虛誕其辭。欲惑人之心，屈人之口，與韓檀等肄之。」〔注〕韓檀，人姓名。共習其業。莊子云：「桓國公孫龍能勝人之口，不能服人之心，辯者之囿」。○〔解〕行不因師，獨學无友，辯而不中，於理漫衍而无所宗。其道能屈人之口，不能服人之心也。韓檀，莊子云桓團，俱爲人名，聲相近者也。○注「桓國」當從釋文作「桓團」。「囿」本作「固」，今从藏本正。○釋文國作團，云：檀，不安切。肄，戈二切。肄，習也。團，大端切。囿音又。伯峻案：「檀」不當切「不安」，（廣韻：檀，徒干切。）「不」字疑誤。「肄」亦不當切「戈二」，（廣韻：肄，羊至切。）戈當爲「弋」字之誤。「羊至切」與「弋二切」同屬喻母寘韻也。

公子牟變容曰：「何子狀公孫龍之過歟？請聞其實。」〔注〕不平其言，故形於色；罪狀龍太過，故責其實驗也。子輿曰：「吾笑龍之詒孔穿，〔注〕孔穿，孔子之孫。世記云，爲龍弟子。詒，欺也。○釋文云：詒音待，欺也，下同。○言『善射者能令後鏃中前括，○釋文云：鏃，作木切。中，丁仲切，下及注同。發發相及，矢矢相屬；○釋文云：屬音燭，注同。前矢造準而無絕落，○釋文云：造，七到切。後矢之括猶銜弦，視之若一焉。』〔注〕箭相連屬無絕落處，前箭著堋，後箭復中前箭，而後所湊者猶銜弦，視之如一物之相連也。○釋文云：著，直略切，下同。堋音朋。復，扶又切，下同。湊，七豆切。孔穿駭之。龍曰：『此未其妙者。○王重民曰：御覽七百四十五引未下有謂字。逢蒙之弟子曰鴻超，○釋文云：逢，薄江切。怒其妻而怖之，引烏號之弓，綦衛之箭，〔注〕烏號，黃帝弓。綦，地名，出美箭。衛，羽也。○王重民曰：王引之始以綦衛爲一物，謂皆是箭竹之名。其說曰：「方言曰：『箭，或謂之箘，或謂之綦。』竹譜曰：『箘中博箭。』以箘爲博箭謂之綦，以箘爲射箭則亦謂之綦耳。淮南兵略篇注云，『淇衛箘簵，箭之所出也。』竹譜引淮南而釋之云，『淇園，衛地，毛詩所謂瞻彼淇奧綠竹依依是也。淇乃衛之水名，先言淇而後言衛，則不詞矣』。王氏以衛非地名甚是；而以綦亦爲箭竹之名，恐非也。烏號爲弓之善者，則淇衛亦當爲箭之善者。博箭與射箭不同，而以博箭爲射箭之善者，可乎？淮南子兵略篇「淇衛箘簵」，若皆是箭竹之名，則廣雅釋草「箘簵簬箭也」，何以獨遺淇乎？蓋淇（或綦）爲箭竹之說，張湛亦以爲於古無徵也。竹譜曰：「箘，細也」。淇自是衛之淇園。淇衛即指淇園之美竹。以淇園之美竹爲箭，故能與烏號桑柘之勁弓相對也。況淇衛爲箭竹，箘簵亦爲箭竹，焉見其不能相偶也？王氏之說失之於泥。至「綦衛」淮南原道篇作「綦衛」，兵略篇作「淇衛」，並通假字；當以作「淇衛」者爲正。御覽七百四十五引列子亦作「淇衛」。又按釋名曰：「矢旁曰羽，齊人曰衛」。張注曰，「衛，羽也」。即張氏所本。○釋文云：號，戶羔切。綦音其。史記云：「綦園之竹」。晉灼曰：「衛之苑多竹篠」。射其目。○釋文云：射，食弋切。矢來注眸子而眶不睫，○王重民曰：御覽三百五十引「來」作「末」，與釋文本同。又七百四十五引「來注」兩字作「至」。疑「來」字本衍文也。「至」與「注」義同。下文云，「矢注眸子而眶不睫」，正承此言，則「來」字爲衍文甚明。伯峻案：王說未審。「來」字當从釋文作「末」。矢末謂矢尖也。御覽三百五十引作「未」，又末字之誤刻。○釋文作矢末，云：末一本作來。眸，莫侯切。眶音匡。睫本作䀹，目瞬也，下同。䀹，且洽切。任大椿曰：類篇，睫䀹並失涉切，目動貌，故睫一本又作䀹。史記扁鵲傳：「忽忽承䀹。」索隱曰：「䀹即睫也」。此睫䀹相通之證也。又釋文訓睫爲目瞬。考類篇，目開合數動搖曰瞬。韓非子喻老篇：「惠子見鄒君曰，今有人見君則䀹其一目，奚如？君曰：我必殺之。惠子曰：瞽兩目䀹君，奚爲不殺？曰：不能勿䀹」。此䀹字之義，可與䀹之訓瞬相證。矢隧地而塵不揚。』〔注〕箭行勢極，雖著而不覺，所謂彊弩之末不能穿魯縞也。○釋文穿作撤，云：隧音墜。弩，其兩切。撤一本作穿。縞，古老切。是豈智者之言與？」○釋文云：與音余。公子牟曰：「智者之言固非愚者之所曉。〔注〕以此言戲子輿。後鏃中前括，鈞後於前。〔注〕同後發於前發，則無不中也。近世有人擲五木，百擲百盧者，人以爲有道，以告王夷甫。王夷甫曰：「此無奇，直後擲如前擲耳」。庾子嵩聞之曰：「王公之言闇得理」。皆此類也。○注汪本「後發」作「發發」，「百擲」作「者擲」，「嵩」作「松」，今从北宋本、藏本訂正。○釋文云：擲，直炙切。矢注眸子而眶不睫，盡矢之勢也。〔注〕夫能量弓矢之勢，遠近之分，則入物之與不入，在心手之所銓，不患所差跌。今設令至拙者闇射箭之所至，要當其極。嘗其極也，則豪分不復進。闇其極，則隨遠近而制其深淺矣。劉道眞語張叔奇云：「嘗與樂彥輔論此云，不必是中賢之所能，孔顏射者則必知此」。湛以爲形用之事，理之麤者；偏得其道，則能盡之。若庖丁之投刃，匠石之運斤，是偏達於一事，不待聖賢而後能爲之也。○釋文云：分，符問切。差跌音蹉絰。語，魚據切。子何疑焉？」○〔解〕鈞後於前者，百發如一焉，故視之若一耳。眶不睫者，矢勢至睫而盡矣，故塵不揚於地；非是中賢而落也。子輿之聞視之若一也，則謂白弦及埒箭相連接不絕如一焉；聞注眸而睫，則謂射目不入。是解之不了於至理，非公孫龍之證妄焉。樂正子輿曰：「子，龍之徒，焉得不飾其闕？○釋文云：焉，於虔切。吾又言其尤者。〔注〕尤，甚。龍誑魏王曰：『有意不心。〔注〕夫心寂然無想者也。若橫生意慮，則失心之本矣。○〔解〕心之動者爲意。世人皆識其意，而不識其心。有指不至。〔注〕夫以指求至者，則必因我以正物。因我以正物，則未造其極。唯忘其所因，則彼此玄得矣。惠子曰：「指不至也」。○〔解〕凡有所指皆未至也。至則无指矣。有物不盡。〔注〕在於麤有之域，則常有有；在於物盡之際，則其一常在。其一常在而不可分，雖欲損之，理不可盡。唯因而不損，卽而不違，則泰山之崇崛，元氣之浩芒，泯然爲一矣。惠子曰：「一尺之棰，日取其半，萬世不竭也」。○〔解〕若盡則非有也。一尺之棰，日取其半，萬世不竭者，折之雖多，但微細，而理不應盡也。○注「棰」北宋本作「極」，世德堂本作「神」。有影不移。〔注〕夫影因光而生。光苟不移，則影更生也。夫萬物潛變，莫不如此。而惑者未悟，故借喻於影。惠子曰：「飛鳥之影未嘗動也」。○〔解〕移則影變矣。新新相及，故不見其移焉。○注「未嘗」汪本作「未宜」，今依藏本正。「光苟不移」不字疑衍。○釋文云：借，子亦切。髮引千鈞。〔注〕夫物之所以斷絕者，必有不均之處。處處皆均，則不可斷。故髮雖細而得秤重物者，勢至均故也。○〔解〕細而兼鈞，可以舉重；亦猶毛之折軸積而不輕也。○伯峻案：墨子經下云：「均之絕不，說在所均」。白馬非馬。〔注〕此論見在多有辯之者。辯之者皆不弘通，故闕而不論也。○〔解〕白以命色，馬以命形。白馬非馬，辯形色也。○生「見在」本作「見存」，藏本作「見在」，今从藏本正。○釋文云：見，賢遍切。孤犢未嘗有母。』〔注〕不詳此義。○〔解〕謂之孤犢，安得有母也。○釋文云：犢音獨。其負類反倫，不可勝言也。」〔注〕負猶背也。類，同也。言如此之比皆不可備載也。○釋文云：勝音升。公子牟曰：「子不諭至言而以爲尤也，尤其在子矣。〔注〕尤失反在子輿。夫無意則心同。〔注〕同於無也。無指則皆至。〔注〕忘指，故無所不至也。盡物者常有。〔注〕常有盡物之心。物既不盡，而心更滯有也。○注「滯有」四解本作「帶有」。影不移者，說在改也。〔注〕影改而更生，非向之影。墨子曰：「影不移，說在改爲也」。髮引千鈞，勢至等也。〔注〕以其至等之故，故不絕。絕則由於不等。故墨子亦有此說也。白馬非馬，形名離也。〔注〕離猶分也。白馬論曰：「馬者，所以命形也；白者，所以命色也。命色者非命形也」。尋此等語，如何可解，而猶不歷然。孤犢未嘗有母，非孤犢也。」〔注〕此語近於鄙，不可解。○俞樾曰：「有母」下當更疊「有母」二字。本云：「孤犢未嘗有母。有母，非孤犢也」。莊子天下篇釋文引李云：「駒生有母，言孤則無母。孤稱立，則母名去也」。此可證「有母非孤犢」之義，因古書遇重字多省不書，但於字下作二畫識之，故傳寫脫去耳。伯峻案：俞說是也。張注以為此句不可解，疑其所據本卽已脫去，以致文意不明，故謂不可解也。但道藏本林希逸口義云：「既謂之孤，則未嘗有母矣。謂之有母，則非孤犢也」。似其所見本疊「有母」兩字。或為後人所增歟？○釋文云：解音蟹，下同。樂正子輿曰：「子以公孫龍之鳴皆條也。〔注〕言龍之言無異於鳴，而皆謂有條貫也。○北宋本「之鳴」作「於馬」，注同，汪本从之。藏本作「於鳴」，又注「無異於鳴」作「無異於馬」，秦恩復曰：「當作於馬」。伯峻案：秦說未審，今依世德堂本正。○釋文云：公孫龍，平原君之客，字子秉，趙人。一本作公孫龍於馬，并注无異於鳴亦作無異於馬。云馬者，白馬論之義也；云鳴者，但鳴而无理趣取，為義則長矣。設令發於餘竅，○釋文云：竅，口弔切，竅穴也。子亦將承之。」〔注〕既疾龍之辯，又忿牟之辭，故遂吐鄙之慢言也。○伯峻案：注「之慢」當乙正。公子牟默然良久，告退，曰：「請待餘日，○釋文云：日，人質切。更謁子論。」〔注〕既忿氣方盛而不可理論，故遜辭告退也。○注「理論」北宋本、藏本作「理諭」。〔解〕失理而忿者，不可與言，故告退也。

堯治天下〔注〕天下欲治，故堯治之。○釋文云：堯治天下為句。治，直吏切，「治歟」「治名」「治道」同。五十年，不知天下治歟，不治歟？不知億兆之願戴已歟？不願戴已歟？〔注〕夫道洽於物者，則治名滅矣。治名既滅，則堯不覺在物上，物不覺在堯下。○注「洽」各本作「治」，今依北宋本訂正。○釋文云：洽本作合。顧問左右，左右不知。問外朝，○釋文云：朝音朝。伯峻案：音朝之朝當作潮。外朝不知。問在野，在野不知。〔注〕若有知者，則治道未至也。堯乃微服游於康衢，聞兒童謠曰：「立我蒸民，莫匪爾極。不識不知，順帝之則。」〔注〕蒸，衆也。夫能使萬物咸得其極者，不犯其自然之性也。若以識知制物之性，豈順天之道哉？○江有誥曰：極、則為韻，古音同在之部。伯峻案：古音之部有平上入之分，按之詩經楚辭及羣經諸子之用韻者皆嶄然不相淆也。（說詳段玉裁六書音韻表。）此極則兩字皆之部入聲字。堯喜問曰：「誰教爾為此言？」○王重民曰：「誰」，御覽四百六十七引作「疇」，類聚五十六引作「孰」。○釋文誰作𠷎，云：𠷎古疇字，直留切，誰也。童兒曰：「我聞之大夫。」問大夫。○四解本無此三字，此三字蓋不可省。大夫曰：「古詩也。」〔注〕當今而言古詩，則今同於古也。堯還宮，召舜，因禪以天下。〔注〕功成身退。○釋文云：禪，時戰切。舜不辭而受之。〔注〕會至而應。○〔解〕夫貴其身以居衆人之上也，則常懼不尊於人；愛其身以居衆人之上也，則常恐不益於物。若棄亡於天下者，則順之而不宰，理之於未萌，取之不以爲尊，去之不以爲失。如天之運，四時成焉；如地之載，萬物生焉。功成事遂而身退者也，故无私焉。夫能无私也，禪大位而不悋，受大位而不辭也。○俞樾曰：「辭」通作「詞。」釋名釋典藝曰：「詞，嗣也。」故「辭」亦通作「嗣。」尚書大誥篇：「辭其考我民。」辭卽嗣也。顧命篇：「恐不獲誓言嗣。」嗣卽辭也。說詳羣經平議。蓋「辭」籀文作「嗣」，本與嗣同聲，故得通用。堯典篇：「舜讓于德弗嗣」，而此云舜「不辭而受之」，然則古本堯典作弗辭也。所謂「舜讓于德」者，讓當爲攘。禮記曲禮篇注曰，「攘古讓字」。然則古本堯典必作「舜攘于德」也。攘者，取也。尚書微子篇枚傳曰：「自來而取曰攘」。舜無得天下之心，而天下自來，是其取天下也以德取之也。正所謂自來而取曰攘也。故曰「舜攘于德弗辭」。下文無帝堯申命之文，而卽紀元曰受終之事，然則舜之不辭審矣。樾列子此言可以見尚書之古義。余作羣經平議未見及此，故具說之。

關尹喜曰：「在己無居，〔注〕汎然無係，豈有執守之所？○釋文云：汎，芳劍切。係音計。形物其箸。〔注〕形物猶事理也。事理自明，非我之功也。○盧文弨曰：「箸」古「著」字。伯峻案：莊子天下篇作「形物自著」。細味張注，似張湛所據本亦作「自箸」。作其者於義不長，或爲字之訛誤歟？其動若水，〔注〕順水而動，故若水也。其靜若鏡，〔注〕應而不藏，故若鏡也。其應若響。〔注〕應而不唱，故若響也。○〔解〕夫至極者神也。微妙玄通，深不可極。視之不見，聽之不聞；常在於己而莫知其居，形萬物而不可睹見。其動若水，潤下而濟上；其靜若鏡，照用而不疲；其應若響，不遺於物。此養神之至理也。○釋文云：應音膺。伯峻案：「音膺」之「膺」或作應，誤。故其道若物者也。物自違道，道不違物。〔注〕同於道者，道亦得之。○〔解〕此至道者非有形之物，而善應而不遺；故物自違道，道不違於物也。○釋文道不違物作道亡違物，云：亡音無。一本作道不違物。善若道者，亦不用耳，亦不用目，亦不用力，亦不用心。〔注〕唯忘所用，乃合道耳。欲若道而用視聽形智以求之，弗當矣。○〔解〕欲得善爲此道者黜支體，黜聰明，虛其心而養其神，則自然而自證也。瞻之在前，忽焉在後；用之彌滿，六虛廢之，莫知其所。〔注〕道豈有前後多少哉？隨所求而應之。○〔解〕唯此養神之道雖知難見，非有非无。瞻之者居萬物之先，輕忽之者不與物競。用之，則六虛皆備；廢之，則莫知所存。獨立而不改，周行而不殆，其至矣哉！亦非有心者所能得遠，亦非無心者所能得近。〔注〕以有心無心而求道，則遠近其於非當；若兩忘有無先後，其於無二心矣。○〔解〕有心而求之者，自違於道，非道違之也；无心而合道，自近於道，非道近之也。有心无心，人自異耳，道无違近也。唯默而得之而性成之者得之。

〔注〕自然無假者，則無所失矣。○俞樾曰：「而性成之」當作「性而成之」。湯問篇：「默而得之，性而成之」，是其證。知而亡情，○「亡」北宋本吉府本世德堂本作「忘」。○釋文云：亡本作忘。能而不爲，眞知眞能也。〔注〕知極則同於無情，能盡則歸於不爲。○〔解〕唯默然而內昭，因性而成者，乃得之矣。知因性者，必亡其情。能亡其情而无爲者，此乃眞知眞能也。發無知，○釋文云：發无知一本作廢无知，下作廢无能。何能情？發不能，何能爲？○〔解〕夫發者，起人所不能知，更何能爲情哉？發起人所不能爲，復何能自爲情哉？惑者變性以爲情，智者變情以爲性。故易曰，「不性其情，何能久行其正也」。○秦恩復曰：解「不性其情」二語乃易「利貞者性情也」王弼注文。陶鴻慶曰：殷氏釋文云：「一本作發无知廢无能」。今案發亦讀爲廢。發廢古同聲通用，說詳王氏雜志史記平原君傳。疑此文本作「廢知何能情，廢能何能爲」。廢知卽无知，廢能卽无能。故下以聚塊積塵爲比。或本有作「无知无能」者，校者旁註而傳寫誤合之耳。聚塊也，積塵也，〔注〕此則府宅。○「塊」世德堂本作「瑰」，誤。雖無爲而非理也。」○〔解〕夫无爲者而无不爲也。若兀然如聚塊積塵者，雖則去情無爲，非至理者也。○釋文云：雖无爲而非理也一本漏爲字。

列子集釋卷第五

楊伯峻撰

湯問第五

〔注〕夫智之所限知，莫若其所不知；而世齊所見以限物，是以大聖發問，窮理者對也。○〔解〕夫萬物之情，各貴其生，不知養其所注生，而愛身以喪其生。故此篇去形全生以通其情，情通往遠以契其道也。○秦恩復曰：盧解「注生」之「注」字疑誤。○釋文云：齊，才細切。

殷湯問於夏革〔注〕革字，莊子音棘。○郭慶藩曰：革棘古同聲通用。論語「棘子成」，漢書古今人表作「革子成。」詩「匪棘其欲」，禮坊記引作「匪革其猶」。漢書「責棘伕革朱」，史記索隱：「革音棘」。皆其證。○釋文云：殷湯姓子，名履，字天乙。革音棘。夏棘字子棘，爲湯大夫。曰：「古初有物乎？」〔注〕疑直澒茫而已。○釋文云：茫音忙。夏革曰：「古初無物，今惡得物？〔注〕今所以有物，由古有物故。○盧文弨曰：注藏本「今」「古」下有「之」字，「故」下有「也」字。○釋文云：惡，音烏，下同。後之人將謂今之無物，可乎？」〔注〕後世必復以今世爲古世，則古今如循環矣。設令後人謂今亦無物，則不可矣。○路史前紀二引「後」上有使字。○釋文云：復，扶又切，下同。殷湯曰：「然則物無先後乎？」夏革曰：「物之終始，初無極已。始或爲終，終或爲始，惡知其紀？〔注〕今之所謂終者，或爲物始；所謂始者，或是物終。終始相循，竟不可分也。○江有誥曰：始已紀爲韻，古音同在之部。然自物之外，自事之先，朕所不知也。〔注〕謂物外事先，廓然都無，故無所指言也。○〔解〕後世必以今日爲古，何殊今日問古耶？安得无物也？由湯以上古爲先，然則物始事先更相前後，此不可知也。殷湯曰：「然則上下八方有極盡乎？」〔注〕湯革雖相答，然於視聽猶未歷然，故重發此問，令盡然都了。○王叔岷曰：釋文本注「盡」作「畫」，疑當从之。莊子庚桑楚篇「其臣之畫然知者去之」，即此「畫然」二字所本。盡蓋畫之形誤，或涉正文盡字而誤。○釋文盡作畫，云：重，柱用切，下同。畫音獲，一本作盡。革曰：「不知也。」〔注〕非不知也，不可以智知也。湯固問。革曰：「無則無極，有則有盡；朕何以知之？〔注〕欲窮無而限有，不知而推類也。○陶鴻慶曰：「有則有盡」下「有」字亦當作「無」。「有則無盡」者，即公孫龍所謂「有物不盡」，惠施所謂「一尺之棰，日取其半，萬世不竭」，西儒所謂「物質不滅」也。下文「無極之外，復無無極，無盡之中，復無無盡」即承此言。今本誤作「有盡」，則非其旨矣。殷注云云，正謂無無窮而有無限也。是其所見本正作「無盡」。

然無極之外復無無極，無盡之中復無無盡。〔注〕既謂之無，何得有外？既謂之盡，何得有中？所謂無無極無無盡，乃眞極眞盡矣。○注「既謂之盡」北宋本作「既謂之虛」，汪本从之，今从藏本訂正。

無極復無無極，無盡復無無盡。〔注〕或者將謂無極之外更有無極，無盡之中復有無盡，故重明無極復無無極，無盡復無無盡也。

朕以是知其無極無盡也，而不知其有極有盡也。」〔注〕知其無，則無所不知；不知其有，則乃是眞知也。

湯又問曰：「四海之外奚有？」○王重民曰：御覽二引「有」下有「乎」字。

革曰：「猶齊州也。」〔注〕齊，中也。○〔解〕言無安得有極盡耶？是以道無不徧，無之謂也，體用俱大，非虛實無有也。○伯峻案：齊州謂中國。周穆王篇云「四海之齊謂中央之國」云云，可證。○釋文云：爾雅云：「距齊以南，戴日爲丹穴；北，戴斗極爲空桐」。距，去也。齊，中也。

湯曰：「汝奚以實之？」○伯峻案：淮南精神訓云，「衆人以爲虛言，吾將舉類而實之」。高誘注，「實，明也」。後漢書順帝紀云，「詔幽并涼州刺史使名實二千石以下至黃綬，年老劣弱不任軍事者」。注云：「實謂覈實之也」。皆可爲此實字之義。

革曰：「朕東行至營，○釋文云：今之柳城，古之營州，東行至海是也。人民猶是也。〔注〕如是問也。問營之東，復猶營也。西行至豳，○釋文云：豳與邠同。人民猶是也。問豳之西，復猶豳也。朕以是知四海，四荒，四極之不異是也。〔注〕四海、四荒、四極，義見爾雅。知其不異是閑，則是是矣。○〔解〕四方窮之不可盡，皆有生死變賦父母妻子，故知四荒四極之外不異營幽之內，則是是也。○王重民曰：「之」下疑本有「外」字，今本脫之。上文湯問「四海之外奚有」，此革所答語，故云「四海四荒四極之外」，御覽一引「之」下正有「外」字。伯峻案：王說是。玩盧重玄解，其所見本亦有外字。○釋文云：爾雅云：「九夷八狄七戎六蠻謂之四海。觚竹、北戶、西王母、日下謂之四荒。東泰遠、西邠國、南濮鉛、北祝栗謂之四極」。見，賢遍切。伯峻案：釋文泰遠或作泰遠，邠國或作郊國，北祝栗或作此祝栗，誤。

故大小相含，無窮極也。含萬物者，亦如含天地。〔注〕夫含萬物者天地，容天地者太虛也。○釋文太虛作大虛，云：大音泰，下同。

含萬物也故不窮，〔注〕乾坤含化，陰陽受氣，庶物流形，代謝相因，不止於一生，不盡於一形，故不窮也。

含天地也故無極。〔注〕天地籠罩三光，包羅四海，大則大矣；然形器之物，會有限極。窮其限極，非虛如何？計天地在太虛之中，則如有如無耳。故凡在有方之域，皆巨細相形，多少相懸。推之至無之極，豈窮於一天，極於一地？則天地之與萬物，互相包裹，迭爲國邑；豈能知其盈虛，測其頭數者哉？○釋文云：罩，陟孝切。

朕亦焉知天地之表不有大天地者乎？〔注〕夫太虛

也無窮，天地也有限。以無窮而容有限，則天地未必形之大者。然則鄒子之所言，蓋其掌握耳。〇「掌」世德堂本作「嘗」。〇釋文云：焉，於虔切，下同。亦吾所不知也。〔注〕夫萬事可以理推，不可以器徵。故信其心智所知及，而不知所知之有極者，膚識也；誠其耳目所聞見，而不知視聽之有限者，俗士也。至於達人，融心智之所滯，玄悟智外之妙理；豁視聽之所閡，遠得物外之奇形。若夫封情慮於有方之境，循局步於六合之間者，將謂寫載盡於三墳五典，歸藏窮於四海九州焉。知太虛之遼廓，巨細之無垠，天地爲一宅，萬物爲遊塵，皆拘短見於當年，昧然而俱終。故列子闡無內之至言，以坦心智之所滯；恢無外之宏唱，以開視聽之所閡。使希風者不覺矜伐之自釋，束教者不知桎梏之自解。故剞劂儒墨，指斥大方，豈直好奇尙異而徒爲夸大哉？[illegible]聃周既獲譏於世論，吾子亦猶以何爲之乎？〇〔解〕夫神道之含萬物也，故不窮；陰陽之含天地也，故無極。天地萬物之外，我所不知以辯之，非謂都不知也。〇注「無垠」本作「無限」，今从世德堂本作「無垠」。〇釋文限作垠，云：「知及」及字一本作反，恐字誤。豁，呼括切。垠音銀，下同；一本作限。拘音俱。桎梏音質谷。釋音釋。剞音枯。夸，口花切。聃，他甘切，老子名。周，莊子名。然則天地亦物也。物有不足，故昔者女媧氏練五色石以補其闕；〔注〕陰陽失度，三辰盈縮，是使天地之闕，不必形體虧殘也。女媧，神人，故能鍊五常之精以調和陰陽，使晷度順序，不必以器質相補也。〇〔解〕張湛此注當矣。〇秦恩復曰：「練」古「鍊」字，淮南亦作「練」。何務曰：張湛注以五色石爲寓言五常，是亦巧爲之詞。戰國諸子多與小說相出入，不盡可詰。卽以列子而論，龍伯釣鼇之事，化人學穆之跡，又皆何事乎？王叔岷曰：藝文類聚六、御覽二五一引「石」上並有「之」字，與下文句法一律，當从之。〇釋文云：媧音瓜，女媧氏，古天子，風姓。斷鼇之足〔注〕鼇，巨龜也。〇釋文云：斷鼇音短。鼇，具後釋。以立四極。其後共工氏與顓頊爭爲帝，〇伯峻案：史記三皇本紀謂與祝融戰，淮南原道篇謂與高辛爭爲帝，而天文訓又云與顓頊爭爲帝，皆古傳說之異也。〇釋文云：共工氏，共音恭，古帝王。顓頊音專旭。怒而觸不周之山，〔注〕共工氏興霸於伏羲神農之閒，其後苗裔恃其彊，與顓頊爭爲帝。顓頊，黃帝孫。不周山在西北之極。〇盧文弨曰：注「顓頊」下藏本有「是」字，「黃帝」下有「之」字。〇釋文伏作虙，云：虙音伏。羲，許宜切。折天柱，絕地維；故天傾西北，日月辰星就焉；〇王叔岷曰：淮南天文篇論衡談天篇「故」字並在「日」字上，與下文句法一律。地不滿東南，故百川水潦歸焉。」〇〔解〕亂常敗德，則爲折天柱絕地維也。是以聖人知天道損有餘補不足，故三光百川得其大要也。〇釋文云：潦音老。湯又問：「物有巨細乎？有修短乎？有同異乎？」革曰：「渤海之東不知幾億萬里，有大壑焉，〇釋文云：渤海，今樂安郡。山海經云：東海之外有大壑。實惟無底之谷，〔注〕事見大荒經。詩含神霧云：「東注無底之谷」。其下無底，〔注〕稱其無底者，蓋舉深之極耳。上句云無無極限，有不可盡。實使無底，亦無所歸。〇注末「限」字世德堂本作「閡」。名曰歸墟。〔注〕莊子云「尾閭」。〇洪頤煊曰：文選吳都賦李善注、太平御覽卷六十七引列子作「歸塘」，顏氏家訓歸心篇：「歸塘尾閭，渫何所到」。亦與或本同。王重民曰：御覽六十又六十七引並作「歸塘」，與釋文所見或本同。○釋文云：歸墟或作歸塘。

八紘九野之水，天漢之流，莫不注之，而無增無減焉。〔注〕八紘，八極也；九野，天之八方中央也。世傳天河與海通。○〔解〕大壑無底者，晉大道之無能窮盡者也。至微至細入於無間者，不過水也。注之無增減者，萬有無不含容者也。○釋文云：紘音宏。

其中有五山焉：一曰岱輿，○釋文云：輿音余。二曰員嶠，○釋文云：嶠，渠廟切，山銳而高也。三曰方壺，○釋文云：一曰方丈。四曰瀛洲，○釋文云：瀛音盈。五曰蓬萊。○釋文云：史記曰，「方丈、瀛洲、蓬萊，此三神山，在渤海中。蓋嘗有至者，諸仙人及不死之藥皆在焉。未至，望之如雲。欲到，卽引而去，終莫能至。」

其山高下周旋三萬里，○釋文周旋作周犯，云：犯一本作範圍字，一本作周旋字。任大椿曰：戴記：「范金合土」。荀子彊國篇：「刑范法正」。太元經：「國家之矩范也」。隸釋楊著碑：「褎茲師范」。司空殘碑：「納我鎔范」。則範多通作范。（通俗文：規模曰笵。則范當作笵。）又逢盛碑：「制中圖桅。」亦模範字，範又通作桅。惟範之通作犯則不多見。陳編修昌齊曰：莊子大宗師篇云，「今一犯人之形，而曰人耳人耳。夫造化者，必以爲不祥之人」。「犯人之形」卽「範人之形」也，此範犯相通之一證也。

其頂平處九千里。山之中閒相去七萬里，以爲鄰居焉。其上臺觀皆金玉，其上禽獸皆純縞。○陶鴻慶曰：「其上」二字冒下六句，下「其上」字誤複。王重民曰：陶說是也。御覽三十八引正無下「其上」二字。○釋文云：純音淳。縞，古老切。

珠玕之樹皆叢生，○釋文云：玕音干。華實皆有滋味；食之皆不老不死。○王重民曰：御覽三十八引無下「皆」字，蓋是衍文。

所居之人皆仙聖之種；一日一夕飛相往來者，不可數焉。〔注〕兩山閒相去七萬里，五山之間凡二十八萬里；而日夜往來。往來者不可得數，風雲之揮霍不足逾其速。○〔解〕有形之物生於大道之中，而增飾靜好而不知老，不知死，動用不住，倏往忽來，無限數也。○注世德堂本不重「往來」二字。「不可得數」「不」作「乃」，北宋本同。○釋文云：數，色主切，注同。

而五山之根無所連箸，〔注〕若此之山猶浮於海上，以此推之，則凡有形之域皆寄於太虛之中，故無所根蔕。○盧文弨曰：注「浮」下「於」字藏本無。○釋文箸作著，云：著，直略切。

常隨潮波上下往還，○釋文云：上，時掌切。不得蹔峙焉。○〔解〕眼耳鼻舌身爲五根，隨波流不得，此擧世皆隨聲色香味染著而不得休息，乃至忘生輕死，以殉名利；不知止廬還源，養神歸道者也。○釋文蹔作暫，云：峙，直里切。

仙聖毒之，○釋文云：毒，病也。訴之於帝。帝恐流於西極，失羣仙聖之居，○盧文弨曰：「恐」坊本作「怒」，「羣聖」藏本作「仙聖」，四解本樂本作「羣仙聖」。俞樾曰：盧重元本作「帝恐流於西極失羣仙聖之居」，當從之。五根之山無所連著，其流於西極，勢使然耳，何怒之有？蓋涉下文「帝憑怒」而誤。又「仙聖」字上下文三見，可證此作「羣聖」之非矣。

至「西極」字亦疑有誤。五山隨波上下往還，安知其必流於西極也？下文云「岱輿員嶠二山流於北極」，可證其不必西流矣。「西極」似當作「四極」。伯峻案：俞說是也，今从秦本四解本增仙字。王叔岷曰：藝文類聚九六、御覽九三一、引上「帝」字並有「上」字，事文類聚後集三五、天中記五七引兩「帝」字上並有「上」字。錦繡萬花谷續集五引下「帝」字上有「天」字，今本兩「帝」字上蓋並挩「上」字或並挩「天」字也。

乃命禺彊〔注〕大荒經曰：北極之神名禺彊，靈龜為之使也。○釋文禺彊作禺強，云：禺與隅同。神仙傳：「北方之神名禺強，號曰玄冥子」。山海經曰：「大荒之中有神，人面鳥身，名曰禺強」。簡文云：「北海神也」。任大椿曰：淮南子地形訓「隅強，不周風之所生也」。高誘注：「隅強，天神也」。水經注曰：「縣名番禺，儻謂番山之禺也」。「番山之禺」猶言「番山之隅」。山海經：「桂林八樹在番隅東」。郭璞注：「番隅今番禺縣」。則禺隅通。

使巨鼇十五舉首而戴之。〔注〕離騷曰：巨鼇戴山，其何以安也？○釋文云：列仙傳云：巨鼇戴蓬萊山而抃滄海之中。元中記云：即巨龜也。

迭為三番，○釋文云：番音翻，更代也。

六萬歲一交焉。五山始峙而不動。○〔解〕夫形質者，神明居也。若五根流浪而失所守，則仙聖無所居矣。莊子云：「一受其成形，不亡以待盡」。若五根漂蕩，則隨衰而至死矣。一生虛過，豈不哀哉！故大聖作法設敎以止之，五根於是有安矣。五塵以對之，五識以因之，故云「十五」也。因心以辯之，故云「三番」。六萬歲一交耳，自此知亂五根之道也。○藏本、秦本、世德堂本無「而不動」三字。王重民曰：類聚九十六、御覽八百三十四引有此三字，蓋今本脫之也。伯峻案：文選左太沖吳都賦注、木玄虛海賦注、御覽九三一、楚辭天問洪興祖補注引均有此三字。

而龍伯之國有大人，舉足不盈數步而暨五山之所，○「數步」北宋本作「數千」，汪本从之，今从藏本訂正。王重民曰：北宋本「步」作「千」，與釋文所見一本同。類聚九十六引作「數十步」，疑類聚所引近是。蓋北宋本「千」為「十」字之誤，下又脫「步」字耳。伯峻案：御覽九三一、事文類聚後集三五引並作「數十步」。○釋文云：數，色主切。步一本作千。

一釣而連六鼇，○釋文云：釣一本作鈞。

合負而趣○釋文云：趣音趨。

歸其國，灼其骨以數焉。〔注〕以高下周圍三萬里山而一鼇頭之所戴，而此六鼇復為一鈞之所引，龍伯之人能并而負之，又鑽其骨以卜計，此人之形當百餘萬里。鯤鵬方之，猶蚊蚋蚤虱耳。則太虛之所受，亦奚所不容哉？○〔解〕伯者，長也。龍，有力之大者也。以喻俗中之嗜慾矜夸愛貪縱情求以染溺，而為鈞負六情以自適，豈徒失其所守，乃更毀而用之也。○黃生曰：字書皆以鼇為大鼈，據本書云云，則鼇者龜也，非鼈之大者也。秦恩復曰：「矜夸」以下注(解)文疑有脫誤。王叔岷曰：初學記十九、草堂詩箋三五、錦繡萬花谷續集五、引「灼」上並有「因」字。○釋文云：灼音酌。數，所據切。算，計也。鑽，相官切。鯤鵬音昆朋。蚊蚋音文芮。蚤虱音早瑟。

於是岱輿員嶠二山流於北極，沈於大海，仙聖之播遷者巨億計。○〔解〕俗心所溺唯聲色為重，君子小人困於名利也，故曰二山沉焉。愛溺深重，喻之大海。神識流浪，不可勝言。

帝憑怒，〔注〕憑，大也。○釋文憑作馮，云：馮音憤。

侵減龍伯之國使阨，○汪中曰：古阨隘通，陿之轉。○釋文阨作陿，云：陿，子葉切，一本作陜。陜，烏賢切。任大椿曰：史記孝武紀：「侵尋於太山矣」。索隱曰：「侵尋卽浸淫也」。淮南子詮言訓：「陰陽之始，皆調適相似，日長其類，以侵相遠」。謂始則相似以漸而遠也。釋名：「目生膚入眸子曰浸，浸，侵也。亦言浸淫轉大也」。則侵浸通。侵小龍伯之民使短。至伏羲神農時，其國人猶數十丈。〔注〕山海經云：東海之外，大荒之中，有大人之國。河圖玉版云：從崑崙以北九萬里，得龍伯之國，人長四十丈，生萬八千歲始死。○〔解〕大聖惡夫嗜慾之爲害也，乃立法以制之。因聖智之教行，故其國漸小。然神農雖治，猶數十丈焉者，蓋人不能滅之，但減削而已。○王重民曰：御覽三百七十七引「猶」下有「長」字。○釋文其國人作有國人，數十丈作數千丈，云：數千丈一本作數十丈。從中州以東四十萬里得僬僥國，○王重民曰：「東」當作「西」，字之誤也。淮南墬形篇：「西南方曰僬僥」。韋昭魯語注：「僬僥，西南蠻之別名」。是古者一謂僬僥在西南也。御覽七百九十引外國圖云：「僬僥去九疑三萬里」。是又謂在南方也。釋文引括地志云：「在大秦國北」。大秦在西南，是又謂在西方也。約之以謂在西南者爲折中。其謂在西在南者，蓋觀點略有不同耳。而從未有謂在東方者，則東爲誤字無疑矣。此段記四方之特異，荊南冥靈，終北鯤鵬，東北諍人，西方僬僥。若作東，則與諍人相複矣。東爲誤字，此又一證也。御覽三百七十八又七百九十引「四」並作「三」。疑列子此文本作「從中州以西三十萬里得僬僥國」，後「西」字誤作「四」，因衍入「東」字，削去「三」字耳。○釋文云：僬僥音譙堯，短人國名也。史記云：「僬僥氏三尺，短之至也」。韋昭曰：「僬僥，西南蠻之別名也」。案括地志，在大秦國西北。人長一尺五寸。〔注〕亦見詩含神霧。○釋文云：見，賢徧切，下同。東北極有人名曰諍人，長九寸。〔注〕見山海經。詩含神霧云：「東北極有此人」。旣言其大，因明其小耳。○秦恩復曰：「諍」山海經作「竫」。王重民曰：御覽三百七十八引「諍」作「竫」，當讀爲「竫」。說文：「竫，一曰細皃」。山海經大荒東經曰：「東海之外，大荒之中有小人國，名竫人」。郭注曰：「竫或作埩」。○釋文云：諍音爭。山海經曰：「東海之外，有小人，名曰諍人」。荊之南有冥靈者，○釋文云：冥靈，木名也；生江南，以葉生爲春，葉落爲秋。以五百歲爲春，五百歲爲秋。上古有大椿者，○釋文云：椿，丑倫切，木名也。一名樗。以八千歲爲春，八千歲爲秋。朽壤之上有菌芝者，○王重民曰：御覽九百四十五引「上」作「土」。○釋文云：菌，其隕切。崔譔云：「糞上生芝也。朝生暮死」。簡文云：「欻生芝」。生於朝，死於晦。春夏之月有蠓蚋者，○王叔岷曰：雲笈七籤九十「春夏之月」作「晴空之中」。御覽九四五、廣韻上聲三、韻府羣玉九、引「蠓蚋」並作「蠛蠓」。○釋文云：蠓，莫孔切。蚋音芮，謂蠛蠓蚊蚋也。二者小飛蟲也。因雨而生，見陽而死。○〔解〕苟有嗜慾失其眞焉，則形巨者與形小，長年者與促齡，亦何異也？故知上極神仙，下及蠓蠛，迷眞失道，情慾奔馳，其喪一也。終北之北〔注〕莊子云「窮髮」。○藏本世德堂本作「終髮北之北」。汪中曰：莊子曰「窮髮」，終窮語之轉。俞樾曰：釋文曰，一本無髮字，當從之。終北，國名。下文曰「禹之治水土也，迷而失塗，謬之一國，濱北海之北，其國名曰終北」，是也。終北之北謂在其國之北。今衍髮字者，蓋後人據莊子逍遙遊篇加之。不知彼自言窮髮之北，此自言終北之北，兩文不同。若據彼以增此，則既言終髮北，又言之北，文義複沓矣。○釋文作終髮之北，云：一本作終北之北。有溟海者，○釋文云：十洲記云：「水黑色謂溟海」。天池也，有魚焉，其廣數千里，○釋文云：廣數，上古曠切，下色主切。其長稱焉，○伯峻案：考工記輿人：「謂之參稱」。注：「稱猶等也」。○釋文云：稱，尺證切，下同。其名爲鯤。○釋文云：鯤，鯨魚也。有鳥焉，其名爲鵬，○釋文云：鵬，步登切。翼若垂天之雲，其體稱焉。〔注〕莊子云，鯤化爲鵬。世豈知有此物哉？〔注〕既其所常見，習其所常聞；雖語之，猶將不信耳。○釋文云：語，魚據切。大禹行而見之，伯益知而名之，○釋文云：名，彌正切，與銘同。夷堅聞而志之。〔注〕夫奇見異聞，衆之所疑。禹益堅豈直空言譎怪以駭一世？蓋明必有此物，以遺執守者之固陋，除視聽者之盲聾耳。夷堅未聞，亦古博物者也。○盧文弨曰：注「衆之」藏本無「之」字，「禹」作「焉」。○釋文云：志之，記之也。江浦之閒生麼蟲，〔注〕麼，細也。○王叔岷曰：爾雅翼二六引生作有。事文類聚後集四九引作「海上有蟲」。今本有作生，疑誤。○釋文云：麼，亡果切。字林云：「麼，小也」。其名曰焦螟，○釋文云：螟音名。羣飛而集於蚊睫，○釋文云：睫音接。弗相觸也。栖宿去來，蚊弗覺也。離朱子羽方晝拭眥揚眉而望之，○釋文云：拭音式。眥，在詣切，目際也。弗見其形；〔注〕離朱，黃帝時明目人，能百步望秋毫之末。子羽未聞。鷈俞師曠方夜擿耳俛首而聽之，○釋文云：鷈，除侍切。鷈俞師曠，皆古之聰耳人也。擿音惕。俛音免。弗聞其聲。〔注〕鷈俞未聞也。師曠，晉平公時人，夏革無緣得稱之，此後著書記事者潤益其辭耳。夫用心智賴耳目以視聽者，未能見至微之物也。○盧文弨曰：注「緣得」下藏本有「而」字。唯黃帝與容成子居空峒之上，○盧文弨曰：「峒」藏本作「桐」。○王叔岷曰：藝文類聚九七引「容成子」作「廣成子」。莊子在宥篇亦作「廣成子」。○釋文云：史記云：「黃帝至于河，登空桐之山」。今在隴泉郡。同齋三月，心死形廢；〔注〕所謂心同死灰，形若枯木。徐以神視，〔注〕神者，寂然玄照而已，不假於目。○王重民曰：類聚九十七引「徐」作「俟」，是也。蓋「俟以神視」與下「徐以氣聽」相對。伯峻案：王說失之泥，仍以作徐字者於義爲長。塊然見之，若嵩山之阿；〔注〕以有形涉於神明之境，嵩山未足喻其巨。徐以氣聽，〔注〕氣者，任其自然而不資外用也。砰然聞之，○釋文云：砰，普耕切。若雷霆之聲。〔注〕以有聲涉於空寂之域，雷霆之音未足以喻其大也。○〔解〕有形聲之礙也，則積塊成山，聚蚊成雷；塊然見之，砰然聞之，不足多怪。○釋文云：蜑音延。吳楚之國有大木焉，其名爲櫾。〔注〕音柚。○釋文云：櫾音柚。山海經曰：「荊山多橘柚」。柚似橘而大，皮厚味酸。碧樹而冬生，實丹而味酸。○王重民曰：「櫾」即「柚」字。「生」當作「青」，字之誤也。中山經：「荊山多橘櫾」。郭注：「櫾似橘而大也」。史記司馬相如傳：「橘柚芬芳」。正義曰：「小曰橘，大曰柚。樹有刺，冬不凋，葉青」。是櫾樹葉青，經冬不凋，故列子曰「碧樹而冬青」也。此蓋「青」字闕壞爲「主」，因誤爲「生」。齊民要術卷十引作「碧樹而冬青生」，雖衍一「生」字，而「青」字倘不誤。類聚八十七（引作「列傳」，當是列子之誤。）御覽九百七十三並引正作「冬青」，可證。「碧樹冬青」，「實丹味酸」，相對爲文。若作「生」，則不相偶矣。王叔岷曰：記纂淵海九二引亦作「青」。

食其皮汁，已憤厥之疾。○許維遹曰：呂氏春秋至忠篇高注：「已猶愈也」。王叔岷曰：「厥」乃「瘚」之借字。說文：「瘚，屰（逆）氣也」。○釋文云：憤，房吻切。憤厥之疾，氣疾也。

齊州珍之。渡淮而北而化爲枳焉。○釋文云：周禮曰：「橘渡淮北而化爲枳」。

鸜鴿不踰濟，○釋文云：濟，子禮切。鸜鴿音瞿浴。

貉踰汶則死矣；○釋文云：貉音鶴，似狐，善睡獸也。汶，武巾切。酈元水經曰：「濟水出王屋山爲兗（音兗）水，東經溫爲濟水，下入黃河十餘里，南渡河爲滎澤，又經濟陰等九郡而入海」。周禮云：「鸜鴿不踰濟，貉踰汶則死，此地氣使然也」。鄭玄云：「汶水在魯城北。先儒相因以爲魯之汶水，皆大誤也」。案史記，汶與嶓同武巾切，謂汶江也，非音問之汶。案山海經：「大江出汶山」。郭云：「東南逕蜀郡，東北逕巴東，江夏，至廣陵入海」。韓詩外傳云：「昔者江出於汶山，其始也足以濫觴」是也。又楚詞云：「隱汶山之淸江」。固可明矣。且列子與周禮通言水土性異，則遷移有傷，故舉四瀆以言之。案今魯之汶水，闊不踰數十步，源不過二百里，揭厲皆渡，斯須往還，豈狐貉暫游，生死頓隔矣？說文云：「貉，狐類也」。皆生長丘陵旱地，今江邊人云，狐不渡江。是明踰大水則傷本性遂致死者也。伯峻案：釋文「酈元」當作「酈道元」。

地氣然也。〔注〕此事義見周官。○秦本作「地氣使然也」。

雖然，形氣異也，性鈞已，○王叔岷曰：釋文：「一本云情性鈞已」，有情字是。「情性鈞已」與上「形氣異也」對文。○釋文云：皆至已字爲句。一本云情性鈞已。

無相易已。生皆全已，分皆足已。○釋文云：分，符問切。

吾何以識其巨細？何以識其修短？何以識其同異哉？」〔注〕萬品萬形，萬性萬情，各安所適，任無不執，則鈞於全足，不願相易也。豈智所能辯哉？○〔解〕陰陽所生，土地所宜，神氣所接，習染所變，皆若是也。復何足以辯之哉？

太形王屋二山，〔注〕形當作行。太行在河內野王縣，王屋在河東東垣縣。○王重民曰：御覽四十引「形」作「行」，當爲引者所改。○釋文太形作大形，云：音泰行，注同。垣音袁。

方七百里，高萬仞；本在冀州之南，河陽之北。

北山愚公者，〔注〕俗謂之愚者，未必非智也。

年且九十，面山而居。懲山北之塞，出入之迂也，○〔解〕形，戶剛反。懲，戒也，創也，草政也。○釋文云：韓詩外傳云：「懲，苦也」。迂音于，下同。

聚室而謀，曰：「吾與汝畢力平險，指通豫南，達于漢陰，可乎？」雜然相許。〔注〕雜猶僉也。○釋文云：雜，七合切，下同。僉，七廉切。其妻獻疑，〔注〕獻疑猶致難也。○釋文云：難，乃旦切。曰：「以君之力，曾不能損魁父之丘，○伯峻案：太平御覽引淮南子云：「牛跡之涔，無經尺之鯉；魁父之山，無營宇之材：皆其狹小而不能容巨大」。藝文類聚山部引淮南「魁父」作「顆附」。淮南本文作「魁阜」，音同字異耳。○釋文云：曾音層，下同。魁父淮南子作魁阜，謂小山如堆阜。如太形王屋何？〔注〕魁父，小山也，在陳留界。且焉置土石？」○釋文云：焉，於虔切。雜曰：「投諸渤海之尾，隱土之北。」〔注〕淮南云，「東北得州曰隱土」。遂率子孫荷擔者三夫，○釋文云：荷，胡可切。擔，丁甘切。叩石墾壤，○釋文云：叩，擊也。墾，苦恨切，起土也。箕畚運於渤海之尾。○釋文云：畚音本，籠也。鄰人京城氏之孀妻〔注〕孀，寡也。○釋文云：孀音霜。有遺男，始齓，○釋文云：齓，初刃切。韓詩外傳云，「男女七歲而毀齒謂之齓」。跳往助之。○任大椿曰：漢書高帝紀：「漢王跳」。晉灼曰：「跳，獨出意也」。即下文獨與滕公出成皋王門是也。列子此節述愚公移山無與爲助，而遺男獨往助之，故云跳往助之也。跳往之跳與晉灼之訓可以互証。洪頤煊曰：漢書高帝紀：「漢王跳」。如淳曰：「跳音逃，謂走也」。史記作逃。晉灼曰：「跳，獨出意也」。燕王澤傳：「澤跳驅至長安」，亦謂逃驅也。○○釋文云：跳音調，躍也。或作跳，誤也。寒暑易節，始一反焉。河曲智叟笑而止之，〔注〕俗謂之智者，未必非愚也。曰：「甚矣汝之不惠！○吉府本「止」作「正」，「惠」作「慧」。王重民曰：御覽四十引「惠」作「慧」。以殘年餘力，曾不能毀山之一毛，其如土石何？」北山愚公長息曰：「汝心之固，固不可徹；○伯峻案：徹，通也。○釋文云：徹，丑列切。曾不若孀妻弱子。雖我之死，有子存焉。○王重民曰：御覽五百十九引「存」作「在」。子又生孫，孫又生子；子又有子，子又有孫；子子孫孫，無窮匱也；而山不加增，何苦而不平？」○道藏各本俱作「何若而不平」。○王重民曰：釋文本、吉府本「苦」作「若」，是也；蓋形近而譌。御覽四十引「平」上有「可」字。釋文苦作若，云：若一本作苦。河曲智叟亡以應。〔注〕屈其理而服其志也。操蛇之神聞之，〔注〕大荒經云：「山海神皆執蛇」。懼其不已也，〔注〕必其不已，則山會平矣。世咸知積小可以高大，而不悟損多可以至少。夫九層起於累土，高岸遂爲幽谷。苟功無廢舍，不期朝夕，則無微而不積，無大而不虧矣。今砥礪之與刀劍，相磨不已，則知其將盡。二物如此，則邱壑消盈無所致疑。若以大小遲速爲惑者，未能推類也。○釋文岸作峯，云：操，七刀切。高峯遂爲幽谷一本作高岸遂爲幽谷。舍音捨。砥礪音旨例。告之於帝。帝感其誠，〔注〕感愚公之至心也。命夸蛾氏二子〔注〕夸蛾氏，傳記所未聞，蓋有神力者也。○釋文云：夸娥氏一本作夸蛾氏。夸，口花切。負二山，一厝朔東，○釋文云：厝音措。一厝雍南。自此，冀之南，漢之陰無隴斷焉。〔注〕夫期功於旦夕者，聞歲暮而致歎；取美於當年者，在身後而長悲。此故俗士之近心，一世之常情也。至於大人，以天地爲一朝，億代爲瞬息；忘懷以造事，無心而爲功；在我之與在彼，在身之與在人，弗覺其殊別，莫知其先後。故北山之愚與嫠妻之孤，足以哂河曲之智，嗤一世之惑。悠悠之徒，可不察歟？○〔解〕此一章興也。俗安所習而隨於衆。衆所共者，則爲是焉。雖嗜慾所纏，從生至死，生既流蕩無巳，死又不知所之；愚者瞢瞢於衣食以迄終，君子瞢瞢於名色以至死，咸以爲樂天知命，自古而然。若夫至學之人，必至於求道忘生以契眞。聞斯行諸，不計老少，窮生不閑神，或感而自通。故易曰：「寂然不動，感而遂通」，然後形礙之可忘，至平之理暢矣。○注「瞬息」本作「瞚息」，今从藏本正。○釋文隴作壠，察歟作察與，云：壠力腫切。嫠音狸。哂，式忍切。嗤，赤之切。與音余。

夸父不量力，○伯峻案：呂覽求人篇云：「夸父之野」。高注云：「夸父，獸名也」。又郭璞注海外北經云：「夸父者，蓋神人之名也」。又淮南地形訓云：「夸父耽耳（耽字依王念孫說改。）在其北方，夸父棄其策，是爲鄧林」。高注：「夸父，神獸也。鄧猶木也。一曰仙人也」。○釋文云：夸，口花切。欲追日影，逐之於隅谷之際。〔注〕隅谷，虞淵也，日所入。渴欲得飲，赴飲河渭。河渭不足，將走北飲大澤。未至，道渴而死。棄其杖，尸膏肉所浸，生鄧林。○釋文云：浸，子禁切。鄧林彌廣數千里焉。〔注〕山海經云：「夸父死，棄其杖，而爲鄧林」。○〔解〕夫人一至以断道，則去有以契眞；若將恃能以求勝，則步影而不及。及其契眞也，則形盡乎焉；及其追末也，則喪生以見跡。跡之著也，鄧林所以生；眞之契也，工隴所以平也。○王叔岷曰：草堂詩箋補遺十、記纂淵海九、事文類聚前集二引並不疊「鄧林」二字，疑衍。

父音甫。大荒經云：「有人珥兩黃蛇把兩黃蛇，名曰夸父」。

大禹曰：「六合之間，四海之內，照之以日月，經之以星辰，紀之以四時，要之以太歲。○釋文太歲作大歲，云：要，一遙切。大音泰。神靈所生，其物異形；或夭或壽，唯聖人能通其道。」〔注〕聖人順天地之道，因萬物之性，任其所適，通其逆順，使羣異各得其方，壽夭咸盡其分也。○盧文弨曰：注「咸」下藏本有「得」字。王叔岷曰：治要引注「通其逆順」作「通其所適」，與上「任其所適」相對。○釋文云：分，符問切。夏革曰：「然則亦有不待神靈而生，不待陰陽而形，不待日月而明，〔注〕夫生者自生，形者自形，明者自明，忽然自爾，固無所因假也。不待殺戮而夭，不待將迎而壽，〔注〕自夭者不由禍害，自壽者不由接養。不待五穀而食，不待綌纊而衣，〇釋文云：綌，似陵切。纊音曠。不待舟車而行，〇釋文云：車音居。其道自然，〔注〕自然者，都無所假也。非聖人之所通也。」〔注〕聖人不違自然而萬物自運，豈樂通物哉？自此章已上皆夏革所告殷湯也。〇〔解〕夫形動之物各有所宜，聖人能順其生以通其道也。然則神識至靈，更無所待，非羣有之所資育；蓋獨運之自然，豈聖人所能通哉？〇注「已上」藏本作「以上」。

禹之治水土也，迷而失塗，謬之一國。〔注〕游絕垠之外者，非用心之所逮，故寄言迷謬也。〇盧文弨曰：注末「也」字藏本作「耳」。濱北海之北，不知距齊州幾千萬里。〔注〕距，去也。〇盧文弨曰：注「去」字藏本作「至」。其國名曰終北，〇〔解〕終北者，言其極幽極微，玄獸之地。不知際畔之所齊限，〇釋文云：齊，子細切。無風雨霜露，不生鳥獸、蟲魚、草木之類。四方悉平，周以喬陟。〔注〕山之重壟也。〇〔解〕玄獸之擬無有際畔，風雨鳥獸羣動所不至也。其中坦然至平而已矣。喬陟者，形器之礙。〇王重民曰：注文「重壟」當作「重甗」，字之誤也。爾雅釋山云：「山三襲，陟。」郭注：「襲亦重也」。〇釋文云：爾雅云：「喬，高曲也。」又云：「三山襲，陟。」郭璞云：「重隴也」。當國之中有山，山名壺領，〇王叔岷曰：御覽五八、天中記九引「山」字並不疊，疑衍。狀若甔〔注〕擔甀。〔注〕縋。〇釋文云：甔，丁甘切。甀，直僞切。甔甀謂瓦餅也。頂有口，狀若員環，名曰滋穴。〇「穴」世德堂本作「宂」，誤。御覽四百九十引作「穴」，不誤。有水湧出，名曰神瀵，〔注〕山頂之泉曰瀵。〇釋文云：瀵，甫問切。郭璞云：「今河東汾陰有水，中如車輪許大，濆沸湧出，其深無底，名曰瀵。」濆，汾上聲。臭過蘭椒，味過醪醴。〇〔解〕山中喻心，水爲藥用，蓋神所瀵出者。〇釋文云：椒音焦。醪醴音勞禮。一源分爲四埒，注於山下。〔注〕山上水流曰埒。〇釋文云：埒音劣。經營一國，亡不悉徧。〇〔解〕通乎四支，徧乎百體，以陶形器。〇釋文云：亡音無，下同。土氣和，亡札厲。〇釋文云：札，側入切。札厲，疫死也。人性婉而從物，〇釋文云：婉音宛。不競不爭。柔心而弱骨，不驕不忌；長幼儕居，〇釋文云：長，張丈切。儕，士皆切。不君不臣；男女雜游，不媒不聘；〇釋文聘作娉，云：音聘。緣水而居，不耕不稼。土氣溫適，不織不衣；百年而死，不夭不病。其民孳阜亡數，〇釋文云：孳，息也。阜，盛也。有喜樂，亡衰老哀苦。〇〔解〕百骸九竅，應事而用。不爭不競，不相矜誇。含陰含陽，隨運而用。其道至柔，不衣不食。衰老所不逐，夭壽所不拘。上士勸之，則至其國矣。〇俞樾曰：「孳阜」二字疑當在「喜樂」之上，「其民亡數，有孳阜喜樂，亡衰老哀苦」。蓋以「衰老」對「孳阜」，「哀苦」對「喜樂」。其俗好聲，

○釋文云：好，呼報切。相攜而迭謠，○釋文云：迭音絰。謠音遙。終日不輟音。飢惓則飲神瀵，○釋文云：惓音倦。力志和平。過則醉，經旬乃醒。沐

浴神瀵，膚色脂澤，香氣經旬乃歇。○〔解〕人以氣爲生，故曰好聲也。出入之息，故云不輟。飲食氣蒸，無雜思，故云醉也。從盧起，又沐其中，故云澤香。周穆王北遊過其國，三

年忘歸。既反周室，慕其國，惝然自失。○釋文云：惝，昌兩切。不進酒肉，不召嬪御者，數月乃復。○〔解〕周穆王亦曾至其國矣，不能常止其地，故云乃復焉。○

釋文乃作迺，云：數，色主切。迺古乃字。管仲勉齊桓公因遊遼口，俱之其國，幾剋舉。○〔解〕管仲能說其處也，故云「遊遼口」。欲往而不能得至，故曰「幾剋舉」也。○釋文云：幾，具既切。

隰朋諫曰：○釋文云：隰音習。「君舍齊國之廣，○釋文云：舍音捨。人民之衆，山川之觀，殖物之阜，禮義之盛，章服之美；妖靡

盈庭，忠良滿朝。肆咤則徒卒百萬，〔注〕肆疑作叱。○釋文云：肆音叱。咤，陟稼切。卒，子忽切。視撝則諸侯從命，〔注〕視疑作指。○釋文云：視撝音指揮。亦奚羨

於彼而棄齊國之社稷，從戎夷之國乎？此仲父之耄，柰何從之？」○〔解〕夫俗之君子，心所貴者正在於人民、禮義、章服、聲色，是尊貴稱情也。○釋文云：父音甫。

耄，莫報切。桓公乃止，以隰朋之言告管仲。仲曰：「此固非朋之所及也。〔注〕朋之知極於齊國，豈知彼國之互偉，故管仲賤之也。○盧文弨曰：注「賤之」藏本作「殘之」，當

本老子。○釋文云：偉，于鬼切。臣恐彼國之不可知之也。○俞樾曰：張注曰「此國自不可得往耳」。然則不可知之者，不可得往也。呂氏春秋審應篇：「其在於民而君弗知」。高注曰：「知猶得也」。是其義。下文云：「伯牙

所念，鍾子期必得之」。得猶知也。知與得義相近。王重民曰：御覽四百九十引「知」作「升」，與張注義相近。○釋文云：恐，去聲。齊國之富奚戀？○釋文云：戀，力卷切。隰朋之言奚顧？」〔注〕此國自不可得往

耳，豈以朋之言故止也。○〔解〕隰朋之所及者不遠於此耳。秦吾云，以我之所聞，但恐不得如所傳耳，故云恐不可知之也。所齎如所傳說，往而能到者，則世俗聲色富貴何足戀？禮義忠良何足顧哉？

南國之人祝髮而裸，〔注〕力果反。○注文各本無「反」字，今从元本、世德堂本增。○釋文云：祝，之六反。孔安國注尚書云：「祝者，斷截其髮也」。漢書云：「越人斷髮文身，以避蛟龍之害」。一本作被，恐誤。裸，乎瓦

切，謂不以衣蔽形也。北國之人鞨巾而裘，○釋文云：鞨音末，方言俗人帞頭是也。帞頭，幧頭也。帞又作袹，又作袜。帞，亡八反。幧，七消反。中國之人冠冕而裳。九土所資，或

農，或商，或田，或漁；如冬裘夏葛，水舟陸車。默而得之，性而成之。〔注〕夫方土所資，自然而能，故吳越之用舟，燕朔之乘馬，得之於水陸之宜，不假學於賢智。慎到曰：「治水者茨防決塞，雖在夷貊，相似如一。學之於水，不學之於禹也」。○釋文云：茨，疾移切。貊音陌。越之東有輒沐〔注〕又休。之國，○「輒」北宋本作「輙」字，汪本从之，字書無此字，今从藏本訂正。世德堂本「沐」作「木」，注「休」作「康」。秦恩復曰：墨子作「輆沐」，太平廣記引作「轅沐」，新論作「軫沐」。○釋文沐作休，云：輒說文作耴，豬涉切，耳垂也。休，美也。蓋儋耳之類是也。諸家本作輒沐者誤耳。其長子生，則鮮而食之，○盧文弨曰：「鮮」當以解剝爲義。墨子魯問篇作「鮮而食之」，與列子同。其節葬篇作「解而食之」，明鮮解一也。禮記月令：「季夏行春令，則穀食鮮落」。呂氏春秋作「解落」，亦其證。又曰：「鮮」與「析」一聲之轉，故「析支」亦作「鮮支」，墨子亦作「鮮」。汪中曰：鮮，析也。聲之轉。仲父曰：「鮮」當訓析。呂覽報更篇云：「趙孟見桑下餓人，與之脯一朐，曰：斯食之」。「鮮而食之」與「斯食之」義正同，「斯」「鮮」古音義並同也。王重民曰：「鮮」無解剝義，盧說非是。「鮮」蓋「解」字之誤。「解」俗書或從羊作觧，而從魚之字又易譌從角。史記賈生傳，「細故蔕芥兮」，「蔕」譌作「薊」。漢北海相景君銘，「元元鰥寡」，「鰥」譌作「觵」。爾雅釋山「小山別，大山鮮」。釋文曰：「鮮或作嶰字」。文選吳都賦李善注引爾雅作「嶰」。莊子人間世：「挫鍼治繲」。釋文云：「崔本作鮮」。均「鮮」「解」二字互譌之證。然則墨子魯問作「鮮」，節葬作「解」者，魯問譌也。月令作「鮮」，呂覽作「解」者，（淮南時則篇亦作「穀實解落」。）月令亦譌也。列子作鮮當同此例，盧氏乃欲以通假之說明之，斯爲謬矣。伯峻案：王說本孫詒讓墨子閒詁魯問篇引顧君之說而引申之，其實鮮字自可通，不必改字。○釋文云：長，丁丈切。杜預注左傳云：「人不以壽死曰鮮」，謂少也。伯峻案：杜預於左傳昭公五年「葬鮮者自西門」注云：「不以壽終爲鮮」。孔穎達正義云：「鮮，少也」。此敬順所本，而未嘗別白。謂之宜弟。其大父死，負其大母而棄之，曰：鬼妻不可以同居處。○盧文弨曰：「以」藏本作「與」。王重民曰：廣雅：「以，與也」。古以字與與通，說詳釋詞。「不可以同居處」，謂「不可與同居處」也。墨子節葬篇作「與」，北宋本吉府本同。楚之南有炎人之國，○盧文弨曰：「炎」墨子節葬篇作「啖」。孫詒讓曰：魯問篇亦作「啖人」，新論同，博物志引作「炎」，後漢書亦作「啖人國」。疑當從「啖」爲是。○釋文炎人作啖人，云：啖，談去聲，本作炎。其親戚死，○錢大昕曰：古人稱父母爲親戚，大戴禮記曾子疾病篇：「親戚既沒，雖欲孝，誰孝？」孟子盡心篇：「人莫大焉亡親戚君臣上下」。㱙其肉而棄之，○世德堂本「棄」下無「之」字。○釋文云：㱙本作咼，音寡，剮肉也。又音朽。王重民曰：釋文一本作咼，蓋咼之譌。說文咼部云：「咼，剔人肉，置其骨也」。是其義。然後埋其骨，迺成爲孝子。○釋文云：迺古乃字。秦之西有儀渠〔注〕又康。之國者，○釋文云：渠音蘧。其親戚死，聚柴積而焚之。○「柴」藏本世德堂本作「祡」。○釋文云：祡音柴。說文：「燒柴焚燎以祭天神」。或通作柴。積，子智切，聚也。任大椿曰：詩時邁釋文：「柴望，說文字林作祡」。禮記王制釋文

「侍宗柴」，依字作「祡」。爾雅釋天釋文，「柴」，說文作「祡」。史記五帝紀，「侍宗祡」，漢隸字原樊毅修華岳碑「祡」作「柴」，可與釋文互證。燻則煙上，○釋文云：燻音勳。上，時掌切。謂之登遐，○陶鴻慶曰：既言柴，又言積，於文複矣。積當爲簀之假字。詩衞風：「綠竹如簀」。毛傳云：「簀，積也」。簀積聲義皆同，例得通同。說文：「簀，牀棧也。」朱氏駿聲以簀爲席藉之通稱。史記范雎列傳：「雎佯死，即卷以簀。」索隱云：「簀謂葦荻之薄也。」「聚柴簀而焚之」，謂聚柴爲藉，以便其焚也。「燻則燻上謂之登遐」，謂視其燻而燻上則謂之登遐也。則猶而也，說詳王氏經傳釋詞。王叔岷曰：列子新論「登遐」作「昇霞」，「昇」正作「升」，登即升也。登霞者謂其仙去也。遐即霞之借。本書黃帝篇「而帝登假」，假亦霞之借。淮南齊俗篇：「其不能乘雲升假者亦明矣」。「升假」與「乘雲」對言，是「升假」即「登霞」也。楚辭遠遊：「載營魄而登霞兮」，即用本字。然後成爲孝子。此上以爲政，下以爲俗，而未足爲異也。〔注〕此事亦見墨子。○〔解〕夫衆是則爲當，衆習則爲常。故至當至常，人所不辯。彼習俗者衆矣，寧知其至理哉？

孔子東游，見兩小兒辯鬭。○釋文云：鬭，都豆切。問其故。一兒曰：「我以日始出時去人近，而日中時遠也。一兒以日初出遠，而日中時近也。」○俞樾曰：「兒」下當有「日我」二字，方與上句一律。伯峻案：事類賦天部三、御覽三、又三八五、引正有「日我」二字，類聚一引有「日」字而脫「我」字，可爲俞說之證。一兒曰：「日初出大如車蓋；○王重民曰：意林、初學記一、御覽三引「車蓋」並作「車輪」。又御覽三引「一兒」上有「日爾何以知」五字。王叔岷曰：天中記一引「一兒」上亦有「日爾何以知」五字，事類賦一天部一引「一兒」上有「日爾何以知之」六字。「車蓋」亦作「車輪」。韻府羣玉十八引亦作「車輪」。及日中，則如盤盂：此不爲遠者小而近者大乎？」○伯峻案：此「盤」當爲食器，非承木器。一兒曰：「日初出滄滄涼涼；○釋文滄作愴，云：愴，初良切，又本作滄。周書曰：「天地之間有愴熱，善用道者終無竭」。孔鼂注云：「滄，寒也」。桓譚新論亦述此事作「愴涼」。鼂音潮。字林云：「涼，微寒也」。任大椿曰：說文、廣雅：「滄，寒也」。荀子正名篇：「疾養滄熱」。楊倞注：「滄，寒也」。是訓寒者字作滄。列子云「愴愴涼涼」，以涼涼之義求之，則「愴愴」當作「滄滄」。今本逸周書太子晉解，「天地之間有滄熱」。孔晁註：「滄，寒也」。亦作「滄」，不作「愴」，與今本列子同。惟釋文引逸周書作「愴熱」。豈敬順所見舊本作「愴」不作「滄」耶？「滄滄」之作「愴愴」，乃叚借字。伯峻案：說文仌部：「凔，寒也」。水部：「滄，寒也」。凔滄音義皆同，疑是一字。故集韵云：「凔寒也，或從水」。朱駿聲謂滄之本訓爲水名，似近武斷。及其日中如探湯：此不爲近者熱而遠者涼乎？」○王重民曰：「日」字衍文。其即指日也，若有日字，則文詞贅矣。類聚一、初學記一、御覽三引並無日字，可證。王叔岷曰：法苑珠林七、事類賦一、御覽三八五、韻府羣玉五八引亦並無「日」字。意林、錦繡萬花谷前集一引則並無「其」字。疑一本「日」作「其」，傳寫因並竄入耳。○釋文云：爲，于僞切，下同。孔子不能決也。兩小兒笑曰：「孰爲汝多知乎？」

〔注〕所謂六合之外，聖人存而不論。二童子致笑，未必不達此旨，或互相起予也。○〔解〕聖人之生，所貴明道。達則兼濟天下，窮則獨善其身。獨善者養道以全眞，兼濟者設教以利物。若進非全道，退非利生，一曲之辯，聖人所以未嘗說也。夫不決者，非不知也。世人但以問無不知爲多，聖人以辯之無益而不辯。若有理無理一皆辯之，則聖人無益之勞實亦多矣。然則二童之爭也，亦亦可明。何者？日之初升，光未遠，人居光外，見其大焉。日之旣中，光備萬物，人居光內，見其實焉。亦如遠望燭光，更見其大；近窺，則焰乃更以小焉。物理則然，辯之何益？○王重民曰：類聚一、初學記一、御覽三引「爲」作「謂」。爲謂古字通用。伯峻案：一九五五年八月十五日北京光明日報科學副刊曾有戴文賽氏一文，題曰「中午太陽是否比早晚離我們近」，附錄於此。文曰：「太陽是在中午離人們近些呢？還是早晨和晚上離人們近些呢？相傳古時孔子曾遇到兩個人爭論這個問題，各有根據。主張中午太陽離人們近些的根據是，中午陽光比早晚熱得多，主張早晚太陽離人們近些的根據是，早晚看到的太陽比中午大得多。孔子對這個爭論不能作出決定。這兩個爭論者的根據，拿現代科學的眼光來看，都是站不住的。早晚看到的太陽比中午大，是由於人們的錯覺；中午陽光比早晚熱些，是由於中午陽光直射，陽光在大氣裏走過的路程較短，熱量被吸收較少之故。那末究竟怎樣回答這個問題呢？首先，我們應該搞清楚，在中午和早晚的時候，人們觀測太陽的距離，爲什麼會有不同。它的原因很多：（一）地球是球形，不斷地自轉着。如若地球除了自轉以外沒有其它的運動，而且自轉軸與太陽和地球間的直線垂直，則對於在赤道上的人來說，中午太陽總比早晚近，也就是說，近的距離相當於地球的半徑（六四〇〇公里）。（二）地球緯度的不同。觀測的人不一定在赤道上。緯度愈大（即離赤道愈遠），太陽在中午和早晚的距離差就愈小。（三）地球不只自轉，也繞太陽公轉，自轉軸和公轉軸交成二三・五度的角度。自轉軸的方向變化很慢。因此中午太陽在天空的高度一年內不斷變化。（四）地球公轉軌道是橢圓形，所以地心和日心的距離逐日變化。（五）日出日落時間在一年中也在逐日變化着，同一天的日出日落時間又隨緯度而不同。（六）由於地球自轉軸方向很慢的變化和行星引力對地球公轉軌道所生的影響等原因，地心和日心最接近的日期並不固定。（在目前日心和地心距離最近的日子是一月二日，此後每一〇〇〇年往後推移十七天半。）考慮到上述各原因，可以推出適當的公式來計算中午和早晚太陽和觀測者的距離差。必需的資料可由天文年曆查到。計算結果如下：對於北緯四〇度（如北京）來說，目前每年從一月廿二日到六月五日中午太陽比日出時遠，二月初遠一〇〇〇公里，三月初遠四〇〇〇公里，四月初遠遠六四〇〇公里，以後差別減小到零。六月五日之後中午太陽比日出時近，七月初近五八〇〇公里，九月中近遠一六〇〇〇公里，以後差別減小到第二年的一月廿二日。午和晚的差別情況大不相同，從八月一日到十二月十五日午比晚遠，其餘七個半月午比晚近，四月中近遠一七〇〇〇公里。除北極圈內和南極圈內地區外，其它地區一年可分爲四時期：在第一時期裏（十二月十五日到一月廿二日，共三十八天）中午太陽比早晚都近；在第二時期裏（一三四天）午比早遠，比晚近；在第三時期裏（六月五日到八月一日，共五十七天）午又比早晚都近；在第四時期裏（共一三六天）午比早近，比晚遠。在這四個時期的交界點，中午太陽和日出時一樣遠近（一月廿二日和六月十五日）或和日落時一樣遠近（八月一日和十二月十五日）。緯度不同時，這四個交界點也不同。緯度

愈大，第一和第三時期愈長，其它兩時期愈短。南緯情況和北緯相差不多。祇是南緯四〇度第一時期的長度（五十四天）比第三時期（四十一天）大，和北緯四〇度相反。上面的計算是對於一九五四年所作的。但由於第六原因在短時間內影響很小，所以上述計算結果對今後一〇〇年仍適用。由此可見，一切現象必須用科學來解釋，才是正確的。」

均，天下之至理也，〔注〕物物事事皆平皆均，則理無不至也。連於形物亦然。〔注〕連，屬也。屬於器物者，亦須平焉。○釋文云：屬音燭，下同。均髮均縣，輕重而髮絕，髮不均也。〔注〕髮甚微脆而至不絕者，至均故也。今所以絕者，猶輕重相傾有不均處也。○王叔岷曰：下「髮」字疑涉上而衍。林希逸口義：「故曰，輕重而髮絕，不均也」。是所見本正無下「髮」字。墨子經說下篇同。○釋文云：脆，七歲切。處，昌據切。均也，其絕也〔注〕若其均也，寧有絕理。莫絕。〔注〕言不絕也。人以爲不然，〔注〕凡人不達理也。自有知其然者也。〔注〕會自有知此理爲然者。墨子亦有此說。

○〔解〕夫理之至者，天下無不均，不待均之然後均也。有形之物亦然，當理則自均矣。猶如以髮懸重，雖微不絕。絕者不均，均則不絕。世人以爲不是，不知理之必然也。

詹何〔注〕詹何楚人，以善釣聞於國。以獨繭絲爲綸，○釋文云：詹音占。綸，古典切。芒鍼爲鉤，○王念孫曰：「鉤」本作「釣」，釣卽鉤也。今本作「鉤」者，後人但知釣爲釣魚之釣，而不知其又爲鉤之異名，故以意改之耳。列子湯問篇，「詹何以芒鍼爲釣」，後人改「釣」爲「鉤」，不知御覽引此正作「釣」也。又下文「投綸沈釣」，今本「釣」作「鉤」，亦是後人所改。稹府羣玉「釣」字下引列子「投綸沈釣」，則所見本尙作「釣」也。○釋文云：芒鍼音亡箴。荊篠爲竿，○「篠」道藏本、元本、世德堂本作「篠」，誤。○釋文篠一本作筱，云：本作條字。剖粒爲餌，○盧文弨云：「粒」藏本作「粒」。○釋文云：剖，片口切。粒音立。引盈車之魚〔注〕家語曰：「鯤魚其大盈車」。於百仞之淵汨流之中，○釋文云：汨，古物切，疾也。綸不絕，鉤不伸，竿不撓。〔注〕夫飾芳餌，挂微鉤，下沈青泥，上乘驚波，因水勢而施舍，頡頏委縱，與之沈浮；及其弛絕，故生而獲也。○御覽三八四引注下更有「因水勢而施舍之」七字，當係因注文而誤衍。○釋文云：撓，乃孝切，曲木也。餌，仍耳切。挂音卦。舍音捨。頡頏，上胡結切，下戶郎切。楚王聞而異之，召問其故。詹何曰：「臣聞先大夫之言，蒲且子之弋也，〔注〕蒲且子，古善弋射者。○伯峻案：漢書藝文志技巧家有蒲且子弋法四篇。又淮南子覽冥訓云：「故蒲且子之連鳥於百仞之上，而詹何之騖魚於大淵之中」。高注云：「蒲且子，楚人，善弋射者」。○釋文云：且，子余切。弱弓纖繳，○釋文云：繳音灼。乘風振之，○文選張平子西京賦注、王子淵四子講德論注引並作「乘風而振之」。連雙鶬於青雲之際。○釋文云：鶬音倉。用心專，動手均也。臣因其事，放而學釣。○釋文云：放分兩切。五年始盡其道。當臣之臨河持竿，心無雜慮，唯魚之念；投綸沈鉤，手無輕重，物莫能亂。魚見臣之鉤餌，猶沈埃聚沫，吞之不疑。○王重民曰：吉府本兩「鉤」字並作「釣」，是也。釣即鉤也。今本作鉤者，後人但知釣爲釣魚之釣，而不知其又爲鉤之異名，故以意改之耳。廣雅曰：「釣，鉤也」。莊子田子方篇：「文王觀於臧，見一丈夫釣，而其釣莫釣，非持其釣有釣者也，常釣也」。（以上六釣字，惟其釣與持釣兩釣字指鉤而言，餘四釣字皆讀爲釣魚之釣。）淮南說山篇：「操釣上山，揭斧入淵」。說林篇：「無餌之釣，不可以得魚」。東方朔七諫：「以直鍼而爲釣兮，又何魚之能得？」是均以鉤爲釣之證。御府羣玉釣字下引列子投綸沈釣，則所見本尚作釣也。說詳王氏讀書雜志餘編。（王氏云：齊何以芒鍼爲釣，後人改釣爲鉤，不知御覽所引亦作釣也。案館臣本御覽八三四引作鉤，但仍以作釣者爲得也。）○釋文云：沫音末。所以能以弱制彊，以輕致重也。大王治國誠能若此，則天下可運於一握，將亦奚事哉？」楚王曰：「善。」〔注〕善其此驗者，以圖其用治國矣。○〔解〕夫聖人之理俗也，必審萬物之情，而設教化以運之，則百姓日用而不知，靡然無不感。亦猶弱弓纖繳，乘風而振之；細鉤微餌，因波而運之，則不得不爲我所制也。道者之養生全眞，含生群品以向化，則理天下者亦由茲道焉。

魯公扈趙齊嬰二人有疾，○釋文云：扈音戶。同請扁鵲求治。○俞樾曰：既言請，又言求，於義複矣。請乃謂字之誤。謂，至也。言至扁鵲之所而求治也。故下文曰，二人辭歸。王叔岷曰：俞說非也。請即請謁字。說文：「請，謁也」，是其義也。伯峻案：御覽三七六引請作見，但七二四引仍作請。○釋文云：扁，蒲典切。史記曰：扁鵲，渤海郡人，姓秦氏，名越人，善醫，能視病，盡見五藏之疾。扁鵲治之。既同愈。謂公扈齊嬰曰：「汝曩之所疾，自外而干府藏者，○釋文云：曩，乃朗切，藏，徂浪切，下同。固藥石之所已。今有偕生之疾，與體偕長；○釋文云：長，張丈切。今爲汝攻之，何如？」○釋文云：爲，于僞切。二人曰：「願先聞其驗。」○伯峻案：廣雅釋詁四云：「證，驗也」，則驗亦證也。古驗字通作驗，則驗證也。證當讀如周穆王篇因告其子之證之證，即今俗作之症字。扁鵲謂公扈曰：「汝志彊而氣弱，故足於謀而寡於斷。〔注〕志謂心智，氣謂質性。智多故多慮，性弱故少決也。○釋文云：斷，丁貫切，下同。齊嬰志弱而氣彊，故少於慮而傷於專。〔注〕智少而任性，則果而自用。○道藏本注文果下有敢字。若換汝之心，則均於善矣。」扁鵲遂飲二人毒酒，○釋文云：飲，於禁切。迷死三日，剖胷探心，○釋文云：剖，片口切。易而置之；投以神藥，既悟如初。○王重民曰：御覽三百七十六又七百二十四並引悟作寤。二人辭歸。於是公扈反齊嬰之室，而有其妻子；妻子弗識。齊嬰亦反公扈之室，有其妻子；○御覽三七六引作「而有其妻子」。「有」上有「而」字，與上句同。妻子亦弗識。〔注〕二子易心，乘其本識，故各反其家，各非故形，故妻子不識也。二室因相與訟，求辨於扁鵲。扁鵲辨其所由，訟乃已。〔注〕此言恢誕，乃書記少有。然魏世華他能刳腸易胃，湔洗五藏，天下理自有不可思議者，信亦不可以臆斷，故宜存而不論也。○〔解〕夫形體者，無知之物也；神識者，有知之主也。守乎本則眞全而合道，滯乎質則失性而徇情。俗人徒見形之有憎愛，不知神之爲主宰也。今言易其心而各有妻子者，明心爲情主，形實無知耳。所以道者貴乎養神也。○釋文云：華，戶化切。他音陁。刳音枯。湔，則前切。洗，先禮切。議音宜。臆音憶。

匏巴鼓琴而鳥舞魚躍，〔注〕匏巴，古善鼓琴人也。○盧文弨曰：注「古」下藏本有「之」字。梁玉繩曰：「匏巴鼓琴」荀子勸學篇作「鼓瑟」，蓋因下有「伯牙鼓琴」句改爲瑟也。馬敍倫曰：古書言琴瑟不甚別異。史記魏世家「中旗馮琴而對」，韓非子作「推瑟」，說苑作「伏瑟」，是其例也。○釋文云：瓠音護。鄭師文聞之，〔注〕師文，鄭國樂師。○馬敍倫曰：呂氏春秋君守篇：「鄭太師文終日鼓瑟而興，再拜其瑟前曰，我效於子，效於不窮」。卽列子注所本。棄家從師襄游。師襄，古之善琴人也，從其游學。○伯峻案：淮南主術訓云：「孔子學鼓琴於師襄而諭文王之志」。高注云：「師襄，魯樂太師也」。柱指鈞弦，三年不成章。〔注〕安指調弦，三年不能成曲。○世德堂本「鈞」作「鉤」，注「安」作「按」。俞樾曰：張注云云，是其所據本亦作「鈞」，故以調弦釋之。國語周語：「細鈞有鐘無鎛」。韋注曰：「鈞，調也」。○釋文云：柱一本作住。鈞音均。師襄曰：「子可以歸矣。」師文舍其琴，〔注〕嫌其離教。○釋文舍其琴作舍琴，云：舍音捨。歎曰：「文非弦之不能鈞，非章之不能成。文所存者不在弦，所志者不在聲。〔注〕盡弦聲然後能盡聲弦之用也。○盧文弨曰：注「聲弦之用」藏本作「弦聲之用」。內不得於心，外不應於器，故不敢發手而動弦。〔注〕心手器三者互應不相違失而後和音發矣。○〔解〕人知以形習聲，不知聲運形者神也。若心不應器，雖成而不精。若極聲之能，盡形之妙，理須神契而心自得也。○「互應」本作「玄應」，今从藏本正。○釋文云：應，於證切。和，胡臥切。且小假之，以觀其後。」○王重民曰：小卽少也。說文：「少，不多也」。段注曰：「不多則小，故古少小互訓通用」。易繫辭傳：「知小而謀大，力小而任重」。唐石經作「力少」，是其證。無幾何，復見師襄。○釋文云：幾，居豈切。復，扶又切。師襄曰：「子之琴何如？」師文曰：「得之矣。○事類賦十一、御覽五七七、記纂淵海七八引「得」上並有「文」字。請嘗試之。」○〔解〕得於心，應乎器，然後習其聲以通乎神矣。於是當春而叩商弦以召南呂，〔注〕商，金音，屬秋。南呂，八月律。○釋文云：叩，口候切。涼風忽至，○「忽」北宋本作「𢙢」，汪本作「總」，今从藏本正。○釋文云：忽至，本作總至，誤也。草木成實。〔注〕得秋氣，故成熟。及秋而叩角弦以激夾鍾，〔注〕角，木音，屬春。夾鍾，二月律。○釋文云：激音擊。夾，古洽切。溫風徐迴，草木發榮。〔注〕得春氣，故榮華。當夏而叩羽弦以召黃鍾，〔注〕羽，水音，屬冬。黃鍾，十一月律。○鍾吉府本作鐘，世德堂本同，注同。○釋文云：羽，王遇切。霜雪交下，川池暴沍。〔注〕得冬氣，故凝陰水凍。○伯峻案：「沍」史記封禪書、漢書郊祀志、後漢書張衡傳皆作「冱」，云：「冱，凝也」。莊子齊物論「河漢沍而不能寒」，釋文引向注：「沍，凍也」。沍亦作冱。古从仌从水之字多易溷。玉篇云：「冱，寒也」。「沍，閉塞也」。閉塞之義又與昭四年左傳「固陰沍寒」之沍義同。杜注：沍，閉也。左傳之沍唐本亦有作冱者。集韻以冱爲涸或字，則又與莊子齊物論釋文引崔注「沍猶涸」之義同。疑从仌从水之沍冱本一字，而後人傳寫或減一筆或增一畫，遂訛成二字也。○釋文云：暴，蒲報切。沍，胡古切。及冬而叩徵弦以激蕤賓，〔注〕徵，火音，屬夏。蕤賓，五月律。○釋文云：徵，陟里切。蕤，儒佳切。陽光熾烈，堅冰立散。〔注〕得夏氣，故消釋。此一時彈琴，無緣頓變四節。蓋舉一時之驗，則三時可知，且欲并言其所感之妙耳。○注「節」世德堂本作「時」。○釋文云：熾，尺志切。將終，命宮而總四弦，則景風翔，慶雲浮，甘露降，澧泉涌。〔注〕至和之所致也。○盧文弨云：「澧」與「醴」同。注藏本無「之也」二字。○釋文云：澧音禮。師襄乃撫心高蹈曰：「微矣子之彈也！雖師曠之清角，〔注〕師曠爲晉平公奏清角，一奏之，有白雲從西北起；再奏之，大風至而雨隨之；三奏之，裂帷幕，破俎豆，飛廊瓦，左右皆奔走，平公恐伏，晉國大旱，赤地三年。平公得聲者或吉或凶也。○注「平公得聲者」或本作「故曰得聲者」，當从之。○釋文云：爲，於僞切。鄒衍之吹律，〔注〕北方有地，美而寒，不生五穀。鄒子吹律煖之，而禾黍滋也。○釋文云：鄒，側尤切。衍，以戰切。齊人，爲燕昭王師，居稷下，號談天衍。著書四十九篇。又有終始五十六篇。亡以加之。○釋文云：亡音無。彼將挾琴執管而從子之後耳。」○〔解〕成性所行動，然而應陰陽之數，四時之序，水火且不能焚溺，況風雨寒燠之氣哉？故易曰，「先天而天弗違，況於人乎？況於鬼神乎？」此之謂也。謂之聲律而變者，不因四時也。○釋文云：挾音協。

薛譚學謳於秦青，〔注〕二人秦國之善歌者。○盧文弨曰：注「歌」藏本作「謳」。伯峻案：楚辭大招云，「謳和揚阿，趙簫倡只」。王逸注云：「徒歌曰謳」。○釋文云：謳音歐。未窮青之技，○釋文云：技，渠綺切。自謂盡之；遂辭歸。秦青弗止；餞於郊衢，撫節悲歌，○王重民曰：類聚四十三引「郊」作「交」，「撫」作「拊」。初學記十五作「折」。聲振林木，響遏行雲。○釋文云：遏，烏葛切。薛譚乃謝求反，終身不敢言歸。秦青顧謂其友曰：「昔韓娥〔注〕韓國善歌者也。東之齊，匱糧，過雍門，○釋文云：過音戈。雍音邕。雍門，地名。杜預曰：「齊城門也」。鬻歌假食。○釋文云：鬻音育。既去而餘音繞梁欐，○釋文云：欐音麗，屋棟也。三日不絕，左右以其人弗去。過逆旅，逆旅人辱之。韓娥因曼聲哀哭，〔注〕曼聲猶長引也。○釋文云：曼聲，引聲也。一里老幼悲愁，○釋文云：一里一本作十里。垂涕相對，○釋文云：涕音體，目汁也。三日不食。遽而追之。娥還，復爲曼聲長歌。○釋文云：復，扶又切。一里老幼喜躍抃舞，○釋文云：抃音汴。弗能自禁，○釋文云：禁音金。忘向之悲也。乃厚賂發之。〔注〕發猶遣也。故雍門之人至今善歌哭，放娥之遺聲。」〔注〕六國時有雍門子，名周，善琴，又善哭，以哭干孟嘗君。○〔解〕夫六根所用皆能獲通。通則妙應無方，非獨心識而已。故魯公扈章直會心用，瓠巴以下乃從聲通焉。○「放」道藏各本、北宋本、吉府本並作「效」。○釋文云：放，分兩切。

伯牙善鼓琴，鍾子期善聽。伯牙鼓琴，志在登高山。○王叔岷曰：「登」字疑衍。「志在高山」與下「志在流水」相對。記纂淵海五二、七八，合璧事類前集五七、韻府羣玉八引皆無「登」字。呂氏春秋本味篇、韓詩外傳九、說苑尊賢篇並同。鍾子期曰：「善哉！峩峩兮若泰山！」○釋文云：峩音娥。志在流水。鍾子期曰：「善哉！洋洋兮若江河！」伯牙所念，鍾子期必得之。伯牙游於泰山之陰，卒逢暴雨，○釋文云：卒，村入聲。止於巖下；心悲，乃援琴而鼓之。初爲霖雨之操，○釋文霖作淋，云：淋音林。操，七到切。更造崩山之音。曲每奏，鍾子期輒窮其趣。伯牙乃舍琴而嘆曰：○釋文云：舍音捨。「善哉，善哉，子之聽夫！志想象猶吾心也。〔注〕言心闇合與己無異。○釋文云：夫音符。吾於何逃聲哉？」〔注〕發音鍾子期已得其心，則無處藏其聲也。○〔解〕夫聲之所成，因而感之；心之所起，聲則隨之。所以五根皆通，盡爲識心所傳。善於聽者，謦欬猶知之；況復聲成於文，安可不辯耶？○秦恩復曰：盧解「識心」當作「心識」。

周穆王西巡狩，越崑崙，不至弇山。○王重民曰：「不」字疑衍。穆天子傳云：「天子遂驅，升於弇山」。周穆王篇亦云：「洒(當作西，說見前。)觀日之所入」，亦指登弇山事也。是穆王曾至弇山。若有不字，則與事實不合矣。○釋文云：弇音奄。弇山，日入之所。反還，未及中國，道有獻工人名偃師，〔注〕中道有國獻此工巧之人也。○伯峻案：依張注云云則原文當作「反還，未及，中道國有獻工人名偃師」。今本國道二字誤倒，遂以未及中國為句。文義雖通，失其本真矣。穆王薦之，〔注〕薦當作進。○釋文云：薦，廣雅音進，下同。問曰：「若有何能？」偃師曰：「臣唯命所試。然臣已有所造，願王先觀之。」穆王曰：「日以俱來，〔注〕日謂別日。吾與若俱觀之。」○〔解〕神用之妙，豈唯聲哉？色香滋味咸及其理矣。故此章言象之盡微。越日偃師謁見王。○「越日」元本、世德堂本並作「翌日」，御覽七五二引作「越日」。○釋文云：越日一本作翼日。見，賢遍切，下同。王薦之，曰：「若與偕來者何人邪？」對曰：「臣之所造能倡者。」〔注〕倡，俳優也。○釋文云：倡音昌。俳，步皆切。穆王驚視之，趣步俯仰，信人也。○釋文云：趣音趨。巧夫顉其頤，則歌合律；○道藏四解本「顉」作「頷」。道藏白文本、林希逸本、江遹本並作「領」。「領」蓋「顉」之誤字。王重民曰：文選郭璞遊仙詩注、御覽七百五十二並引「顉」作「頷」。顉頷二字形義均相近，淺人多見頷，少見顉，作頷者皆後人所改也。襄二十六年左傳，「逆於門者頷之而已」，說文引作「顉」。漢書揚雄傳，「顉頤折頞」。宋祁曰：「顉一作頷」。說文：「顉，低頭也」。玉篇：「顉，曲頤也」。案古語以曲為欽，低（當作氐）與曲皆有搖動之義。顉釋為低頭，顉頤釋為曲頤。蓋顉字從頁，皆隨文以立義也。顉自是正字，作頷者譌。○釋文云：夫音符。顉，驅音切，曲頤也。又五感反。顉猶搖頭也。頤音夷。捧其手，則舞應節。千變萬化，惟意所適。王以為實人也，與盛姬內御並觀之。〔注〕穆天子傳云：盛姬，穆王之美人。技將終，倡者瞬其目而招王之左右侍妾。○釋文瞬作瞚，云：瞚音舜。王大怒，立欲誅偃師。偃師大懾，○釋文云：懾，而涉切。立剖散倡者以示王，皆傅會革、木、膠、漆、白、黑、丹、青之所為。○釋文云：傅音附。王諦料之，○釋文云：諦，都計切。料，力弔切。內則肝、膽、心、肺、脾、腎、腸、胃，○釋文云：肝音干。膽，丁感切。肺，芳吠切。脾音毗。腎上聲。外則筋骨、支節、皮毛、齒髮，○釋文云：筋音巾。皆假物也，而無不畢具者。合會復如初見。〔注〕如向者之始見王也。○伯峻案：「見」字涉注文而衍。注以「如向者之始見王」釋「如初」，非正文作初見也。御覽七五二引無「見」字，當從之刪。○釋文云：復，扶又切，又如字。王試廢其心，則口不能言；廢其肝，則目不能視；廢其腎，則足不能步。〔注〕此皆以機關相使。去其機關之主，則不能相制御。亦如人五藏有病，皆外應七孔與四支也。○〔解〕夫內肝膽心肺所以能外爲視聽行步，神識運之，乃爲生物耳。苟無神，則不能用其五根矣。今造化之生物，亦何異於偃師之所造耶？若使無神，自同於草木。神苟在也，動用何足奇耶？木人用偃師之神，故宜類彼生物也。神工造極化何遠哉？**穆王始悅而歎曰：**○釋文云：而歎一本作姑歎。**「人之巧乃可與造化者同功乎？」詔貳車載之以歸。**〔注〕近世人有言人靈因機關而生者，何者？造化之功至妙，故萬品咸育，運動無方。人藝麤拙，但寫載成形，塊然而已。至於巧極則幾乎造化，似或依此言而生此說，而此書既自不襯。所以明此義者，直以巧極思之無方，不可以常理限，故將擧物極以袪近惑，豈謂物無神主邪？斯失之遠矣。○注「而生者」世德堂本無「者」字。「幾」作「機」，「邪」作「也」。盧文弨曰：注「巧極」二字倒。○釋文云：幾音祈。

夫班輸之雲梯，○釋文云：梯，他兮切。**墨翟之飛鳶，**○釋文云：翟音狄。鳶音緣。**自謂能之極也。**〔注〕班輸作雲梯，可以凌虛仰攻。墨子作木鳶，飛三日不集。○伯峻案：墨子魯問篇：「公輸子削竹木以爲鵲，成而飛之，三日不下」。淮南子齊俗訓云：「魯般墨子作木爲鳶而飛之，三日不集」。韓非子外儲說云：「墨子爲木鳶，三年而成，蜚一日而敗」。論衡儒增篇云：「儒書稱魯般墨子之巧，刻木爲鳶，飛之三日而不集」。又亂龍篇同。抱朴子應嘲篇云：「墨子刻木雞以厲天」。或云魯般，或云墨子，或同屬二人；或以爲鳶，或以爲鵲，或以爲雞：同一事而傳聞異詞也。**弟子東門賈禽滑釐聞偃師之巧以告二子，**○孫詒讓曰：東門賈蓋班輸弟子，故云以告二子。或謂亦墨子弟子，非是。○釋文云：滑釐音骨狸，墨翟弟子也。**二子終身不敢語藝，而時執規矩。**〔注〕時執規矩，言其不敢數之也。○〔解〕夫偃師之精微，神合造物；班輸之蹔但巧盡機關。以明至妙之功，不可獨循規矩也。○吉府本矩下有焉字。○釋文云：數音朔。

甘蠅，古之善射者，○伯峻案：呂氏春秋聽言篇云：「造父始習於甘蠅」。高誘注：「甘蠅，蓋射人姓名」。○釋文云：蠅，余陵切。**彀弓而獸伏鳥下，**〔注〕箭無虛發，而獸鳥不敢逸。戰國策云，「更羸虛發而鳥下也」。○注文「獸鳥」道藏本作「鳥獸」。○釋文云：彀音構，張弓也。更，古行切。羸音盈。**弟子名飛衛，學射於甘蠅，而巧過其師。**○王叔岷曰：事類賦十三、御覽三百五十、並引列子云：「飛衛學射於甘蠅，諸法並善，唯嚙法不教。衛密持矢以射蠅。蠅嚙得鏃矢還射衛。衛遶樹而走，矢亦遶樹而走」。今本無此文。不知是否此節逸文，識此存疑。**紀昌者，又學射於飛衛。飛衛曰：「爾先學不瞬，而後可言射矣。」紀昌歸，偃臥其妻之機下，以目承牽挺。**〔注〕牽挺，機躡。○王紹蘭曰：「挺」當爲「桯」字之誤。（桯譌爲挺，又譌挺。觀湛注，晉時已誤矣。）說文：桯，機下足所履者。桯之言躡也，機下繩縣兩版，用足躡之，使牽引相上下以織布帛者，謂之牽桯。一上一下，易於瞚目，故紀昌學不瞚，臥於機下目承，二年而後不瞚也。許騃說同。王重民曰：御覽七百四十五、又八百五十二引「臥」並作「坐」。○釋文云：挺，徒鼎切。瞚，女輒切。

二年之後，雖錐末倒眥，而不瞬也。○王重民曰：御覽七百四十五引「二年」作「三年」，「倒」作「到」，又八百二十五引亦作「到」，疑作到者是也。○釋文云：錐音隹。倒，都導切。眥，在詣切。以告飛衞。飛衞曰：「未也；○〔解〕夫盛弓下爲者，藝之妙也；巧過其師者，通於神也。妙在所習，神在精微也。先學不瞬，精之至也。以目承躡而不動者，神定之矣。定而未能用，故曰猶未也。必學視而後可。○〔解〕此用不瞬以爲視也。○道藏白文本、林希逸本、元本、世德堂本「必學」並作「亟學」。○釋文必作亟，云：亟，烏稼切，次也。一本作必學，非也。視小如大，視微如著，而後告我。」○〔解〕視，審也，則見小如大矣。昌以氂懸虱於牖，南面而望之。○釋文虱作蝨，云：氂音毛。蝨，所乙切。旬日之間，浸大也；○釋文云：浸，子禁切。三年之後，如車輪焉。以覩餘物，皆丘山也。〔注〕視虱如輪，則餘物稱此而大焉。○釋文云：稱，尺證切。乃以燕角之弧、朔蓬之簳射之，○王觀國曰：易曰：「弦木爲弧，剡木爲矢；弧矢之利，以威天下」。周禮考工記：「弓人爲弓取六材，必以其時。幹也者，以爲遠也；角也者，以爲疾也；筋也者，以爲深也；膠也者，以爲和也；絲也者，以爲固也；漆也者，以爲受霜露也。凡取幹之道七：柘爲上，檍次之，檿桑次之，橘次之，木瓜次之，荊次之，竹爲下」。然則爲弓者以木爲幹，而加以角、筋、膠、絲、漆以爲之糾約耳。是弓未嘗不用木也。獨用角豈能爲弓哉？特假角以副其木也。古時質樸，故其始剡弦弓，則弦木爲弧。至周時，禮樂庶事備矣；故爲弓也，有角筋膠絲漆參合而爲之。前漢五行志曰：「檿弧，弧弓也」。禮記曰：「桑弧蓬矢」。凡此言弧，皆以木爲弧。然列子曰，「乃以燕角之弧朔蓬之幹射之」此又以角爲弧。是或以木，或以角，無定制矣。伯峻案：「朔」字當爲「荊」，形近而誤。考工記：「燕之角，荊之幹，此材之美者也」，即此文所本。且「荊」與「燕」對舉，似非泛指朔方而言。御覽三四七及七四五及九五一所引已誤。○釋文云：燕音煙。弧音狐。簳音幹。射，食亦切。貫虱之心，而懸不絕。〔注〕以彊弓勁矢貫虱之心，言其用手之妙也。○釋文彊作強，云：強其兩切。以告飛衞。飛衞高蹈拊膺曰：○伯峻案：說文：膺，胷也。○釋文云：拊膺音撫鷹。「汝得之矣！」○〔解〕視小如大，貫之不足爲難。紀昌既盡衞之術，計天下之敵己者，一人而已；乃謀殺飛衞。○〔解〕欲擅其能，擬過其師法耳。欲滅飛衞之名，非謂斷其命也矣。相遇於野，○王叔岷曰：事文類聚前集四二、合璧事類前集五七、天中記四一引「相」上並有「一日」二字，當从之。二人交射；中路矢鋒相觸，而墜於地，○釋文云：鋒音峯。墜一本作隊。而塵不揚。飛衞之矢先窮。〔注〕窮，盡也。紀昌遺一矢；既發，飛衞以棘刺之端扞之，而無差焉。○〔解〕二矢同道相及而勢盡，故墜地而塵不飛者，微之甚也。以棘刺扞之不差，審之至也。○釋文云：扞音汗。於是二子泣而投弓，相拜於塗，請爲父子。尅臂以誓，○釋文云：淮南子曰：「中國歃血，越人契臂，其一也」。許愼云：「尅臂出血也」。歃，所甲反。不得告術於人。〔注〕秘其道也。此一章義例已詳於仲尼篇也。○〔解〕此所謂神交而意得也，非矢之藝，故投弓而誓焉。神契方傳矣，故不得以術告之也。

造父之師曰泰豆氏。〔注〕泰豆氏見諸雜書記。○伯峻案：呂氏春秋聽言篇云：「造父始習於大豆」。高誘注：「大豆蓋御人姓名」。大豆即泰豆。○釋文云：造，七到切。父音甫。造父之始從習御也，執禮甚卑，泰豆三年不告。○伯峻案：御覽七四六引「泰豆」下有「氏」字，下同。造父執禮愈謹，乃告之曰：「古詩言：『良弓之子，必先爲箕；良冶之子，必先爲裘。』〔注〕箕裘皆須柔屈補接而後成器。爲弓冶者，調筋角，和金鐵亦然。故學者必先攻其所易，然後能成其所難，所以爲諭也。○〔解〕箕者，所以造弓之具也；裘者，所以扇冶之具也。老子以爲橐籥，今之韛袋也。彼以約弓之牀，此以扇火之韛，非弓冶，而弓冶必資之也。○注「諭」世德堂本作「喻」。○釋文云：易，以豉切。汝先觀吾趣。〔注〕趣，行也。○釋文云：趣音趨，下同。趣如吾，然後六轡可持，○釋文云：轡音祕。六馬可御。」造父曰：「唯命所從。」泰豆乃立木爲塗，僅可容足；〔注〕纔得安脚。○釋文云：僅音覲。計步而置，〔注〕疏稀如其步數。○釋文云：疏音蔬，稀也。履之而行。趣走往還，無跌失也。○釋文云：跌音凸。造父學之，三日盡其巧。泰豆歎曰：「子何其敏也？得之捷乎！〔注〕敏，疾也。捷，速也。○釋文云：捷，疾葉切。凡所御者，亦如此也。○〔解〕立木如足，布之如步。莊子云，側足之外皆去其土，則不能履之者，心不定也。若御馬者亦如使其足，則妙矣。曩汝之行，得之於足，應之於心。推於御也，齊輯乎轡銜之際，○釋文云：輯音集。說文云：輯，車輿也。此言造父善御，得事輿之齊整在於輿銜之際，喻人君得民心則國安矣。而急緩乎脣吻之和，正度乎胷臆之中，○伯峻案：說文：「肊，胷骨也。或从意」。廣雅釋親「臆，胷也」。文選射雉賦徐注：「臆，胷也」。○釋文云：吻，武粉切。臆音憶。而執節乎掌握之間。內得於中心，而外合於馬志，是故能進退履繩而旋曲中規矩，○陶鴻慶曰：「矩」字衍文。本作「進退中繩而旋曲中規」，言「直者中繩曲者中規」也。淮南子主術篇引此文無「矩」字。王重民曰：陶說是也。莊子達生篇，「東野稷以御見莊公，進退中繩，左右旋中規」，與列子此文義同而無矩字，可證。蓋「履繩」「中規」相對爲文，若有矩字，不但義有不合，詞亦爲贅矣。御覽七百四十六引正無「矩」字。伯峻案：呂覽適威篇亦云：「東野稷以御見莊公，進退中繩，左右旋中規」。又云：「夫進退中繩，左右旋中規，造父之御，無以過焉」。皆無矩字，蓋爲的證。○釋文云：中，丁仲切，下同。取道致遠而氣力有餘，誠得其術也。得之於銜，應之於轡；得之於轡，應之於手；得之於手，應之於心。則不以目視，○釋文視作眡，云：眡音視，本又作眎。不以策驅；心閑體正，六轡不亂，而二十四蹄所投無差；迴旋進退，莫不中節。〔注〕與和鸞之聲相應也。然後輿輪之外可使無餘轍，馬蹄之外可使無餘地；未嘗覺山谷之嶮，原隰之夷，視之一也。吾術窮矣。汝其識之！」〔注〕夫行之所踐，容足而已。足外無餘而人不敢踐者，此心不夷，體不閑故也。心夷體閑，卽進止有常數，遲疾有常度。苟盡其妙，非但施之於身，乃可行之於物。雖六轡之煩，馬足之衆，調之有道，不患其亂。故輪外不恃無用之轍，蹄外不賴無用之地，可不謂然也。○〔解〕莊生解牛云：「其骨也有間，其刀刃也無厚。無厚入有間，恢恢然有餘地也」。言其理則多暇也。不覩足外之地，則其志專。志專利邁足如其心矣。若移之於轡銜，易之於韁馭，當徹應足，何所傾危？世人皆求其末而不知其本，識奧之士必求其本然後用之，故射御之末藝猶須合道焉。○釋文云：識音志。

魏黑卵以暱嫌殺丘邴章，〔注〕暱嫌，私恨。○〔解〕夫以私嫌而殺傷，嗜慾而夭物者，皆世俗之常情，非有道之士也。○伯峻案：御覽三四四又三八六又四八二引「卵」并作「卯」，下同。○釋文云：暱，尼質切。邴，鄙詠切。丘邴章之子來丹謀報父之讎。○王重民曰：御覽三百四十四又三百八十六又四百八十二引「報」並作「復」。王叔岷曰：書鈔一二二、事類賦十三、庶物異名疏八引「報」亦並作「復」。丹氣甚猛，形甚露，○伯峻案：禮記檀弓：「斂手足形」。鄭注：「形，體也」。左傳昭元年：「勿使有所壅閉湫底以露其體」。杜注：「露，羸也」。「形甚露」猶言「體甚羸」也。下文張注云「體羸虛」正得其義。計粒而食，順風而趨。雖怒，不能稱兵以報之。〔注〕有膽氣而體羸虛，不能舉兵器也。○王重民曰：御覽四百八十二引「怒」作「怨」，下文「來丹之友申他曰子怨黑卵至矣」，疑作怨者近是。○釋文云：稱，尺證切。羸，力爲切。恥假力於人，誓手劍以屠黑卵。黑卵悍志絕衆，○釋文云：悍音旱。力抗百夫，節骨皮肉，非人類也。延頸承刀，○「刀」藏本世德堂本作「刃」。披胸受矢，鋩鍔摧屈，而體無痕撻。○王重民曰：「撻」字與上文義不相合，御覽三百八十六又四百八十二引並無「撻」字，疑是衍文。胡懷琛曰：「痕撻」二字疑倒。○釋文云：鋩鍔音亡咢。痕，戶恩切。撻，他達切。負其材力，視來丹猶雛鷇也。○釋文雛作鶵，云：鶵助俱切。鷇音寇。生而須哺曰鷇，自食曰鶵。來丹之友申他○王重民曰：御覽三百四十四引又四百八十二引並作「申拖」，下同。○釋文他作佗，云：佗音陀，或音拖，一本作拖。曰：「子怨黑卵至矣，黑卵之易子過矣，○釋文云：易，以豉切。將奚謀焉？」來丹垂涕曰：「願子爲我謀。」○釋文云：爲，于僞切。申他曰：「吾聞衛孔周其祖得殷帝之寶劍，一童子服之，○伯峻案：服佩古音同，假借字也。○釋文童作僮，云：僮音同。卻三軍之衆，奚不請焉？」○〔解〕天地至精之物但以威制於三軍。若以斷割爲功，非至精者也。來丹遂適衛，見孔周，執僕御之禮，請先納妻子，後言所欲。孔周曰：「吾有三劍，唯子所擇；皆不能殺人，○伯峻案：殺人謂殺人至死也。且先言其狀。一曰含光，視之不可見，運之不知有。其所觸也，○「有其」吉府本、道藏白文本、林希逸本並作「其有」；王重民曰：「有其」兩字互倒。類聚六十引無「有」字，蓋以倒誤之文義不可通，引者遂以意刪有字也。吉府本作「其有」是也。王叔岷曰：無「有」字及作「其有」者並非。有字當屬上絕句。「運之不知有」與上「視之不可見」對文。「其所觸也，泯然無際」與下「其所觸也竊竊然有聲」「其觸物也騞然而過」句法亦一律。泯然無際，○釋文云：泯，亡忍切。經物而物不覺。二曰承影，將旦昧爽之交，日夕昏明之際，北面而察之，淡淡焉若有物存，○釋文云：淡音豔。莫識其狀。其所觸也，竊竊然有聲，○王重民曰：吉府本「然」作「焉」，上文云：「北面而察之，淡淡焉若有物存」。然焉同義，「淡淡焉」亦即「淡淡然」也。疑「竊竊然」亦本作「竊竊焉」，吉府本猶是列子之舊。王叔岷曰：道藏白文本、林希逸本「然」亦並作「焉」。但作然乃此文之舊。「竊竊然」與上文「泯然」、下文「騞然」一律。王說非也。經物而物不疾也。三曰宵練，方晝則見影而不見光，〔注〕與日月同色也。方夜見光而不見形。〔注〕言其照也。○盧文弨曰：注「也」字藏本作「夜」。其觸物也，騞然而過，〔注〕騞，休壁切。○釋文云：騞，呼麥反，破聲。隨過隨合，覺疾而不血刃焉。此三寶者，傳之十三世矣，○釋文云：傳，丈專切。而無施於事。〔注〕不能害物。匣而藏之，○盧文弨曰：「匣」藏本作「柙」。○釋文匣作柙，云：柙與匣同。未嘗啓封。」來丹曰：「雖然，吾必請其下者。」孔周乃歸其妻子，與齋七日。晏陰之間，〔注〕晏，晚暮也。○孫詒讓曰：說文日部云：「晏，天清也」。漢書天文志云：「日晡時天腥晏」。（腥卽晴字。）韓非子外儲說左篇云：「雨霽日出，視之晏陰之閒」與此義同。「晏陰以間」謂半晴半陰之間，非謂晚暮也。張注失之。伯峻案：淮南繆稱篇：「暉日知晏，陰諧知雨」。文選楊雄羽獵賦：「天淸日晏」。注引淮南許愼注云：「晏，無雲之處也」。是晏陰卽晴陰，與孫說相會。跪而授其下劍，來丹再拜受之以歸。〔注〕以其可執可見，故受其下者。○〔解〕器珍者則宰物深，至道至精，無所傷物。來丹遂執劍從黑卵。時黑卵之醉偃於牖下，○伯峻案：書鈔一二三、事類賦十三、御覽三四四並作「偃臥牖下」，以上文「偃臥其妻之牖下」例之，則作「偃臥」者是也。自頸至腰三斬之。○釋文腰作要，云：要，於宵切，下同。黑卵不覺。來丹以黑卵之死，○伯峻案：御覽三四四引無「之」字，是也。趣而退。○釋文云：趣音趨。遇黑卵之子於門，擊之三下，如投虛。黑卵之子方笑曰：「汝何蚩而三招予？」○俞樾曰：說文手部：「招，手呼也」。黑卵之子不見來丹之以劍擊己，但見其舉手，若相招然，故曰「汝何蚩而三招予」。釋文云一本作拈，此乃字誤，不當曲爲之說。○釋文云：招一本作拈，奴兼切，指取物也。又音點。來丹知劍之不能殺人也，歎而歸。黑卵既醒，怒其妻曰：「醉而露我，使我嗌疾而腰急。」○許維遹曰：說文口部：「嗌，咽也」。方言云：「嗌，噎也。秦晉或曰嗌，又曰噎」。說文：「噎，飯窒也」。詩王風：「中心如噎」。毛傳：「噎，憂不能息也」。嗌疾義同。噎憂不能息者，謂喉窒而气息不調也。○釋文云：嗌音益，喉上也。其子曰：「疇昔來丹之來，遇我於門，三招我，亦使我體疾而支彊。○釋文彊作強，云：強，其兩切。彼其厭我哉！」○〔解〕夫道至之人無傷於萬物，萬物之害亦所不能傷焉；故毒蟲不螫，猛獸不攫。故物之至精者亦無傷。老子曰：「其神不傷人」。是以聖人貴夫知者何？以其不傷於萬物者也。○釋文云：厭，於染切，本又作壓，烏狎切。

周穆王大征西戎，西戎獻錕鋙之劍，○釋文云：昆吾，龍劍也。河圖曰：「瀛州多積石，名昆吾，可爲劍」。尸子云：「昆吾之劍可切玉」。火浣之布。○釋文云：浣音緩。異物志云：「新調國有火州，有木及鼠，取其皮毛爲布，名曰火浣」。其劍長尺有咫，○釋文云：咫音止，八寸曰咫。練鋼赤刃；○釋文云：鋼音剛。用之切玉如切泥焉。火浣之布，浣之必投於火；○王叔岷曰：御覽八百二十引「火浣之布」作「其布」，與上文「其劍長尺有咫」句法一律。布則火色，垢則布色；出火而振之，皓然疑乎雪。〔注〕此周書所云。○釋文皓作皬，云：音鎬，又作皓，胡老切。皇子以爲無此物，傳之者妄。蕭叔曰：「皇子果於自信，果於誣理哉！」〔注〕此一章斷後，而說切玉刀火浣布者，明上之所載皆事實之言，因此二物無虛妄者。○〔解〕夫金之不能切玉者，非器之利也；布之不能辮於火火不燒者，物之異也。天地之內，萬物之多，有可以理求者，亦有非理所及者。然則玉雖堅，有可剡之理；劍雖鈍，有必斷之鋒也。以必斷之鋒當可剡之物，不入者，自非至利耳。

非無可切之理焉；況已有之，何所疑也？又動植之類其性不同，有因水火而生者，有因水火而殺者。故火山之鼠得火而生，風生之獸得風而活；人約空立，魚約水存。然則火浣之織，非紵非麻。布名與中國等，火與鼠毛同，此復何足爲怪也？果於自信，不達矣夫！○解「非紵非麻」下有「用火鼠毛」四字，今依四解本删。又「中國等」下無「火」字，與下無「鼠毛同」三字，今依四解本增。盧文弨曰：注「因」藏本作「由」，由同猶。光聰諧曰：此指魏文典論中非浣布事。皇子者，魏文也。是此書建安時尚有人增竄。俞正燮曰：後漢書西南夷傳注引神異經云：「南方有火山，生不盡之木，晝夜火然。火中有鼠，重百斤，毛長二尺餘，細如絲，色白，績作布。若汙，以火燒之，則清潔」。太平廣記載梁四公記云，「南海商賚火浣布三端，二是緝木皮所作，一是績鼠毛所作，木堅毛柔」。史記大宛列傳正義引萬震南州志云：「大桑海中斯調洲上有木，冬月往剝，取其皮，績以爲布，與麻焦布無異，色小青黑。若垢汙，入火中便精潔，世謂之火浣布。秦云定重參閒門樹皮也」。又引括地志云：「火山國火中有白鼠皮及樹皮，績爲火浣布」。梁任昉述異記云：「南方炎火山四月生火，十二月火滅。火滅之後，草木皆生枝葉。至火生時，草木葉落。取木皮績之爲火浣布」。明鄭露赤雅云：「苗中火浣布有三種，一畢方麻，一祝融木，一火鼠毛」；其用之者，後漢書西夷傳注引傅子曰：「長老說漢桓時梁冀作火浣布單衣，會賓客，行酒，佯汙之。燒之，垢盡火滅，粲然潔白如水澣也。」宋蔡絛鐵圍山叢談云：「火浣布若木棉布，色背黧，投火中則潔白。宣和政和以後盈宮而至，御府叔爲巾褥裙袍之屬」。蓋東漢時始至中國，宋時則爲常南貨矣」。姜紹書韻石齋筆談云：「火浣布色微白，以手拊之，則餘粉染指，如弄蝶翅」。此則木皮所績，餘脂猶在，亦常物。今四川越嶲廳番地五蠻山石縫中有草根，名不朽木。其性純陰，織成布用火浣。四川通志云，「窮人乃用之也」。抱朴子論仙云：「魏文帝謂天下無切玉之刀、火浣之布。及著典論，嘗據言此事，其間未期二物畢至，帝乃歎息，遽毀斯論」。今案「文帝謂世謂火鼠毛爲布，垢則火浣如新者妄也。火無生育之性，鼠焉得生其間？爲典論刻之太學。明帝世有奉此布來貢者，乃刊去此碑」。而列子湯問篇云云，列子晉人王浮葛洪以後書也。以仲尼篇言聖者，湯問篇言火浣布知之。伯峻案：解「夫命之不能切玉者及布之不能澣於火」兩「不」字疑衍。○釋文云：諬大昔切。

列子集釋卷第六

楊伯峻撰

力命第六

〔注〕命者，必然之期，素定之分也。雖此事未驗，而此理已然。若以壽夭存於御養，窮達係於智力，此惑於天理也。○〔解〕命者，必定之分，非力不成；力者，進取之力，非命不就。有其命者必賚其力，有其力者或副其命。亦有力之不能致者，无命也；恃命而不力求者，俟時也。信命不信力者，失之遠矣；信力不信命者，亦非當也。○釋文云：分，符問切。夭，於兆切。係音計。

力謂命曰：「若之功奚若我哉？」命曰：「汝奚功於物而欲比朕？」力曰：「壽夭窮達，貴賤貧富，我力之所能也。」命曰：「彭祖之智不出堯舜之上，而壽八百；○孔廣森曰：彭祖者，彭姓之祖也。彭姓諸國：大彭、豕韋、諸稽。大彭歷事虞夏，於商爲伯，武丁之世滅之，故曰彭祖八百歲，謂彭國八百年而亡，非實籛不死也。嚴可均曰：鄭語，史伯曰：祝融之後八姓，大彭豕韋爲商伯，彭姓、彭祖、豕韋、諸稽，商滅之。韋昭解：「大彭，陸終弟三子曰籛，爲彭姓，封於大彭，謂之彭祖」。又解：「彭祖，大彭也」。史記楚世家，「陸終生子六，三曰彭祖」。集解引虞翻曰：「名翦，爲彭姓，封於大彭，謂之彭祖」。索隱引世本：「三曰籛鏗，是爲彭祖」。周書嘗麥解曰：「皇天哀禹，賜以彭壽，思正夏略」。竹書紀年：「帝啓十五年武觀以西河叛，彭伯壽率師征西河，合而斷之」。知彭祖國名，即大彭，夏商爲方伯，古五霸之一，唐虞封國，傳數十世，八百歲，而滅於商。此其事實也。彭祖八百歲猶言夏四百歲，商六百歲，周八百歲也」。馬敍倫曰：孔嚴之說是也。莊子逍遙遊云：「而彭祖乃今以久特聞」。似莊子亦誤信彭壽有七八百歲之久。蓋俗有此說，莊子從而言之，荀子亦然。顏淵之才不出衆人之下，而壽十八。○「十八」藏本、四解本、吉府本、癸劉盧解本作「四八」，今依北宋本、世德堂本作「十八」。洪頤煊曰：淮南精神訓高誘注：「顏回十八而卒」。後漢書郎顗傳：「昔顏子十八，天下歸仁」。抱朴子逸民篇：「昔顏回死，魯定公將躬弔焉，使人問仲尼」。抱朴子亦以顏淵年十八，故卒當魯定公時。伯峻案：顏淵之壽，古代傳說不一，雖曰短命，若以左傳及史記豬可以憑信之資料證之，其年不儻十八，可以斷言。但此文旣屬寓言，無妨从其最短者。仲尼之德不出諸侯之下，而困於陳蔡；殷紂之行不出三仁之上，而居君位。○伯峻案：論語云：「微子去之，箕子爲之奴，比干諫而死。孔子曰：殷有三仁焉」。○釋文云：行，下孟切。季札無爵於吳，○釋文云：季札，吳太伯之後，賢而讓位，棄其室而耕。後封於延陵，故號曰延陵季子。田恆專有齊國。夷齊餓於首陽，季氏富於展禽。若是汝力之所能，柰何壽彼而夭此，窮聖而達逆，賤賢而貴愚，貧善而富惡邪？」力曰：「若如若言，我固無功於物，而物若此邪，此則若之所制邪？」○道藏白文本、林希逸本「若言」作「是言」。陶鴻慶曰：上「邪」字當讀爲「也」。「而物若此也」語意與下句相屬，言「物之若此者，豈汝之所制乎」。蓋既自承其無功而又反詰之也。邪也古通用。命曰：「既謂之命，柰何有制之者邪？朕直而推之，曲而任之。自壽自夭，自窮自達，自貴自賤，自富自貧，〔注〕不知所以然而然者，命也，豈可以制也？朕豈能識之哉？朕豈能識之哉？」〔注〕此篇明萬物皆有命，則智力無施；楊朱篇言人皆肆情，則制不由命；義例不一，似相違反。然治亂推移，愛惡相攻，情僞萬端，故要時競，其弊孰知所以？是以聖人兩存而不辯。將以大扶名教，而致弊之由不可都塞。或有恃詐力以干時命者，則楚子問鼎於周，無知亂適於齊。或有矯天眞以殉名者，則夷齊守餓西山，仲由被醢於衞。故列子叩其二端，使萬物自求其中。苟得其中，則智動者不以權力亂其素分，矜名者不以矯抑虧其形生。發言之旨其在於斯。嗚呼！覽者可不察哉！○〔解〕命者，天也；力者，人也。命能成之，力能運之，故曰運命也。莊子曰：知不可柰何，安之若命。是力不能運也。孔子曰：「五十而知天命」。「不知命，無以爲君子也」。然歷國應聘而思執鞭之士，是不忘力也。○注世德堂本似作以，存作情，殉作殖，皆誤。○釋文云：惡，烏路切。適音的。殉本作徇，求也。醢音海。叩音寇。

北宮子謂西門子曰：「朕與子並世也，而人子達；並族也，而人子敬；並貌也，而人子愛；並言也，而人子庸；○伯峻案：庸借爲用。並行也，而人子誠；○釋文云：行，下孟切。並仕也，而人子貴；並農也，而人子富；並商也，而人子利。朕衣則裋褐，○釋文云：裋音豎。褐音曷。方言：「裋，複襦也」。許愼注淮南子云：「楚人謂袍爲裋」。說文云：「粗衣也。又敝布襦也」。又云：「襜褕短者曰裋褕」。有作短褐者誤。荀子作豎褐。楊倞注云：僮豎之褐。於義亦曲。食則粢糲，○釋文云：粢，即夷切。糲，令達切。粢，稻餅也。廣雅：「糲米不碎」。史記曰：「陳平食糠籺」。孟康云：「麥糠中不破者是也」。蓋謂粗舂粟麥爲粢餅食之。居則蓬室，出則徒行。子衣則文錦，食則粱肉，○粱藏本作梁。居則連欐，○釋文云：欐音麗，屋棟。出則結駟。在家熙然有棄朕之心，○釋文云：熙音怡。字林云，歡笑也。在朝諤然有敖朕之色。○

劉本妝作傚。○釋文云：朝音潮。諤音鄂。妝音傚。請謁不及相，遨遊不同行，固有年矣。子自以德過朕邪？」西門子曰：「予無以知其實。汝造事而窮，予造事而達，此厚薄之驗歟？〔注〕謂德有厚薄也。○〔解〕言所造皆達，汝所造皆窮，德之厚薄可見矣。而皆謂與予並，汝之顏厚矣。」北宮子無以應，自失而歸。中途遇東郭先生。先生曰：「汝奚往而反，偊偊而步，有深愧之色邪？」○釋文云：偊，邱羽切，本或作踽。字林云：「疏行貌」。北宮子言其狀。東郭先生曰：「吾將舍汝之愧，○釋文云：舍音捨。與汝更之西門氏而問之。」曰：「汝奚辱北宮子之深乎？固且言之。」○伯峻案：固讀爲姑。西門子曰：「北宮子言世族、年貌、言行與予並，而賤貴、貧富與予異。○釋文云：行，下孟切。予語之曰：○釋文云：語，魚據切。予無以知其實。汝造事而窮，予造事而達，此將厚薄之驗歟？而皆謂與予並，汝之顏厚矣。」東郭先生曰：「汝之言厚薄不過言才德之差，吾之言厚薄異於是矣。夫北宮子厚於德，薄於命，汝厚於命，薄於德。汝之達，非智得也；北宮子之窮，非愚失也。皆天也，非人也。〔注〕此自然而然，非由人事巧拙也。而汝以命厚自矜，北宮子以德厚自愧。○胡懷琛曰：既自知德厚，則不應自愧。故「以德厚自愧」，文義不安。應云，「以命薄自愧」。此非傳寫之誤，乃列子原文小疵耳。伯峻案：胡說可商。古人行文有互備之例，此以「命厚」概「德薄」，以「德厚」概「命薄」耳。皆不識夫固然之理矣。○藏本、吉府本、四解本、秦刻本皆無「矣」字，今依北宋本、世德堂本增。又案「固然」疑當作「自然」。○釋文云：夫音符。西門子曰：「先生止矣！予不敢復言。」〔注〕聞理而服。○〔解〕西門子求之而遂，命也；北宮子求之不遂，亦命也。不知命則有自矜之色，自知命則無愧之心。得與不得，非智愚，非才德也。西門子不敢復言者，知命之遂，不敢恃德也。○釋文云：復，扶又切。北宮子既歸，衣其裋褐，有狐貉之溫；○釋文云：衣，於既切。狐貉音豪鶴字。進其茙菽，有稻粱之味；○釋文云：茙菽音戎叔。爾雅云：「茙菽謂之荏菽」，即胡豆也。管子云：「齊桓公北之伐山，采得冬蔥及茙菽，布之天下」。鄭玄云：「即大豆也」。庇其蓬室，若廣廈之蔭；○釋文云：庇，必利切。乘其蓽輅，若文軒之飾。○〔篳〕各本作

「蓽」。案「篳」正字，左傳作「篳」，史記楚世家作「蓽」。○釋文篳作蓽，云：蓽音必，輅音路，左傳云：柴車也。終身逌然，○釋文云：逌音由。逌然，自得貌。後楊朱篇音同。不知榮辱之在彼也，在我也。〔注〕一達於理，則外物多少不足以槩意也。○〔解〕知命則不憂不愧，亦不知德之厚薄也。○釋文云：槩，古代切。東郭先生聞之曰：「北宮子之寐久矣，一言而能寤，易悟也哉！」○〔解〕寐者冒未覺也。及其寤也，乃怛之常耳。○「悟」北宋本作「寤」，藏本世德堂本作「怛」。俞樾曰：「怛」當讀爲「旦」。詩氓篇，「信誓旦旦」，說文心部引作「信誓悬悬」。悬即怛之或體。是怛旦古通用也。人之寐者至平旦則寤矣。北宮子久寐而忽寤，故曰「易旦也哉」。釋文音當割切，未得其讀。或作悟，則後人不達而臆改之。伯峻案：按盧解云云，似盧重元本亦作怛。○釋文悟作怛，云：怛，當割切，或作悟者非。

管夷吾鮑叔牙二人相友甚戚，○伯峻案：孟子告子下：「其兄關弓而射之，則己垂涕泣而道之。無他，戚之也」。注云：「戚，親也」。○釋文云：管夷吾、鮑叔牙並潁上人也。鮑牙，齊大夫，冢在瀛州。伯峻案：釋文「鮑牙」當作「鮑叔」。同處於齊。管夷吾事公子糾，○釋文云：糾，規酉切。鮑叔牙事公子小白。齊公族多寵，嫡庶並行。〔注〕齊僖公母弟夷仲年生公孫無知，僖公愛之，令禮秩同於太子也。○釋文云：嫡音的。僖，許其切，或作釐。國人懼亂。管仲與召忽奉公子糾奔魯，〔注〕糾，襄公之次弟。○釋文云：召本作邵。鮑叔奉公子小白奔莒。〔注〕小白，糾之次弟。○釋文云：莒音舉。既而公孫無知作亂，〔注〕襄公立，絀無知秩服，遂殺襄公而自立。國人亦殺之。○釋文云：絀音黜，又式忽切。秩音袟。殺音試。齊無君，二公子爭入。管夷吾與小白戰於莒，道射中小白帶鉤。○釋文云：射，食亦切。中，丁仲切。小白既立，〔注〕小白即桓公也。脅魯殺子糾，○釋文脅作搚，云：又作脅。召忽死之，管夷吾被囚。〔注〕齊告魯曰：子糾兄弟，弗忍加誅，請殺之。召忽、管仲，讎也，請得而甘心醢之。不然，將滅魯。魯患之，遂殺子糾。召忽自殺，管仲請囚也。鮑叔牙謂桓公曰：「管夷吾能，可以治國。」○釋文云：治，直吏切。桓公曰：「我讎也，願殺之。」鮑叔牙曰：「吾聞賢君無私怨，且人能爲其主，亦必能爲人君。○釋文云：爲，于僞切。如欲霸王，○釋文云：王，于況切。非夷吾其弗可。君必舍之！」○釋文云：舍音釋。遂召管仲。魯歸之，齊鮑叔牙郊迎，釋其囚。桓公禮之，〔注〕鮑叔親迎管仲，於堂阜而脫其桎梏，於齊郊而見桓公也。○釋文云：阜音婦。賈逵曰：「堂阜，魯之北境」。杜預曰：「齊地，東莞」。見，賢遍切。而位於高國之上，鮑叔牙以身下之，〔注〕高國，齊之世族。○釋文云：下，遐嫁切。任以國政，號曰仲父。○釋文云：父音甫。桓公遂霸。管仲嘗歎曰：「吾少窮困時，嘗與鮑叔賈，○釋文云：賈音古。分財多自與；鮑叔不以我爲貪，知我貧也。吾嘗爲鮑叔謀事而大窮困，○釋文云：爲，于僞切。鮑叔不以我爲愚，知時有利不利也。吾嘗三仕，三見逐於君，鮑叔不以我爲不肖，知我不遭時也。吾嘗三戰三北，鮑叔不以我爲怯，知我有老母也。公子糾敗，召忽死之，吾幽囚受辱；鮑叔不以我爲無恥，知我不羞小節而恥名不顯於天下也。○王叔岷曰：草堂詩箋七引「名」上有「功」字，當从之。史記管子列傳、劉向上管子序亦並有「功」字。生我者父母，知我者鮑叔也！」此世稱管鮑善交者，小白善用能者。然實無善交，實無用能也。實無善交實無用能者，非更有善交，更有善用能也。〔注〕此明理無善交用能，非但管鮑桓公而已。○〔解〕言其命之所應用，則因交而獲申，非是更別有善交用能也。然則恃才獲用者命也，因交而遂者力也；乖恢天時，抑有人謀人力而遂者，皆歸於命。命之來也，鮑叔不得不盡力，桓公不得不用之。皆命矣夫！○伯峻案：「更有善用能」下疑當有「者」字。召忽非能死，不得不死；鮑叔非能舉賢，不得不舉；小白非能用讎，不得不用。〔注〕此皆冥中自相驅使，非人力所制也。○〔解〕皆命成於力，力成於命，非有私焉。○注「人力」本作「人理」，今从藏本正。及管夷吾有病，小白問之，曰：「仲父之病病矣，可不諱。云〔注〕言病之甚不可復諱而不言也。○〔解〕將死不可諱言。○世德堂本作「病疾矣」。俞樾曰：「疾」盧重元本作「病」，當从之。莊子徐無鬼篇同。伯峻案：北宋本、藏本、吉府本、四解本皆作「病」，晏子及治要引同。疑本作「疾病」。說文：「疾，病也。」「病，疾加也。」古書凡疾劇皆謂疾病。如論語子罕篇云：「子疾病，子路使門人爲臣」。（鄭注：「病謂疾益困也」。）儀禮既夕禮記云：「疾病外內皆埽」。（鄭注：「疾甚曰病」。）左傳宣十五年云：「疾，命顆曰：必嫁是！疾病，則曰：必以爲殉！及卒，顆嫁之。曰，疾病則亂，吾從其治也」。又襄十九年傳云：「齊侯疾，崔杼微逆光；疾病，而立之」。又昭五年傳云：「公疾病而亂作。」皆疾病連文之證也。呂覽知接篇亦云：「仲父之疾病矣，將何以教寡人」？更爲確證。世德堂本作「病疾」，是其倒文，淺人不察，遂改爲病病。俞說非是。○釋文云：復，扶又切。至於大病，則寡人惡乎屬國而可？」○王重民曰：張注曰，「言病之甚不可復諱而不言也」。案據張注，則正文「可不」二字當倒乙。管子戒篇小稱篇並作「不可諱」。又案張氏以「可不諱云」四字爲句，因釋云「不可復諱而不言也」，亦非是。云字當下屬爲句。云猶如也。云至於大病，猶如至於大病也。說見釋詞。治要引無此四字者，以不達其意而刪之也。伯峻案：王說甚是。禮記檀弓云，「成子高寢疾，慶遺入請曰：子之病革矣，如至乎大病，則如之何」？此云「云至於大病」，即檀弓之「如至乎大病也」。○釋文云：惡音烏。屬音燭。

夷吾曰：「公誰欲歟？」○釋文云：歟音余。小白曰：「鮑叔牙可。」曰：「不可；其爲人也，潔廉善士也，〔注〕潔己而已。○「人」字下之「也」字依藏本增，與下文「其爲人也」一律。○釋文潔作絜，云：絜音結。其於不己若者不比之人，〔注〕欲以己善齊物也。○伯峻案：呂覽貴公篇作「不比於人」。高注云：「比，方也」。一聞人之過，終身不忘。〔注〕不能棄瑕錄善。○釋文云：瑕音遐。使之理國，上且鉤乎君，下且逆乎民。〔注〕必引君命，其道不弘。道苟不弘，則逆民而不能納矣。○王重民曰：莊子徐無鬼篇「理國」作「治國」，此亦當作「治」，避諱所改也。治要引正作「治」。其得罪於君也，將弗久矣。」○治要引無「也」字。小白曰：「然則孰可？」對曰：「勿已，則隰朋可。〔注〕非君然而可也。○釋文云：隰音習。其爲人也，上忘而下不叛，〔注〕居高而自忘，則不憂下之離散。○王重民曰：張說非也。莊子作「上忘而下畔」，衍一「不」字。畔與叛通，叛謂叛諺也。叛諺爲疊韵字，古時常語。詩大雅皇矣作「畔援」，漢書敘傳注引作「畔換」，文選魏都賦作「叛換」。或單言「諺」，書無逸：「乃逸乃諺」。僞孔傳：「叛諺不恭」。論語先進篇：「由也喭」。鄭注曰：「子路之行失于畔喭」是也。或或單言「畔」。論語雍也篇：「君子博學於文，約之以禮，亦可以弗畔矣夫」。（此從俞曲園羣經平議說）及列子「上忘而下叛」是也。詩鄭箋云：「畔援，跋扈也」。韓詩云，「武強也」。魏都賦劉淵林注云：「叛換猶恣睢也」。是「上忘而下不叛」，謂「於上則忘其高，於下又不自亢也」。故下文云「以賢下人者，未有不得人者也」。郭注莊子云「高而不亢」，得其旨矣。伯峻案：呂覽貴公篇作「上志而下求」。愧其不若黃帝而哀不己若者。〔注〕慙其道之不及聖，矜其民之不逮已，故能無棄人也。○〔解〕自忘其高，自愧無德，則進善之志深矣。不如己者，哀而憐之。則下人不離叛矣。○王重民曰：治要引「愧」下無「其」字，是也。莊子徐無鬼、呂覽貴公篇並無可證。以德分人謂之聖人，〔注〕化之使合道，而不宰割也。以財分人謂之賢人。〔注〕既以與人，己愈有也。以賢臨人，未有得人者也；〔注〕求備於人，則物所不與也。○王重民曰：治要引上「人」字下有「者」字，是也。此與下文「以賢下人者未有不得人者也」句相對。下句有者字，則上句本有者字甚明。莊子並無兩者字，此莊列不同處，然亦可爲上句當有者字之反證。以賢下人者，未有不得人者也。〔注〕與物升降者物必歸。○王重民曰：治要引注文「歸」下有「之也」二字。○釋文云：下，遐嫁切。其於國有不聞也，其於家有不見也。〔注〕道行則不煩聞見，故曰，不瞽不聾，不能成功。○王重民曰：治要引注文「煩」作「類」。

伯峻案：呂覽貴公篇「有不聞也」下有「其於物也有不知也」一句。○釋文云：賈音古。

勿已，則隰朋可。」〔注〕郭象曰：「若有聞見，則事鍾於己，而群下無所措其手足，故遺之可也。未能盡其道，故僅之可也」。○〔解〕不責物之常情，是不聞於國也；不求人之小過，是不見於家也。○治要引注文「群下」作「群生」。○釋文云：僅音覲。

然則管夷吾非薄鮑叔也，不得不薄；非厚隰朋也，不得不厚。厚之於始，或薄之於終；薄之於終，或厚之於始。○陶鴻慶曰：「薄之於終，或厚之於始」當作「薄之於始，或厚之於終」。如今本則與上二句意複。厚薄之去來，弗由我也。〔注〕皆天理也。○〔解〕責吾之情非有厚薄，此公薦也。薦之則為厚，不薦則為薄，此皆力也。桓公既不用鮑叔，鮑叔之命也；用隰朋，隰朋之命也。使鮑叔無命，而夷吾不施力焉；而隰朋無命，夷吾雖施力，亦無益也。

鄧析操兩可之說，○釋文云：析音錫。鄧析著書二篇，鄭人也，與子產並時。列子及孫卿並云子產殺鄧析，據左傳，昭公二十年子產卒，定公九年駟歂殺鄧析而用其竹刑，則非子產所殺也。操，七刀切。任大椿曰：子產殺鄧析事見諸子，不特荀列也。呂覽離謂篇：「子產治鄭，鄧析務難之。而民之有獄者，約大獄一衣，小獄襦袴。民之獻衣襦袴而學訟者不可勝數。以非為是，以是為非。是非無度，而可與不可日變；所欲勝因勝，所欲罪因罪。鄭國大亂，民口讙譁。子產患之，於是殺鄧析而戮之，民乃大服」。淮南子詮言訓：「鄧析巧辨而亂法」。高誘注：「鄧析教鄭人以訟，訟俱不屈，子產殺之也」。又楊倞荀子正論篇注引新序曰：「子產決獄，鄧析教民難之；約大獄衣袍，小獄襦袴。民之獻袍衣襦袴者不可勝數。以非為是，以是為非。鄭國大亂，民口讙譁。子產患之，於是討鄧析而僇之，民乃服，是非乃定」。是其類也。其辨鄧析非子產所殺則始於列子張湛注此篇「俄而誅之」句下。張湛注云，「子產誅鄧析，左傳云駟歂殺鄧析而用其竹刑，子產卒後二十年而鄧析死也」。敬順釋文遂推原注意，謂昭二十年子產卒，定九年駟歂殺鄧析。是鄧析之死在子產卒後二十年也。至荀子不苟篇注曰，「左傳鄭駟歂殺鄧析而用其竹刑，而云子產戮之，恐謬」。倞此注與敬順釋文皆本於張湛注。設無窮之辭，當子產執政，作竹刑。〔注〕竹刑，簡法。○盧文弨曰：注「竹刑簡法」疑當作「竹簡刑法」。伯峻案：盧說未明張注之意，張注蓋以「簡法」釋「竹刑也」。鄭國用之，數難子產之治。○釋文云：數音朔。難，乃旦切。子產屈之。子產執而戮之，俄而誅之。〔注〕此傳云子產誅鄧析，左傳云駟歂殺鄧析而用其竹刑，子產卒後二十年而鄧析死也。○伯峻案：「子產執而戮之」，「子產」二字涉上文衍。「戮之」即「誅之」，詞意亦複。疑「戮」當作「拘」。御覽六百二十六引無「屈之子產執而戮之」八字，乃以其不可解而以意刪之，足證其誤久矣。○釋文云：戮音六，或作剹。歂音船。卒，子律切。然則子產非能用竹刑，不得不用；鄧析非能屈子產，不得不屈；子產非能誅鄧析，不得不誅也。〔注〕此章義例與上章同也。○〔解〕作法者，力也；受戮者，命也。用其法者，亦力也；誅其身者，亦命也。力其事者，才也；才不遇者，亦命也。○注北宋本、汪本、世德堂本並奪「章」字，今从藏本增。

可以生而生，〔注〕或積德履仁，或遇時而通，得當年之歡，騁於一己之志，似由報應，若出智力也。○世德堂本注末無「也」字。天福也；〔注〕自然生耳，自然泰耳，未必由仁德與智力。然交履信順之行，得騁一己之志，終年而無憂虞，非天福如之何也？○釋文云：行，下孟切。可以死而死，〔注〕或積惡行暴，或飢寒窮困，故不顧刑戮，不賴生存，而感之於死，似由身招，若應事而至也。○注「於」藏本作「以」，世德堂本作「而」。天福也。〔注〕自然死耳，自然窮耳，未必由凶虐與愚弱。然肆凶虐之心，居不賴生之地，而感之於死，是之死得死者，故亦曰天福者也。○〔解〕居可生之時而得其生者，爲天福也；居可死之時而得其死者，亦天福也。如夷吾求生於齊桓之時而得遂其生者，信爲天福也；如鉏麑之觸槐以取喪，不辱君命，不傷賢才，得遂其死，垂名不朽，亦天福也。○注「感之於死」道藏四解本「於」作「以」。可以生而不生，〔注〕居榮泰之地，顧獲長年而早終。天罰也；〔注〕顧生而不得生，故曰天罰也。可以死而不死，〔注〕居困辱之地，不顧久生，而更不死也。○注各本「生」上無「久」字。天罰也。〔注〕輒死而不之死，復是天罰。○〔解〕居榮泰之地，處崇高之位，是可以生而不得生，如盜賢之類是也。居困辱之地，處屯害之中，是可以死而不得死，如人彘之類是也。求之不遂，皆爲天罰也。可以生，可以死，得生得死有矣；〔注〕此之生而得生，此之死而得死。不可以生，不可以死，或死或生，有矣。〔注〕此義之生而更死，之死而更生者也。此二句上義已該之而重出，疑書誤。○陶鴻慶曰：兩「不」字衍文，本作「可以生，可以死，或死或生，有矣」。言可以生而或死，可以死而或生也。張注云：「此義之生而更死，之死而更生者也」。是其所見本無兩不字。上文云：「可以生而不生，天罰也；可以死而不死，天罰也」。意與此同，故張注又疑其重出也。○釋文云：重，柱用切。然而生生死死，非物非我，皆命也。智之所無奈何。〔注〕生死之理既不可測，則死不由物，生不在我，豈智之所如？○〔解〕不出於物，亦不由於我；知不能違，力不能成，然後可以任命矣。○注末「如」元本、世德堂本作「必」。故曰，窈然無際，天道自會；漠然無分，天道自運。〔注〕無際無分，是自然之極；自會自運，豈有役之哉？○江有誥曰：際，會爲韻，古音同在祭部。分運爲韻，古音同在文部。○釋文云：分，符問切，注同。天地不能犯，〔注〕天地雖大，不能違自然也。聖智不能干，〔注〕聖神雖妙，不能逆時運。鬼魅不能欺。〔注〕鬼魅雖妖，不能詐眞正也。○釋文魅作媚，云：或作魅。自然者默之成之，〔注〕默，無也。平之寧之，〔注〕平寧無所施爲。將之迎之。〔注〕功無遺喪，似若將迎。○〔解〕若合道成命，天地不能違，聖智不能干；運用合理，應變如神，鬼魅所不能欺；何況於人事乎？○伯峻案：成平寧爲韻，古音同在耕部；將迎爲韻，古音同在陽部。○釋文云：喪，息浪切。

楊朱之友曰季梁。季梁得病，七日大漸。〔注〕漸，劇也。○北宋本「病」作「疾」。其子環而泣之，請醫。○王重民曰：御覽七百三十八引「請」下有「謁」字，謁亦請也，蓋謂請於其父而請醫。下文「終謁三醫」卽其事也。若無謁字，則語義不明。王叔岷曰：文選孫子荊爲石仲容與孫皓書注引亦有「謁」字。季梁謂楊朱曰：「吾子不肖如此之甚，汝奚不爲我歌以曉之？」○釋文云：爲，于僞切。楊朱歌曰：「天其弗識，人胡能覺？匪祐自天，弗孽由人。○釋文孽作孼，云：魚列切。我乎汝乎！其弗知乎！醫乎巫乎！其知之乎？」〔注〕言唯我與汝識死生有命耳，非醫巫所知也。其子弗曉，終謁三醫。〔注〕不解楊朱歌旨，謂與已同也。○〔解〕其子謁醫，夫天命不能識乎，人亦何能覺之耶？天不別加福，人亦不爲過，而遇病者，此其命也。夫我與汝倘不能知，醫與巫何能知乎？又將歌意，我與爾能此疾，我不能疾，巫能之也。○秦恩復曰：盧解「歌意」下注有訛誤。蔣超伯曰：終，周也。淮南子俶眞訓：「智終天地」。終，周也。「終謁三醫」謂「徧謁三醫」也，不作竟字解。○釋文云：解音蟹。一曰矯氏，○釋文云：矯，居夭切。二曰俞氏，三曰盧氏，診其所疾。○釋文云：診，之忍切，候脈也。矯氏謂季梁曰：「汝寒溫不節，○釋文汝作女，云：女音汝，下同。虛實失度，病由飢飽色欲。精慮煩散，非天非鬼。○北宋本、汪本、秦本「天」作「夭」。天當借爲妖，雖可通，但依下文汝疾不由天，亦不由人，亦不由鬼證之，則作天者近是。今从藏本、元本正。雖漸，可攻也。」季梁曰：「衆醫也。亟屛之！」○釋文云：亟音棘。屛上聲，除也。俞氏曰：「女始則胎氣不足，乳湩有餘。○釋文云：湩，竹用切，乳汁也。病非一朝一夕之故，其所由來漸矣，弗可已也。」季梁曰：「良醫也。且食之！」○〔解〕矯氏所說之病，皆人事之失，關乎力者也。俞氏所說之病，與形俱生，氣不足，不可盡也。○釋文云：食音飼。盧氏曰：「汝疾不由天，亦不由人，亦不由鬼。稟生受形，既有制之者矣，亦有知之者矣。〔注〕夫死生之分，脩短之期，咸定於無爲，天理之所制矣。但愚昧者之所惑，玄達者之所悟也。○釋文云：分，符問切。藥石其如汝何？」季梁曰：「神醫也。重貺遣之！」○釋文云：貺音況。俄而季梁之疾自瘳。○〔解〕盧氏所說之病乃由乎神。神之所遣有功有過。形者，報神之器也，神以制之矣。未受於形，神以知之矣。神既不足，形乃隨之。長短美醜，質形已定矣。藥石豈能愈之？季梁以爲神醫。修神養德而病自愈。○釋文云：瘳音惆。

生非貴之所能存，身非愛之所能厚；生亦非賤之所能夭，身亦非輕之所能薄。故貴之或不生，賤之或不死；愛之或不厚，輕之或不薄。此似反也，非反也；此自生自死，自厚自薄。或貴之而生，或賤之而死；或愛之而厚，或輕之而薄。此似順也，非順也；此亦自生自死，自厚自薄。鬻熊語文王〔注〕鬻熊，文王師也。○釋文云：鬻音育。語，魚據切，下同。曰：「自長非所增，自短非所損。算之所亡若何？」〔注〕算猶智也。○〔解〕若知形報為，則無以其私情。私情者，有貴有愛，有賤有薄者也。形骸不由情之所厚薄，則得之似順，違之似反；其實非反非順也，亦猶長短好醜，豈由情愛所遷耶？智算所無可奈何也。○秦恩復曰：盧解「報為」「為」字疑誤。○釋文云：算，先玩切。亡音無。老聃語關尹曰：○釋文云：聃，他甘切。「天之所惡，孰知其故？」〔注〕王弼曰：「孰，誰也。言誰能知天意耶？其唯聖人也。」○伯峻案：二句乃老子七十三章文。今本王弼注曰：「孰，誰也。言誰能知天之所惡之意何故邪，其唯聖人乎！」張注引文有省略。○釋文云：惡，烏路切。言迎天意，揣利害，不如其已。〔注〕夫順天理而無心者，則鬼神不能犯，人事不能干。若迎天意，料倚伏，慮順以去逆，就利而違害，此方與逆害為巨對，用智之精巧者耳，未能使吉凶不生，禍福兼盡也。○〔解〕夫不知道者，寧知天之所愛惡乎？若預迎天意，揣度利害，以狥私情，不知順理而任命也。此章言力不能違命，命不可預知。任之則後時，力之則違命。所以愧夫知道之偽神，養眞遣業之始，創力轉命以我乎天者也。○秦恩復曰：盧解「知道」下疑有脫誤。○釋文云：揣，初委切。料音聊。

楊布〔注〕楊朱弟也。問曰：「有人於此，年兄弟也，言兄弟也，○俞樾曰：「言」字無義，當從釋文作「訾」。管子君臣上篇「吏嗇夫盡有訾程事律」，即此訾字之義。官秩貴賤必視「訾程」為準。「訾兄弟也」，正與下文「貴賤父子也」相應。殷敬順不達訾字之義，而以為當作貲財字，則下當言貴富，不當言貧賤矣。○釋文言作訾，云：訾，即移切，當作貲財字；一本作言。才兄弟也，貌兄弟也；而壽夭父子也，貴賤父子也，名譽父子也，愛憎父子也。吾惑之。」○〔解〕年言才貌相似也，故云兄弟也；壽夭貴賤隔懸也，故云父子也。此命之難知也，故疑惑也。楊子曰：「古之人有言，吾嘗識之，○釋文云：識音志。將以告若。不知所以然而然，命也。〔注〕自然之理，故不可以智知。今昏昏昧昧，○釋文云：昧音晦。紛紛若若，隨所為，隨所不為。日去日來，孰能知其故？○盧文弨曰：藏本無「能」字。皆命也夫。○〔解〕衆人所不知，以為自然，昏昏昧昧，日去日來，運行無窮者，人以是為命也乎。信命者，亡壽夭；〔注〕有壽夭則非命。○釋文云：亡音无，下同。信理者，亡是非；〔注〕有是非則非理。信心者，亡逆順；〔注〕有逆順則非心。信性者，亡安危。〔注〕有安危則非性。則謂之都亡所信，都亡所不信。〔注〕理亦亡信與不信也。○道藏江遼本、四解本無下「都」字。眞矣慤矣，○釋文云：慤，口角切。奚去奚就？奚哀奚樂？○釋文云：樂音洛。奚爲奚不爲？〔注〕理苟無心，則無所不爲，亦無所爲也。○〔解〕壽夭者，命也，是非者，理也；逆順者，心也；安危者，性也。使夫信命者亡壽夭，信理者亡是非，信心者亡逆順，信性者亡安危，則謂之都亡所信亡所不信，然後至於眞道也。亦何去何就，何哀何樂，何所爲何所不爲哉？此之謂至道也。黃帝之書云：至人居若死，動若械。〔注〕此舉無心之極。○俞樾曰：「械」字無義。釋文云，「本又作戒」，實皆駭之叚字也。周官大僕「始鳴戒鼓」，故書「戒」爲「駭」。列子原文蓋亦叚戒爲駭，而寫者又從木作械耳。「居若死動若駭」，即「處女脫兔」之意。王叔岷曰：俞說非也。至人「心如死灰」，故其「居若死」；形如「槁木」，故其「動若械」。注：「此舉無心之極」是也。戒亦借爲械，若以爲駭之叚字，則非其旨矣。莊子庚桑楚篇：「動不知所爲」，亦「動若械」之意。○釋文云：械，戶界切，本又作戒。亦不知所以居，亦不知所以不居；亦不知所以動，亦不知所以不動。亦不以衆人之觀易其情貌，亦不謂衆人之不觀不易其情貌。〔注〕不爲外物視聽改其度也。○陶鴻慶曰：「亦不以衆人之不觀不易其情貌」當作「亦不以衆人之觀不易其情貌」，今作「不觀」者，乃後人妄增也。張注云云，是其所見本二句并作「衆人之觀」。今衍不字，文雖變而意反複也。王重民曰：「爲」「謂」古通。張注云云，則張氏所據本作爲。○釋文謂作爲，云：爲，于僞切，注同。獨往獨來，獨出獨入，孰能礙之？〔注〕物往亦往，物來亦來。任物出入，故莫有礙。○〔解〕居若死，無心也；動若械，用機關也。如木人之運動，有何知哉？不在乎情，不在乎貌也，神遊而已矣，孰能礙之邪？○釋文礙作碍，云：音礙。

墨〔注〕音眉。屎、〔注〕勑夷反。○〔解〕默詐佯愚之狀。○秦恩復曰：「墨」方言作「嘿」，音目。墨嘿古字通。○釋文云：墨屎音眉癡。方言：「墨屎江淮之間謂之無賴」。廣雅云：「墨音目，屎作㞙」。自此二十人智巧才行兩兩相背，而能相與和同終年者，各任其眞性故也。伯峻案：廣疋釋詁二云：嘿屎，欺也。釋文疑有挩誤。單〔注〕音戰。至、〔注〕音咥。○〔解〕輕動之狀。○釋文云：單音戰。單至，戰激之至。嘽〔注〕齒然反。咺、〔注〕許爰反。○〔解〕狂緩之狀。○釋文云：嘽，齒然切，又他丹切。咺音喧，又呼遠切。鄭玄注禮記云：「咺，寬綽貌」。說文云：「咺，寬閑心腹貌」。憋〔注〕妨滅反。懯〔注〕音敷。此皆默詐輕發狂緩急速之貌。○「勑夷」、「齒然」、「許爰」、「妨滅」四個切音之下本無「反」字，今从元本、世德堂本增。下「魚略」「齒略」「苦交」諸切音同。秦恩復曰：此節似缺盧注。方言：「憋，惡也」。郭璞注：「憋怤急性也」。後漢書董卓傳：「敝腸狗態」。李賢注：「敝作憋」，方言：惡也。憋當作怤。○釋文云：憋，片滅切。懯音敷。方言：憋怤，音孚，急性也。

四人相與游於世，胥如志也。○釋文云：胥，相居切，相也。如，隨也。謂各從其志。窮年不相知情，自以智之深也。○〔解〕同游於世，終年不相知名，自以爲審也。

巧佞、愚直、○〔解〕巧佞，辯諂之狀也。愚直，質朴之狀也。○釋文云：巧佞，巧言邪佞。愚直，如愚質直。婩〔注〕魚略反。斫、〔注〕齒略反。婩斫，不解悟之貌。○〔解〕慤願之狀也。○注「婩斫不解悟之貌」七字，北宋本、汪本皆在「便辟」兩字下，今从道藏諸本移上。○洪頤煊曰：「婩斫」即「婩嫧」。方言：「婩嫧，鮮好也，南楚之外通語也」。說文：「嫧，齊也」。漢書江充傳：「充爲人魁岸」。師古曰：「岸者，有廉稜如厓之形」。岸即婩字。○釋文云：婩，言上聲。斫音酌。婩斫，容止峭嶮也。字林云：「婩，齊也」，久不解語貌。解音蟹。任大椿曰：此篇張湛注「婩斫不解悟之貌」，敬順釋文約舉注義，故云久不解語。道藏本「語」字乃「悟」字之訛。便辟○〔解〕折旋之狀。○釋文云：便，房連切。辟，婢亦切。便僻，恭敬太過也。四人相與游於世，胥如志也；窮年而不相語術；○釋文云：語，魚據切。自以巧之微也。○〔解〕同游於世，終年不相訪，各自以爲巧妙也。獿〔注〕苦交反。伢、〔注〕苦牙反。○〔解〕頑戾強愊之狀也。○桑恩復曰：文選左思吳都賦：「儇囂桀獿」。李善注：「方言，獿，獪也」。據此獿即狡字。○釋文云：獿，口交切。伢，口家切。阮孝緒云：「獿伢，伏態貌」。獿，口交切。情露、○〔解〕不隱之狀也。○釋文云：情露，無所隱藏。謇〔注〕音蹇。極、○〔解〕訥澀之狀也。○「極」世德堂本作「極」。○桑恩復曰：方言作「極」。極極古字通。俞正燮曰：謇極，口吃。極有急義。史記云：「周昌爲人吃，又盛怒」。蓋吃者語必多，又性欲速，語出蹇而亟，故曰謇極。左傳云，「公孫之亟也」。注云：「言其性急，不能受屈」。亦作「謇吃」。諸病源候云：「陰陽之氣不和，府藏之氣不足，而生謇吃。又心氣通舌，脾氣通口，脾脈連舌本，邪乘藏而搏氣。言發氣動，邪隨干正脈，否氣壅，亦令謇吃，此則可治也」。一切經音義引通俗文云，「言不通則謂之謇吃」。○釋文云：謇音蹇，極音棘。字林云：「極，吃也」。方言：「謇、吃、極，急也」，謂語急而吃。又訥澀貌。又云：疾也，又急性相背也。或作極、極，皆非是。任大椿曰：孜荀子賦篇，「出入甚極」。注，「極讀爲亟，急也」。又云：「反覆甚極」。注，「極讀爲亟，急也」。然則極亦通作極。凌誶〔注〕音碎。此皆多辭訥澀辯給之貌。○〔解〕尋問詰責之狀也。○注「此皆多」世德堂本作「比皆反」。○釋文云：誶，旬入聲。凌誶謂好陵辱責罵人也。說文云：「誶，責讓也」。字林[illegible]律切。訥，奴忽切。澀，所立切。四人相與游於世，胥如志也；窮年不相曉悟，○伯峻案：秦本「窮年」下有「而」字。自以爲才之得也。○〔解〕各自以爲才能。眠〔注〕莫典反。娗、〔注〕徒瀰反。○〔解〕無精采之狀也。○釋文眠作眡，云：眡上聲。娗音殄。方言：「眠娗，欺慢之語也」。郭璞云：「謂以言相輕蚩弄也」。又不開通貌。任大椿曰：今本「眡」作「眠」。方言，眠娗，莫典反，今本作眠，是也。敬順釋文本「眠」作「眡」。孜玉篇，眡古視字。眡，上支切，視也，均與「眠娗」之「眠」異義。「眡」字當即「眠」字，唐人諱「民」字，故從氏耳。釋文云「眡上聲」，此「眡」字乃衍文也。諈〔注〕止累反。諉、〔注〕如僞反。○〔解〕並煩重之貌。○「莫典」「徒瀰」「止累」「如僞」四切音下之「反」字，依元本、世德堂本增。○釋文云：諈，之睡切。諉，口恚切，又如僞切。鈍滯也。爾雅云：「諈諉，累去也」。郭璞云：「謂以事相屬累以諈諉也。又煩重也」。勇敢、○〔解〕雄健之狀也。○釋文云：勇敢，勇猛果敢。怯疑〔注〕眠娗，不開通之貌。

諈諉，煩重之貌。○〔解〕懦弱不決之狀。○釋文云：怯疑，怯慎持疑。四人相與游於世，胥如志也；窮年不相譴發，○釋文云：譴，知革切。譴謂責其過也，發謂攻其惡也。自以行無戾也。○〔解〕各自以爲適宜得中之道也。○釋文云：行，下孟切。无戾，无違戾也。多偶、○〔解〕和同之狀也。○釋文云：多偶謂多與人相和諧也。廣雅云：「偶，諧也」。自專、○〔解〕獨任之狀也。○釋文云：自專謂自擅專不與衆同也。乘權、○〔解〕用勢之狀也。○伯峻案：乘本「乘」作「乘」。○釋文云：乘權謂乘用權勢也。隻立○〔解〕孤介之狀也。○釋文云：隻立，獨孤自立。四人相與游於世，胥如志也；窮年不相顧眄，○釋文云：眄音麪。自以時之適也。此衆態也。○釋文云：態，他愛切。其貌不一，○本無「其」字，今依吉府本、世德堂本增。而咸之於道，命所歸也。○〔解〕變詐、巧辯、愚拙、佞直，衆態不同，而皆以爲命者，理不然矣。今說者皆受氣有厚薄，故如此不同，一皆委之於天更無可奈何者，此不知者也。故知道之士變其辯，含其眞，易其慮，變其身。彼形雖自我而造也，力其行、移其命，此皆生者之功矣。然則因形以辯命，則力不如命；因力以變形，則命不如力也。

佹佹成者，俏成也，〔注〕俏音肖。俏，似也。○秦恩復曰：盧注作「魏魏」，與張湛本不同。伯峻案：「俏成」下疑有「者」字，方與下文句法一律。六書故八引正作「俏成者也」。○釋文云：佹，姑危切，幾欲之貌。俏與肖字同。初非成也。○〔解〕魏魏者，幾欲之狀也。俏者，似也。佹佹敗者，俏敗者也，初非敗也。〔注〕世有幾得幾失之言，而理實無幾也。○〔解〕已欲成而不成者，似於成而非成也；垂欲敗而不敗者，似於敗而非敗也。○釋文云：幾音祈，下同。故迷生於俏，〔注〕惑其以成敗而不能辯迷之所由也。○盧文弨曰：注「以」藏本作「似」。俏之際昧然。○釋文云：爲句。於俏而不昧然，〔注〕際猶會也，言冥昧難分耳。○〔解〕人之所迷生於似者也，不了也。不了則昧然矣。著相似而不昧然，斯謂明也。○盧文弨曰：注「昧」下藏本有「而」字。則不駭外禍，○釋文駭作駴，云：與駭字同。不喜內福；〔注〕禍福豈有內外，皆理之玄定者也。見其卒起，因謂外至；見其漸著，因謂內成也。○釋文云：卒，村入反。隨時動，隨時止，智不能知也。〔注〕動止非我，則非智所識也。○〔解〕所謂明者了於性，通於神，力之所以生，命之所以成；故無外禍可駭懼，無內福可忻喜；動止隨時，不須智慮也。信命者於彼我無二心。〔注〕無喜懼之情也。於彼我而有二心者，不若揜目塞耳，背坂面隍亦不墜仆也。〔注〕此明用智計之不如任自然也。○〔解〕若能彼我無二心，則吉凶悔吝不生矣。苟不能知命任理，則全身遠害，且免傾墜顚仆也。是以世人不忘於力求，而不能委於命也。○盧文弨曰：注「如」字藏本作「若」。○釋文背坂作背城，云：揜音奄，背城一本作扳。隊音墜，仆音赴。故曰：死生自命也，〔注〕若其非命，則仁智者必壽，凶愚者必夭，而未必然也。貧窮自時也。〔注〕若其非時，則勤儉者必富，而奢惰者必貧，亦未必然。○〔解〕子夏曰：「死生有命，富貴在天」。天者，時也。陽和布氣，萬物皆生，聖人利見含靈俱暢自我而定謂之命，因化所及謂之時也。○盧文弨曰：注末藏本有「也」字。陶鴻慶曰：「貧窮」當作「貧富」，與上句「死生自命也」語意一律。張注云云，是其所見本正作「貧富」。今本涉下文「怨貧窮者」而誤。○釋文云：貧窮自時也一本作富貴自時也。怨夭折者，不知命者也；○釋文云：折，之舌切。怨貧窮者，不知時者也。〔注〕此皆不識自然之理。當死不懼，在窮不戚，知命安時也。○〔解〕知命安時，德之大也。時來不可俱，命至不可卻，故曰安時而處順，憂樂不能入。迷生於背似，戚生於不知時焉。其使多智之人量利害，料虛實，○釋文云：料音聊。度人情，○釋文云：度，徒落切，下同。得亦中，○釋文云：中，陟冲切，半也，下同。或作陟仲反，非也。亡亦中。〔注〕中，半也。其少智之人不量利害，不料虛實，不度人情，得亦中，亡亦中。量與不量，料與不料，度與不度，奚以異？○〔解〕凡料天下之事十得五中者，必爲善料也。而少智不料亦得半矣，有何異也？唯亡所量，〔注〕不役智也。亡所不量，〔注〕任智之所知也。則全而亡喪。○釋文云：亡音无。喪，息浪切，下同。亦非知全，○釋文云：知音智，下知喪同。亦非知喪。自全也，自亡也，自喪也。〔注〕自全者，非用心之所能；自敗者，非行失之所致也。○〔解〕假使勤心苦志，料得其半，則不如無料而全其生。勞思慮者不知命，無所料者不知力。不知力者乃近於道矣，故去彼取此而已。○俞樾曰：「自亡也」三字疑爲衍文。上文云「唯亡所量，亡所不量，則全而亡喪。亦非知全，亦非知喪」。皆以「全」「喪」對言，此云「自全也，自喪也」，文義已足。增出「自亡也」三字，則與上文不合矣。蓋涉上有三「亡」字而誤衍此句；不知上三「亡」字皆「有無」之「無」，非「喪亡」之「亡」也。○釋文云：行，下孟切。

齊景公游於牛山，○釋文云：牛山，今北海郡臨淄縣是。北臨其國城而流涕曰：「美哉國乎！鬱鬱芊芊，○釋文云：芊音千。廣雅云「芊芊，茂盛貌」。若何滴滴去此國而死乎？○盧文弨曰：「滴滴」藏本作「滴滴」。○釋文云：滴滴或作滂滂，並音普郎切，流蕩貌。任大椿曰：夫滂滂一字但音普郎反已明，不必云並音也。蓋謂正文之「滴」與或作之「滂」並音普郎反。但「滴」無普郎反。攷荀子賦國篇「汸汸如濤」，楊倞注：「汸讀爲滂，水多貌也」。則「滴」字疑「汸」字之誤。伯峻案：列子釋文之例，甲字應作乙字，或者義同乙字者，即以乙字音之，不論兩字之音理可通假不也。下文云，行假音何暇，蓋謂行當作何，非謂行字有何字之音。滴之與滂岡音亦同此例。任氏之說未諦。使古無死者，寡人將去斯而之何？」○盧文弨曰：韓詩外傳「之何」作「何之」。史孔梁丘據皆從而泣曰：○釋文史孔作艾孔，云：艾，五蓋切，一本作史孔。「臣賴君之賜，疏食惡肉可得而食，○北宋本「疏」作「䟽」汪本从之，今从吉府本、世德堂本訂正。○釋文疏作䟽，云：䟽當作疏。食音嗣。韓詩外傳全有此章，云：「疏食惡肉，可得食」。疏食，菜食。駑馬稜車可得而乘也；○「駑」世德堂本作「怒」。○釋文云：駑音奴。稜當作棧。晏子春秋及諸書皆作「棧車」，謂編木爲之。棧，士限反。且猶不欲死，而況吾君乎？」

晏子獨笑於旁。○釋文晏子作晏嬰，云：晏嬰，萊之夷維人也。公雪涕而顧晏子曰：○伯峻案：呂覽觀表篇云：「吳起雪泣而應之」。高誘注：「雪，拭也」。家語子路初見篇云：「黍者所以雪挑」。注云：「雪，拭也」。「寡人今日之游悲，○釋文云：爲句。孔與據皆從寡人而泣，子之獨笑，何也？」晏子對曰：「使賢者常守之，則太公桓公將常守之矣；使有勇者而常守之，則莊公靈公將常守之矣。○伯峻案：「而常守之」猶言「能常守之」。而能古音同，故可通假。數君者將守之，○釋文云：數，色主切。吾君方將被蓑笠而立乎畎畝之中，○釋文云：蓑，先和切。唯事之恤，行假念死乎？〔注〕行假當作何暇。〔解〕死而復生者，人咸歸於釋論道書與儒教晏嬰而不明言之。今此云吾君方將被蓑笠而立乎畎畝之中者，則死生之理灼然可辨矣。是知力以成命，成命而後生；則生生之功可見矣。○王重民曰：「行假」韓詩外傳作「何暇」。○釋文云：行假音何暇。則吾君又安得此位而立焉？以其迭處之迭去之，○釋文云：迭音姪。至於君也，而獨爲之流涕，是不仁也。○釋文云：爲，于僞切，下文同。見不仁之君，見諂諛之臣。○釋文云：諛音臾。臣見此二者，臣之所爲獨竊笑也。」○伯峻案：爲猶以也。所爲獨笑，言所以獨笑也。說詳王氏釋詞。景公慙焉，舉觴自罰。罰二臣者各二觴焉。

魏人有東門吳者，其子死而不憂。○王叔岷曰：御覽五一八、記纂淵海四八、五一，事文類聚後集七，合璧事類前集三二，引「者」下並有「年四十」三字。「其子死而不憂」，並作「有一子，喪之而不憂」。其相室曰：○伯峻案：「相室」之「相」讀如儀禮士昏禮記「父醮子命之曰，往迎爾相之相」，謂其妻也。○釋文云：相，息亮切。「公之愛子，○伯峻案：御覽五一八引「子」下有「也」字。天下無有。今子死不憂，何也？」東門吳曰：「吾常無子，○盧文弨曰：「常」當作「嘗」。無子之時不憂。今子死，乃與嚮無子同，○釋文嚮作鄉，云：音向。臣奚憂焉？」○王重民曰：吉府本「臣」作「詎」，疑本作「奚巨憂焉」。奚巨複詞，讀者不達其義，遂以意移於奚字之上也。伯峻案：御覽五一八引作「又奚憂焉」。

農赴時，商趣利，○釋文云：趣音趨。工追術，仕逐勢，勢使然也。然農有水旱，商有得失，工有成敗，仕有遇否，○釋文云：否，蒲鄙切。命使然也。〔注〕自然冥運也。○〔解〕夫士農工商各趣利而逐勢者，力所爲也。水旱、成敗、否泰者，力所不能成，則委命以自安之。是收其操檢而不損護也。世人皆以無可奈何乃推之於命耳。不能力求者，迷於似得者也。東門吳審安於命者也，非謂善於知命者也。若生者有生生者，是得失所以造再命者，復安肯委命於生者，是得失所以迭處迭去也。若知命者，當委命而任力焉。○秦恩復曰：盧注「操檢」句未詳。孫詒讓曰：解「操」當作「桑」，「損護」當作「隕穫」，見禮記儒行。伯峻案：據盧解云云，似重玄本以「農赴時」以下仍接上段。但依文義，農赴時以下自成一節，爲總結全篇篇旨之語，故仍提行。

列子集釋卷第七

楊伯峻撰

楊朱第七

〔注〕夫生者，一氣之暫聚，一物之暫靈。暫聚者終散，暫靈者歸虛。而好逸惡勞，物之常性。故當生之所樂者，厚味、美服、好色、音聲而已耳。而復不能肆性情之所安，耳目之所娛，以仁義爲關鍵，用禮教爲衿帶，自枯槁於當年，求餘名於後世者，是不達乎生生之趣也。○〔解〕夫君子殉名，小人殉利。唯名與利，皆情之所溺，俗人所爭焉。故體道之人也，爲善不近名，不趣俗人之所競；爲惡不近刑，不行俗人之所非。違道以求名，溺情以從欲，俱失其中也。故有道者不居焉。此言似反，學者多疑。然則楊朱之篇亦何殊於盜跖也？○釋文云：楊朱，或云字子居，戰國時人，後於墨子。楊朱與禽滑釐辯論，其說也愛己，不拔一毛以利天下，與墨子相反。隨德明云：「楊戎字子居」，恐子居非楊朱也。好，呼報切。惡，烏路切。復，扶又切。鍵音件。衿音今。槁，口老切。梁玉繩曰：莊子應帝王，陽子居，釋文，「李云，居，名也。子，男子通稱。」又寓言篇釋文，「姓楊，名朱，字子居」，與老子相問答，何以指爲楊朱？伯峻案：楊朱與楊子居是否一人，古今頗有爭論文字。汪中述學老子攷異之附註以爲兩人，衍而至於近人唐鉞，作楊朱攷，載於東方雜誌二十二卷五期中，力言楊朱非楊子居。以爲兩人者近是。

楊朱游於魯，舍於孟氏。孟氏問曰：「人而已矣，奚以名爲？」曰：「以名者爲富。」「既富矣，奚不已焉？」曰：「爲貴。」「既貴矣，奚不已焉？」曰：「爲死。」「既死矣，奚爲焉？」曰：「爲子孫。」〔注〕夫事爲無已，故情無厭足。○釋文云：爲富、爲貴、爲死、奚爲焉、爲子孫之爲，並于僞切。厭，一鹽切。「名奚益於子孫？」曰：「名乃苦其身，燋其心。〔注〕夫名者，因僞以求眞，假虛以招實，矯性而行之，有爲而爲之者，豈得無勸愛之弊邪？○乘其名者，澤及宗族，利兼鄉黨；況子孫乎？」○陶鴻慶曰：「名乃苦其身燋其心」八字當在上文「孟氏問曰人而已矣奚以名爲」之下，以見名之害而爲名者之愚。又云「既富矣，奚不已焉？既貴矣，奚不已焉」，正謂苦身燋心而不止也。今誤說在此，則上文詞意不足；而此文方論爲名之益，乃先舉爲名之害，語氣爲不倫矣。釋文云：燋音椒。「凡爲名者必廉，廉斯貧；爲名者必讓，讓斯賤。」〔注〕此難家之辭也。今有廉讓之名而不免貧賤者，此爲善而不求利也。○〔解〕夫人之生世也，唯名與利。聖人以名利鈎之，則小人死於利，君子死於名　無有不至者也。善惡雖殊，俱有求也。然而求名而遂者，豈唯取富貴，乃榮及子孫，利兼鄉黨矣。雖苦身燋心勤於廉讓者，志有所望而情有所忘，俱失中也。○釋文云：難　乃旦切。曰：「管仲之相齊也，○釋文云：相，息亮切，下同。君淫亦淫，君奢亦奢。〔注〕言不專美惡於己。○伯峻案：論語：「管氏有三歸，官事不攝；邦君樹塞門，管氏亦樹塞門；邦君爲兩君之好，有反坫，管氏亦有反坫」；此皆亦淫亦奢之證也。志合言從，道行國霸。死之後，管氏而已。○〔解〕實名之利薄也。田氏之相齊也，○伯峻案：御覽四八五引「田氏」上有「其後」兩字。君盈則已降，君斂則已施。〔注〕此推惡於君也。○釋文云：斂，收聚也。施，始豉切。民皆歸之，因有齊國；子孫享之，至今不絕。」○〔解〕僞名之利深也。「若實名貧，僞名富。」〔注〕爲善不以爲名，名自生者，實名也。爲名以招利而世莫知者，僞名也。僞名則得利者也。○注「名自生者」藏本作「而自生者」。俞樾曰：「『若實名貧僞名富』下當有『實名賤僞名貴』二句。上文曰：『凡爲名者必廉，廉斯貧；爲名者必讓，讓斯賤』　故此引管仲陳氏事證爲實名則貧賤，爲僞民則富貴也。○陶鴻慶曰：俞氏云此下當有『實名賤僞名貴』二句，其說是已。而以此與上言管仲田氏事爲一人之辭，則非也。上文云「凡爲名者必廉，廉斯貧；爲名者必讓，讓斯賤」。張注以爲難家之辭，是也。此云「若實名貧，僞名富；實名賤，僞名貴」，亦難家之辭。若猶此也，說詳王氏經傳釋詞。（「若」下或當有「然」字　下文「孟孫陽曰若然，速亡愈於久生」。說符篇：「若然，死者奚爲不能言生術哉？」」是其例。）言管仲子孫以實名而貧賤，田氏子孫以僞名而富貴，是則名果足以致貧賤也。難者之意謂實者眞名而僞者非名也。下文又答之曰，「實無名，名無實，名者僞而已矣」。言實與名不並立，既謂之名，名皆有僞而無實，是則名果足以致富貴也。答者之意謂僞者爲名而實者非名也。下文答辭特著「曰」字以別之，則此爲難辭無疑。若以此與上下文爲一人之辭，則下文「實無名名無實」云云皆枝辭贅語，不知其用意所在矣。自「既富矣奚不爲焉」以下凡難者之辭皆省「曰」字，讀者當玩其辭而自得之。曰：「實無名，○釋文無作亡，云：音无。名無實。名者，僞而已矣。〔注〕不僞則不足以招利。○〔解〕行實者無其名，求名者無其實，故不僞則利不彰也。昔者○伯峻案：御覽四二四、類聚二十一引並無「者」字。堯舜僞以天下讓許由、善卷，而不失天下，享祚百年。〔注〕僞實之迹因事而生。致僞者由堯舜之迹，而聖人無僞也。○伯峻案：堯以天下讓許由，事又見莊子逍遙遊篇；而舜讓許由，則書傳無聞。蓋因堯而及舜。古書多有此例，說見俞氏古書疑義舉例。伯夷叔齊實以孤竹君讓而終亡其國，○伯峻案：御覽四二四、類聚二十一引並無「君」字　是也。餓死於首陽之山。實僞之辯，如此其省也。」〔注〕省猶察也。○〔解〕僞者取名而無實，眞者實行而忘名。堯舜之與夷齊，炳然如此。眞僞之迹耳，不易察哉！世人若不殉名利而失眞，則溺情慾而忘道矣。天下善人少，不善人多，則殉名者稀，從慾者衆。雖有智者，亦無可奈何。蓋俱失中也。○釋文云：省，思井切。

楊朱曰：百年，壽之大齊。○釋文云：齊，去聲，限也。得百年者千無一焉。○釋文無作亡云：音无。設有一者，孩抱以逮昏老，幾居其半矣。○釋文云：幾音祈，下同。夜眠之所弭，○釋文云：弭，綿婢切。晝覺之所遺，○釋文云：覺音教。又幾居其半矣。痛疾哀苦，亡失憂懼，又幾居其半矣。○盧文弨曰：「痛疾」意林引作「疾病」。王叔岷曰：文選陸士衡長歌行注引亦作「疾病」。量十數年之中，逌然而自得亡介焉之慮者，○釋文云：亡音无，下同。介音界，微也。亦亡一時之中爾。則人之生也奚爲哉？奚樂哉？○釋文云：樂音洛。爲美厚爾，○釋文云：爲，于僞切。爲聲色爾。而美厚復不可常厭足，○「厭」世德堂本作「猒」，此本字也。○釋文云：復，扶又切，下同。厭，一豔切；本或作饜，音同。聲色不可常翫聞。乃復爲刑賞之所禁勸，名法之所進退；遑遑爾競一時之虛譽，規死後之餘榮；偊偊爾順耳目之觀聽，○「順」，道藏白文本、林希逸本、元本、世德堂本並作「愼」。意林引同。秦恩復曰：古「順」「愼」二字通。易：「履霜堅冰，蓋言順也」。「順」即「愼」。○釋文順作愼，云：偊，邱羽切。愼耳一本作順耳。任大椿曰：荀子修身篇「順墨」，楊倞訓爲愼墨。君子篇「忠者惇，愼此者也」。楊倞注，「愼讀如順」。莊子列禦寇篇釋文，「愼於兵，愼或作順」。「有順愼而達者，順一作愼」。大戴禮保傅篇：「以其所爲愼於人也」。盧辯注：「皆得民心也」，愼即順也。曾子大孝篇：「父母既沒，愼行其身」。愼一作順。愼德篇，「以愼天法」。注，「天道不可成順之而已」。則愼即順。文王官人篇：「無辨而自愼」。愼讀爲順。「順耳」猶存古字。惜身意之是非；徒失當年之至樂，不能自肆於一時。重囚累梏，○釋文云：累音壘。梏，古沃切，手械也。何以異哉？〔注〕异，異也，古字。○〔解〕舉俗之人咸以百年爲一生之期，而復晝夜哀苦之所減矣，泰然稱情者無多時焉。稱情之事不過稱聲色美味，而復以刑賞名教之所束縛，不得肆其情，亦何以異乎囚繫桎梏者？此皆添情之書也。○釋文云：异古異字。太古之人知生之暫來，○釋文太作大，云：音泰。知死之暫往；〔注〕生實暫來，死實長往，是世俗長談；而云死復暫往，卒然覺之，有似字誤。然此書大旨，自以爲存亡往復，形氣轉續，生死變化，未始絕滅也。注天瑞篇中已具詳其義矣。○秦刻盧解本死上無知字。○釋文云：卒，七忽切。故從心而動，○釋文云：從音縱，下同。不違自然所好；○釋文云：好，呼報切。當身之娛非所去也，○俞樾曰：「當身」乃「當生」之誤。下云，

「死後之名非所取也」，「當生」與「死後」正相對。下文云，「且趣當生，奚遑死後」，是其證。○釋文云：去，丘呂切。故不爲名所勸。〔注〕爲善不近名者。○北宋本汪本四解本「勸」作「觀」，今依吉府本、道藏白文本、世德堂本正。○釋文云：勸一本作觀。從性而游，不逆萬物所好；死後之名非所取也，故不爲刑所及。〔注〕爲惡不近刑者。○伯峻案：不逆萬物所好則不犯人，不犯人則不作惡，故不爲刑所及。張注語焉而不詳。○釋文云：近去聲，下同。刑，害也。名譽先後，年命多少，非所量也。○〔解〕舉太古之人者，適其中也。夫有生有死者形也，出生入死者神也。知死生之暫來暫往也，則不急急以求名；知神明之不死不生也，則不遑遑以爲道。故從心而動，不違自然所好也；娛身而已矣，何用於名焉？故從性而游，不逆萬物所嗜也；適意而已矣，何懼於刑焉？是以名譽年命非所料量也。娛身適意者，動與道合，非溺於情也。

楊朱曰：「萬物所異者生也，所同者死也。生則有賢愚貴賤，是所異也；死則有臭腐消滅，○釋文云：腐音輔。是所同也。雖然，賢愚貴賤非所能也，臭腐消滅亦非所能也。故生非所生，死非所死；賢非所賢，愚非所愚，貴非所貴，賤非所賤。〔注〕皆自然爾，非能之所爲也。○伯峻案：「故生非所生」諸「所」字下疑皆脫「能」字，此數語緊承「賢愚貴賤非所能也，臭腐消滅亦非所能也」而言。細繹張注及下文盧解，似其所見本俱有「能」字。然而萬物齊生齊死，齊賢齊愚，齊貴齊賤。〔注〕皆同歸於自然。十年亦死，百年亦死。仁聖亦死，凶愚亦死。生則堯舜，死則腐骨；生則桀紂，死則腐骨。腐骨一矣，孰知其異？且趣當生，奚遑死後？」〔注〕此譏計後者之惑也。夫不謀其前，不慮其後，無戀當今者，德之至也。○〔解〕生者，一身之報也；死者，一報之盡也。賢愚貴賤，生物之殊也，故爲異焉。臭腐消滅，死物之常也，故爲同焉。世人皆指形以爲死生，不知形外之有神。神之去也，一無知耳。故賢愚貴賤臭腐消滅皆形所不自能也。不自能，則含生之質未嘗不齊。人皆知其所齊，不知其所以異。且競當生，不暇養所生，故有道者不同於茲矣。

楊朱曰：「伯夷非亡欲，○釋文云：爲句。亡音无。矜淸之郵，〔注〕音尤。○北宋本「郵」作「邱」，汪本从之，秦刻盧解本同，今依吉府本、世德堂本正，下同。○釋文云，郵音尤。爾雅云：「尤，過也」。伯峻案：今本爾雅作「郵過也」。以放餓死。〔注〕守餓至死。○釋文云公羊傳曰：「放死不立」。劉兆注曰「放，至也」。展季非亡情，矜貞之郵，以放寡宗。○釋文云：寡宗，少宗系也。

清貞之誤善之若此！」〔注〕此誣賢負實之言，然欲有所抑揚，不得不寄責於高勝者耳。○〔解〕殉名之過實以至於此，非所以體眞全道，忘名證實者也。

楊朱曰：「原憲窶於魯，○伯峻案：「窶」當从「宀」作「寠」。說文、玉篇、廣韵、集韵、韵會皆作「寠」，不作「窶」。類篇作「寠」。集韻亦有「窶」字，而訓爲甌窶。疑作「窶」者皆唐以後人所改，唐以前無窶字也。詩北門：「終窶且貧」，爾雅「窶貧也」，曲禮：「主人辭以窶」，荀子堯問篇「是以窶小也」，諸「窶」字皆當作「寠」。○釋文云：窶，其羽切。子貢殖於衛。〔注〕窶，貧也。殖，貨殖。原憲之窶損生，子貢之殖累身。」○釋文云：累去聲。「然則窶亦不可，殖亦不可；其可焉在？」○釋文云：焉，於虔切。曰：「可在樂生，可在逸身。故善樂生者不窶，〔注〕足己之所資，不要乏匱也。善逸身者不殖。」〔注〕不勞心以營貨財也。○〔解〕固窮而不力求，損於生者也；貨殖而爲命，累於身者也。唯有道者不貨殖以逸其身，不守窮以害其生；樂道全眞，應物無滯也。

楊朱曰：「古語有之：『生相憐，死相捐。』○伯峻案：捐古音在文部，憐古音在眞部，古合韻最近，此亦捐憐爲韻也。○釋文捐作損，云音捐。此語至矣。相憐之道，非唯情也；勤能使逸，飢能使飽，寒能使溫，窮能使達也。相捐之道，非不相哀也；不含珠玉，○釋文云：含音憾。不服文錦，不陳犧牲，不設明器也。」○〔解〕知相憐相捐之道爲至矣，皆人不能至焉。何則？相憐在於贍濟平生，相捐在於無累乎形，此爲至當矣。若生不能贍之令安，死則徒埋珠寶以眩名招寇盜以重傷，是失其宜矣。

晏平仲問養生於管夷吾。管夷吾曰：「肆之而已，勿壅勿閼。」○釋文云：壅音擁。閼，安葛切，與遏同。晏平仲曰：「其目柰何？」夷吾曰：「恣耳之所欲聽，恣目之所欲視，恣鼻之所欲向，恣口之所欲言，恣體之所欲安，恣意之所欲行。〔注〕管仲功名人耳，相齊致霸，動因成謀。任運之道既非所宜，且於事勢不容此言。又上篇復能勸桓公適終北之國，恐此皆寓言也。○釋文云：相，息亮切。復，扶又切。夫耳之所欲聞者音聲，而不得聽，謂之閼聰；目之所欲見者美色，而不得視，謂之閼明；鼻之所欲向者椒蘭，而不得嗅，謂之閼顫；〔注〕鼻通曰顫。顫音舒延反。○釋文云：嗅，許救切。顫與羶字問，須延切。口之所欲道者是非，而不得言，謂之閼智；體之所欲安者美厚，而不得從，謂之閼適；意之所欲爲者放逸，而不得行，謂之閼性。○「性」元本、世德堂本作「往」，誤。凡此諸閼，廢虐之主。〔注〕廢，大也。○釋文云：廢虐，毀殘也。去廢虐之主，○釋文云：去，丘呂切。熙熙然以俟死，○釋文云：熙，許其切，縱情欲也。一日、一月、一年、十年，吾所謂養。〔注〕任情極性，窮歡盡娛，雖近期促年，且得盡當生之樂也。拘此廢虐之主，○釋文云：拘音俱。錄而不舍，○宋翔鳳曰：錄有禁義。小爾雅：「禁，錄也」。伯峻案：荀子修身篇：「程役而不錄」。楊倞注：「錄，檢束也」。即是此義。○釋文云：舍音捨。戚戚然以至久生，百年、千年、萬年，非吾所謂養。」〔注〕惜名拘禮，內懷於矜懼憂苦以至死者，長年遐期，非所貴也。○〔解〕夷吾之才足以相霸主，振頹綱而布奢淫之情足以怍將來，敗風俗。故夫子賞其才也，則曰：「微管仲，吾其被髮左衽矣」。惡其失禮也，則曰：「管仲之器小哉！管氏而知禮，孰不知禮」。列子因才高之人以極其嗜慾之志。令有道者知其失焉。然縱耳目之情，窮聲色之欲者，俗人之常心也。故極而肆之以彰其惡耳；非所以垂訓來世法則後人者也。管夷吾曰：「吾既告子養生矣，送死柰何？」晏平仲曰：「送死略矣，將何以告焉？」管夷吾曰：「吾固欲聞之。」平仲曰：「既死，豈在我哉？焚之亦可，沈之亦可，瘞之亦可，○釋文云：瘞，於例切。露之亦可，衣薪而棄諸溝壑亦可，○釋文云：衣，於既切。袞衣繡裳而納諸石椁亦可，○釋文袞衣作衮文，云：衮，古本切。唯所遇焉。」〔注〕晏嬰，儉者也，自以儉省治身，動遵法度，非達生死之分。所以舉此二賢以明治身者，唯取其奢儉之異也。○〔解〕俗人殉欲之志深，送死之情薄。薄則易爲節，深則難爲情。故厚其生，則衆心之所喜；薄其死，則衆情所易從。列子乃亞侈者以肆情，因儉者以節禮，故王孫之輩，良吏譏之，失其中道也。○釋文儉省作儉嗇，云：嗇音色，一本作省。分，符問切。管夷吾顧謂鮑叔黃子曰：「生死之道，吾二人進之矣。」〔注〕當其有知，則制不由物；及其無知，則非我所聞也。○〔解〕既不由我矣，則任物以處之，此世人謂死爲無知者也。若由我者，肆情以樂之，此世人謂順情爲貴者也。若然者，堯舜周孔不足爲俗人重，桀紂盜跖可爲後代師矣。豈有道者所處也？至人忘情，聖人制禮。情忘也，則嗜欲不存矣，何聲色之可耽耶？禮制也，則生死跡著矣，何焚露之可薄耶？縱情之書，皆失道也。○釋文云：溢音盡。

子產相鄭，○釋文云：子產，鄭大夫公孫僑也。鑄刑法於鼎，事在昭六年。相，息亮切。專國之政；三年，善者服其化，惡者畏其禁，鄭國以治。○釋文云：治，直吏切，下治矣必治之治同。諸侯憚之。而有兄曰公孫朝，○釋文云：朝依字。有弟曰公孫穆。朝好酒，○釋文云：好呼報切。穆好色。朝之室也聚
酒千鍾，○北宋本作「鐘」，汪本从之，世德堂本同。今从四解本、吉府本。書鈔一四八、御覽四九七又八四六、事類賦十七、記纂淵海九十、天中記二九引並作「鍾」。積麴成封，○釋文麴作麯，云：本又作麴。望門百步
○伯峻案：廣雅釋詁云：「望，至也」。○釋文云：望音亡。糟漿之氣逆於人鼻。○道藏白文本、林希逸本「糟」並作「醩」。此處以作「糟」爲長。○釋文作醩漿，云：醩音遭，本又作糟。方其荒於酒也，不
知世道之安危，人理之悔吝，○「吝」北宋本作「悋」，汪本从之，藏本秦本同，今从世德堂本。室內之有亡，○釋文云：亡音无。九族之親疏，存亡之哀樂
也。○釋文云：樂音洛。雖水火兵刃交於前，弗知也。穆之後庭比房數十，○釋文云：比，頻密切。皆擇稚齒婑媠者〔注〕婑音烏果切。媠音奴坐切。
以盈之。○釋文云：婑，烏果切。媠，奴坐切。方其耽於色也，○耽北宋本、吉府本、世德堂本皆作聃，下耽於嗜慾同。○釋文云：耽本又作媅，丁南切。任大椿曰：玉篇類篇無媅字，有妉字爲媅字重文，云：樂也。釋文本又
作媅之媅乃妉字之訛。屏親昵，○釋文云：屏，上聲。昵，尼質切。絕交遊，逃於後庭，以晝足夜；○釋文云：足，即且切，益也。三月一出，意猶未愜。○釋文云：愜，口鰈切。
鄉有處子之娥姣者，○釋文云：娥音俄。姣音絞，廣雅云，好也。必賄而招之，○釋文云：賄，呼猥切。媒而挑之，○釋文云：挑，他堯切。蒼頡篇云：「挑謂招呼也」。說文作誂，相誘也。誂，大
了切。弗獲而後已。○伯峻案：「弗」字疑衍，或者爲「必」字之誤。子產日夜以爲戚，密造鄧析而謀之曰：○釋文造作遭，云，本作造，七到切。析音錫。「僑聞
治身以及家，治家以及國，此言自於近至於遠也。僑爲國則治矣，而家則亂矣。其道逆邪？將奚方以救二
子？子其詔之！」鄧析曰：「吾怪之久矣，未敢先言。子奚不時其治也，喻以性命之重，誘以禮義之尊乎？」
○〔解〕喻以性命，誘以禮義者，欲止其貪逸之情，啗其軒冕之位，此皆世俗名利之要歸也。子產用鄧析之言，因間以謁其兄弟，而告之曰：○釋文云：間音閑。「人之所以
貴於禽獸者，智慮。智慮之所將者，禮義。禮義成，則名位至矣。若觸情而動，耽於嗜慾，則性命危矣。子納僑

之言，則朝自悔而夕食祿矣。」朝穆曰：「吾知之久矣，擇之亦久矣，〔注〕慮事行多端，擇所好而爲之耳。○釋文云：行，下孟切。好，呼報切。豈待若言而後識之哉？凡生之難遇而死之易及。○釋文云：易，以豉切，下同。以難遇之生，俟易及之死，○釋文云：俟，一本作候。可孰念哉？而欲尊禮義以夸人，○釋文夸作跨，云：口花切，下同；一本作夸。矯情性以招名，吾以此爲弗若死矣。〔注〕達哉此言！若夫刻意從俗，違性順物，失當身之暫樂，懷長愁於一世；雖支體具存，實鄰於死者。○釋文云：樂音洛，下同。爲欲盡一生之歡，○「歡」元本、世德堂本作「觀」，誤。窮當年之樂，唯患腹溢而不得恣口之飲，力憊而不得肆情於色；○釋文云：憊，皮界切。不遑憂名聲之醜，性命之危也。且若以治國之能夸物，欲以說辭亂我之心，○釋文云：說辭一本作僞辭。榮祿喜我之意，不亦鄙而可憐哉？我又欲與若別之。〔注〕別之猶辨也。○釋文云：別，彼列切，注同。夫善治外者，物未必治，而身交苦；善治內者，物未必亂，而性交逸。以若之治外，其法可暫行於一國，未合於人心；以我之治內，可推之於天下，君臣之道息矣。吾常欲以此術而喻之，若反以彼術而教我哉？」○伯峻案：「喻之」當作「喻若」。本作「吾常欲以此術而喻若，若反以彼術而教我哉」？「若」字重疊。古人於重疊處輒省其下文，而當二畫以識之。鈔者不察，以二畫誤作之，「若若」遂訛作「若之」。淺人又謂「若之」不可通，乃乙轉成爲「之若」，遂鑄成此錯矣。子產忙然無以應之。○〔解〕殉情耽慾之人，詭辭邪辯足以塞聖賢之口，亂天下法。故桀紂之智足以飾非，少卯之辭足以惑衆。雖不屈於一時，亦鼓倡於當代。故夫子屈盜跖之說，子產困於朝穆之言，不足多怪也。而惑者以爲列子敍之以暢其情，張湛注之以爲達其理，斯乃鄙俗之常好，豈道流之雅術乎？○胡懷琛曰：忙然今通作茫然。○伯峻案：解「夫子刖盜跖之說」當作「夫子屈於盜跖之說」，事見莊子盜跖篇。又以爲達其理，爲字疑衍。○釋文忙作茫，云：茫音忙。他日以告鄧析。鄧析曰：「子與眞人居而不知也，孰謂子智者乎？鄭國之治偶耳，非子之功也。」〔注〕不知眞人則不能治國，治國者偶耳。此一篇辭義太逕挺抑抗，不似君子之音氣。然其旨欲去自拘束者之累，故有過逸之言者耳。○〔解〕夫當才而賞之，擇德而任之，則賢者日進而不肖者退矣。任必以才，善人之道亨通矣；退必不肖，小人之道不怨矣。使賢不肖各安其分，適其志，則鄭國之治當矣。彼二子酣酒而愛色，禮義所不能，不因父兄之勢以干時，縱心嗜慾而不悔，此誠眞人也。而乃欲矯其跡，爲其心，取祿位以私之，是國偶然有以運，非子之至公也，豈得爲智乎？此言眞人者，非眞聖之人，乃眞不才之人。○注「太」世德堂本作「大」。盧文弨曰：注「遝挺」莊子作「遝遝」，又作「偃蹇」。秦恩復曰：解「爲其心」，「爲」「僞」古字通。荀子性惡篇楊倞注：「僞，爲也，矯也。凡非天性而人作爲之者謂之僞，故僞字人傍爲，亦會意字也」。○釋文遝挺作遝廷，云：廷音聽。抗，苦浪切。去，丘呂切。累去聲。

衞端木叔者，子貢之世也。○伯峻案：秦策：「澤可以遺世」。注云：「世，後世也」。晉語：「非德不及世」。注云：「世，嗣也」。「子貢之世」謂子貢之後。下云「藉其先貲」，謂藉子貢之貲，以子貢嘗貨殖故也。淺人不達世字之義，妄加父字。御覽四七七又四九三引皆作「世父」，其實非也。但八三〇引無父字，未誤。亦有妄加「子」字者，如白孔六帖十九所引。藉其先貲，○伯峻案：管子內業篇：「彼自來可藉與謀」。注云：「藉，因也」。○釋文云：貲音訾。家累萬金。不治世故，放意所好。○釋文云：好，呼報切，下同。其生民之所欲爲，人意之所欲玩者，無不爲也，無不玩也。牆屋臺榭，園囿池沼，飲食車服，聲樂嬪御，擬齊楚之君焉。至其情所欲好，耳所欲聽，目所欲視，口所欲嘗，雖殊方偏國，〔注〕偏，邊。非齊土之所產育者，無不必致之；○俞樾曰：下文云：「雖山川阻險，塗逕修遠，無不必之」。則此文當云「無不必致」，誤衍「之」字。猶藩牆之物也。○釋文藩作蕃，云：甫袁切。任大椿曰：周禮大司徒注云：「杜子春讀蕃樂爲藩樂」。詩「折柳樊圃」，釋文，「樊，藩也，本又作蕃」。韓奕釋文同。左傳昭二十八年釋文，「藩亦作蕃」。楚語，「爲之關籥蕃籬」。韋昭注：「蕃籬，欑落也。蕃籬即藩籬也」。則藩蕃通。及其游也，雖山川阻險，○釋文阻險作岨嶮，云：岨與阻同，嶮與險同。任大椿曰：水經注「阻險」多作「岨嶮」，與釋文同。塗逕修遠，無不必之；猶人之行咫步也。○釋文云：咫音紙。賓客在庭者日百住，○俞樾曰：「住」當爲「數」，聲之誤也。黃帝篇：「漚鳥之至者百住而不止」。張注曰：「住當作數」。是其證矣。此篇盧重元本作「往」，則是誤字。○釋文云：住，色主切，或作往。庖廚之下不絕煙火，○釋文庖作胞，云：胞，蒲交切，本又作庖。任大椿曰：考祭統，「胞者，肉吏之賤者也」。注：「胞音庖」。莊子庚桑楚篇：「是故湯以胞廚籠伊尹」。漢書東方朔傳，「胞人臣偃」。師古曰：「胞與庖同義」。故庖胞通也。堂廡之上不絕聲樂。○釋文云：廡音武。奉養之餘，先散之宗族；宗族之餘，次散之邑里；邑里之餘，乃散之一國。行年六十，氣幹將衰，棄其家事，都散其庫藏珍寶車服妾媵。○釋文云：藏，徂浪切。媵，以證切。一年之中盡焉，不爲子孫留財。○釋文云：爲，于僞切。及其病也，無藥石之儲；及其死也，無瘞埋之資。〔注〕達於理者，知萬物之無常，財貨之暫聚。聚之，非我之功也，且盡奉養之宜；散之，非我之施也，且明物不常聚。若斯人者，豈名譽所勸，禮法所拘哉？○釋文云：施，始豉切，下同。一國之人受其施者，○王重民曰：御覽四百九十三引「之」下無「人」字。相與賦而藏之，○俞樾曰：賦者，計口出錢也。周官大宰職鄭注曰：「賦，口率出泉也」。漢書食貨志師古注曰：「賦謂計口發財」。是其義矣。藏猶言葬也，禮記檀弓篇：「葬也者，藏也」。故葬與藏得相通。周易繫辭傳，「葬之中野」，漢書劉向傳引作「臧之中野」，臧即藏字也。端木叔死無瘞埋之資，故受其施者相與賦錢而葬之也。反其子孫之財焉。禽骨〔注〕又屈。釐聞之，曰：○釋文禽骨釐作禽屈釐，云：屈釐音骨狸，墨子弟子也。「端木叔，狂人也，辱其祖矣。」段干生聞之，曰：「端木叔，達人也，德過其祖矣。○王重民曰：御覽四百九十三引「段干生」作「段干木」，當从之。○釋文云：過音戈。其所行也，其所爲也，衆意所驚，而誠理所取。衞之君子多以禮教自持，固未足以得此人之心也。」

孟孫陽問楊朱曰：「有人於此，貴生愛身，以蘄不死，可乎？」○釋文云：蘄音祈。曰：「理無不死。」「以蘄久生，可乎？」曰：「理無久生。生非貴之所能存，身非愛之所能厚。且久生奚爲？〔注〕設令久生，亦非所願。五情好惡，○釋文云：好惡並去聲，注同。古猶今也；四體安危，古猶今也；世事苦樂，○釋文云：樂音洛，下同。古猶今也；變易治亂，○釋文治亂作亂治，云：治，直吏切。古猶今也。既聞之矣，既見之矣，既更之矣，○伯峻案：更，經歷之意。史記大宛列傳：「漢方欲事滅胡，聞此言，因欲通使。道必更匈奴中」。索隱云：「更，經也」。路程之經歷與生活之經歷同可同用一詞也。○釋文云：更音庚。百年猶厭其多，況久生之苦也乎？」〔注〕夫一生之經歷如此而已，或好或惡，或安或危，如循環之無窮。若以爲樂邪？則重來之物無所復欣。若以爲苦邪？則切己之患不可再經。故生彌久而憂彌積也。○釋文云：重，柱用切。復，扶又切。孟孫陽曰：「若然，速亡愈於久生；則踐鋒刃，○釋文云：鋒音烽。踐一本作蹈。入湯火，得所志矣。」楊子曰：「不然；既生，則廢而任之，究其所欲，以俟於死。〔注〕但當肆其情以待終耳。將死，則廢而任之，究其所之，以放於盡。〔注〕制不在我，則無所顧戀也。無不廢，無不任，何遽遲速於其閒乎？」

楊朱曰：「伯成子高不以一毫利物，舍國而隱耕。〇釋文云：舍，音捨。伯峻案：「有」當爲「音」字之誤。大禹不以一身自利，〇釋文云：不以一身自利一本作不以一身利物。一體偏枯。古之人損一毫利天下不與也，悉天下奉一身不取也。人人不損一毫，人人不利天下，天下治矣。」〇容齋續筆十四引「不利」上無「人人」二字。〇釋文云：治，直吏切。禽子問楊朱曰：「去子體之一毛以濟一世，〇釋文云：去，丘呂切。汝爲之乎？」〔注〕疑楊子貴身太過，故發此問也。〇釋文大作大，云：音泰。楊子曰：「世固非一毛之所濟。」〔注〕嫌其不達己趣，故亦相答對也。禽子曰：「假濟，爲之乎？」楊子弗應。禽子出語孟孫陽。〇釋文云：語，魚據切。孟孫陽曰：「子不達夫子之心，吾請言之。有侵若肌膚獲萬金者，若爲之乎？」曰：「爲之。」孟孫陽曰：「有斷若一節得一國，〇釋文云：斷音短。子爲之乎？」禽子默然有閒。孟孫陽曰：「一毛微於肌膚，肌膚微於一節，省矣。〔注〕省，察。〇釋文云：省，息井切。然則積一毛以成肌膚，積肌膚以成一節。〇伯峻案：則猶而也，此「然則」作「然而」用也。下「然則」同。一毛固一體萬分中之一物，奈何輕之乎？」禽子曰：「吾不能所以答子。然則以子之言問老聃關尹，則子言當矣；〔注〕聃尹之教，貴身而賤物也。〇釋文云：當，丁浪切。以吾言問大禹墨翟，〇釋文云：翟音狄。則吾言當矣。」〔注〕禹翟之教，忘己而濟物也。孟孫陽因顧與其徒說他事。

楊朱曰：「天下之美歸之舜禹周孔，天下之惡歸之桀紂。然而舜耕於河陽，陶於雷澤，〇釋文云：案史記曰，「舜耕於歷山，陶於河濱」。今濟陽雷澤縣。四體不得暫安，口腹不得美厚；父母之所不愛，弟妹之所不親。行年三十，不告而娶。〇釋文云：告，古沃切。

告上曰告，發下曰誥。及受堯之禪，年已長，○釋文云：長，張丈切。智已衰。商鈞不才，○釋文云：鈞音均。禪位於禹，戚戚然以至於死。此天人之窮毒者也。○北宋本無「之」字。蔣超伯曰：莊子徐無鬼篇師其意而變其詞云，「卷婁者舜也。舜有羶行，百姓悅之。堯聞舜之賢，舉之童土之地，年齒長矣，聰明衰矣，而不得歸休，所謂卷婁者也」。鯀治水土，○釋文云：鯀古本切，禹父名，本又作骸。績用不就，殛諸羽山。禹纂業事讎，○釋文云：纂音纘。惟荒土功，子產不字，過門不入；○釋文云：過音戈。身體偏枯，手足胼胝。○釋文胼胝作跰跜，云：跰，步千切。跜，丁泥切。及受舜禪，○釋文云：禪音善。卑宮室，○釋文卑作蔽，云：音弊，音卑。任大椿曰：「卑」「蔽」音相通，故蔽既音敝，又音卑。考工記釋文，「輪人蔽[illegible]，一音薄計反」。史記淮陰侯傳：「從間道萆山而望」。如淳曰：「萆音蔽。依山自覆蔽」。萆从卑，而皆讀爲蔽。故蔽有敝音，又有卑音。卑宮室之作蔽宮室，以卑蔽音相近而通耳。美紱冕，○釋文云：紱音弗。冕音免。戚戚然以至於死：此天人之憂苦者也。武王既終，成王幼弱，周公攝天子之政。邵公不悅，四國流言。居東三年，誅兄放弟，僅免其身，○釋文云：僅音覲。戚戚然以至於死：此天人之危懼者也。孔子明帝王之道，應時君之聘，伐樹於宋，削迹於衞，窮於商周，圍於陳蔡，○「圍」秦刻盧解本作「困」。俞樾曰：「圍」乃「困」字之誤。受屈於季氏，見辱於陽虎，戚戚然以至於死：此天民之遑遽者也。凡彼四聖者，生無一日之歡，死有萬世之名。名者，固非實之所取也。雖稱之弗知，雖賞之不知，與株塊無以異矣。〔注〕縱形即事，憂危之迹著矣。求諸方寸，未有不嬰拂其心者。將明至理之言，必舉美惡之極以相對偶者也。○釋文云：株音誅。塊，口對切。桀藉累世之資，居南面之尊，智足以距羣下，威足以震海內；恣耳目之所娛，窮意慮之所爲，熙熙然以至於死：此天民之逸蕩者也。紂亦藉累世之資，居南面之尊；威無不行，志無不從；肆情於傾宮，縱欲於長夜；○釋文縱作從，云：從音縱，下同。不以禮義自苦，熙熙然以至於誅：此天民之放縱者也。彼二凶也，生有從欲之歡，死被愚暴之名。實者，固非名之所與也，雖毀之不知，雖稱之弗知，〇俞樾曰：上文言舜禹周孔曰，「雖稱之弗知，雖賞之不知」。則此言桀紂，宜云「雖毀之不知，雖罰之不知」。「毀之」對「稱之」言，「罰之」對「賞之」言，方與下文「彼四聖雖美之所歸，彼二凶雖惡之所歸」文義相應。「稱之賞之」是美之所歸也，「毀之罰之」是惡之所歸也。今涉上文而亦作「稱之」，義不可通矣。此與株塊奚以異矣。〔注〕盡驕奢之極，恣無厭之性，雖養以四海，未始愜其心。此乃憂苦窮年也。〇釋文云：窶，子兕切。厭，一鹽切。愜，口帖切。彼四聖雖美之所歸，苦以至終，同歸於死矣。彼二凶雖惡之所歸，樂以至終，〇釋文云：樂音洛。亦同歸於死矣。

楊朱見梁王，言治天下如運諸掌。〇王重民曰：類聚九十四引作「楊朱見梁惠王」，下文「梁王曰」無「梁」字。王叔岷曰：事類賦二二引「楊朱」上有「初」字。文選東方曼倩答客難注、事文類聚後集三九、韻府羣玉六、天中記五四引「梁」下亦並有「惠」字。梁王曰：「先生有一妻一妾而不能治，三畝之園而不能芸；而言治天下如運諸掌，何也？」對曰：「君見其牧羊者乎？〇王重民曰：「見其」誤倒。類聚九十四引「其」作「夫」，亦通。（說苑政理篇作「君不見夫羊乎。」）伯峻案：其，彼也。「君見其牧羊者乎」猶言「君見彼牧羊者乎」。其之訓彼，說見仲父所著高等國文法及詞詮。百羊而羣，使五尺童子荷箠而隨之，〇王重民曰：類聚九十四引上「而」字作「爲」，疑作「爲」者是也。爲古文作爫，與而相似易譌。本書黃帝篇「夫得是而窮之者，焉得爲正焉」，莊子達生篇作「物焉得而止焉」，吉府本列子作「焉得而正焉」，是其證。王叔岷曰：御覽八三三、事文類聚後集三九、天中記五四引「而羣」亦並作「爲羣」，王說是也。欲東而東，欲西而西。使堯牽一羊，舜荷箠而隨之，則不能前矣。且臣聞之：吞舟之魚不游枝流，鴻鵠高飛，不集汙池。何則？其極遠也。〇王叔岷曰：說苑政理篇、金樓子立言下篇「其」下並有「志」字，當从之。下文「何則？其音疏也」，「志」與「音」對言。黃鍾大呂不可從煩奏之舞。何則？其音疏也。〇「鍾」汪本作「鐘」，吉府本同，今从各本正。陶鴻慶曰：「奏」當爲「湊」。湊，會合也。將治大者不治細，成大功者不成小，此之謂矣。」

楊朱曰：「太古之事滅矣，孰誌之哉？三皇之事若存若亡，五帝之事若覺若夢，〇釋文云：覺音敎。三王之事或隱或顯，億不識一。〇釋文云：識如字，又音志，下同。當身之事或聞或見，萬不識一。目前之事或存或廢，千不識一。太古至于今日，年數固不可勝紀。但伏羲已來三十餘萬歲，賢愚好醜，成敗是非，無不消滅；但遲速之間耳。〔注〕以遲速而致惑，奔競而不已，豈不鄙哉？矜一時之毁譽，以焦苦其神形，要死後數百年中餘名，○釋文云：要一遙切。豈足潤枯骨？何生之樂哉？」

楊朱曰：「人肖天地之類，懷五常之性，〔注〕肖，似也。類同陰陽，性稟五行也。○釋文肖作俏，云：音笑，本或作肖。任大椿曰：淮南子，「蹇想肖類」。高誘注：「肖，物似也」。漢書刑法志：「凡人肖天地之貌」。師古以肖爲肖。然則肖俏肖並通。有生之最靈者也。○北宋本、汪本、吉府本、世德堂本「者」下俱衍「人」字，今依藏本四解本删。人者，爪牙不足以供守衛，肌膚不足以自捍禦，○釋文捍作扞，云：音汗。禦，魚舉切。趨走不足以逃利害，○伯峻案：說文：「趨，走也」。釋名曰：「徐行曰步，疾行曰趨，疾趨曰走」。呂覽權勳篇：「齊王走莒」。注：「走，奔也」。○釋文趨作趣，云：音趨。無毛羽以禦寒暑，必將資物以爲養性，任智而不恃力。故智之所貴，存我爲貴；力之所賤，侵物爲賤。然身非我有也，既生，不得不全之；物非我有也，既有，不得而去之。○「不得而去之」北宋本、汪本、秦刻盧解本、世德堂本皆作「不得不去之」。俞樾曰：當作「不得而去之」，故下文曰，「雖不去物，不可有其物也」。作「不得不去」，與下文不合矣。蓋涉上文「既生不得不全之」，故誤「而」爲「不」。伯峻案：俞說是也，道藏白文本、林希逸本、吉府本正作而，今訂正。○釋文而去作不去，云：去，丘呂切。身固生之主，物亦養之主。雖全生身，不可有其身；○陶鴻慶曰：上「身」字當衍。雖不去物，不可有其物。有其物，有其身，是橫私天下之身，○釋文云：橫，去聲，下同。橫私天下之物。其唯聖人乎！〔注〕知身不可私物不可有者，唯聖人可也。○陶鴻慶曰：張注云失其讀。「其唯聖人乎」當連下讀之，乃倒句也。「其唯聖人乎，公天下之身，公天下之物」，其唯至人矣！」蓋既歎其聖，又許以至也。易乾卦文言「其唯聖人乎！知進退存亡而不失其正者，其唯聖人乎！」句法正同。○釋文云：从此句下其唯至人矣連爲一段。公天下之身，公天下之物。其唯至人矣！此之謂至至者也。」〔注〕天下之身同之我身，天下之物同之我物，非至人如何？既覺私之爲非，又知公之爲是，故曰至至也。

楊朱曰：「生民之不得休息，爲四事故：○釋文云：爲，于僞切，下同。一爲壽，〔注〕不敢恣其嗜慾。二爲名，〔注〕不敢恣其所行。三爲位，〔注〕曲意求遁。○注「尚」世德堂本作「出」，誤。四爲貨。〔注〕專利惜費。有此四者，畏鬼，畏人，畏威，畏刑：此謂之遁人也。〔注〕違其自然者也。○王重民曰：意林引作「此之謂遁人也」，當从之。下文云：「此之謂順民也」，句法相同。王叔岷曰：江遺解：「此之謂遁人」，所見本「之謂」二字亦未誤倒。○釋文云：遁音鈍。可殺可活，制命在外。〔注〕全身不係於己。○伯峻案：治外爲韻，古音同在祭部。不逆命，何羨壽？不矜貴，何羨名？不要勢，○釋文云：要，一遙切。何羨位？不貪富，何羨貨？此之謂順民也。〔注〕得其生理。天下無對，制命在內。〔注〕外物所不能制。○伯峻案：對內爲韻，古音同在脂部。故語有之曰：人不婚宦，情欲失半；人不衣食，君臣道息。○江有誥曰：宦半爲韻，古音同在元部。食息爲韻，古音同在之部。周諺曰：○釋文云：諺音彥。田父可坐殺，○釋文云：父音甫，下同。晨出夜入，自以性之恆；啜菽茹藿，○王叔岷曰：記纂淵海五七引「菽」作「水」。○釋文云：啜，川劣切。茹去聲。藿音霍。自以味之極；肌肉麤厚，○釋文云：麤，倉胡切。筋節䐠急，〔注〕䐠音區位切。○釋文䐠作䠐，云：筋音斤。音嘖，筋節急也。或作膭䐠，上音拳，下區位切。䐟醜，筋急貌。榮恩復曰：釋文「音嘖」者，䐟字音嘖也。「䐠」當作「䐟」。䐟，癸聲，故音區位反。若「䐠」字則當音之卷反矣。玉篇：「膬䐟，醜貌」。膬从月，蘬聲；䐠从月，卷聲。蘬卷聲之轉也。淮南子修務訓作「啳䐟」。高誘注：「啳讀權衡之權，急氣言之。䐟讀夔」。是區位反之明證。爾雅：「其萌虇」，郭音纏綣，是䐠即權字之明證。「䐠」張湛本作「睠」，淮南子作「啳」。从山从口皆非，當从月。任大椿曰：「䐠」無區位之音，當爲「䐟」之誤。又「筋急貌」三字下世德堂本又有「曰䐟音區位切」六字，道藏本脫去此六字非也。蓋列子別本或作「膬䐟」，釋文因分釋「膬䐟」二字。其云「䐟䐠」，釋「䐠」字之義。玉篇、廣雅、廣韻皆云「膬䐟醜貌」，故以䐟醜釋膬字之義。其云「筋急貌曰䐟音區位切」，欲明「䐠」之與「䐟」音義之不同也。今道藏本脫去「曰䐟」以下六字，則竟似以筋急貌釋䐟醜矣。䐟醜無筋急之訓也。伯峻案：任說非也。「䐟音區位切」五字本張注，世德堂本獨與釋文爲一，任據世德堂本補釋文，不可信。又玉篇廣韻之「膬䐟醜貌」，（廣雅釋詁作「膬䐟醜也。」）當以「膬䐟」連讀。王氏廣雅疏證引淮南子修務訓「啳䐟哆噅」，即廣雅之「頯噅哆䐟」，即此「膬䐟」也。任氏以「䐟醜」爲讀，非也。然釋文亦有錯訛。一朝處以柔毛綈幕，○釋文云：綈幕音啼莫。薦以粱肉蘭橘，心痟體煩，內熱生病矣。○釋文云：痟，一銷切。商魯之君與田父侔地，○釋文云：侔，莫侯切。則亦不盈一時而憊矣。〔注〕皆有所安習者，皆不可卒改易，況自然乎？○釋文云：卒，村入聲。故野人之所安，野人之所美，謂天下無過者。昔者宋國有田夫，常衣緼黂，〔注〕亂麻。○「黂」世德堂本作「廣」，誤。○釋文云：衣，於既切。緼，一問切。黂，房未切。緼黂，謂分弊麻絮衣也。韓詩外傳云，「異色之衣也」。又音汾。僅以過冬。暨春東作，○伯峻案：堯典云：「寅賓出日，平秩東作」。僞孔傳云：「歲起於東而始就耕，謂之東作」。趙岐孟子注云：「春曰平秩東作，謂治農事也」。漢書王莽傳云：「每縣則耕以勸東作」。後漢書明帝紀、續漢書禮儀志皆云：「方春東作」，更其明證。○釋文云：暨音洎。自曝於日，○王叔岷曰：藝文類聚一、御覽三、天中記一引「自曝於日」並作「曝日於野」，野下更有「美之」二字。○釋文云：曝，蒲木切。不知天下之有廣廈隩室，綿纊狐狢。○釋文云：隩音奧。狢音鶴。顧謂其妻曰：『負日之暄，○伯峻案：暄，煖或字。○釋文云：暄音喧。人莫知者；○王叔岷曰：文選與山巨源絕交書注、記纂淵海二、事文類聚別集二三、合璧事類前集一引「者」並作「之」。以獻吾君，將有重賞。』里之富室告之曰：『昔人有美戎菽，甘枲莖芹萍子者，對鄉豪稱之。〔注〕鄉豪，里之貴者。○釋文萍作蓱，云：戎菽已解力命篇。枲，胥里切。枲，胡枲也。蒼頡篇云：「葈耳也。一名蒼耳」。枲俗音此。葶，思上聲。爾雅云：「萍，蓱也」。又「苹，籟蕭也」。郭注，「今籟蒿也，初生亦可食也」。鄉豪取而嘗之，蜇於口，○釋文云：蜇音哲。慘於腹，○釋文云：慘，千感切。慘、蜇，痛也。衆哂而怨之。○釋文云：哂，式忍切。其人大慙。子此類也。』」

楊朱曰：「豐屋美服，厚味姣色。○蔣超伯曰：說文，「寷，大屋也」。引易曰，「寷其屋」。則作寷亦可。○釋文云：姣音絞。有此四者，何求於外？有此而求外者，無厭之性。○「厭」北宋本、世德堂本作「猒」。○釋文厭作猒，云：猒，一鹽切。無厭之性，陰陽之蠹也。〔注〕非但累其身，乃侵損正氣。○注「其」世德堂本作「正」，誤。○釋文云：蠹音妬。累去聲。忠不足以安君，適足以危身；義不足以利物，適足以害生。安上不由於忠，而忠名滅焉；利物不由於義，而義名絕焉。君臣皆安，物我兼利，古之道也。鬻子曰：『去名者無憂。』○釋文云：去，丘呂切，下同。老子曰：『名者實之賓。』○伯峻案：今老子無此語，而見於莊子逍遙遊篇。而悠悠者趨名不已。名固不可去，名固不可賓邪？今有名則尊榮，亡名則卑辱。○釋文作者亡，云亡音无，下同。尊榮則逸樂，○釋文云：樂音洛，下同。卑辱則憂苦。憂苦，犯性者也；逸樂，順性者也。斯實之所係矣。名胡可去？名胡可賓？但惡夫守名而累實。○釋文云：惡，烏路切。夫音符。累去聲。守名而累實，將恤危亡之不救，豈徒逸樂憂苦之間哉？」○秦恩復曰：自「衞端木叔者」以下盧解缺佚，無从補正。

列子集釋卷第八

楊伯峻撰

說符第八

〔注〕夫事故無方，倚伏相推，言而驗之者，攝乎變通之會。○〔解〕本篇去末明本，約形辯神。立事以顯眞，因名以求實；然後知徇情之失道，從欲以喪眞。故知道者不失其自時，任能者不必違害。○秦恩復曰：解中「自」字疑衍。

子列子學於壺丘子林。壺丘子林曰：「子知持後，則可言持身矣。」〔注〕老子曰：「後其身而身先」。列子曰：「顧聞持後。」曰：「顧若影，則知之。」列子顧而觀影：形枉則影曲，形直則影正。然則枉直隨形而不在影，屈申任物而不在我。此之謂持後而處先。〔注〕物莫能與爭，故常處先。此語以壺子答而不條顯，列子一得持後之義因而自釋之，壺子即以爲解，故不復答列子也。○〔解〕夫影由形立，曲直在於形生；形由神存，眞僞在於神用。若見影而形辯，知形而神彰；不責影以正身，不執身以明道，觀其末而知其本，因其著而識其微，然後能常處先矣。○注「以壺子答」道藏本、元本並作「似壺子答」。○伯峻案：淮南繆稱訓云：「列子學壺子，觀景柱而知持後矣」。○釋文云：爭音諍。解音蟹。復，扶又切。關尹謂子列子曰：「言美則響美，言惡則響惡；身長則影長，身短則影短。名也者，響也；身也者，影也。〔注〕夫美惡報應之影響，理無差焉。○陶鴻慶曰：上句云「名也者響也」，承上「言美則響美，言惡則響惡」而言；是響出於言，而言非響也。此句承上「身長則影長，身短則影短」而言；是影出於身，而身非影也。今云「身也者影也」，義頗難通。此「身」字乃指受報之身言之，與上文「身長身短」意義迥別。下文云：「度在身，稽在人。人愛我，我必愛之；人惡我，我必惡之」。意謂觀人之愛我惡我，則知我之愛人惡人。愛人惡人者，身也；人愛人惡之身則影也。故曰：身也者，影也。王叔岷曰：「身」當作「行」，下文「愼爾行，將有隨之」，即承此言。今本作「身」，涉上文「身長則影長，身短則影短」而誤。御覽四百三十引尸子作「行者影也」，可爲旁證。伯峻案：王說可取，陶氏曲爲之說，頗嫌迂僻。故曰：愼爾言，將有和之；○「和」北宋本作「知」，汪本从之，今从吉府本、世德堂本訂正。○釋文云：和，胡臥切，一作知。 慎爾行，○釋文云：行，下孟切，注同。 將有隨之。〔注〕所謂出其言，善，千里應之；行乎邇，見乎遠。○江有誥曰：和隨爲韻，古音同在歌部。○釋文云：見，賢遍切。 是故聖人見出以知入，觀往以知來。此其所以先知之理也。〔注〕見言出則響入，形往則影來，明報應之理不異於此也。而物所未悟，故曰先知之耳。○〔解〕響之因聲，聲善則響美；名之因實，實善則名眞。故名者聲之響，身者神之影也。聲出而響和，行習而神隨；故聖人聞響以知聲，見行而知道也。 度在身，○釋文云：度依字讀。 稽在人。人愛我，我必愛之；人惡我，○釋文云：惡，烏路切。 我必惡之。〔注〕稽度在身，考驗由人。愛惡從之，物不負己。 湯武愛天下，故王；○「故王」北宋本作「玆王」，汪本从之，今从各本正。○釋文云：王，于放切。 桀紂惡天下，故亡。〔注〕此則成驗。 此所稽也。○〔解〕稽度在於身，稽考在於人，若影之應乎形，響之應乎聲。湯武桀紂其迹可稽也，其度可明也。愛惡之心不可不愼也。 稽度皆明而不道也，譬之出不由門，行不從徑也。〔注〕稽度之理既明，而復道不行者，則出可不由戶，行不從徑也。○釋文云：徑一本作衞，一本作術。復，扶又切。 以是求利，不亦難乎？〔注〕違理而得利未之有。○〔解〕稽度之事可明而不爲道者，譬行不由門戶與街衢耳。欲以求利身於天下者，不亦難乎？○秦恩復曰：據解則盧本「徑」作「衢」。 嘗觀之神農有炎之德，稽之虞夏商周之書，度諸法士賢人之言，○釋文云：度，徒洛切，量也。 所以存亡廢興而非由此道者，未之有也。」〔注〕自古迄今無不符驗。○〔解〕考其行，稽其迹，自古帝王賢聖之言猶人，存亡廢興粲然可明。若不由此道而爲理者，未之有也。 嚴恢曰：「所爲問道者爲富。〔注〕問猶學也。○釋文云：爲，于僞切。 今得珠亦富矣，安用道？」〔注〕道，富之本也；珠，富之末也。有本故末存，存末則失本也。○注「富之末也」北宋本無「也」字，汪本从之，今依四解本增。 子列子曰：「桀紂唯重利而輕道，是以亡。〔注〕非不富，失本則亡身。 幸哉余未汝語也。○釋文云：語，魚據切。 人而無義，唯食而已，〔注〕義者，宜也。得理之宜者，物不能奪也。 是雞狗也。彊食靡角，○俞樾曰：「靡」讀爲「摩」。莊子馬蹄篇：「喜則交頸相靡」。釋文引李云：「靡，摩也」。是靡與摩義通。「靡角」之「靡」即「交頸相靡」之「靡」，謂以角相靡也。王叔岷曰：俞說是也。御覽四二一引作「摩」。靡、摩、䃺古並通用。○釋文云：靡，文彼切。韓詩外傳云：「靡，共也」。呂氏春秋云：「角，試力也」。此言人重利而輕道，唯食而已，亦猶禽獸飽食而相共角力以求勝也。 勝者爲制，是禽獸也。〔注〕以力求勝，非人道也。○王重民曰：「制」字義不可通，蓋當作「利」，字之誤也。御覽四百二十一引作「勝者爲利」，可證。 爲雞狗禽獸矣，而欲人之尊己，不可得也。〔注〕世欲人之尊己，道在則自尊耳。人不尊己，則危辱及之矣。」〔注〕推而不厭，尊己之謂。苟違斯義，亡憂至。○〔解〕無乏少者謂之富，非謂求利之富也。若重利輕道，桀紂所以亡也。雖犬禽獸不知仁義，爭食恃力，不知其他。行此則危辱及身，欲人之尊己，豈可得矣？此謂因名求實。

列子學射中矣，〔注〕率爾自中，非能期中者也。○釋文云：中，丁仲切，下同。請於關尹子。尹子曰：○王重民曰：御覽七百四十五引疊一「關」字，是也。古書或稱「關尹」，無稱為「尹子」者，下同。王叔岷曰：王說是也。呂氏春秋審己篇亦作「關尹子曰」。下同。「子知子之所以中者乎？」對曰：「弗知也。」關尹子曰：「未可。」〔注〕雖中而未知所以中，故曰未可也。退而習之。三年，又以報關尹子。尹子曰：「子知子之所以中乎？」列子曰：「知之矣。」關尹子曰：「可矣；守而勿失也。〔注〕心平體正，內求諸己，得所以中之道，則前期命矢，發無遺矣。非獨射也，為國與身亦皆如之。故聖人不察存亡而察其所以然。」〔注〕射雖中而不知所以中，則非中之道；身雖存不知所以存，則非存之理。故夫射者，能拙俱中，而知所以中者異；賢愚俱存，而知所以存者殊也。○〔解〕不知所以中者，非善之善者也。得之於手，應之於心，命中而中者，斯得矣。得而守之，是謂之道也。能知其道，非獨射焉，為國為身亦皆如是也。善知射者不貴其中，貴其所以必中也；善知理國理身者亦不貴其存，貴其所以必存。故賢愚理亂可知者，有道也。

列子曰：「色盛者驕，力盛者奮，未可以語道也。〔注〕色力是常人所矜也。○釋文云：語，魚據切。故不班白語道，失，○釋文云：為句。失一本作矣，恐誤。而況行之乎？〔注〕色力既衰，方欲言道，悟之已晚。言之猶未能得，而況行之乎？○俞樾曰：上文曰，「色盛者驕，力盛者奮，未可以語道也」。然則色力方盛之人不可以語道，必待班白之人方可語之。若不班白而語道，未有不失者矣。所謂「不班白語道失」也。張注云云，核之本文與上文，義皆不合。王重民曰：俞說殊為牽強。疑「故不班白」上有脫文。「失」字北宋本作「矣」，「故不班白語道矣」與下句「而況行之乎」正相應。「失」字為「矣」之誤。伯峻案：王說不可信，張注云，「言之未能得」，「言之」正釋「語道」，「未能得」正釋「失」字。下文盧解云，「自首聞道猶不能得」，亦以「不能得」解釋「失」字。可見張湛及盧重玄兩人所見本都作「失」字。作「矣」者乃字之誤。俞說近之。故自奮則人莫之告。人莫之告，則孤而無輔矣。〔注〕驕奮者雖告而不受，則有忌物之心，耳目自塞，誰其相之？○陶鴻慶曰：「自奮」上奪「自驕」二字。「自驕自奮」承上「色盛者驕力盛者奮」而言，張注云「驕奮者雖告而不受」，是其所見本不誤。○釋文云：相，息亮切。賢者任人，故年老而不衰，智盡而不亂。〔注〕不專己知，則物願爲己用矣。○注北宋本「專」作「以」，「物」作「勿」，「願爲」作「以爲」；汪本「專」作「以」，「願爲」作「以爲」；今依藏四解本正。○釋文云：爲，于僞切，下同。故治國之難，在於知賢，而不在自賢。」〔注〕自賢者卽上所謂孤而無輔；知賢則智者爲之謀，能者爲之使；物無棄才，則國易治也。○〔解〕俗之所恃者色與力也。恃色則驕恣之心厚，恃力則奮擊之志多，不可以語其道也。色力衰者爲斑白。白首聞道猶不能得，況能行之乎？故守卑弱者道必親之，自強奮者人不肯告。人不肯告，寧有輔佐者乎？賢者任於人，故窮年而神不衰，盡智而心不亂。以此理國者，知賢而任之，則賢才爲之用。自賢而無輔，則失人矣。○釋文云：易，以豉切。

宋人有爲其君以玉爲楮葉者，○秦恩復曰：「玉」淮南子作「象」。高誘注：象牙也。伯峻案：韓非喩老篇亦作「象」。○釋文云：爲，于僞切。楮，敕呂切。三年而成。鋒殺莖柯，○伯峻案：「鋒」韓非子作「豐」。王先愼云，「作豐是。豐殺謂肥瘦也」、毫芒繁澤，○釋文云：殺，所拜切。芒音亡。亂之楮葉中而不可別也。○釋文云：別，彼列切。此人遂以巧食宋國。子列子聞之，曰：「使天地之生物，三年而成一葉，則物之有葉者寡矣。故聖人恃道化而不恃智巧。」〔注〕此明用巧能不足以贍物，因道而化則無不周。○〔解〕夫斲雕爲朴，還淳之道也。故曰，善約者不用膠漆，善閉者不用關鑰。是以大辯若訥，大巧若拙耳。若三年成一葉，與眞葉不殊，豈理國全道之巧乎？是以聖人恃其道化，如和氣布而萬物生，不恃智巧也。若違天理而僞巧出，此之爲未明本末也。○注「巧能」藏本四解本作「功能」。「贍物」北宋本作「嬉物」，「嬉」當是誤字。○釋文云：贍，市豔切。

子列子窮，容貌有饑色。客有言之鄭子陽者曰：○伯峻案：呂覽觀世篇高注云：「子陽，鄭相也。一曰鄭君」。「列禦寇蓋有道之士也，居君之國而窮，君無乃爲不好士乎？」○釋文云：好，呼報切。鄭子陽卽令官遺之粟。○釋文云：遺，唯季切，下同。子列子出見使者，再拜而辭。使者去。子列子入，其妻望之而拊心曰：○王重民曰：「之」字衍文。漢書汲黯傳：「黯褊心不能無稍望」。師古曰：「望，怨也」。其妻怨望，故拊心。呂覽觀世篇、新序節士篇並無「之」字可證。莊子讓王篇有「之」字者，疑亦後人據列子增也。「妾聞爲有道者之妻子皆得佚樂。○釋文云：佚樂音逸樂字。今有饑色，君過而遺先生食。○「過」各本作「遇」

與釋文本合。今从道藏白文本、林希逸本、江遹本。其義較長。○釋文遇作過，云：過一本作過，或作遇。先生不受，豈不命也哉？」子列子笑謂之曰：「君非自知我也。以人之言而遺我粟，至其罪我也，又且以人之言。此吾所以不受也。」○伯峻案：新序節士篇下有「且受人之養不死其難，不義也；死其難，是死無道之人，豈義哉？」數句。其卒，民果作難而殺子陽。○〔解〕夫食人之祿，憂人之事。君不知我，因人之言而賜之；若罪我也，亦因人之言而責我也。吾所責夫知我者，眞悟道之士也。及子陽難作而不見害，此眞所謂不爲外物之所傷累者也。○伯峻案：史記鄭世家云：「繻公二十五年，鄭君殺其相子陽」。呂覽適威篇云：「子陽好嚴（依陳昌齊、俞樾、陶鴻慶三說删極也二字），有過而折弓者，恐必死，遂應猘狗而弑子陽」。○釋文云：難，乃旦切，一作亂。

魯施氏有二子，其一好學，其一好兵。○釋文云：好，呼報切，下同。好學者以術干齊侯；齊侯納之，以爲諸公子之傅。○元本、世德堂本無「以」字。好兵者之楚，以法干楚王；王悅之，以爲軍正。○王重民曰：御覽六百四十八引「王」上有「楚」字，是也。上文「以術干齊侯，齊侯納之」句法相同。又吉府本御覽六百四十八引「正」並作「政」。正政通用。○釋文悅作說，云：音悅。祿富其家，爵榮其親。施氏之鄰人孟氏同有二子，所業亦同，○王重民曰：御覽六百四十八引無上「同」字。而窘於貧。○釋文云：窘，渠殞切。羨施氏之有，〔注〕有猶富也。因從請進趨之方。○北宋本、秦刻盧解本、汪本「請」作「謂」，今从吉府本正。○釋文云：請一本作謂，恐誤。二子以實告孟氏。孟氏之一子之秦，以術干秦王。秦王曰：「當今諸侯力爭，○釋文云：爭音諍。所務兵食而已。若用仁義治吾國，是滅亡之道。」遂宮而放之。其一子之衞，以法干衞侯。衞侯曰：「吾弱國也，而攝乎大國之間。大國吾事之，小國吾撫之，是求安之道。若賴兵權，滅亡可待矣。若全而歸之，適於他國，爲吾之患不輕矣。」遂刖之，而還諸魯。○釋文云：刖音月。既反，孟氏之父子叩胷而讓施氏。○釋文云：叩，口候切。施氏曰：「凡得時者昌，失時者亡。子道與吾同，而功與吾異，失時者也，非行之謬也。且天下理無常是，事無常非。〔注〕應機則是，失會則非。先日所用，今或棄之；今之所棄，後或用之。此用與不用，無定是非也。投隙抵時，〇釋文云：隙音郄。抵，當洗切。應事無方，屬乎智。〔注〕雖有仁義禮法之術，而智不適時，則動而失會者矣。〇釋文云：屬音燭。智苟不足，〇北宋本無「不」字，汪本從之，今依道藏各本、吉府本、元本、世德堂本增。〇釋文云：一本無不字。使若博如孔丘，〇世德堂本「若」作「君」。術如呂尙，焉往而不窮哉？」〔注〕二子之所以窮，不以其博與術，以其不得隨時之宜。〇釋文云：焉，於虔切。孟氏父子舍然無慍容，〇陶鴻慶曰：「舍然」即「釋然」，舍釋古通用。〇釋文云：舍音捨，慍，一問切。曰：「吾知之矣。子勿重言！」〇〔解〕學仁義之道，善韜略之能，文武雖殊，同歸於才行之用，必因智之適時。智者道之用，任智則非道矣。夫投必中隙，抵必適時，應變無方，皆爲智也。故適時者無窮才，明道者無乏智。智若不足也，雖文若孔丘，武若呂尙，不免乎窮困也。孟氏既悟，故曰勿重言耳。

晉文公出會，欲伐衞，〇王重民曰：意林引無「出會」二字。公子鋤仰天而笑。〇仲父曰：說苑正諫作「趙簡子攻齊，公盧大笑」。蓋即一事而記者互異。盧鋤音讀相近。〇釋文云：鋤，士魚切。公問何笑。曰：「臣笑鄰之人有送其妻適私家者，〇伯峻案：藝文類聚二四、意林、御覽三百五引「曰」上並有「對」字。又御覽九五五及三百五引作「笑臣鄰之人也，鄰之人有送其妻適私家者」。又四九七引作「笑臣之鄰人也，臣之鄰人有送其妻適家者」。又類聚二十四引作「笑臣之鄰人也，臣之鄰人有送其妻適私家者」。今本脫誤。疑此文當作「笑臣之鄰人也，臣之鄰人有送其妻適私家者」。道見桑婦，悅而與言。〇王重民曰：意林、御覽三百零五引「言」上並有「之」字。然顧視其妻，亦有招之者矣。臣竊笑此也。」公寤其言，乃止。〇王重民曰：類聚八十八、御覽三百零五又四百五十七引「寤」並作「悟」。〇釋文云：寤音悟。引師而還，未至，而有伐其北鄙者矣。〔注〕夫我之所行，人亦行之。而欲騁己之志，謂物不生心，惑於彼此之情也。〇〔解〕夫貪於得而不知得有所守者，俗人之常情也。故嗜欲無窮而眞道日喪矣。所以貴夫知道者，內守其道而不失，外用於物而不遺。世人則不然矣，外貪欲色，他婦是悅也；內失於道者，而已妻見招矣。〇秦恩復曰：解中「得有所守」「得」字疑是衍文。

晉國苦盜。有郄雍者，〇伯峻案：「郄」當作「郤」。說文，「郤，晉大夫叔虎之邑也」。段注云：「叔虎之子曰郤芮，以邑爲氏」。治要引正作「郤」，下同，當从之。邵瑛羣經正字云：「俗又譌作郄者，亦郤之變。漢學師宋恩等題名，師郄遵」，偏旁从若，與丞相似，俗遂變作郄。玉篇云：郤俗从丞。〇釋文云：郄，去逆切。雍音邕。能視盜之貌，〇「貌」本作「眼」，今从吉府本世德堂本正。御覽四百九十九引亦作「貌」。〇釋文云：貌一本作眼。察其創睫之間，而得其情。○釋文云：睫音接。晉侯使視盜，千百無遺一焉。晉侯大喜，告趙文子曰：「吾得一人，而一國盜爲盡矣，○伯峻案：御覽四九九引「爲」下有「之」字。○釋文云：爲，于僞切。奚用多爲？」文子曰：「吾君恃伺察而得盜，盜不盡矣。且郄雍必不得其死焉。」俄而羣盜謀曰：「吾所窮者郄雍也。」○王重民曰：御覽四百九十九引「所」下有「以」字，是也。遂共盜而殘之。〔注〕殘賊殺之。○王重民曰：治要、御覽四百九十九引「殘」並作「戕」，疑作「戕」者近是。說文：「它國臣來弑君曰戕」。故張注曰「賊殺之」。○釋文殘作戕，云：音牆，注同；一本作殘。晉侯聞而大駭，○釋文駭作駴，云：與駭同。立召文子而告之曰：「果如子言，郄雍死矣！然取盜何方？」○秦刻盧解本無「盜」字。文子曰：「周諺有言：察見淵魚者不祥，智料隱匿者有殃。〔注〕此答所以致死。○江有誥曰：殃爲韻，古音同在陽部。伯峻案：韓非子說林上云：「古者有諺曰，知淵中之魚者不詳」。○釋文云：料去聲。且君欲無盜，若莫舉賢而任之；使敎明於上，化行於下，民有恥心，則何盜之爲？」〔注〕此答所以止盜之方。於是用隨會知政，而羣盜奔秦焉。〔注〕用聰明以察是非者，羣詐之所逃；用先識以擿奸伏者，衆惡之所疾。智之爲患，豈虛言哉？○〔解〕敎者，跡也，衆人所以履而行者。化者，道也，衆人所以日用而心伏。心伏則有恥。跡明則敎成。舉賢任才，盜斯弃矣。或問曰：莊子云：「聖人生而大盜起」。此云舉賢任才而羣盜去，何謂邪？答曰：求虛名而喪其實者，大盜斯起矣；得其實而去爲名者，羣盜斯去矣。故舉賢而任才者，求名也；用隨會者，得實也。理不相遺，何襲之有耶？○注「用先識」治要引「先」作「少」，近是。○釋文云：擿，陟革切。

孔子自衛反魯，息駕乎河梁而觀焉。有懸水三十仞，○「十」世德堂本作「千」，誤。圜流九十里，○釋文云：圜與圓同。魚鼈弗能游，黿鼉弗能居，有一丈夫方將厲之。○治要引無「一」字。○釋文云：厲，涉水也。孔子使人並涯止之曰：○治要引無「並涯」二字。○釋文云：並，蒲浪切。涯音崖。「此懸水三十仞，圜流九十里，魚鼈弗能游，黿鼉弗能居也。○治要引無「弗能游」三字。意者難可以濟乎？」丈夫不以錯意，○治要引「錯」作「措」。○釋文云：錯，七故切。遂度而出。孔子問之曰：「巧乎？有道術乎？○王叔岷曰：家語致思篇、說苑雜言篇「巧乎」上並有「子」字，文意較完，當从之。本書黃帝篇：「子巧乎！有道耶？」莊子知北遊篇：「子巧與？有道與？」並與此文例同。所以能入而出者，何也？」丈夫對曰：「始吾之入也，先以忠信；及吾之出也，又從以忠信。忠信錯吾軀於波流，而吾不敢用私，○治要引「錯」作「措」。俞樾曰：「忠信錯吾軀於波流」，「忠信」字涉上句衍。王叔岷曰：俞說是也。治要引正無「忠信」二字。所以能入而復出者，以此也。」孔子謂弟子曰：「二三子識之！○釋文云：識音志。水且猶可以忠信誠身親之，而況人乎？」〔注〕黃帝篇中已有此章而小不同，所明亦無以異，故不復釋其義也。○〔解〕夫忠者同於物，信者無所疑。同而不疑，不私其己，故能入而復出也。然則同而不疑，不私其己，知道矣夫！黃帝篇中已有此章。○伯峻案：此章專以忠信二字爲主，「誠身」二字疑衍。治要引正無「誠身」二字可證也。○釋文云：復，扶又切。

白公問孔子曰：「人可與微言乎？」○王重民曰：呂覽精諭篇、淮南道應篇「問」下並有「於」字，御覽五十八引「問」下亦有「於」字，今本脫誤。孔子不應。〔注〕白公，楚平王之孫，太子建之子也。其父爲費無極所譖，出奔鄭，鄭人殺之。勝欲令尹子西司馬子期伐鄭，許而未行。晉伐鄭，子西子期將救鄭。勝怒曰：鄭人在此，讎不遠矣。欲殺子西子期，故問孔子。孔子知之，故不應。微言猶密謀也。○〔解〕微言者，密言也，令人不能知也。白公楚平王之孫，太子建之子。建出奔鄭，白公欲亂，故孔子不應耳。○盧文弨曰：注「勝欲令尹子西司馬子期伐鄭」，「欲」藏本作「報」。伯峻案：許作「報」者誤。史記楚世家云：「白公故以此怨鄭，欲伐之」，可證欲字之不誤。呂覽精欲篇高誘注作「勝與庶父令尹子西司馬子期伐鄭，許而未行」。「與」亦當作「欲」。張注多用高注，此注亦節略高注之文也。○釋文欲令作報令，云：費，房未切。勝，詩證切，白公名。令，郎定切。白公問曰：「若以石投水，何如？」○王叔岷曰：「問」字涉上文「白公問孔子曰」而衍。事類賦七、御覽五八、記纂淵海一、天中記九引皆無「問」字。呂氏春秋精諭篇、淮南道應篇並同。孔子曰：「吳之善沒者能取之。」〔注〕石之投水則沒，喻其微言不可覺；故孔子答以善沒者能得之，明物不可隱者也。○盧文弨曰：注藏本「言」下有「人」字，「不可覺」作「不能覺」。曰：「若以水投水何如？」孔子曰：「淄澠之合，易牙嘗而知之。」〔注〕復爲善味者所別也。○〔解〕以石投水，喻跡不可見；以水投水，喻合不可隱也。味者分淄澠，不可合也，唯神契理會然後得也。○釋文云：淄，側其切。澠音乘。復，扶又切。別，彼列切。白公曰：「人固不可與微言乎？」○「固」北宋本、汪本、四解本作「故」。王重民曰：道藏白文本、吉府本、淮南道應篇、御覽五十八引「故」並作「固」。伯峻案：作「固」者是，今正。孔子曰：「何爲不可？唯知言之謂者乎！〔注〕謂者所以發言之旨趣。發言之旨趣，則是言之微者。形之於事，則無所隱。○釋文云：趣音趨。夫知言之謂者，不以言言也。〔注〕言言則無微隱。○〔解〕夫情生而事彰，味殊而可嘗，唯神之無方。知言之謂者，神會也。爭魚者濡，逐獸者趨，非樂之也。〔注〕自然之勢自應濡走。○伯峻案：呂覽精諭篇云：「救溺者濡，追逃者趨」。○釋文云：樂音洛。故至言去言，〔注〕理自明，化自行。○釋文云：去，丘呂切。至爲無爲。〔注〕理自成，物自從。夫淺知之所爭者末矣。」〔注〕失本存末，事著而後爭解，鮮不及也。○〔解〕魚在於水，爭之者濡；獸走於野，逐之者趨，非樂之也，其勢使然也。故至言者不在言，至爲者無所爲也。淺智逐末，常失其理。道之所行，物無不當者矣。○釋文云：知音智。鮮，息淺切。白公不得已，遂死於浴室。〔注〕不知言之所謂，遂便作亂，故及於難。○〔解〕然而非理，死以快意，下愚之所以亂常也。○俞樾曰：「已」字乃「也」字之誤。淮南子道應篇作「白公不得也」，呂氏春秋精諭篇作「白公弗得也」，並其證也。張注曰：「不知言之所謂，遂便作亂，故及於難」，正解「不得」之義。○釋文云：難，乃旦切。

趙襄子使新穉穆子攻翟，〔注〕穆子，襄子家臣新穉狗也。翟，鮮虞也。○伯峻案：此事又見晉語九、呂覽慎大篇、淮南道應訓。○釋文云：穆子，晉大夫新穉狗也。翟音狄。勝之，○釋文爲句。取左人中人；〔注〕左人中人，鮮虞二邑名。使遽人來謁之。〔注〕遽，傳也。謁，告也。○〔解〕急來告捷也。○世德堂本無「來」字。○釋文云：遽音巨。傳去聲。襄子方食而有憂色。左右曰：「一朝而兩城下，此人之所喜也；今君有憂色，何也？」襄子曰：「夫江河之大也，不過三日；〔注〕謂潮水有大小。飄風暴雨不終朝，○釋文云：飄，符霄切。日中不須臾。〔注〕勢盛者必退也。○伯峻案：呂覽淮南子俱無「不終朝」三字。梁履繩曰：老子曰，「飄風不終朝，驟雨不終日」。此襄子語義所本。今趙氏之德行無所施於積，〔注〕無積德而有重功，不可不戒懼也。○俞樾曰：「施」衍字，蓋即「於」字之誤而複者。呂氏春秋慎大篇亦有此文，正無「施」字。王重民曰：俞說是也。淮南道應篇亦有此文，亦無「施」字。○釋文云：行，下孟切。一朝而兩城下，亡其及我哉！」〔注〕不忘亡則不亡之也。○〔解〕不能積德累行而以強力下二城。夫物盛必衰，不亡何待耶？故食不以忻，賢者所以懼。知苟得之所以懼也，然後能積其德矣。孔子聞之曰：「趙氏其昌乎！夫憂者所以爲昌也，〔注〕戒之深也。喜者所以爲亡也。〔注〕將致矜伐。勝非其難者也；持之，其難者也。○伯峻案：呂覽高注云：「持猶守」。賢主以此持勝，故其福及後世。齊楚吳越皆嘗勝矣，然卒取亡焉，○梁啓超曰：觀此語，可見此書必有後人附益。列子與鄭繻公同時，時吳越遂亡，齊楚固在也。記楚之亡，雖非秦始皇二十四年以後，亦當在樂毅入臨淄、白起入郢後矣。○釋文卒作卒然，云：卒，子律切。不達乎持勝也。唯有道之主為能持勝。」〔注〕勝敵者皆比國，而有以不能持勝，故危亡及之。○〔解〕矜功伐能，所以亡也；憂得誡強，所以昌也。賢者以此福及後代，道者以此澤被含生，此之謂持勝。持勝者，持此誠慎勝彼強梁，唯有道者所能行也。孔子之勁能拓國門之關，而不肯以力聞。〔注〕勁，力也。拓，舉也。孔力能舉門關而力名不聞者，不用其力也。○孫詒讓曰：左傳襄十年：「偪陽人啓門，諸侯之士門焉。縣門發，郰人紇抉之以出門者」。疑流俗傳以郰大夫事為孔子也。胡懷琛曰：諸子中引此事亦多作孔子。呂氏春秋愼大覽、淮南子道應篇、顏氏家訓誡兵篇皆作孔子。史通雜說上亦然。校書者多未置辯，惟畢沅校呂氏春秋嘗言及焉。是在當時仲尼父亦通稱孔子歟？抑相因襲訛誤也？王重民曰：釋文曰，「拓一本作招」。案作招者是也。淮南主術篇：「孔子之通智過於萇弘，勇服於孟賁，足躡郊菟，力招城關，能亦多矣」。高注曰：「招，舉也」。呂氏春秋愼大篇：「孔子之勁能舉國門之關」。高注曰：「以一手提城門關顯而舉之」。「提」字當是「招」字之誤。此又以「招」釋「舉」也。張注：「拓，舉也」。蓋「拓」亦「招」字之誤，則列子本作「招」明矣。文選吳都賦注引正作「招」。意林引作「舉」，雖得其義，殆非列子之舊矣。○釋文云：勁，居盛切，力也。拓一本作招。李善注文選吳都賦曰：「招與翹同」。淮南子作杓。許慎云：杓，引也。古者縣門下從上杓引之者難也。墨子為守攻，公輸般服，而不肯以兵知。〔注〕公輸般善為攻器，墨子設守能卻之，為般所服。而不稱知兵者，不有其能也。○釋文云：般音班。故善持勝者以彊為弱。〔注〕得為攻之母也。○〔解〕夫子之力能舉關，墨子之善能制敵，不以力謀顯而以道德聞者，善此持勝以彊為弱也。夫藝成者必為人所役，好勝者必遇於彊敵；唯道德仁義者可以役物而異化者也。

宋人有好行仁義者，○釋文云：好，呼報切。三世不懈。○王叔岷曰：記纂淵海五六、事文類聚別集三十、合璧事類續集五五引「三世」並作「三年」。○釋文云：懈，古賣切。家無故黑牛生白犢，以問孔子。○伯峻案：「孔子」，淮南人間訓作「先生」，論衡福虛篇作「孔子」。孔子曰：「此吉祥也，以薦上帝。」居一年，其父無故而盲。其牛又復生白犢，○釋文云：復，扶又切。其父又復令其子問孔子。其子曰：「前問之而失明，又何問乎？」父曰：「聖人之言先迕後合。○釋文云：迕音誤。其事未究，姑復問之。」其子又復問孔子。孔子曰：「吉祥也。」復教以祭。其子歸致命。其父曰：「行孔子之言也。」居一年，其子又無故而盲。其後楚攻宋，圍其城；○「圍」北宋本作「國」，汪本从之，今从藏本、吉府本、世德堂本訂正。○釋文云：許慎注淮南子云：楚莊王時圍宋九月。一本作圍，非是。民易子而食之，析骸而炊之；○伯峻案：左傳宣公十四年云：「敝邑易子而食，析骸以爨」。○釋文云：析音錫。丁壯者皆乘城而戰，死者太半。○秦恩復盧解本、世德堂本「太」作「大」。○釋文太作大，云：音泰。此人以父子有疾皆免。及圍解而疾俱復。〔注〕此所謂禍福相倚也。○〔解〕夫仁者愛人，義者濟物。三世不息，其於積善深矣。若有其才則招祿，無其才則致福，此餘慶之所鍾也。吉祥之應，爲善之徵，克全其生而獲其利。積行之報，豈虛言也哉？○王重民曰：御覽七百四十引「疾」上有「盲」字。

宋有蘭子者，〔注〕凡人物不知生出主謂之蘭也。○注「主」世德堂本作「者」。任大椿曰：注「凡人物不知生出者謂之蘭也」「生」字疑「妄」字之訛。俞樾曰：說文門部：「闌，妄入宮掖也，讀若蘭」。是蘭子之蘭即闌之引申義。孫詒讓曰：蘭子義未詳，舊注釋蘭為妄，亦未了了。今世俗謂無賴子為爛仔，其義疑本於此。○釋文云：史記注云：「無符傳出入為闌」。應劭曰：「闌，妄也」。此所謂蘭子者，是以技妄遊者也。疑蘭字與闌同。任大椿曰：蘭闌古多通用。漢書息夫躬傳：「涕泣流兮萑蘭」。臣瓚曰：「萑蘭，泣涕闌干也」。則蘭與闌同。王莽傳：「與牛馬同蘭」。師古云：「蘭謂遮蘭，即牛馬蘭圈」。玉篇、廣韵闌下訓云：「遮也，牢也」，即王莽傳注遮蘭蘭圈之謂也。後漢書公孫述傳：「又造十層赤樓帛蘭船」。注云：「以帛飾其蘭檻」。則蘭即闌也。管子中匡篇：「蘭盾鞈革」。注：「蘭即所謂蘭錡，兵架也」。水經注：「縣有蜀王兵蘭」。華陽國志：「蜀有兵蘭」。蘭盾蘭錡即兵闌也。蓋闌多借蘭。列子此文闌之作蘭，與諸書訓義雖異，而通假則同。以技干宋元。○王重民曰：類聚六十、御覽三百四十四、又四百八十三引「宋元」下並有「君」字。王叔岷曰：書鈔一二二、六帖三三、六一，御覽五六九引亦並有「君」字。事類賦十三引列子傳同。伯峻案：「宋元」當从書鈔、御覽、類聚諸書所引補「君」字，宋元君疑即褚少孫補史記龜策列傳之宋元王。司馬貞索隱稱宋元王爲宋元君，是其例也。宋至偃始稱王，即爲齊所滅，無謚，私謚爲康王（國策及呂覽淫辭），或獻王（荀子），即元君歟？錢穆先秦諸子繫年攷辨宋元王考則謂宋元王爲王偃太子，亦是臆揣之詞。呂覽君守篇，「魯鄙人遺宋元王閉」，宋元王當與此同。又宋有元公，平公之子也，非此元君。○釋文技作妓，云：渠綺切。宋元召而使見。○伯峻案：「元」下疑挩「君」字。下文皆作「元君」可證。○釋文云：見，賢遍切。其技以雙枝，長倍其身，屬其踁，○伯峻案：「枝」世德堂本作「技」，御覽三百四十四又四百八十三引作「杖」，又五百六十九引作「枝」。○釋文云：倍依字。屬音燭。踁音脛。並趨並馳，弄七劍迭而躍之，五劍常在空中。元君大驚，立賜金帛。又有蘭子又能燕戲者，〔注〕如今之絕倒投狹者。○王重民曰：下「又」字當衍，御覽四百八十三引無。王叔岷曰：六帖三三，御覽五六九引亦並無下「又」字。聞之，復以干元君。○釋文云：復，扶又切，下同。元君大怒曰：「昔有異技干寡人者，〔注〕謂先僑人。○盧文弨曰：郭璞注山海經長股國云：「今伎家僑人蓋象此」。僑蹻通用。○釋文云：僑，音蹻，寄也。技無庸，○釋文云：篤

句

適值寡人有歡心，故賜金帛。彼必聞此而進復望吾賞。」拘而擬戮之，○北宋本脫「擬」字，汪本从之，今从各本增。六帖六一引「拘」上有「將」字，御覽五六九引「拘」上有「乃」字。○釋文云：一本漏擬字。經月乃放。〔注〕此技同而時異，則功賞不可預要也。○〔解〕夫積仁義以守道者，福可全也；恃力技以僥倖，不常驗也。列子兩舉其事，以彰德行之爲益耳。○釋文預要作豫要，云：要，一遙切。

秦穆公謂伯樂曰：「子之年長矣，〔注〕伯樂，善相馬者。○釋文云：長，張丈切。相，息亮切，下同。子姓有可使求馬者乎？」〔注〕問伯樂之種姓有能相馬繼樂者不。○孫詒讓曰：特牲饋食禮云：「子姓兄弟如主人之服」。鄭注云：「所祭者之子孫。言子姓者，子之所生」。喪大記云：「卿大夫父兄子姓立于東方」。注云：「子姓謂衆子孫也」。姓之言生也。國語楚語：「帥其子姓」。韋注云：「衆子姓，同姓也」。伯樂對曰：「良馬可形容筋骨相也。〔注〕馬之良者可以形骨取也。○王重民曰：類聚九十三引「可」下有「以」字，是也。淮南道應篇同。○釋文云：筋音斤。天下之馬者，若滅若沒，若亡若失。〔注〕天下之絕倫者，不於形骨毛色中求，故髣髴恍惚，若存若亡，難得知也。○釋文云：髣髴上音訪，下芳味切。恍惚音怳忽。若此者絕塵弭轍。〔注〕言迅速之極。○釋文云：弭，亡尔切。轍，跡也，一本作徹。臣之子皆下才也，○汪萊曰：據下盧解「子姓者子弟之同姓者也」，則「臣之子」下脫「姓」字。伯峻案：淮南道應訓「臣之子」下亦無「姓」字，汪說未諦。可告以良馬，不可告以天下之馬也。臣有所與共擔纆薪菜者，〔注〕負索薪菜，蓋賤役者。○「纆」各本皆作「纏」。王念孫曰：「纏」字之義諸書或訓爲繞（說文），或訓爲束（廣雅），無訓爲索者，「纏」當爲「纆」字之誤也。說文作纆，云：索也。字或作纆，坎上六「係用徽纆」。馬融曰：「徽纆，索也」。劉表曰：「三股曰徽，兩股曰纆」。蓋世人多見纏，少見纆，故傳寫多誤耳。唯道藏本列子釋文作纆，音墨，足證今本之誤。朱琦曰：哀十四年公羊傳，「然則孰狩之，薪采者也」，大雅毛傳：「芻蕘，薪采者，」「薪采」即「采薪」，采或作菜。列子「擔纆薪菜」。俞樾曰，「共」乃「供」之叚字。釋文曰，「一作供」是也。蓋擔纆薪菜皆此人供之耳。「擔纆薪菜」是兩事，擔纆者，負荷什物；薪菜者，以給炊也。纆乃纏字之誤，菜當作采，古字通用。○釋文云：共，同也，一本作供。擔，丁甘切。纆音墨。有九方皋，○淮南子及呂覽觀表篇作「九方堙」。胡懷琛曰：九方，姓；皋，名。莊子有九方歅。通志謂九方皋、九方歅是一個人。余竊謂九與鬼聲近通用。史記殷本紀「以西伯、九侯、鄂侯三公」，徐廣注：「一作鬼侯」，是其證。然則九方即殷時鬼方，以地爲姓也。皋、歅是否一人，尚待考。王叔岷曰：淮南道應篇「九」上無「有」字。此文「有」字疑涉上「有」字而衍。藝文類聚九三，事類賦二一，御覽八九六，記纂淵海九八，事文類聚後集三八引「九」上皆無「有」字。○釋文云：皋音高。此其於馬非臣之下也。○「此」各本作「比」，道藏白文本、林希逸本、元本、世德堂本作「此」，淮南子亦作「此」。盧文弨曰：比，發語辭。孟子：「比天之所以與我者」，賈誼：「比物此志也」，皆同。伯峻案：盧說不可信。孟子之比訓皆，賈誼傳之比物，猶比類也（从王先謙漢書補注說）。比字不能用爲發語辭。且孟子之「比」今本多作「此」，賈誼傳之「比」，新書作「此」，可見古書「比」「此」二字常以形近致混。此處當作「此」，不當作「比」，今依道藏白文本訂正。○釋文比作此，云：一本作比。

請見之。」〔注〕非臣之下者有過於己。○〔解〕擔纆薪菜者，賤役者也。子姓者，子弟之同姓者也。○釋文云：過，古臥切。見，賢遍切，下同。穆公見之，使行求馬。三月而反報曰：「已得之矣，在沙丘。」〔注〕地名。穆公曰：「何馬也？」對曰：「牝而黃。」○釋文云：牝，頻忍切。使人往取之，牡而驪。○釋文云：牡，牟后切。驪，力移切。穆公不說，○釋文云：說音悅。召伯樂而謂之曰：「敗矣，子所使求馬者！〔注〕謂九方皋。○王叔岷曰：藝文類聚九三、事類賦二一、御覽八九六、記纂淵海九八、事文類聚後集三八引「子」下並有「之」字，淮南道應篇同，當从之。色物牝牡尚弗能知，○盧文弨云：「色物」御覽八百九十六引作「物色」。又何馬之能知也？」伯樂喟然太息曰：「一至於此乎！是乃其所以千萬臣而無數者也。〔注〕言其相馬之妙乃如此也，是以勝臣千萬而不可量。○〔解〕皋之相馬，相其神，不相其形也。形者，常人之所辨也。伯樂歎其忘形而得神，用心一至於此，自以爲不及皋之無數倍也。故穆公以爲敗，伯樂以爲能也。若皋之所觀天機也，〔注〕天機，形骨之表所以使蹄足者；得之於心，不顯其見。得其精而忘其麤，○北宋本、汪本、四解本無「而」字，御覽八百九十六、類聚九十三引同，今从道藏白文本、林希逸本、吉府本、世德堂本增。藝文類聚九三、埤雅十五、事文類聚後集三八、韻府羣玉三、天中記五五、經濟類編九八引並有「而」字。○釋文云：麤與麁同。在其內而忘其外；〔注〕精內謂天機，麤外謂牝牡毛色。○許維遹曰：在猶察也。見其所見，〔注〕所見者，唯天機也。不見其所不見；〔注〕所不見，毛色牝牡也。視其所視，〔注〕視所宜視者，不忘其所視。○注藏本「所」上有「其」字。而遺其所不視。〔注〕所不應視者，不以經意也。若皋之相者，乃有貴乎馬者也。」〔注〕言皋之此術豈止於相馬而已，神明所得，必有貴於相馬者，言其妙也。○「相者」四解本作「相馬」。王重民曰：北宋本、道藏本、吉府本並作「者」，疑作「者」是也。因上下文諸馬字而誤。淮南道應篇作「若彼之所相者乃有貴乎馬者」。馬至，果天下之馬也。○〔解〕夫形質者，萬物之著也；神氣者，無象之微也。還有形者，無象也；用無象者，形物也。終日用之而不知其功，終年還之而不以爲勞，知而養之者，道之主也。皋之見乎所見者以神也。契其神者而貴於馬也，代人皆不知所貴矣。

楚莊王問詹何曰：○釋文云：詹音占。「治國柰何？」〔注〕詹何，蓋隱者也。詹何對曰：「臣明於治身而不明於治國也。」

○治要引「臣」作「何」，呂覽執一篇亦作「何聞爲身不聞爲國」，淮南道應訓「臣」亦作「何」。楚莊王曰：○王叔岷曰：「莊」字衍文。上文已言楚莊王，此不必更出莊字。治要引正無「莊」字。淮南道應篇同。「寡人得奉宗廟社稷，願學所以守之。」詹何對曰：「臣未嘗聞身治而國亂者也，○伯峻案：此兩語又見淮南詮言訓。○釋文云：治，直吏切，國治同。又未嘗聞身亂而國治者也。故本在身，不敢對以末。」楚王曰：「善。」○〔解〕損物以厚生，小人之常情也；損生以利物，好名之僻行也。安社稷者，後其身也。當理身者，國自理之矣。君者國之主，神者形之主。理國在乎安君，理身在乎安神。神安則道崇，道崇則國理。神者身之本，道者神之功，故不敢以末對。

狐丘丈人謂孫叔敖曰：〔注〕楚大夫也。○伯峻案：說苑敬愼篇載此事，與此異。○釋文云：敖，五勞切。孫叔敖，楚大夫也。曰：「人有三怨，子之知乎？」〔注〕狐丘，邑名。丈人，長老者。○釋文云：長，張丈切。孫叔敖曰：「何謂也？」對曰：「爵高者，人妬之；官大者，主惡之；○釋文云：惡，烏路切。祿厚者，怨逮之。」○俞樾曰：淮南子道應篇作「祿厚者怨處之」，是也。「怨處之」謂怨讎之所處也，猶曰爲怨府也。處與妬惡爲韻。若作「逮」，則失其韻矣。蓋由淺人不達處字之義而臆改。王重民曰：俞說是也，御覽四百五十九引「逮」正作「處」。北宋本作「遠」，誤。（意林引作「祿厚者人怨之。」）孫叔敖曰：「吾爵益高，吾志益下；吾官益大，吾心益小；吾祿益厚，吾施益博。○王重民曰：意林引「博」作「溥」，疑作「溥」者是也。○釋文云：施，始豉切。以是免於三怨，可乎？」○〔解〕夫心益下者，道之用也；施益博者，德之用也。用道以下身者，無怨惡也；用德以廣施者，主恩惠也。尚之三怨復從何而生哉？○王叔岷曰：此處敍事未畢，疑有挩文。韓詩外傳七此下更有「狐丘丈人曰：善哉言乎！堯舜其猶病諸」十五字，疑當从之。

孫叔敖疾，將死，戒其子曰：「王亟封我矣，○伯峻案：本連上，今依文意分段。吾不受也。○俞樾曰：亟者數也，言王數封我而吾不受也。下文「城市患其亟也」，注曰，「亟，數也」。此亦當與同訓。伯峻案：俞說是也，呂覽異寶篇作「王數封我矣吾不受也」，可證。○釋文云：亟，紀力切，急也。爲我死，王則封汝。汝必無受利地！○王念孫曰：「爲」猶「如」也，言「如我死而王封汝，汝必無受利地」也。古或謂如曰爲。管子戒篇：「管仲寢疾，桓公往問之。管仲曰：夫江黃之國近於楚，爲臣死乎，君必歸之楚而寄之」。言如臣死也。秦策：「秦宣太后病，將死，出令曰：爲我葬，必以魏子爲殉」。言如我葬也。○釋文云：爲，于僞切。楚越之間有寢丘者，此地不利而名甚惡。楚人鬼而越人禨，〔注〕信鬼神與禨祥。○〔解〕譏字互衣切，又居希切。淮南傳曰：「吳人鬼，越人譏」。譏，祥也。○秦恩復曰：今本淮南子「吳」作「荊」，「譏」作「禨」。說文解字鬾字下引淮南傳曰：「吳人鬼，越人鬾」。「譏」乃「鬾」字之誤。○釋文云：禨音譏，祥也；又音譏。可長有者唯此也。」孫叔敖死，王果以美地封其子。子辭而不受，請寢丘，○釋文云：寢丘在固始。史記云：「孫叔敖善優孟，後優孟言於莊王，王召其子，封之寢丘」。與之。至今不失。〔注〕漢蕭何亦云，子孫無令勢家所奪，即此類也。○〔解〕人所爭者，有力必取之。利之薄者，人所不用焉。不爭之物則久有其利，必爭之物則不能常保。人知利厚而共爭，不知長有而利深。故嗜慾者，必爭之地也；全道者，長久之方也。善於道者，觸類而長之，何適而非道？○伯峻案：淮南人間訓、呂覽文與此大同。惟韓非喻老云，「楚莊王既勝，狩于河雍，歸而賞孫叔敖。孫叔敖請漢間之地沙石之處。楚邦之法，祿臣再世而收其地；唯孫叔敖獨在」。

牛缺者，○釋文云：缺，傾雪切。上地之大儒也，下之邯鄲，○釋文云：邯音寒，鄲音丹。遇盜於耦沙之中，○梁玉繩曰：漢地理志及說文，㴯水出趙國襄國縣縣西北，師古音耦。寰宇記五十九，㴯水在邢州沙河縣西北十七里，俱名沙河水，即耦沙也。盡取其衣裝車，牛步而去。○俞樾曰：此當作「盡取其衣裝車馬，牛缺步而去」。呂氏春秋必已篇作「求其車馬則與之，求其衣被則與之，牛缺出而去」，是其證也。「出」即「步」字之誤耳。此文脫「馬」字「缺」字，遂以「車牛」連文，失之矣。視之歡然無憂恡之色。盜追而問其故。曰：「君子不以所養害其所養。」○陶鴻慶曰：下「所」字衍，淮南人間訓作「聖人不以所養害其養」，可據正。王重民曰：陶說恐非是，疑上「所」字下脫「以」字耳。莊子讓王篇云：「且吾聞之，不以所用養害所養」。呂覽審爲篇「用」作「以」。用猶以也。御覽四百九十九引作「君子不以所養害其所以養」，義不可通。疑下「所」字下「以」字本在上「所」字之下，引者誤移也。盜曰：「嘻！賢矣夫！」○釋文云：嘻，許其切。夫音符。既而相謂曰：「以彼之賢，往見趙君，使以我爲，必困我。○使，秦刻盧解本作「便」。陶鴻慶曰：「使以我爲」下脫「事」字。淮南人間訓云：「以此而見王者，必且以我爲事也」。可據補。王重民曰：陶說是也。御覽四百零二又四百九十九引「爲」下並有「事」字。○釋文作往見趙君以我爲事必困我，云：爲句。一本云，往見趙君使以我爲必困。不如殺之。」乃相與追而殺之。燕人聞之，聚族相戒，曰：「遇盜，莫如上地之牛缺也！」皆受教。俄而其弟適秦，至關下，○北宋本、汪本、四解本作「闕」，道藏白文本、林希逸本、江遹本、元本、世德堂本作「關」，今正。韓非存韓篇云：「韓反與諸侯先爲雁行以嚮秦軍於闕下矣」。乾道本「關」作「闕」。王先愼曰：「闕乃關字形近而譌，即函谷關」。○釋文云：一本作闕。果遇盜；憶其兄之戒，○釋文憶作意，云：一本作憶。因與盜力爭。○釋文云：爭音諍。既而不如，○伯峻案：「如」當作「與」。又追而以卑辭請物。盜怒曰：「吾活汝弘矣，○「弘」秦刻盧解本作「宏」。而追吾不已，迹將箸焉。既爲盜矣，仁將焉在？」○釋文云：焉，於虔切。遂殺之，又傍害其黨四五人焉。〔注〕牛缺以無丞招患，燕人假有惜受禍，安危之不可預圖皆此類。○〔解〕夫知時應理者，事至而不惑，時來而不失，動契其眞，運合於變矣。若見名示跡，不適其時，則無往不敗也。牛缺不知時，其弟亦過分，亦猶孟氏之二子出於文武哉！竊名過當者，未嘗不如此也。

虞氏者，梁之富人也，家充殷盛，○伯峻案：淮南人閒訓「充」下有「盈」字。錢帛無量，○釋文云：量，去聲。財貨無訾。○王重民曰：類聚三十三、御覽四百七十二引並作「家既充盛，錢帛無量，財貨無比」。○釋文云：訾音貲，言不可度量也。賈逵注國語云：「貲，量也」。登高樓，臨大路，設樂陳酒，擊博樓上。○釋文云：擊，打也，如今雙陸棊也、韋昭博弈論云設木而擊之是也。古博經曰：「博法，二人相對，坐向局，分爲十二道，兩頭當中名爲水。用棊十二枚，六白六黑；又用魚二枚置於水中。其擲采以瓊爲之。瓊畟方寸三分，長寸五分，銳其頭，鑽刻瓊四面爲眼，亦名爲齒。二人互擲采行棊。棊行到處即豎之，名爲驍棊，即入水食魚，亦名牽魚。每牽一魚獲二籌，翻一魚獲三籌。若已牽兩魚而不勝者，名曰被翻雙魚。彼家獲六籌爲大勝也」。畟音側。俠客相隨而行，樓上博者射，○王重民曰：「樓上」當作「樓下」，此謂虞氏於高樓設樂陳酒擊博賭勝之時，俠客相隨，行經樓下，適有飛鳶墜腐鼠而中之，因疑虞氏在樓上所故爲而以爲辱也。若俠客已行至樓上，則不得有此誤會矣。此蓋因上文「擊博樓上」句而誤。類聚九十五引作「遊俠相隨行樓下博者射中而笑」。文雖簡略，而「樓下」字固不誤也。伯峻案：今以「樓上」兩字屬下讀，則俠客相隨者在樓下可知矣。○釋文云：博者射爲句。射，食亦切。明瓊張中，反兩㩉魚而笑。〔注〕明瓊，齒五白也。射五白得之，反兩魚獲勝，故大笑。○秦本「㩉」作「搶」，藏本「㩉」下有「吐合切」三字注，今依北宋本刪。○釋文㩉作搶，云：中，丁仲切。反音翻。搶，他臘切。凡戲爭能取中皆曰射，亦曰投。裴駰曰：「報采獲魚也」。搶字案眞稱本或作魚，案大博經作鰈，比目魚也。蓋謂兩魚勇之比目也。此言報采獲中，翻得兩魚，大勝而笑也。鰈，他獵反。今本云搶魚者，是多一字也。據義用鰈不用魚，用魚不用鰈字。飛鳶適墜其腐鼠而中之。○釋文墜作隊，云：鳶音緣。適音隻。隊音墜。俠客相與言曰：「虞氏富樂之日久矣，○王叔岷曰：六帖十，合璧事類別集十六，天中記十四引「久」上並有「已」字。○釋文云：樂音洛。而常有輕易人之志。○釋文云：易，以豉切。吾不侵犯之，而乃辱我以腐鼠。此而不報，無以立懂於天下。〔注〕懂，勇。○釋文云：懂音勠，勇也。請與若等戮力一志，率徒屬必滅其家爲等倫。」○「戮」四解本作「勠」。○釋文戮作勠，云：音留，并力也。皆許諾。至期日之夜，聚衆積兵以攻虞氏，大滅其家。〔注〕驕奢之致禍敗不以一塗。虞氏無心於陵物而家破者，亦由謙退之行不素著故也。○〔解〕前章言學仁義三代以致祥，此章言積驕奢一朝以招禍。行之不著，飛災所鍾。禍福無門，惟人所召。此之變舉，誠之深焉。○釋文積兵作牸兵，云：一本作積兵。行，下孟切。

東方有人焉，○王叔岷曰：呂氏春秋介立篇、新序節士篇、金樓子雜記上篇人並作士。曰爰旌目，○蔣超伯曰：「爰旌目」張衡應閒作「旌瞀」，其詞云：「於心有猜，則簋飧饌餔猶不屑餐，旌瞀以之」。伯峻案：張衡傳注引「旌」作「精」。劉子新論妄瑕篇袁孝政注、北山錄釋賓問篇注、又異學篇注引「旌」並作「精」。將有適也，○王叔岷曰：御覽四九九引「適」上有「所」字，文意較完。新序節士篇亦有「所」字。而餓於道。狐父之盜曰丘，見而下壺餐以餔之。○盧文弨曰「餐」藏本作「飧」。○釋文餐作飧，云：父音甫，下同。飧音孫，水澆飯也。餔音哺。爰旌目三餔而後能視，曰：「子何爲者也？」○伯峻案：新序節士篇作子誰也。曰：「我狐父之人丘也。」○蔣超伯曰：狐父，乃地名。荀子榮辱篇，「所謂以狐父之戈钃牛矢也」。楊倞注：「狐父，地名」。史記，「伍被曰：吳王兵敗於狐父」。徐廣曰：「梁碭之間」。爰旌目曰：「譆！○釋文云：譆音熙。汝非盜邪？胡爲而食我？○注「食」本作「餐」，今从世德堂本正。呂覽介立篇亦作「食」。○釋文云：食音飼。吾義不食子之食也。」兩手據地而歐之，○道藏白文本「歐」作「嘔」。說文：「歐，吐也」。嘔乃俗字。○釋文云：歐，一口切。不出，喀喀然，遂伏而死。○王叔岷曰：釋文本有「地」字，當从之。呂氏春秋介立篇、新序節士篇、金樓子雜記上篇亦並有「地」字。○釋文作伏地而死，云：喀音客。一本無地字。狐父之人則盜矣，而食非盜也。以人之盜因謂食爲盜而不敢食，是失名實者也。○〔解〕求名失實，遂過喪生，其爰旌目之謂乎？有道者不然矣。使盜者變其心成乎仁也，身行其道，人沐其化。君子濟危，食之兩全也；歐則雙失，又喀喀而吐，傷愚也哉！

柱厲叔事莒敖公，自爲不知己，去，居海上。○北宋本、汪本、秦刻盧解本、世德堂本「去」作「者」。盧文弨曰：藏本「自」下有「去」字。陶鴻慶曰：「自」下當有「以」字，「者」當作「去」。以草書相似而誤。其文云：「自以爲不知己，去，居海上」。下文「其友曰，子自以爲不知己，故去」；又「柱厲叔曰，不然，自以爲不知故去，今死，是果不知我也」，並其證。伯峻案：陶說是也，呂氏恃君覽作「自以爲不知而去居於海上」可證。今依道藏白文本、林希逸本、江灃本、吉府本改「者」作「去」。又說苑立節篇「柱厲叔」作「朱厲附」，「敖公」作「穆公」。○釋文作自以爲不知己者居海上，云：己音紀。居海上一本作而去海上。

夏日則食菱芰，○許維遹曰：呂氏春秋恃君覽「菱芰」一作「菱芡」。高誘注：「菱，芰也。芡，雞頭也，一名雁頭，生水中」。淮南說山篇注，「雞頭，水中芡，幽州謂之雁頭」。古今注，「芡葉似荷而大，葉上蹙皺如沸，實有芒刺，其中如米，可以度飢」。○釋文云：菱音陵。芰，奇上聲，一本作芡。冬日則食橡栗。○釋文云：橡音象。

莒敖公有難，○釋文云：難，乃旦切。柱厲叔辭其友而往死之。其友曰：「子自以爲不知己，○釋文云：己音紀。故去。今往死之，是知與不知無辨也。」柱厲叔曰：「不然；自以爲不知，故去。○陶鴻慶曰：「自以爲不知」下當有「己」字，寫者脫之。伯峻案：呂氏恃君覽亦無「己」字。今死，○釋文作今死而弗死，云：一本無而弗死三字。是果不知我也。吾將死之，以醜後世之人主不知其臣者也。」凡知則死之，不知則弗死，此直道而行者也。柱厲叔可謂懟以忘其身者也。○〔解〕彼終不知己也，乃死其身，以明彼之不知己，豈有道者所處乎？名之累愚多若是矣，與夫全生實道者遠矣。○釋文云：懟音墜。忘一本作亡。

楊朱曰：「利出者實及，○俞樾曰：「及」乃「反」字之誤。「出」與「反」猶「往」與「來」，相對成文。孟子曰：「出乎爾者反乎爾者也」。○釋文實及作實反，云：反一本作及，非也。怨往者害來。〔注〕利不獨往，怨不偏行，自然之勢。發於此而應於外者唯請，〔注〕請當作情。情所感無遠近幽深。○洪頤煊曰：「情」古文「[illegible]」，與心字篆文「[illegible]」字形相近，故情字多爲請。○釋文云：請音精。字林云：「精，誠也」。一本音情，說文云：「人之陰氣有所欲也」。徐廣曰：古情字或假借作請。是故賢者慎所出。」〔注〕善著則吉應，惡積則禍臻。○〔解〕唯請者，若自召之也。禍福之來若影與響耳，故賢者慎其所出也。今之慕道者皆脫略名敎，輕蔑禮法，放情任己，以爲達生；以仁義爲桎梏，以屋宅爲褌袴；怨彼報應，人事不修；故嵇康之徒死亡而不暇，嗣宗之輩世疾如仇讎，而不知眞理乎！

楊子之鄰人亡羊，○伯峻案：御覽一九五引無人字。既率其黨，又請楊子之豎追之。楊子曰：「嘻！亡一羊何追者之衆？」鄰人曰：「多歧路。」既反，問：「獲羊乎？」曰：「亡之矣。」曰：「奚亡之？」曰：「歧路之中又有歧焉，吾不知所之，所以反也。」○王叔岷曰：鶡冠子天權篇注引「所以」作「是以」。楊子戚然變容，○釋文云：戚，子六切。不言者移時，不笑者竟日。門人怪之，請曰：「羊，賤畜；○釋文云：畜，丑救切。又非夫子之有，而損言笑者，何哉？」楊子不答。門人不獲所命。弟子孟孫陽出以告心都子。心都子他日與孟孫陽偕入，而問曰：「昔有昆弟三人，游齊魯之間，同師而學，進仁義之道而歸。其父曰：『仁義之道若何？』伯曰：『仁義使我愛身而後名。』〔注〕身體髮膚不敢毀傷也。仲曰：『仁義使我殺身以成名。』〔注〕無求生以害仁，有殺身以成仁也。叔曰：『仁義使我身名並全。』〔注〕既明且哲，以保其身。彼三術相反，而同出於儒。孰是孰非邪？」楊子曰：「人有濱河而居者，習於水，勇於泅，○釋文云：泅音囚。操舟鬻渡，○釋文云：鬻，七刃切。利供百口。裹糧就學者成徒，而溺死者幾半。○釋文云：幾音祈。本學泅，不學溺，而利害如此。若以爲孰是孰非？」心都子嘿然而出。○「嘿」吉府本作「默」。孟孫陽讓之曰：「何吾子問之迂，夫子答之僻？○盧文弨曰：藏本「僻」作「辟」。○釋文僻作辟，云：迂音于，曲也。辟音僻。吾惑愈甚。」心都子曰：「大道以多歧亡羊，學者以多方喪生。○釋文云：喪，息浪切，下同。學非本不同，非本不一，而末異若是。唯歸同反一，爲亡得喪。○釋文云：亡音无，下同。子長先生之門，○釋文云：長，張丈切。習先生之道，而不達先生之況也，○釋文云：況，喻也。伯峻案：漢書高惠高后文功臣表：「以往況今，甚可悲傷」。師古曰：「況，譬也」。此況字亦當訓譬，比喻也。不過彼用爲動詞，此則用爲名詞耳。釋文云，況，喻也。不辭何據。哀哉！」○〔解〕羊以喻神，守神不失爲道也。一失其羊，而奔波歧路，不可得矣。但守其神爲無喪無得而爲無待也。多方於仁義者亦若是矣。

楊朱之弟曰布，衣素衣而出。○釋文云：衣素之衣，於既切，下衣緇衣同。素衣之衣依字。天雨，解素衣，衣緇衣而反。其狗不知，迎而吠之。楊布怒，將扑之。○盧文弨曰：藏本「扑」作「朴」，下同。○釋文扑作朴，云：片卜切。楊朱曰：「子無扑矣！子亦猶是也。嚮者使汝狗白而往，黑而來，豈能無怪哉？」〔注〕此篇明已身變異，則外物所不達，故有是非之義。不內求諸己而厚責於人，亦猶楊布服異而怪狗之吠也。○〔解〕夫守眞歸一，則無疇可馴；若失道變常，則家犬生怖矣。○注「厚責」藏本作「專責」。許維遹曰：韓非子說林下「豈」上有「子」字，於義較長。○釋文儒者使汝狗作鄉者使汝見狗，云：鄉音向。一本無見字。王叔岷曰：林希逸口義：「人若見白狗而爲黑」，疑所見本亦有「見」字。

楊朱曰：「行善不以爲名，而名從之；名不與利期，而利歸之；利不與爭期，而爭及之；○釋文云：爭音諍，下同。故君子必慎爲善。」〔注〕在智則人與之訟，在力則人與之爭，此自然之勢也。未有處名利之衢，患難不至者也。語有之曰：「爲善無近名」，豈不信哉！○〔解〕求名之善，人所必爭，故曰爲善無近名者，不與人爭利也。行人之所不能行而不伐者，慎爲善也。○盧文弨曰：注「名利之衢」藏本作「利名之中」。又「中」下有「而」字。伯峻案：說苑敬慎篇載魏公子牟語，意與此大同。○釋文云：難，乃旦切。

昔人言有知不死之道者，○道藏白文本、林希逸本、吉府本「人」下有「有」字，北宋本、道藏四解本、江遹本、世德堂本、汪本並無之。陶鴻慶曰：「言有」二字誤倒。王重民曰：陶說非是，「人」下脫「有」字耳。道藏本、吉府本人下並有「有」字。伯峻案：依王說，若作「昔人有言有知不死之道者」，則知不死之道者爲一人，言者又爲一人。如此，則與下文言者死云云文義不相合矣。恐非。陶說近是。燕君使人受之，不捷，而言者死。○伯峻案：韓非外儲說左上作「所使學者未及學而客死，王大怒，誅之」。○釋文云：捷，以接切。燕君甚怒，其使者將加誅焉。○釋文云：使，所吏切。幸臣諫曰：「人所憂者莫急乎死，己所重者莫過乎生。彼自喪其生，○釋文云：喪，息浪切。安能令君不死也？」乃不誅。有齊子亦欲學其道，聞言者之死，乃撫膺而恨。富子聞而笑之曰：「夫所欲學不死，其人已死而猶恨之，是不知所以爲學。」胡子曰：「富子之言非也。凡人有術不能行者有矣，能行而無其術者亦有矣。衞人有善數者，臨死，以決喻其子。○「決」道藏白文本、林希逸本、世德堂本、吉府本並作「訣」。其子志其言而不能行也。他人問之，以其父所言告之。問者用其言而行其術，與其父無差焉。若然，死者奚爲不能言生術哉？」〔注〕物有能言而不能行，能行而不能言，才性之殊也。○〔解〕或人有非術者云，徒能說虛詞以辯理，未有自能行而證之者，故疑其所言以爲不實耳。故此章言有知之者，有能知而未能行者，有能行而不知者。然則知而不行，行而不知，不行不知，雖俱能悟，非無差別矣。況聞斯行諸，因知而獲悟者，豈不賢於不知言者乎？○釋文云：爲，于僞切。

邯鄲之民以正月之旦獻鳩於簡子，○釋文云：邯鄲音寒丹。簡子大悅，厚賞之。客問其故。簡子曰：「正旦放生，示有恩也。」客曰：「民知君之欲放之，○伯峻案：御覽二十九引作「民知君欲放之」。故競而捕之，死者衆矣。○四解本、世德堂本無「故」字。王重民曰：玉燭寶典卷一引「競而捕之」四字。君如欲生之，不若禁民勿捕。○王重民曰：御覽二十九引「如」作「而」，字通。捕而放之，恩過不相補矣。」簡子曰：「然。」○〔解〕夫人知所以善者，皆審之末也。若覆其本，則無所不能知，而功倍於理末者，皆若此也。故小盜是大盜之賊耳。名教之跡，理其末也；大道之功，理其本也。衆人皆觀其小而不識其大者焉。故略舉放鳩以明此大旨也。○王重民曰：御覽二十九引「然」作「善」，玉燭寶典一引作「諾」。

齊田氏祖於庭，食客千人。中坐有獻魚雁者，○釋沅曰：說文云：「雁，鵝也」。此與鴻雁異。呂氏春秋云：「莊子舍故人之家，故人令豎子爲殺雁饗之」。亦見莊子。新序東雜云：「鄒穆公有令，食鳧雁必以粃，無得以粟」。皆卽鵝也。今江東人呼鵝猶曰雁鵝。田氏視之，乃歎曰：「天之於民厚矣！殖五穀，生魚鳥，以爲之用。」衆客和之如響。○釋文云：和，胡臥切。鮑氏之子年十二，預於次，進曰：「不如君言。天地萬物與我並生，類也。類無貴賤，〔注〕同是生類，但自貴而相賤。○注世德堂本作「同生是類，但自貴而自賤」。徒以小大智力而相制，迭相食；非相爲而生之。○釋文云：爲，于僞切，下同。人取可食者而食之，豈天本爲人生之？且蚊蚋噆膚，○釋文云：蚊音文。蚋音汭。噆，子臘切。虎狼食肉，非天本爲蚊蚋生人、虎狼生肉者哉？」○〔解〕夫食肉之類，更相吞噉，滅天理也，豈天意乎？鮑子之言，得理之當也。嘗有俗士言伏羲爲網罟，燧人熟肉而食；彼二皇者，皆聖人也。聖人與虎食肉何遠耶？釋氏之經非中國聖人約人爲教，利人而已矣。釋氏是六通，聖人約識爲教，通利有情焉。今列子之書乃復宣明此指，則大道之教未嘗不同也。○盧文弨曰：「非天本爲蚊蚋生人」，「非」疑當作「豈」。王叔岷曰：林希逸云：「非字合作豈字」。案林說是也。今本「非」字，疑涉上文「非相爲而生之」而誤。

齊有貧者，常乞於城市。城市患其亟也，○釋文云：亟，去吏切，數也。衆莫之與。遂適田氏之廐，○釋文云：廐音救。從馬醫作役而假食。○伯峻案：御覽四八五引「馬醫」作「馬豎」，下同。郭中人戲之曰：「從馬醫而食，不以辱乎？」○伯峻案：以，太也。乞兒曰：「天下之辱

莫過於乞。乞猶不辱，豈辱馬醫哉？」〔注〕不以從馬醫爲恥辱也。此章言物一塵穢地，分既以定，則無復廉恥；況自然能爽得失者乎？○〔解〕士有折支舐痔而取進用者，亦求衣食也。役於賤醫之門者，亦求衣食也。獲

多利則以爲榮，獲少利則以爲恥。代人亦孰知榮恥之實者乎？○秦恩復曰：解中折支卽折枝。孟子，「爲長者折枝，」趙岐注：「折枝案摩折手節解罷枝也。」○釋文云：分，符問切。復，扶又切。

宋人有游於道、得人遺契者，〔注〕遺，棄。○王重民曰：御覽四百九十九引無「游」字。○釋文云：宋人有遊於道一本作宋人有於道。契，口計切，刻木以記事者。歸而藏之，密數其

齒。〔注〕刻處似齒。○汪中曰：依注義，則書契之契正謂刻也，與鍥同。伯峻案：符契之合處在齒，所以別眞僞也。易林云：「符左契右，相與合齒」。故此人得契則密數其齒。○釋文云：數，色主切。告鄰人曰：「吾富可待

矣。」〔注〕假空名以求實者，亦如執遺契以求富也。○〔解〕舉俗之人迷於空名，失於眞理，皆如拾遺失之木契，計刻齒之數以待富焉；亦猶不恥乞匄於市而恥受役於人矣；亦何異乎人間遇奴棄其主而別事於人，執勞不異也，而自以爲不繫屬於人。違妄情而失實義，其

類皆如是矣。

人有枯梧樹者，其鄰父言枯梧之樹不祥，○伯峻案：呂氏春秋去宥篇「祥」作「善」。○釋文云：父音甫，下同。其鄰人遽而伐之。〔注〕言之歸公，而失厝言

之所也。○俞樾曰：「鄰」字衍文也。上云「人有枯梧樹者」，此云「其人」，卽此人也。上下文所云「鄰父」，謂此人之鄰也，豈得又就鄰人言之而謂此人爲鄰人乎？下文「其人乃不悅曰」，亦無「鄰」字，可證此「鄰」字之衍。鄰人父因請以

爲薪。〔注〕又賤可疑之論。○王叔岷曰：六帖十六引無「人」字，今本「人」字疑涉上下文而衍。呂氏春秋去宥篇亦無「人」字。其人乃不悅，曰：○釋文乃作迺，云：古乃字。「鄰人之父徒欲爲薪

而教吾伐之也。〔注〕在可疑之地，物所不信也。與我鄰，若此其險，豈可哉？」○〔解〕勸之伐樹，公言也；請以爲薪，理當也。勸伐而請，疑過生焉。故曰，人之所畏，不可不畏。勿謂無傷，其禍將

長：此之謂也。○伯峻案：解「疑過生焉」「過」疑「遂」字之誤。

人有亡鈇者，〔注〕鈇，鉞也。○釋文云：鈇音斧，鉞也。意其鄰之子，○伯峻案：御覽七六三引作「鄰人子」，疑脫「之」字，下文亦作「鄰人之子」可證。人字固未奪也。視其

行步，竊鈇也；○四解本無「行」字。顏色，竊鈇也；言語，竊鈇也；動作態度無爲而不竊鈇也。○「動作」各本皆作「作動」。王重民曰：「作動」二字御覽七百六十三引作「動作」，是也。下文云「他日復見其鄰人之子，動作態度無似竊鈇者」。伯峻案：呂覽去尤篇亦作「動作態度」，王說是也。今依盧重玄本、道藏四解本訂正。事文類聚別集十八、合璧事類續集三三引亦作「動作」。俄而扣其谷而得其鈇，〔注〕扣音掘。○釋文云：扣，胡沒切，古掘字，又其月切。一本作相，非也。他日復見其鄰人之子，○王叔岷曰：御覽七六三，記纂淵海五五、五九，事文類聚別集十八，合璧事類續集三三引並無「人」字。動作態度無似竊鈇者。〔注〕意所偏惑，則隨志念而轉易。及其甚者，則白黑等色，方圓共形，豈外物之變？故語有之曰，萬事紛錯，皆從意生。○〔解〕事有疑似而招禍者多矣。自飛嵩鼷鼠皆疑似成患。唯積德守道無情不私者，乃能無惑焉。故失鈇疑鄰，其事一也。○注「豈外物之變」藏本作「豈外物之所能變乎」。○釋文云：復，扶又切。

白公勝慮亂，〔注〕慮猶度也，謀度作亂。○釋文云：勝，詩證切。罷朝而立，倒杖策，錣上貫頤，〔注〕錣，杖末鋒。○伯峻案：韓非喻老篇作「罷朝倒杖而策銳貫顊」。○釋文云：錣，張劣反。許慎注淮南子云：「馬策端有利鐵，所以刺不前也。」血流至地而弗知也。鄭人聞之曰：「頤之忘，將何不忘哉？」○「頤」北宋本、世德堂本作「頭」。意之所屬箸，其行足躓株埳，○釋文云：屬音燭。箸，直略切。躓音致，礙也。埳音坎。頭抵植木而不自知也。○伯峻按：「意之所屬」數句又見淮南原道訓。○釋文云：抵，丁禮切。

昔齊人有欲金者，○王重民曰：意林引「欲」下有「得」字，呂氏春秋去宥篇同。清旦衣冠而之市，○釋文云：衣冠並去聲。適鬻金者之所，○釋文云：鬻音育。因攫其金而去。○釋文云：攫音钁。吏捕得之，○釋文得之作倡之，云：倡音昌，戲弄也；一本作得之。問曰：「人皆在焉，子攫人之金何？」○王重民曰：類聚八十三、御覽八百一十引「何」下並有「故」字，呂氏春秋同。王叔岷曰：六帖八，事類賦九，記纂淵海一、五五，事文類聚續集二五，天中記五十引亦皆有故字。淮南子氾論篇「何故」作「何也」。○釋文作子攫人之金何故，云：一本無故字。對曰：「取金之時，不見人，徒見金。」〔注〕嗜慾之亂人心如此之甚也。故古人有言：察秋毫之末者，不見太山之形；聽五音之和者，不聞雷霆之聲。夫意萬物所係迷著外物者，雖形聲之大而有遺矣。況心乘於理，檢情攝念，泊然凝定者，豈萬物動之所能亂者乎？○〔解〕張湛云：「嗜慾之亂人心如此之甚也，故曰察秋毫之末者不見泰山之形，聽五音之和者不聞雷霆之聲」。心有所存，形有所忘，皆著此者也。此章言嗜慾不可縱，喪身滅性之大也。今以喪其身之物，意欲厚其身也。若能無其身，復何用金爲？所言無身非謂滅身也，蓋不厚而已矣。〇注「豈」下四解本有「因」字，恐誤。盧文弨曰：注「物」字疑衍。伯峻案：盧說未確。疑「萬物動之」當作「萬物之動」，「動之」兩字倒。〇釋文云：著，直略切。洎音魂，安靖之貌。

本書作者著述之一覽

書名	書名
道家與神仙	老子要義
論李杜詩	漢代哲學
孔孟要義	莊子要義
荀子要義	列子要義
以上台灣中華書局出版	
魏晉清談述論	道教全眞大師丘長春
文言與白話	中國文學論述
松華軒詩稿	佛學概論
以上台灣商務印書館出版	
應用文　西南書局出版	

中華哲學叢書
列子要義

作　　者／周紹賢　著
主　　編／劉郁君
美術編輯／中華書局編輯部

出 版 者／中華書局
發 行 人／張敏君
行銷經理／王新君
地　　址／11494 台北市內湖區舊宗路二段181巷8號5樓
客服專線／02-8797-8396　　　傳　　真／02-8797-8909
網　　址／www.chunghwabook.com.tw
匯款帳號／華南商業銀行　西湖分行
179-10-002693-1　中華書局股份有限公司

法律顧問／安侯法律事務所
印刷公司／百通科技股份有限公司　海瑞印刷品有限公司
出版日期／2015年7月再版
版本備註／據1983年7月初版復刻重製
定　　價／NTD 270

國家圖書館出版品預行編目（CIP）資料

列子要義 / 周紹賢著. -- 再版. -- 台北市 :
台灣中華, 2015.07
面 ; 公分. --(中華哲學叢書)
ISBN 978-957-43-2550-4(平裝)

1.列子 2.研究考訂

121.327　　104010325

NO.B0033
ISBN 978-957-43-2550-4（平裝）